税務行動分析

櫻田 譲 著

北海道大学出版会

は じ め に

　これまでの私の研究職としての思索と分析を統合する主題とは何かを考え
あぐねた結果，到達したのが本書名『税務行動分析』である。納税は憲法に
よって国民の義務として強制されるが，そのために良き納税者となるべく規
律がわれわれに提供されている。納税者の思考と行動を貫く規律とは，言う
までもなく租税法体系であるが，経済学が想定する合理的経済主体の税務行
動とは，好んで多くを納税する者ではなく，その逆に租税負担の軽減を企て
る者として認識するのが主流となっている。従って高額納税者であれば脱税
の誘惑と危険に引き込まれそうになりながらも，多くは税理士を雇って節税
を試みるであろう。このとき，本書が注目するのが納税者の税務行動である。
　納税という社会正義と節税という経済合理性のいずれに注目するのかとい
う研究視座の決定は，法学と経済学のいずれを優先するのかという研究者の
着眼点における優先順位の違いと連動するが，税務行動に対する分析は，法
学と経済学が融合する汽水域における検証として成立するため，いずれかへ
の偏重は避けるべきなのであろう。つまり法学的分析視角を度外視して税務
行動を分析する意味はないし，その逆に行動を分析する必要上，統計解析を
避けることはできない。税務行動という社会現象をエビデンスを伴わずに考
察した結果，説得性の欠如から研究そのものが閉塞するとか，あるいはその
真逆に税や会計の理解なく，巧みな数値計算を駆使するうちに実態からの乖
離が自己陶酔によってもたらされていることに後々気付くこともある。この
ように近時の税務会計領域のコアな規範研究者からその外縁部に位置する実
証研究者まで，いままで以上に自らの研究の意義を厳しく見つめ直している
ように思える。本書はこのように法学と経済学のいずれの視座によっても磁
力を感じつつ，検証を試みてきた成果である。

本書において分析対象となる税務行動の主体は，個人のみならず法人をも当然に含んでいる。実証分析の対象になるか，ならないかの問題を度外視すれば，租税に関連する全事象が税務行動分析の対象と成り得るのである。つまり租税法令の理解や判例批判など規範研究に専念すれば税務行動の検討対象は非常に広範囲に設定することができる。しかし実証は税務行動の計量化ができなければ研究として成立し得ず，正確で詳細な税務行動を捕捉するには課税庁が死蔵する門外不出のデータを参照すべきとなるが，われわれはそれらにアクセスできない現状にある。

　そこで従来，税務会計領域の実証研究者らは税務行動を分析する際，税額そのものや税額の算出過程そのもののデータ取得に拘らず，有価証券報告書総攬といった会計情報や株価などの公開データから納税者の税務行動やそれらに対する評価を推計する手法を採用してきた。この方法によれば直接的・全体的に納税者の税務行動を検証するには程遠いが，間接的・部分的な検証は可能となる。実際，そのような分析手法から一部研究者は興味深い成果を蓄積し始めている。本書もそのような税務行動に対する実証研究成果の一部をまとめている。

　本書構成についてであるが，上述の観点からまず法人経営者のストック・オプションに対する課税がいかに行われるかについて，資本市場の投資家が非常に強い関心を示していた証拠を捉えている（第2章）。次に上場企業に比し，中小法人においては同族性が極端に高いために経営者に対する報酬はお手盛りが多いと考えられがちであるが，退職給与も含め，中小法人の役員は昨今の役員給与課税の引き締めに応じて支給額を減らす強い傾向を明らかにした（第3章から第6章）。3つ目に事業承継で問題となる相続・贈与における非上場会社の株式評価について納税額を高額に誘導する課税庁の企てについても批判を展開している（第7章）。4つ目に資本剰余金配当が特殊な課税によって投資家の選好に影響を及ぼすのかを検証し，資本維持の観点から問題提起をしている（第8章から第10章）。最後に国際課税領域の問題として海外子会社からの配当を本邦親会社が受領する際の課税制度の改正や移転価格税制の適用に注目し，これら課税の投資家による評価を検証している（第

11 章・第 12 章）。以上の各論はいずれも納税者の税務行動を分析しており，一部は資本市場の投資家による評価も併せて検証しているが，本書全体を通じて税制政策に対する批判と理解していただいて結構である。

さて，本書名を『税務行動分析』としたが，この書名にたどり着いた経緯について若干説明しておく。他にも書名の候補は存在したが，本書を構成する各章の論文を税務行動分析という主題の下に置いたとき，窮屈さを感じることがなく，収まりが良いことに気づいた。このちょっとした発見の後，税務行動研究会の主宰者である奥田真也先生（名古屋市立大学）に今回の拙書上梓のため，「税務行動」という言葉を使用させていただきたく，ご相談させていただき，ご快諾を得た。このことに対し感謝申しあげるとともに，私は次のことも同時に申し上げておかねばならない。つまり本書が検討した 5 つの課題は，これまで税務行動研究会に参加された先生方が検討してきた数多の課題からするとほんの一部である。つまり本書『税務行動分析』は税務行動研究会において検討された比べようもない課題の海からすくったコップの中の嵐に過ぎないのである。

このように本書を上梓するに当たり多くの先生方にご協力いただいているが，感謝の気持ちは「あとがき」において述べさせていただくとして，まずは本書の出版を快くお引き受けくださった北海道大学出版会事務局の皆様に御礼を申しあげたい。中でも同会へ相談に伺って以来，出版に至るまでの 2 年間，一貫して親身になってご尽力いただいた今中智佳子さんには厚く御礼申し上げなければならない。

　　厳冬期の終わりを告げる陽光照らすキャンパスにて

櫻田　譲

v

目　　次

はじめに

第1章　本書の構成 ……………………………………………………………… 1

1. 本書の概要　1

2. 各章の連関と分析方法　3

2-1. 租税関連事象と税務行動　3

2-2. 役員給与課税と税務行動　4

2-3. 資本剰余金配当に関する税務行動と資本市場　6

2-4. 多国籍企業に関する税務行動と資本市場　8

3. 資本市場の分析　9

3-1. 資本市場への影響を測定する分析ツール　9

3-2. 租税関連事象に関するイベント日設定上の問題点　10

3-3. コーポレート・ガバナンスと税務行動　14

4. 役員給与課税の問題点　17

4-1. 中小法人における役員給与課税と税務行動の観察　17

4-2. 納税者の予測可能性と租税争訟　19

4-3. 中小法人の役員給与支給事例に関するデータ　21

4-4. 倍半基準による類似法人抽出の問題点　22

第2章　ストック・オプション判決に対する市場の反応 …………… 29

1. はじめに　29

2. 研究の背景　31

2-1. 所得分類判決の経緯　31

2-2. 権利行使益を一時所得とする見解　33

2-3. 権利行使益を給与所得とする見解　34

2-4. 訴訟判決に関するイベント・スタディ　35

3. リサーチ・デザイン　37

3-1. イベント日の決定　37

vi

3-2. 仮説の導出　39

3-3. デ　ー　タ　41

4. 分析方法とその結果　42

4-1. イベント・スタディの分析モデルと検定統計量の算出　42

4-2. 分　析　結　果　44

5. 分析結果の解釈と残された課題　47

5-1. 下級審判決による資本市場の反応　47

5-2. 最高裁判決による資本市場の反応　48

第3章　役員給与の損金算入限度額規定に見る課税の類型化……55
——判例が中小法人の税務行動に与えた影響と単変量分析——

1. は じ め に　55

2. 本章における基本的認識　57

2-1. 役員給与支給額に関する情報開示と課税　57

2-2. 分析対象となるデータの概要とサンプルサイズ　60

2-3. 倍半基準と類似法人の選定　64

2-4. 僅か6社に回帰分析を試みた事例　66

2-5. 納税側が回帰分析を用いて独立企業間価格を算出した事例　67

3. 課税における類型化の検討　70

3-1. 規模変数の検討　70

3-2. 業種区分上の論点　73

3-3. その他の企業属性　74

3-4. 役位区分上の論点　76

3-5. 貢献度指標に見るお手盛りの可能性　82

3-6. 調査時点の検討　83

第4章　中小法人における役員報酬の支給実態に関する
多変量解析 …………………………………………………………89

1. は じ め に　89

2. 租税争訟における統計活用の経緯　91

2-1. 多変量解析の導入と幅の概念　91

2-2. 幅の概念の再検討　95

2-3. 課税要件明確主義とシークレット・コンパラブル　96

3. log 役員報酬額を被説明変数とした分析と結果の解釈　99

3-1. 分析モデル　99

目　次　vii

3-2. 3つの規模変数の有意性について　100

3-3. 業種とその他の企業属性に関する変数の有意性について　103

3-4. 役員属性に関する変数の有意性について　104

3-5. 調査年 *dummy* の有意性について　107

4. 追 加 検 証　108

5. お わ り に　110

5-1. 本章の成果　110

5-2. 残された課題　112

第5章　中小法人における役員退職金の損金算入限度額を決定する諸要因 ……………………………………………… 115
——倍半基準の問題点を中心として——

1. は じ め に　115

2. 研究の背景　117

2-1. 本研究における問題意識　117

2-2. 本章の着想　120

2-3. 納税者が損金算入限度額を予想できないという論点　121

2-4. 地域的な差異と倍半基準　124

2-5. 死亡退職の特殊性　125

2-6. 前章と本章のかかわり　126

3. 分析モデルと基本統計量，分析結果の解釈　128

3-1. 分析モデル　128

3-2. データの基本統計量　130

3-3. 分析結果とその解釈　132

4. お わ り に　138

第6章　業務主宰役員給与に関する税制の改廃と納税者行動の分析 ……………………………………………… 143

1. は じ め に　143

2. 本章における基本的認識　144

2-1. 制度導入の背景と批判，そして廃止　144

2-2. 役員給与に関する法規定と agency 理論　146

2-3. 役員報酬の実証分析に関する先行研究　148

2-4. 予想される中小法人の役員給与支給行動　151

3. 二制度の導入と廃止が役員給与の支給行動に及ぼす影響　154

viii

  3-1. 分析対象となるデータの概要　154

  3-2. 分析モデルと分析結果　155

  3-3. 分析結果の解釈　160

 4. 追 加 検 証　162

 5. お わ り に　165

第7章　企業価値連動給与と類似業種比準方式による株価算定の問題点 …………………………………… 169

 1. は じ め に　169

 2. 利益数値の客観性確保の限界と代替指標　171

  2-1. 利益連動給与の問題点　171

  2-2. 利益連動給与の導入とコーポレート・ガバナンス　172

  2-3. 会計参与制度への期待と組織の見直し　173

  2-4. 同族性の強い上場企業における株主利益追求　175

  2-5. 創業一族による株式所有とエントレンチメント問題　177

  2-6. 業績連動給与の導入と裁量的行動の関係　179

 3. 企業価値連動給与における類似業種比準方式の援用　181

  3-1. 企業価値連動の利点　181

  3-2. 類似業種比準方式に対する批判　183

 4. 類似業種比準方式の実証的検証　186

  4-1. 分析対象データの再編成　186

  4-2. 分析モデルの検討　187

  4-3. 分析結果とその解釈　189

 5. お わ り に　193

第8章　資本剰余金配当に対する投資家の反応 ……………………… 201

 1. は じ め に　201

 2. 本章における基本的認識　204

  2-1. 資本維持と資本剰余金配当，そして課税に関する論点　204

  2-2. 本章における仮説の設定　206

 3. リサーチ・デザイン　207

  3-1. 3ファクターによる分析モデル　207

  3-2. 分析対象の絞り込み　208

  3-3. 推計期間の決定　209

 4. 新たな論点の追加　213

目　次　ix

4-1. 高率の純資産減少割合を伴う資本剰余金配当の実施事例　213
4-2. 高率2事例を分析対象外とする妥当性について　214
4-3. 検定統計量 θ_1 と θ_2　215

5. 分析結果の解釈と残された課題　218

5-1. 32事例による分析結果の解釈　218
5-2. 残された課題と限界　219

第9章　資本剰余金配当に対する課税が資本維持に果たす役割　223

1. は じ め に　223

2. 資本の払戻しと課税　224

2-1. 資本剰余金配当に関する課税制度　224
2-2. 資本剰余金配当に対する投資家による評価　226
2-3. 税収としてのみなし配当課税　227
2-4. 自己株式消却に対するみなし配当課税との関係　228

3. 分析対象の拡大　229

3-1. 分析対象拡大の意義　229
3-2. 改良3ファクター・モデルの定立　230
3-3. 日本オラクルを分析対象外とする妥当性について　232
3-4. 改良3ファクター・モデルの当てはまりについて　234

4. 本章のまとめ　235

4-1. 分析対象事例拡張後の分析結果　235
4-2. 分析結果の解釈　238
4-3. 残された課題　240

第10章　資本剰余金配当の実施を歓迎する投資家の着眼点と当該配当実施企業の財務的特性　243

1. は じ め に　243

1-1. 問題の所在　243
1-2. 基本的認識と問題意識　244

2. 資本剰余金配当に対する投資家の反応　246

2-1. 資本減少の周知とその意義　246
2-2. リサーチ・デザイン　248
2-3. 分析対象となる資本剰余金配当76事例　249
2-4. 仮説と分析結果　252

x

3. 資本剰余金配当を実施する企業の財務体質　254
　3-1. 分析モデルの導出とデータの記述統計，相関係数表　254
　3-2. 説明変数の意義　256
　3-3. 分析結果と解釈　260

4. 追加検証——新興銘柄による資本剰余金配当の実施　264
　4-1. 資本剰余金配当実施企業の純資産構成　264
　4-2. 母平均の差の検定　265

5. お わ り に　266
　5-1. 資本剰余金配当制度に対する若干の示唆　266
　5-2. 本研究の限界　268
　5-3. 残された課題　269

第11章　外国子会社利益の国内還流に関する
税制改正と市場の反応 ……………………………………………… 275

1. は じ め に　275

2. 研究の背景　276
　2-1. 国際的二重課税排除の方法とその変遷　276
　2-2. 外国子会社配当に対する課税制度のわが国と米国における違い　278

3. リサーチ・デザイン　280
　3-1. イベント日の決定　280
　3-2. 仮説の導出　283
　3-3. データとサンプル構成の変更　285

4. 分析方法とその結果　287
　4-1. イベント・スタディの分析モデルと分析結果　287
　4-2. 分析結果の解釈　290

5. 追 加 検 証　293
　5-1. 分析対象期間の特徴と新たな課題　293
　5-2. コントロール・グループの選定と分析結果　295

6. 本研究の貢献と残された課題　300

第12章　移転価格税制適用企業の企業統治構造に関する
実証研究 …………………………………………………………… 305

1. は じ め に　305

2. 先行研究と予備的考察　307

2-1. 分析対象事例と最近の移転価格税制適用の傾向　307

2-2. 更正事例と還付事例の株価反応　310

2-3. 更正事例と還付事例に関する平均の差の検定　313

3. 移転価格税制適用に対する市場反応の原因分析　315

3-1. リサーチ・デザインと分析対象事例　315

3-2. 分析モデルにおける変数について　315

3-3. 分析モデルと基本統計量，相関係数表　322

4. 分析結果　325

4-1. 分析結果と解釈　325

4-2. 本章の貢献と残された課題　328

第13章　本書課題に関連するその他の研究成果······························335

1. 役員給与課税と税務行動　335

1-1. 役員給与支給と課税　335

1-2. 役員報酬額と売上高の関係性　337

1-3. 残波事件判決による示唆と倍半基準　340

1-4. 法人税法規定に見るコーポレート・ガバナンス　344

1-5. コンサルタントが引き起こす問題　345

2. 資本剰余金配当に関する税務行動と資本市場　347

3. 多国籍企業に関する税務行動と資本市場　349

3-1. 外国子会社による配当還流に関する期待　349

3-2. 移転価格税制適用企業に対する評価　355

4. 中長期的投資家行動　356

5. 統計分析に対する評価　359

5-1. 批判者が抱く疑念　359

5-2. 推定誤差と信頼係数，そして標本数　360

5-3. アンケート調査の実態と標本数　362

5-4. 母集団がそもそも小さい場合　365

5-5. 統計学研究の進展により変化する分析方法　366

参考文献　373

あとがき　389

索引　395

凡　例

　　一部の法令通達等において略称表示を行っており，その対応は次の通り。

所　法：所得税法　　　　　　　　　措　法：租税特別措置法
所　令：所得税法施行令　　　　　　措　令：租税特別措置法施行令
所基通：所得税基本通達　　　　　　措　通：租税特別措置法通達
法　法：法人税法　　　　　　　　　財評通：財産評価基本通達
法　令：法人税法施行令
法基通：法人税基本通達

第1章　本書の構成

1．本書の概要

　本書では租税関連事象が納税者の税務行動に与える影響を明らかにしている。租税関連事象とは課税制度の新規導入や改正，廃止，そして租税訴訟判決や更正通知受領などを内容とし，それらは投資家や類似法人を含めた経営者の判断に影響を及ぼし，税務行動となって表れる。本書が注目する租税関連事象について具体的に述べると，第2章ではストック・オプション（Stock Option：以下「SO」と略称）に関する租税訴訟を，第3章から第7章までは中小法人における役員給与支給に関する租税法規定の改廃を，第8章から第10章まではみなし配当課税を，第11章は外国子会社が親会社に行う配当に対する課税制度（以下「外国子会社配当益金不算入制度」と略称）の改正を，そして第12章では移転価格税制の適用をそれぞれ分析対象としている。

　租税法規定や租税訴訟判例は納税者の税務行動における制約と化すため，それらを研究対象とすることによって興味深い成果の獲得が期待されるが，従来，規範研究による分析アプローチに偏り，他方，実証研究上の成果は乏しいままであった。このように研究成果の偏在が生じる理由として，租税関連事象は情報非対称性が高いという特徴がある。例えば近時，役員給与が1億円以上の支給事例が公開されるようになったが，中小法人における役員給与支給の実態は一切明らかにされない。尤も一部の出版社がアンケートを実施して中小法人の役員給与支給の実態を明らかにしているが，データ収集年

による公開項目・公開基準に生じるバラツキなどの理由から，そのままでは実証分析を行う上でのデータセットとしては不十分であった。

　また法人においては別表四における加算・減算項目の詳細を個別に知ることなどできず，もっぱら有価証券報告書総覧の財務諸表における注記事項から税務行動を推測するしか方法はない。さらに平成18年までは旧法人税法の規定によって課税所得金額4,500万円超の法人に所得の開示が義務づけられていたが，個人情報保護法を理由に当該開示制度が廃止されており，課税所得金額を正確に把握できない現状にある。このように租税関連情報について情報の非対称性が存在する中，税務会計領域の実証研究者らは租税関連事象を分析対象とする際，税額の算出過程におけるデータそのものの入手を断念する代わりに，会計情報として公開されているデータから法人の税務行動を推計する方法を採用してきた。この方法によれば直接的・全体的な法人の税務行動を解明するには程遠いが，間接的・部分的な検証によって成果を獲得することは可能である。本書もそのような手法を用いて税務行動の一部について実証的な検証をまとめている。

　課税には強制性と不可避性を伴うため，課税庁による更正の請求は法人にとっては企業価値を毀損する事態ともなり得る。そして情報の非対称性が課税に対する不満を一層強くする。租税争訟の場では課税庁が大量に納税者情報を蓄積して主張を試みるが，それらの情報にわれわれはアクセスできない。このようなシークレット・コンパラブルの問題は前示の通り，実証研究におけるデータの入手を困難にしてきた。さらに問題とすべきは法廷の場における課税庁の主張において僅かに数件の類似事例から適正とされる納税額を導出し，課税側勝訴に至る実態である。課税側は個人・法人の納税データを用いて裁判に臨むが，類似事例に関するサンプリングの結果が僅かに数件となり，統計的分析手法とは程遠い。課税庁は独自のサンプリング方法である倍半基準を採用しており，第3章から第7章において明らかにする通り，その証明方法に納税者の大半が納得していない。本書を上梓する意義の1つに，租税争訟における類似事例のサンプリングにおいてこれまで課税庁が採用してきた倍半基準の検証が挙げられる。そこで第3章から第7章では判例研究

や単変量・多変量を用いた分析結果から中小法人における役員給与課税の一般的傾向を解明しようとしている。

　他方，イベント・スタディ（Event Study：以下「ES」と略称）を用いた第2章・第8章から第12章までは租税関連事象に対する投資家反応の解明を試みたが，これらによって税制に対する資本市場における評価を解明する目的がある。税制は経済政策の主要部分を担うため，政策に対する評価について投資家の判断は見逃せない。本書で試みたESによる分析結果により，投資家の学習能力の高さや租税関連事象の投資家による評価が変化する様子を観察している。例えば本書第8章から第10章におけるみなし配当課税に対する検証では課税が及ぼす影響について当初，投資家による評価が定まらず，時間の経過とともに評価が安定することが明らかになっている。また第12章で検討の対象となった移転価格税制適用に対する投資家による評価については，ほかの章で展開されたESによる分析に比し，非常に深刻な情報非対称性にさらされた投資家の姿を明らかにしている。

2.　各章の連関と分析方法

2-1.　租税関連事象と税務行動

　納税者の税務行動に影響を及ぼす租税関連事象は数多く存在するが，本書では(1)どのような租税関連事象が(2)どのような影響を及ぼし，その結果，(3)どのような納税者の税務行動となって表れるのかについて実証的解明を試みている。本書で注目する租税関連事象，つまり(1)についてその概要を述べると，第3章から第6章では主に役員給与課税に関する検証となるため，もっぱら所得税と法人税による課税が分析対象となるが，第7章では相続税法における中小法人の株価算定構造に内在する問題点にも言及している。第8章から第10章はみなし配当課税が観察の対象となっており，その他資本剰余金を原資とした配当(以下「資本剰余金配当」と略称)を受ける投資家が示す評価と，当該資本剰余金配当を行う法人経営者の動機を解明しようとしてい

4

る。そして第11章・第12章においては多国籍企業に関する課税制度として外国子会社配当益金不算入制度と移転価格税制に注目している。

また上記(2)に関してどのような影響を観察するのかについて，本書全般にわたって規範的研究手法の1つとして判例研究を取り入れつつ，実証分析結果の解釈を試みている。本書の特徴としては第2章，第8章から第12章の各章でESを試みているが，注目する租税関連事象に対する投資家の反応を株式超過収益率(Abnormal Return：以下「AR」と略称)によって捕捉している[1]。ESで算出されるARはBrown[1994, p.27]が指摘する通り，「マーケットモデルを採用することでコントロールグループや資本市場そのものがイベントに対して著しく反応することはない」との暗黙裏の前提から，異常リターンの発見を目的としている。そしてこれまで租税関連事象をESの分析対象とする研究は決して多くはなく，このため本書では租税関連事象に対する投資家の反応を解明するために研究成果の蓄積に注力した。

本書では注目する租税関連事象が税務行動に及ぼす影響を観察するため，資本市場における投資家の反応を観察している。各章で取り上げる課題別にそれぞれに研究の概要と意義，そして各章間の連関を説明すると次の通りとなる。

2-2. 役員給与課税と税務行動

本書第2章から第7章では，各章それぞれにおいて役員給与に関する課税制度に対し，投資家や納税者の税務行動を観察するという共通の目的意識を有している。そのうち第2章では公開会社において導入が散見されるSO制度[2]について，SOの権利行使益に関する所得分類を争ったSO訴訟を分析対象とし，租税訴訟判決に対する投資家の評価をESより解明した。この検証の分析視角とは，経営に対する動機づけがSO訴訟判決によって勢いづけられるのか，あるいはその逆に妨げられるのかを市場参加者がいかに評価するかについて明らかにする目的がある。

しかし他方，Bebchuk and Fried[2004, p.9]によって「経営者の影響力行使によって獲得する報酬と対等な契約の下で受け取る報酬額の差額が過剰な報

酬となって存在する」と指摘される通り，「報酬制度の欠陥は莫大なコスト
を株主に負わす」現実がある。このような問題意識から本書では上場企業に
おける役員報酬を分析対象として agency 問題に接近することにもなる。こ
れら研究は所有と経営がいかなる程度分離すれば，agency 問題が解決され
るのかとの着眼点を有する。このような検討は上場企業においてのみ成立す
る課題であり，そうであれば非上場の中小法人には全く異なる背景から過大
報酬の抑制方法が存在するはずである。しかし所有と経営が概ね一致してい
る中小法人における役員給与支給に関する実証分析の成果蓄積が皆無に等し
いため，中小法人における役員報酬は企業業績によって説明されないような
お手盛り支給が横行すると信じられている。そこで第 3 章では租税法規定や
租税争訟事例を渉猟し，中小法人における役員給与支給行動を整理し，第 4
章から第 7 章における実証分析のための予備的考察を試みる。第 4 章並びに
第 5 章では従来，中小法人における役員報酬並びに役員退職金の支給事例に
関する個別情報が入手困難であることから実態が明らかにされてこなかった
が，中小法人における役員給与支給に関する個別事例集としては日本実業出
版社が中小法人の役員報酬と役員退職金のそれぞれの支給事例についてアン
ケートを実施して収集したデータ（以下「実業出版データ[3]」と略称）を用いて実
態を解明する。

　第 6 章は第 3 章・第 4 章を踏まえ，極小規模の中小法人における役員給与
の支給実態に注目している。具体的には特殊支配同族会社における業務主宰
役員の給与所得控除相当が損金不算入となる制度（以下「業務主宰役員給与の損
金不算入制度」と略称。旧法人税法 35 条）を分析対象とする。当該制度は関連者
を含め業務主宰役員によって 90％以上の株式を有する同族性の強い法人を
狙い撃ちにした実質増税であり，平成 18 年度に導入されたものの，不評の
あまり同 22 年度に廃止された。第 6 章では業務主宰役員給与の損金不算入
制度の導入によって中小法人における役員給与の支給額が減少し，逆に廃止
によって支給額が回復するのかを明らかにする。

　第 7 章では役員給与に関する法人税法規定が公開会社において優遇されて
いる点を踏まえ，中小法人において新たに導入可能な利益連動給与を模索し

た。具体的には利益連動に替えて企業価値連動とする方途を検討するが，同章における試論は新たな損金算入可能な役員給与の提案に留まらず，中小法人における企業価値連動給与の導入を論じながら，その裏に存在するもう1つの問題，つまり現行税法における中小法人の企業価値測定に対する検証も試みている。

中小法人では相続・贈与の際に財産評価基本通達による株価算定が行われるが，とりわけ類似業種比準方式による中小法人の株価算定上の問題点を明らかにしている。財産評価基本通達による株価算定は計算構造上，上場株式の騰落を中小法人の株価に反映させてしまうため，景気の浮沈により相続・贈与時点の相違による評価の不公平感を納税者に与えてしまう。その他，評価会社が属する業種の相違によって評価の高低が偏り，こちらもまた納税者の不公平感を払拭できない仕組みとなっており，これら評価上の問題提起を第7章において展開する。

2-3. 資本剰余金配当に関する税務行動と資本市場

第8章から第10章では資本剰余金配当の実施事例を分析対象としている。法人が行う株主への還元には増配や記念配当，自己株式の取得などが存在し，それらペイアウトにはそれぞれに株主に対して異なるシグナリングを発する。そうであれば資本剰余金配当に対するシグナリングにも特別な含意が認められるかもしれない。なぜなら株主還元策によって発せられるシグナリングを投資家がいかに受け止めるのかは，投資家が置かれる課税状態によって異なると一般的に説明されるため，みなし配当課税という特殊な課税を行う資本剰余金配当について，特徴的なシグナリングの発見が期待されるからである。このように第8章から第10章における検討には，配当シグナリングに対する投資家の反応を3ファクター・モデル（3 Factors Model：以下「3 FM」と略称）を用いたESによって解明する目的が存在している。したがって，第8章と第9章では課税と投資家行動についてその基本的な関係を理解するためにMüller and Modgiliani[1961]による配当無関連命題に関連する研究という側面を有することを併せて指摘しておく。

第9章では第8章によって明らかにされた資本剰余金配当に対する投資家によるポジティブ反応について追加の検証を行っている。つまり第8章における資本剰余金配当実施32事例に加え，攪乱的イベントとも言える東日本大震災後に資本剰余金配当を実施した9事例を追加して検証を行っている。第9章では震災直後の荒れた株価を参照してマーケットモデルを駆使した場合，資本剰余金配当に対する投資家の反応を正確に捕捉することが困難になると考えた。具体的には AR 算定のための推計期間内に東日本大震災の発生日が存在する資本剰余金配当9事例について，改良した3FMを用いて再検証を行っている。また同時に高率の純資産減少割合を伴う資本剰余金配当については資本の払い戻しと投資家が認識した大幅な株価の下方修正が観察され，純資産減少割合の多寡によって資本市場の評価が異なることを明らかにしている。これらのことから資本剰余金配当を完全な資本の払い戻しと解釈し，仮にみなし配当課税すらも行わない場合には，投資家に課税上の優遇を意味するシグナルを発信する可能性について言及している。

第10章では資本剰余金配当の実施法人の財務的特性を解明している。平成13年商法改正において解禁された資本剰余金配当は，それ以前の商法における資本維持概念が後退した結果として実現したが，資本維持を脆弱にする当該配当に対し，投資家は警戒を示す可能性を疑った。しかし旧商法が定めていた資本維持について，これを脆弱にすると考えられる資本剰余金配当であるが，前章までの検証によって投資家は躊躇なく歓迎する実態が明らかになっている。またそもそも資本剰余金配当は蓄積された資本を株主に返還する一方途として確立してきた背景があるため，自己資本比率の高い法人による資本剰余金配当の実施が念頭に置かれていたようであるが，実態はどうであるのか。そこで資本剰余金配当の実施法人がいかなる財務的状況下にあるのかについて，その一般的傾向を明らかにしている。分析結果によれば新興企業が実施する事例や赤字であるにもかかわらず配当が実施される事例に投資家の強い選好が示されるという当初想定に反する実態が明らかになった。

2-4. 多国籍企業に関する税務行動と資本市場

第 11 章・第 12 章では国際課税を分析対象としており，そのうち第 11 章では平成 21 年度税制改正において導入された外国子会社配当益金不算入制度について，投資家の期待を明らかにする。本書では既に第 8 章から第 10 章において資本剰余金配当に関する課税を分析対象としてきたが，第 11 章で分析対象とするのは外国子会社から国内に配当の形式によって還流する交付金銭に対する税制改正であるため，これも配当課税が観察対象となっている点では第 8 章から第 10 章とは近縁領域の研究成果とも言える。

従来より国内の完全子会社からの受取配当全額が益金不算入として措置されてきたが，外国子会社より受け取る配当に対しては平成 21 年度税制改正前は益金算入であった。このようにわが国における親会社が受け取る配当でも外国子会社に由来するのか，あるいは国内の子会社によるのかによって法人所得の計算上，著しい乖離が生じており，外国子会社による本国親会社への資金還流が滞る原因とされてきた。そこでこの問題を解消した平成 21 年度税制改正に関連する報道を受けた投資家は，親会社への資金還流が活発化するとの期待を抱くと考えられるため，外国子会社配当益金不算入制度に対する投資家による評価を検証している。

第 12 章では移転価格税制の適用に注目するが，移転価格税制適用による更正通知を受領した法人に対し，投資家はネガティブ反応することがこれまでの先行研究で解明されている。しかし国税側敗訴によって還付が決定される案件も存在するため，更正事例のネガティブ反応とは逆に還付事例では投資家がポジティブ反応を示すようにも思える。しかし投資家の反応はそれほど単純ではなく，還付事例だからといってポジティブ反応するわけでもない。このように租税関連事象が資本市場へ与える影響の解釈は難しい。租税関連事象では課税関係がそもそも複雑であることや極度の情報非対称性の存在という特殊事情が影響する。それでも投資家は限定された情報から評価を試み，興味深い反応を示すことが ES 分析により明らかとなった。

以上のように本書では租税関連事象として SO 訴訟判決，役員給与に関す

る税制改正，資本剰余金配当と課税，外国子会社配当益金不算入制度の導入，移転価格税制に注目する。いずれも共通した着眼点はこれら事象に対する納税者の税務行動の一部を解明することにある。

3. 資本市場の分析

3-1. 資本市場への影響を測定する分析ツール

　本書において分析手段として多用する ES は，市場にもたらされた情報に対する投資家の反応を測定することができる。本書では第3章から第7章を除いて，租税関連事象に関する情報が資本市場に投入された後に投資家の反応を測定し，租税争訟や税制の改廃が投資家にいかにして受け入れられたのか，またいかなる評価を示したのかを ES によって明らかにしている。税制に対する評価は従来，条文解釈や判例批判などの法学領域の研究者によって規範的枠組みの中で論じられることが多かった。しかしながら本書の大半では資本市場における投資家の反応を測定し，実証的見地から税制に対する評価を試み，また投資家行動の一部を解明しようとしている。

　ES は「イベント期間の AR を説明し，それら AR の統計的有意性を検証するために実施される(Prather, et al.[2009, p. 226])」が，原初的な ES では CAPM 理論によって AR を算出していた。しかし CAPM は AR を正しく測定しないとしてマルチファクターモデルが提唱された(Ehrhardt[1994, p. 88])。本書では第2章における AR の算定を除き，第8章から第12章の ES ではマルチファクターモデルの1つである 3FM を用いて AR 算出している[4]。3FM の特徴として，(1)CAPM 理論を踏まえてリスクフリーレート Rf_t を考慮する点，さらに(2)小型株と大型株のそれぞれによって構成されるポートフォリオの収益率の差を考慮した時価総額規模 SMB_t と，(3)高簿価時価比率株と低簿価時価比率株のそれぞれによって構成されるポートフォリオの収益率の差を考慮した簿価時価総額比率 HML_t[5] を説明変数として投入する点が挙げられる。とりわけ 3FM は Ri_t の推計が正確であるとされ，Campbel et al. [1997, p. 163]によれば推計モデルの決定係数が高くなる効果が期待されるという。さらに久保田・竹原[2007, p. 16]は「部分期間においては Fama-French 3 ファクターモデルが真のプライシングモデルであることを否定できない」と評している。

ところで AR 算定のツールとして CAPM から 3FM へと瞬時に進化を遂げたのではなく，その間に Brown and Warner[1985]によって Ri_t の推計のために Rm_t のみを説明変数とするモデルが登場している。このプライシングモデルは 3FM が登場した今でも多くの研究者によって採用されており，3FM の簡易的推計モデルとして位置付けられるため，依然として重要な AR 算定ツールである。本書では Brown and Warner[1985]による推計モデルをマルチではなく，ファクターが 1 つしか投入されていない特徴を踏まえて，シングル・ファクター・モデル(以下「SFM：Single Factor Model」と略称)と呼称することにする。なお，この SFM は前示の 3FM における(1)～(3)の特徴を有しない。

本書を上梓するにあたり第 11 章では櫻田・中西[2011]において用いた AR 算定ツールである SFM を見直し，3FM による再計算を試みている[6]。他方，第 2 章における分析ツールは SFM であり，第 11 章で行ったような 3FM による再計算を実施していない。第 11 章の原型である櫻田・中西[2011]が共著者である大学院生への講義内容として研究が着手されたように，学部学生や修士大学院生にとっては計算の簡易さから SFM による AR 算出過程を本書で示しておく意義は十分に認められると判断し，第 2 章における分析モデルを SFM のままとしている。但し，プライシングモデルの推計に関する優劣については第 9 章を，また金融株を含むか否かのデータ選択による推計の差については第 11 章を参照されたい。

3-2. 租税関連事象に関するイベント日設定上の問題点

租税関連事象とは課税制度の新規導入や改正，廃止，そして租税訴訟判決や更正通知受領(の公表)などをその内容とし，それらによって新規あるいは追加の課税，そして場合によっては還付が生じる。課税処分は不可避的であ

り強制性を伴うために納税者への影響が大きく，第2章，第8章から第12章において資本市場を通じた投資家の評価に注目している。

　本書で注目する租税関連事象は多岐にわたるが，課税の性格からある事象は反復し，またある事象は突発的に生じる。例えば第2章で検討するSO訴訟では最高裁判決によりSOの権利行使益が給与所得と判示されたが，その最終的な判断を迎える前にはおびただしいほどの下級審における判決が繰り返し公表されている。このような租税関連事象をESによる分析対象として扱う場合の難しさは以下の通りである。

　Prager[1992, p. 351]はケーブルテレビに関する規制緩和の法改正をESによる分析対象とし，「ケーブルテレビの経営について資本市場に及ぼす影響力が増すような法改正となれば，ケーブルテレビ会社の株主にポジティブな超過収益が反映される」と指摘している。しかしこの分析におけるイベントの数が1981年1月から1985年8月までの間に18にも達している。この状況下で検証が試みられたPrager[1992]による当該研究の枠組みについて，Lamdim[2001, p. 172]は「合併が周知されれば株価に対する影響が測定される期間が容易に推定されるが，法制化のプロセスは明確に予測できないイベント期間を特定することになり，困難」と指摘している。

　本書第2章において分析対象とするSO訴訟判決が及ぼす影響の分析や第11章において分析対象とする平成21年度税制改正（外国子会社配当益金不算入制度の導入）が及ぼす影響の分析では，イベント日設定においてLamdin[2001]が指摘する困難な問題に直面している。なぜならSO訴訟は当時全国で104件争われた[7]とされ，多くの判決に関する情報が資本市場に繰り返し投入され，判決の都度，株価に影響を与え続けたと考えられる。そのため後発の判決になればなるほど，先発の判決を踏まえた単なる繰り返しに過ぎなくなり，サプライズに欠け，次第に資本市場に与える影響はランダム・ウォークと見分けが付かないほどに低減していく。Prager[1992]の分析上の問題点を指摘したLamdin[2001]の知見を踏まえれば，可能な限り先行事例として影響力のある判決を遡って探し出し，イベント日を設定する必要があろう。

また第 11 章においても同様の研究上の困難に直面しており，株価を明確に上昇させた租税関連事象，この場合で言うと外国子会社配当益金不算入制度の導入について資本市場に影響を与えたとされるイベントの発生を特定する作業は混乱を極めた。一般的に新税制大綱は毎年 12 月頃に明らかになるが，準備はその年の初夏には開始されている。実際には税制大綱の公表日において優遇税制や規制緩和の影響が及ぶ法人株価に先鋭的なポジティブ評価が示されるとは予想されにくく，株価への織り込みは Lamdin [2001] が指摘する通り，どの時点なのか定めにくいという問題が生じる。第 11 章における検討の結果，資本市場に影響を及ぼす有力な情報は大綱公表を 4 カ月遡る平成 20 年 8 月 22 日に公表された平成 21 年度税制改正の中間論点整理となることが明らかとなった。

但し，いくつも存在するイベント日の候補から中間論点整理の公表日を最終的なイベント日として決定するためには数次にわたる試行が必要であり，研究上の成果を得るためには冒険を伴う。この類の実証研究における当然の結果として，統計上有意な反応を示さないイベント日の検証がいくつも繰り返される。このように ES を分析ツールとした場合，少なくない試行錯誤と骨折り損を伴うが，Lamdim [2001, p. 172] が指摘する通り，「法制の変化をイベント・スタディによって分析する場合は内側に解決困難な問題を孕んでいる」と言える。

したがって第 2 章や第 11 章で試みられた ES と第 8 章から第 10 章並びに第 12 章において試みられた ES は互いに性質が異なる。なぜなら前者は後者に比しイベント日やその周辺において発生する無関係な事象が AR へ作用し，そのことが分析結果の解釈に深刻な影響を及ぼし得るからである。つまり SO 訴訟を題材とした第 2 章や外国子会社配当益金不算入制度導入を題材とした第 10 章においては，サンプルを構成する全ての法人にとって，イベント日は特定の同一日となる。つまり第 2 章では全ての分析対象法人の株価に影響が表れるのは SO 訴訟判決日という暦年上の特定の同一日となり，同様に第 11 章でも全ての分析対象法人の株価に中間論点整理公表の影響が表れるのは平成 20 年 8 月 22 日である。これら 2 つの ES の場合，イベント

日やその周辺において発生した事象が分析対象法人の AR に与える影響を排除することはできない。例えば第 11 章では外国子会社配当益金不算入制度が分析対象法人の株価に与えた影響を ES によって解明しようとしているが，実際には(図表 11-5)で明らかにした通り，イベント・ウィンドウ内に株価に強い影響を及ぼす多くの事例，換言すれば撹乱的イベント[8] が存在している。われわれの興味は当該制度の導入に対して示された投資家の反応，つまり中間論点整理がサンプルを構成する各法人の株価に及ぼした影響の観察にある。しかし一般的に言って資本市場の株価には世界各地で発生する紛争やリーマン・ショックなどの経済危機と言った無関係な撹乱的イベントが反映される場合もある。それら撹乱的イベントによる資本市場への影響を本書ではノイズと呼称するが，第 2 章や第 11 章において試みられる ES は撹乱的イベントによって発生したノイズの排除が不可能な型式による ES(以下「ノイズ反映型の ES」と略称)と言うことができる。

　他方，上記ノイズ反映型の ES に対して第 8 章から第 10 章において注目した資本剰余金配当の実施公表や，第 12 章において注目した移転価格税制適用報道に関して試みる ES では，イベント・ウィンドウ内に発生する撹乱的イベントを原因としたノイズを相殺することが可能な ES(以下「ノイズ相殺型の ES」と略称)と言うことができる。なぜなら資本剰余金配当の実施公表日や移転価格税制の適用報道日はサンプルを構成する法人それぞれに区々である。より具体的に説明すれば資本剰余金配当の実施公表日は決算短信による適時開示資料の公表日となる。また移転価格税制の適用も各法人に対し課税庁より更正が通知され，それを受けた報道日がイベント日となる。このため，それぞれのイベント日が暦年上の特定の同一日に重なることは回避される。このようなノイズ相殺型の ES でもサンプルを構成するそれぞれの分析対象事例においてイベント日の前後に政局不安や経済危機といった撹乱的イベントが発生している。しかしこの場合，サンプル全体で見ればそれら撹乱的イベントの発生はランダムとなり，完全にではないがノイズは互いに相殺されてしまう。このためノイズ反映型の ES に比し，ノイズ相殺型の ES ではイベント日における資本市場の反応が観察されやすいという傾向が一般的に認

14

められ，その傾向はサンプルサイズが大きくなればより一層顕著となる。このような ES における分析上の問題点については予てより指摘があり，Brown[1994, p. 27]は Ball[1978]の研究を評し，「イベント日が暦年上により広く拡散すれば分析結果の頑健性は高まる」と述べている。以上，このような特徴を踏まえて本書において試みられる 4 つの ES の分析結果を比較してみると，第 11 章における ES 分析の結果が存外に弱い投資家反応に留まった理由を理解することができるであろう。

3-3. コーポレート・ガバナンスと税務行動

本書第 12 章では租税関連事象とコーポレート・ガバナンス(Corporate governance：以下「CG」と略称)の結びつきについても言及している。一般的には税務会計領域における検討課題として，課税計算に関連する事項のみが対象になるのであり，CG に関する議論は企業法や監査論においてのみ展開されるという偏狭で近視眼的な最狭義説を採用すれば，本書におけるような問題提起は生じない筈である。しかし思いがけず追徴課税を伴う税務行動を採用してしまった場合，経営判断の巧拙が CG システムの巧拙に直結していたのではないかと考えられる。このため更正処分の背景に稚拙な CG の存在を疑うのであるが，公開会社では株価や財務データが入手可能なので CG 構成の巧拙と追徴課税の関係について検討の対象となり得る。他方，中小法人では証券市場要因の欠落によって投資家の牽制が機能しないため，CG も成り立たないと考えられている。しかしながら「ステークホルダーを会社の意思決定，運営，監視・監督の中でいかに位置づけるべきであるかを考察すること(中略 – 引用者)がコーポレート・ガバナンスの重要な課題(宮島[2000, p. 33])」とされている。したがって中小法人にとっては課税庁の介入は結果的に中小法人の CG に大きな影響を及ぼす有力なステークホルダーであることを証しており，中小法人においては課税制度によって CG が構築される背景が存在すると本書では考えている。

CG の構築は会社経営の「効率性」と「適法性」実現を目的にすると考えられるが，そのために「業務執行者による自己抑制」と「他機関による牽

制」，そして「株主による牽制」の3つが重層的に組み合わさる必要があると鳥養ら[2015, p. 4]は指摘する。しかしCG構築に際し「効率性」について会社法上の扱いに関する限界が次のように主張されている。例えば西脇[2001, pp. 41-42]によれば「私法たる会社法において経営活動の指針にかくかく経営決定が『効率的』である，といったことを法が示すべきではないし，それは法の領域を超えた論である」との立場である[9]。換言すれば「会社という私企業の個別的経営のあり方の『効率性』の基準まで定めて，国家が指針を示すことはありえない」という。このように会社法におけるCGに関する規定とは経済界が期待するように直接的な企業の国際競争力を刺激する目的を有するわけにはゆかず，「経営者の独裁的経営を牽制するシステムを構築すること」が目的となる。

　他方，役員給与の支給水準を実質的に規定している税法は，中小法人経営に甚大な影響を及ぼし，潜在的に中小法人経営の「効率性」と「適法性」に一定程度の指針を与えていると考えられる。中小法人においては所有と経営が一体となっているため，とりわけ効率性を欠いた経営に傾斜しがちとなり，ややもすると西脇[2001]が危惧するように「個別的経営のあり方の『効率性』の基準まで定めて，国家が指針を示す」ことさえも期待しなければならない。このように中小法人経営における経済活動に「効率性」と「適法性」の指針を与えることが会社法には限界があるため，代替的にその役目の一部を税法規定が担っているとさえ考えられる。したがって本書では納税者の税務行動の解明は税法が及ぼす影響の観察に始まり，税法が求める良き納税者像への接近も目的として有することになるのである。特に役員給与課税においては「業務執行者による自己抑制」機能に対して性善説的な理解によって会社経営の「効率性」と「適法性」の実現を期待するには限界がある。したがって「株主による牽制」を欠いた中小法人では公開会社とは異なる理屈でCGが構築されねばならず，そのような観点から税法の貢献を期待すべきである。納税者の税務行動に与える行為規範，つまり税法が結果的に会社経営の「効率性」を実現させる場合が少なくないと考える[10]。

　尤も本書はもっぱら中小法人における税務行動のみを分析対象に設定して

いるわけではなく，公開会社における税務行動をも分析対象としており，そのうち後者についてはCGについても検討の対象としている。とりわけ第12章で検証する移転価格税制適用は投資家にとって企業価値を毀損する租税関連事象であり，適用前後に株価が下落する様子を示している。これに関連して社外取締役の導入を最後の最後まで渋ったキヤノンが移転価格税制適用の防止策として社外取締役の導入を決定[11] している。CGに関する原初的な定義はキャドバリー報告書によって「企業が監督され，管理される仕組み」とされる[12] が，首藤・竹原[2007, p. 8]は「合意された目的に沿って経営を規律付け動機付ける仕組みであり（中略－引用者），企業の目的を効率的に実現するための組織デザイン」と定義している。このような首藤・竹原[2007]による定義によってキヤノンの事例を見てみると，移転価格税制の適用回避を目的の1つに掲げ，効率性と適法性の実現を目指してCGを見直した結果，社外取締役を導入したと解すべきが妥当となる。

　移転価格税制適用はややもすると脱税にも近接した租税回避行動を採用したと投資家にみなされる可能性があり，経営者は企業イメージの低下も配慮しなければならない。首藤・竹原[2007, pp. 6-11]によれば「現代社会では，企業は提供する生産物の質だけでなく業務活動のプロセスに関して社会と市場の評価を受ける」ことになるため，CSRを「企業が社会の一員として持続可能な価値生産活動を行なう際の規律づけと動機付けのメカニズム」と定義している。そうであればMcWilliams and Siegel[2001, pp. 117-120]が指摘するように，障害者を雇用して支援するマクドナルドや製品情報を公開するハインツの例はブランドに対する高評価を誘導する努力と言えるが，移転価格税制適用はその正反対でブランド価値を毀損させることになる。したがって企業利益や法的適格要件を超えた社会的な幸福追求の積み上げがCSRとされる[13] ところ，移転価格税制適用はこれと真逆の評価を引き起こしかねない。

　通常経営者らは移転価格税制の適用回避に努めると思われるが，それにもかかわらず結果的に移転価格税制適用へと至れば，追徴や課税庁による調査にリソースを割く結果となる。そして移転価格税制の適用報道によって投資家は経営者らが抱いた脱税をも辞さない冒険的野心を思いがけず知ることに

なるかもしれない。移転価格税制の適用は適用法人における経営者に納税コンプライアンスの欠如を疑わせる可能性があり，これまでも租税負担削減を最優先する幾多の税制選択を蓄積してきたと疑われるであろう。その結果，業務活動のプロセスに対する投資家による評価は悪化する可能性もある。

このような因果連鎖から本書では移転価格税制適用を CG の観点から検証しようとするが，その着想は次の見解からも支持されると考える。それによれば「コーポレート・ガバナンスの構築が必ずしも短期利益にはつながらない」としながらも，「コーポレート・ガバナンスの不祥事発生リスク低減機能については概ね肯定的(市古・津田[2010, pp. 53-54])」との調査結果である。この結果を裏返せば CG が稚拙であれば不祥事発生リスクを増加させ，その一端として移転価格税制適用へと至り，投資家に抱かせた不信は企業価値の喪失として資本市場に反映されることになる。

4. 役員給与課税の問題点

4-1. 中小法人における役員給与課税と税務行動の観察

従来，役員給与の支給実態の解明は多くの研究者によって公開会社を分析対象として成果の蓄積が試みられてきたが，それらの中には税制が与える影響に注目した研究は管見の限り少なく，本書が貴重な研究成果であると言える。これまで役員給与の支給行動解明において税法的分析視角が重視されてこなかった理由を挙げるとすれば，公開会社を分析対象とした場合，税務行動分析という観点よりも，多くの研究において agency 関係から役員給与の適正額を検討する分析視角が採用されてきたためである。つまり公開会社では株主による承認と引き替えに高額報酬が実現するため，税制における役員給与の損金算入限度額規定が実際の支給相場に及ぼす影響は大きくはない。したがって公開会社における役員給与支給額の多寡について，研究上も実務上もステークホルダー間における利益の分配として適正か否かという論点で検証が試みられ，税制が与える影響を考慮に入れる必要性は小さかった。仮

に公開会社において余りに高額で過大役員報酬として損金不算入になったとしても，当該損金不算入部分も含めて役員給与の支給を株主らが承認しているのであれば，税制による役員給与の損金算入限度額規定による影響はないも同然である。

　このように公開会社では報酬委員会や外部監査役による報酬額の決定という第三者による報酬決定プロセスと株主による承認が，役員給与支給額の適正性を担保する。他方，中小法人では法人税法が示す役員給与の損金算入限度額は類似業種比準的に決定されるため，役員給与支給額の適正性を担保する仕組みが全く異なる。現状では役員給与算定過程に第三者を介在させる仕組みを中小法人へ導入するとして，最も親和性が高いのが会計参与であろう。しかしそのようなアイデアが存在したとしても，当該第三者への報酬が中小法人にとっては過重な負担となる問題や人材の確保，つまり適任者の独立性の問題と大企業にとってさえも困難な課題を中小法人が克服しなければならない。この結果，中小法人の高額な経営者報酬を第三者による承認を経て実現する方途は画餅に帰す可能性が高い。そこで税法規定が中小法人における役員給与支給額の適正水準を決定し，今に至っている。尤も公開会社における役員給与支給額の決定において税制が与える影響といえば第2章で言及するSOにおける税制適格要件が存在するほか，非上場の中小法人においては導入が認められていない業績連動給与も公開会社において法人税法が強く影響を及ぼし，納税者行動上の制約として機能している。

　定期同額給与や事前確定届出給与に関する法人税法規定が影響を及ぼすのは公開会社ではなく，一般的には中小法人である。このように見てくると役員給与の損金算入限度額規定は，もっぱら中小法人における支給行動を縛りつけるために存在している。そこで本書第3章から第6章で中小法人における役員給与の支給事例について実業出版データを分析対象とした。そして分析の結果，中小法人における役員報酬の支給について2,409事例を，また役員退職金の支払いについて550事例を対象とした実証分析結果をそれぞれ第4章並びに第5章で示している。

4-2. 納税者の予測可能性と租税争訟

本書では第3章から第7章において観察対象となる納税者の税務行動として役員給与の損金算入限度額計算に注目する。上場企業における役員給与に対する課税は過大部分の否認事例が少ないと考えられるが他方，同族会社が大半である中小法人においては数多くの租税争訟事例で過大部分を争っている。これに関連して第2章で検討したようにSOを交付する公開会社においてはSOの権利行使者が当該行使益について一時所得課税を求めた訴訟が相次いだ時期が存在したが，この問題は中小法人における役員給与課税と本質的には異なる。SO訴訟は平成14年から同20年の間に集中的に争われたが他方，中小法人における役員給与課税について本書で言及する案件は少なくても昭和33年6月19日熊本地裁判決のゴム製品販売業・役員賞与事件[14]にまで遡り，直近では平成29年2月23日東京高裁判決の残波事件[15]を対象とし，60年近く争われ続けている。このようにSO訴訟が短期間において問題の解決を見たのに比し，同じ役員給与課税でも法人段階における損金算入限度額の水準を争う事例については依然として中小法人において繰り返し発生し，納税者の不服は収まるところを知らない。

品川[2006, p. 39]が指摘する通り，「役員報酬及び役員退職給与については，不相当に高額な部分が損金不算入とされるが，その相当額の判定において主として類似法人との対比が行われるため，その役員がどれだけの業績を上げているかよりも，もっぱら類似法人との横並び的な支給が余儀なくされている」という現状が認められる。この場合，損金算入限度額水準の確定について事実認定を伴うが，その事実認定が困難であることに加え，不確定概念が用いられ，申告段階における納税者はいかなる程度が損金算入限度額となるのか予測不能と主張する事例が多い。そして適切な事実認定が行われず，課税要件明確主義に反し，役員給与の損金算入限度額計算がなされ，これを憲法違反とする納税者の主張が散見される。このように役員給与の損金算入限度額計算について「争訟事例の積み重ねの中から帰納的に解決策が見出される（品川[2008b, p. 33]）」ことから，本書における予備的考察として租税判例の

渉猟は避けられないと考えている。

　品川[2008b, p. 31]によれば「成文化した条項の法的批判について，それが法廷において正当化されるのは，当該裁判所が当該条項について違憲判断を下すことが条件」となり，「解釈上の問題よりもはるかに制限される」ため，納税者が憲法違反を求めた租税訴訟が上告審において棄却される顛末が圧倒的に多い。このことは換言すると「税法が国会の審議を経て条文化されると，当該条項が国民からいかに批判されるとしても，裁判所において当該条項の憲法違反が問われない限り，立法当局は，その国民の批判を無視することができる」のである。したがって本書第6章において言及する旧法人税法第35条第1項に規定されていた業務主宰役員給与の損金不算入制度の廃止は興味深い事例である。

　このように租税争訟において違憲と判示される事例は非常に少ないが，その中でも例外的に違憲判決が示されたサラリーマン税金訴訟（大島訴訟）事件[16] から示唆を得ることにしよう。大島訴訟では給与所得者の給与所得控除が事業所得者の必要経費による控除に比し著しく低い点を憲法第14条に規定する法の下の平等に違反するとして争われたが，その中で最高裁判所大法廷は次のように判示し，審査の限界を示している。それによると「租税は，今日では，国家の財政需要を充足するという本来の機能に加え，所得の再分配，資源の適正配分，景気の調整等の諸機能をも有しており，国民の租税負担を定めるについて，財政・経済・社会政策等の国政全般からの総合的な政策判断を必要とするばかりでなく，課税要件等を定めるについて，極めて専門技術的な判断を必要とすることも明らかである。したがって，租税法の定立については，国家財政，社会経済，国民所得，国民生活等の実態についての正確な資料を基礎とする立法府の政策的，技術的な判断にゆだねるほかはなく，裁判所は，基本的にはその裁量的判断を尊重せざるを得ないものというべきである。そうであるとすれば，租税法の分野における所得の性質の違い等を理由とする取扱いの区別は，その立法目的が正当なものであり，かつ，当該立法において具体的に採用された区別の態様が右目的との関連で著しく不合理であることが明らかでない限り，その合理性を否定することができず，

これを憲法一四条一項の規定に違反するものということはできない」とする。

この判決に対し品川[2008b, p. 32]は「現行法令それ自体に不満を持ち，当該法令に基づく課税処分を争う中で当該法令の違憲を違法事由として問題解決を図ろうとする租税専門家にとっては，この大法廷判決が大きな壁となって立ちはだかる」と評している。実際に本書第3章から第6章において役員給与課税に関する租税争訟15件[17] を渉猟したが，それらの中にも過大部分の予測可能性について争ったものの上告審において棄却された事例が散見されることからすると，現行の役員給与に対する課税実務が法人税法施行令によって規定され，納税者の不満を残しつつも，それでも安定的に税務行政が執り行われている点を評価すると解するよりほかない。しかしそれでも残される問題とは，類似法人抽出における倍半基準の採用が納税者の不満を引き起こす原因となっているが，課税側も司法も軽視しているという実態であり，改善する理由があり，改善する余地が認められると第3章から第5章において指摘している。

4-3. 中小法人の役員給与支給事例に関するデータ

同族会社における役員給与課税は法人段階で損金算入限度額に過大部分が認定されれば加算処理され増税となり，個人段階では累進課税となる所得税が課せられるため，納税者は両税通しての税痛に敏感になる。しかし上場企業であれば所有と経営が分離しているため，役員給与に対する法人段階での課税に対して経営者の認識する税痛は例え存在したとしても皆無に等しい。このような背景から役員給与課税に対する不満はもっぱら中小法人において発生するが，その検証となれば従来，実証分析に耐え得るデータが存在しないことを理由に実態の解明が進んでいなかった。したがって中小法人における役員給与支給について納税者の税務行動を一般化する研究成果は乏しく，条文解釈や判例批判といった規範研究領域の成果のみが蓄積されるだけであった。

本書が注目する実業出版データは平成12年以降隔年で同26年までの間に収集した8カ年分のデータであるが，中小法人における役員報酬の支給事例

2,826 件の分析を本書第 3 章・第 4 章で行い，同じく中小法人における役員
退職金の支給事例 550 件の分析を本書第 5 章で行う。本書で実証分析の対象
となる役員給与課税とは，平成 18 年度法人税法改正後に規定する定期同額
給与や事前確定届出給与，そして役員退職給与のみならず，平成 18 年度法
人税法改正前の役員報酬や役員賞与にまで範囲が及ぶ。本書ではこれらを特
に区別する場合を除き，役員報酬，役員退職給与，そして役員賞与を一括し
て呼称する場合に便宜上，「役員給与」としている。

　現在の役員給与課税は平成 18 年度法人税法改正前においては旧法人税法
第 34 条第 1 項・同 2 項と旧法人税法施行令第 69 条第 1 号を中心にして規定
されており，平成 18 年以後においては改正された法人税法第 34 条と法人税
法施行令第 70 条第 1 号同 2 号によって引き継がれ，役員給与の損金算入限
度額が算定されている。また同時に役員給与課税の実際は 60 年にも及ぶ判
例の蓄積を背景としており，それら判決が大規模な齟齬を発生させないよう
に現在の課税へと継承されてきている。中小法人における役員給与の支給行
動についてその一般的傾向を明らかにすることが本書において期待されるが，
そのための分析対象が上記の通り平成 18 年度改正を挟んだ役員報酬支給
2,826 件と役員退職金支給 550 件を踏まえて導出される点は本書における最
大の特徴の 1 つと言うことができる。

4-4. 倍半基準による類似法人抽出の問題点

　課税庁が行う役員給与の損金算入限度額水準の決定は，概ね類似法人を倍
半基準によって選定する方法によっている。本書第 4 章における分析結果か
ら中小法人の役員給与の損金算入限度額は規模変数によって強い影響を受け
ることが明らかになったが，品川 [2016, p. 43] が指摘する通り従来，「売上規
模を基にした倍半基準については，推計課税における同業者選定においてよ
く利用される」と言う。しかし問題点は推計課税が「帳簿もなく税務調査に
も非協力な納税者に対する強制的課税であることに対し，役員給与が基本的
に会社法の規定（同法 361）によって自己規制が行われていること等を考慮す
ると，売上のみではなく，収益状況，内部留保等にも勘案して，数値的にも

倍以上の法人に限定して選定するべき」とされる。そしてまた課税庁の処分には役員給与の損金算入限度額算定において個別的事情が十分に反映されない硬直性の問題が散見されている。つまり役員給与の損金算入限度額の算定に際し、「実質判断(事実認定)は、人(税務署長)が人(役員)の職務能力を判定するという極めて困難な作業を伴うことになるが、だからと言って、弊害の多い横並び的な形式判断によって法人課税を強制すべきではない(品川[2008b, p. 33])」と指摘する通りである。

　本書では第3章から第6章において役員給与課税が企業規模や業種といった企業属性や、役位や貢献度といった役員属性等の中から、いかなる要因が最も強い影響力を及ぼすのかを明らかにした。そしてその中でも役員給与の損金算入限度額算定における地域格差にとりわけ注目している。例えば品川[2016, p. 43]は一般論として「類似法人を選定する地域をどこにするかは、常に問題とされる」ものの、「通常、同じ国税局管内から選定される場合が多い」とし、残波事件に関する判例解説においては「X会社が所在する沖縄県が一つの国税局扱いとされるため、国(処分行政庁)は隣局の熊本国税局管内にまで範囲を広げた」点について「そのこと自体の不合理性を説得的に主張することも困難」との難題が存在する。

　残波事件では地場特産の泡盛の製造業者が原告であったことから、原処分では単式蒸留焼酎の製造業免許を取得した34法人を類似法人として抽出している。東京地裁の判断では当該34法人の抽出について「単式蒸留しょうちゅうについては、熊本国税局管内における製成数量が全国における製成数量の8割以上を占めていることが認められるところ、(中略−引用者)比較的近接した地域においては、製造コスト等に類似性が認められるものが多い」とし、合理的と判示している。本件における原告は類似法人抽出の条件とした製造方法としての単式蒸留と酒類としての焼酎への限定を不服としたほか、類似法人の所在地域が熊本国税局管内に集中した点も不服としている。原告主張を推測するに、恐らくは大手ビール4社やその他の上場酒造メーカーを類似法人に含め、役員給与の損金算入限度額水準をより高額に誘導する意図を有していたと思われる。

このように残波事件では納税側は類似法人抽出における業種や地域の厳格
適用の回避を主張した点に特徴があるものの他方，これとは真逆に納税側が
類似法人の抽出について厳格な業種適用を求めた事例として工作機械製造販
売業・役員退職金事件[18] が存在する。詳細は第3章において言及するが，
原告 X 社の主張は業種区分上の特殊性を強調することでいかなる類似法人
とも異次元の高額な役員退職給与を損金算入させようとする動機に基づいて
いる。このように類似法人の抽出をめぐりいずれの訴訟案件も原告が異議を
唱えるが，前者の主張は厳格な業種適用の回避であるが，後者は厳格な業種
適用であり，両極端の主張となっている。両事例は役員給与の損金算入限度
額計算において業種が及ぼす要因を争った事例としては共通するが，ほぼ四
半世紀を経た両事件の原告主張は間逆となり，それぞれに対して司法判断は
当該主張を退けている。両事件とも役員給与の損金算入限度額を最大化する
という原告の目的は同じであるが，その目的に到達するための戦術が間逆で
ある点や，間逆であるために納税者主張が矛盾を孕むという点は興味深く，
それに比し処分行政庁や司法の判断はいずれも請求を棄却し，（残念ながら）
主張の軸はブレていない。そしてその結果，処分行政庁の主張の堅牢性が際
だち，法廷の場でも優位に扱われたと評することができる。

このように見てくると，役員給与の損金算入限度額算定における業種の要
因は，倍半基準によって類似法人の抽出が隣接管内において潤沢に確保可能
な場合には残波事件のように厳格に適用される。しかし類似法人の抽出が困
難な場合は業種の壁は低く設定され，抽出範囲も広範となる。実際，工作機
械製造販売業・役員退職金事件では類似法人の抽出を広島国税局管内のみな
らず，大阪，名古屋，福岡，熊本にまで広げている。倍半基準による類似法
人の抽出方法としては既に課税庁において確立されているのであろうが，抽
出地域の拡張をどこまで行うかについては通達回答方式における裁量が認め
られるのも事実ではあり，納税側はこの点を問題としている。

このように倍半基準の問題は抽出する類似法人の業種の広狭に関する問題
として論じられながら，同時に抽出対象の地域的拡がりの問題としても論じ
られる。業種という文言は政令に存在するが，地域性によって損金算入限度

第1章　本書の構成　25

額に多寡をもたらす合理性は示されてない。しかし倍半基準を採用し続ける限り，類似法人の選定について業種と地域性の問題を内包し続けることになる。したがって役員給与の損金算入限度額算定においていかなる程度の地域格差をもたらしているのかという論点の検証は重要であると考えている。地域による最低賃金格差が存在するような厳密な意味での地域格差が，役員給与課税において存在するのかも大いに疑問であるが，当該格差を肯定するいかなる合理的な理由が存在するのかについても今後の検討が待たれる。

　また本書第7章では第6章までの検討からやや異なる視座から税制を見直し，非上場株式の評価を検証したが，評価会社の株価を算定する相続税法規定では地域格差を反映させていない。つまり同族会社において相続により事業が承継される場合等に中小法人株価を算定しなければならない場面で当該株価算定において財産評価基本通達が用いられるが，評価会社の所在地域を度外視している。このことから課税上の評価に地域性をいかなる程度反映させるのかについて，税目横断的に齟齬のない規定とすべきと考える。

1)　ARとCARからそれぞれ短期保有目的と長期保有目的の投資家行動が観察されると解釈する場合もある。例えばPrather et al.[2009]の研究によれば脚注において株式報酬費用を認識していた法人が財務諸表本体での計上に変更表記した際の法人のARとCARに注目した。ARについてイベント日の1日前は有意にマイナスであるが，1日後は有意にプラスであった。他方，イベント日を含むCARは統計的に有意な数値を示さなかったという。これらARとCARの解釈として，長期保有目的の投資家は脚注表記から財務諸表本体への自発的な記載変更を重視していないものの，短期保有目的の投資家はこの会計方針の変更に反応したと解釈している。

2)　一般的にagency理論におけるSOの役立ちとしては，次のように説明がされている。Naser[1993, p. 15]によれば「監査を受けた財務情報が公開されることで，株主と企業経営者はお互いの利益を認識する」とし，「agentは企業に関する情報を提供し，principalは企業経営者の行動を監視する」が，「その両者の間に情報の不平等が存在し，moral hazardを発生させてしまう」場合がある。そこで「moral hazardの予防策として，principalはストックオプションや利益分配制と言ったagentへの動機付けを行う」と説明される。

3)　本研究における分析対象データの出所は実業出版社が刊行する以下の書籍から収集している。『役員報酬・賞与・退職金，授業院退職金，慶弔見舞金，高齢社員の待遇＆賃金，税理士等の顧問料　中小企業の『支給相場＆制度』完全データ』／『役員

報酬・賞与・退職金，授業院退職金，各種手当，慶弔見舞金　中小企業の『支給相場』完全データ』／『社長・役員の報酬・賞与・退職金　業種別役位別　最新支給データと中小企業の従業員退職金相場』／『社長・役員の報酬・賞与・退職金　最新支給事例と税金対策』／『社長・役員の報酬・賞与・退職金　最新支給データと税務Ｑ＆Ａ』／『最新　社長・役員の報酬・賞与・退職金支給データ』／『社長・役員の報酬・賞与・退職金　最新支給データ』／『役員の報酬・賞与・退職金　最新支給相場資料大集』。

4)　本書第8章から第12章において試みられる3FMによる分析上，必要とされる Rf_t, Rm_t, SMB_t と HML_t のデータは，日経メディアマーケティング社・金融工学部 NPM グループの提供する「日本上場株式　久保田・竹原 Fama-French 関連データ」に依っている。詳しくは久保田・竹原[2007]を参照のこと。

5)　久保田・竹原[2007, p. 10]によると「Fama-French 3 ファクターモデルは，少なくとも CAPM と比較して実際の市場で記録されたデータをよりよく説明可能であり，それは HML ファクターによるところが大きい」と指摘している。

6)　そもそも櫻田・中西[2011]は本書執筆者である櫻田の大学院講義を受講していた共同執筆者の社会人大学院生に対する演習内容をそのまま研究論文としたため，AR 算定方法を該当大学院生に教示する際に，大学院生の研究実績の迅速な蓄積や時間的制約という教育上の便宜を優先し，3FM を採用せずに簡便的に SFM を用いた経緯がある。したがって本書の上梓という機会に乗じ，より正確な AR 算定ツールを用いて再検証を試み，新たな検証結果を第11章において示している。

7)　平成17年1月26日　毎日新聞　東京朝刊。

8)　本文中の「攪乱的イベント」とは Brown[1994, p. 28]を訳出した山地・音川[1999, p. 38]における Confounding events の訳語であり，本書においてもそのまま用いることとしたい。

9)　例えば同様の見解として宮島[2000, p. 33]は「国際競争力を有する企業へと推進するような会社法制を創設したいという企業側からの期待という問題はいかに考えるべきであろうか」と問題提起し，次のように示唆している。それによれば「会社法が私法としてわが国の基本法の重要な位置を占めるものである以上，ただ単に国際化が図られればよいというものではない」とし，「株式会社の法的構造ないしは企業統治機構が世界的に一元的であらねばならないという理由もない」とした。

10)　本書で展開するように中小法人における経営の効率性確保のために租税法規定の役立ちを主張する研究は決して多くはない。例えば会計参与制度の中小法人への普及を論点とした柳田[2016]による検証は実証研究ではないが，税理士の役立ちを検討する中で中小法人経営の効率性について試論を展開しており，興味深い。

11)　平成26年3月10日　日本経済新聞　朝刊16頁。

12)　Report of the Committee on the Financial Aspects of Corporate Governance, Committee on the Financial Aspects of Corporate Governance, 1992. para2.5, Adrian Cadbury

13) 同様に Hemphill［2004, pp. 355-356］によれば「米国企業は従業員と地域社会といういうステークホルダーとの間に新たに社会的契約を協議する状態になったと指摘しており、CSR には経済的・法的・倫理的側面に加え、戦略的博愛主義に基づいた社会貢献もその内容に含まれ、米国企業にとって新たな CG モデルが現れた」と指摘している。

14) 〈第一審〉昭和 33 年 6 月 19 日熊本地裁判決・昭和 32 年(行)4 号、〈控訴審〉昭和 34 年 6 月 10 日福岡高裁第 1 民事部判決・昭和 33 年(ネ)368 号。

15) 〈第一審〉平成 28 年 4 月 22 日東京地裁判決・平 25(行ウ)5 号。〈控訴審〉平成 29 年 2 月 23 日東京高裁判決・平 28(行コ)205 号。

16) 〈第一審〉昭和 49 年 5 月 30 日京都地裁第 2 民事部判決・昭和 41(行ウ)10 号〈控訴審〉昭和 54 年 11 月 7 日大阪高裁第 3 民事部判決・昭和 49 年(行コ)36 号〈上告審〉昭和 60 年 3 月 27 日最高裁大法廷判決・昭和 55 年(行ツ)15 号。

17) 本書において取り上げた租税争訟は出現順に以下の通りであり、事件番号等は各章注にて改めて記してある。〈第 1 章〉ゴム製品販売業・役員賞与事件、残波事件、サラリーマン税金訴訟事件、工作機械製造販売業・役員退職金事件、〈第 3 章〉新旧美術品販売業・役員報酬事件、食料品製造業・役員退職金事件、食肉販売業・役員退職金事件、船舶製造業・移転価格税制適用事件、電気製品部品製造業・役員退職金事件、信用金庫・専務理事賞与事件、水産加工物卸売業・通称専務賞与事件、鉄鋼製品販売業・役員報酬改訂増額事件、〈第 4 章〉鉄工業・役員退職事件、衣服等縫製加工業・役員報酬事件、パチンコホール業・非常勤役員報酬事件、〈第 5 章〉事件物の不動産仲介代理業・役員報酬事件、一般貨物自動車運送業・役員退職金事件。

18) 〈第一審〉平成 1 年 8 月 9 日岡山地裁第 2 民事部判決・昭和 62 年(行ウ)8 号、〈控訴審〉平成 4 年 3 月 31 日広島高裁岡山支部第 2 部判決・平成 1 年(行コ)3 号。

第2章 ストック・オプション判決に対する市場の反応

1. はじめに

　SO は株式会社の役員や従業員が，当該会社へ権利行使価格を払い込むことによって株式売買契約を成立させる。多くの場合，SO は無償で交付されるため，権利行使時の株価と行使価額の差額が権利行使者の所得と認識される。以下，本章において当該差額を SO による「権利行使益」とし，その上で当該権利行使益をいかなる所得分類として課税すべきであるかについて争った過去の租税訴訟(SO 訴訟)を取り上げ，訴訟判決日をイベント日とする ES を行うこととする。

　そもそも SO 制度は，その導入によって役員や従業員に対する動機付けが期待される。このため SO 制度の導入が資本市場に与える影響について分析した研究例は少なくない。そしてそれらの研究成果から，一般的に SO 制度の導入は，資本市場の参加者によって歓迎されると考えられている。しかし Bebchuk and Fried[2004, p. 10]によれば「一般的に役員報酬の実務では邪悪な動機を生み出してしまう」とし，「例えば経営者がオプションや株式の売却が可能であるため，彼らは誤った報告や悪いニュースを抑制し，そして市場に不透明な計画や戦略を選択する動機を与える」としている[1]。このように SO 制度の導入そのものを観察対象とした場合に SO の導入目的を懐疑する研究成果が存在するが，本章ではそれらにさらに踏み込んで，権利行使益がいかに課税されるかについて市場の反応を実証的に検証する。

わが国においては平成14年から20年にかけて，税制非適格SOの権利行使益が，一時所得なのかあるいは給与所得なのかをめぐる租税訴訟が多発した。現在では権利行使益は分類上，給与所得とされており，その根拠は平成17年1月25日の最高裁第三小法廷判決に基づいている。しかしながらこれより前には権利行使益について所得分類を一時所得とする場合も存在していた。したがって各地で繰り返されるSO判決によって，権利行使益の所得分類が一時所得と給与所得の間で二転三転する時期が存在し，この間，判決内容によってSO制度を導入している法人の株価が影響を受けたと考えた。

もちろん株価の変動は日々の様々な要因によって変化するため，SO訴訟の判決のみが企業価値を大きく増減させるとは考えにくい。つまり当該判決日をESにおけるイベント日とするも，SO訴訟の判決によって市場が反応しない可能性も否定し得ない。また本章において取り上げる新聞報道にある通り，権利行使益の所得分類が下級審判決において二転三転しつつも給与所得判決が優勢になっていった経緯からか，最高裁判決が及ぼす影響は少ないようにも思える。そこで下級審判決も含め，SO訴訟判決は資本市場に影響を与えたと言えるのか，またその反応に規則性があるのかについて本章で明らかにしてみたいと思う[2]。

さて，SO行使者は多くの場合は給与所得者であるから，権利行使益も給与所得と分類されれば権利行使益以外の年間の給与所得に当該権利行使益が追加され，その結果として累進課税を受けて納税負担が急激に増加する。他方，権利行使益が一時所得と判断されれば50万円の特別控除と半額課税という課税上の恩恵に浴することができる。このような事情から一時所得と分類されれば，給与所得と分類された場合に比し，SO行使者への課税は緩められる。したがって納税者は権利行使益について当然に一時所得を主張し，他方課税当局は給与所得を主張するが，こうした利害の対立が租税訴訟として繰り広げられたのが概ね平成14年から同17年までである。そこで権利行使益の所得分類が一時所得か給与所得かによって，経営者の動機付けを一層高めるか，減殺させるかについて投資家反応の実態を解明する。

2. 研究の背景

2-1. 所得分類判決の経緯

権利行使益に対する課税をめぐり，一時所得か給与所得かで争われた一連の訴訟事例について主なものを（図表2-1）にまとめた[3]。同表の中には外資系法人のわが国子会社における役員・従業員が原告となる事例も含んでおり，それぞれ（図表2-1）における出現順にマイクロソフト従業員 SO 事件[4]，インテル SO 事件[5]，マイクロソフト役員 SO 事件[6]，IBM SO 事件[7]，アプライドマテリアルズ副社長 SO 事件[8]，同従業員 SO 事件[9]，ベリサイン役員 SO 事件[10]，コンパック役員 SO 事件[11] が挙げられる。これらの事例は親会社株式を付与される SO 制度に基づいて権利を行使したものの，その際に生じた権利行使益を給与所得とした課税庁の更正を不服とした事例である。管見の限り（図表2-1）により，わが国における最初期の判決はマイクロソフト従業員 SO 事件に関してであり，平成 14 年 11 月 26 日に一時所得が言い渡されているが，その後に控訴審（東京高裁第 12 民事部　平成 14 年（行コ）309 号判決）では一転，給与所得として判示されている。このような流れは，その後に争われる一連の SO 訴訟の顛末を示す典型例となり，時が経過するほど給与所得判決が優勢となった。

平成 16 年以降の訴訟事例では権利行使益を給与所得とする下級審判決が圧倒しているが，（図表2-1）中，2 月 19 日にアプライドマテリアルズ副社長 SO 事件に対する東京高裁判決が最初の高裁判決となり，権利行使益を給与所得と判示している。平成 17 年以後は高裁・最高裁判決で権利行使益を給与所得とする下級審判決の支持が目立ってくる。このような推移について（図表2-1）を見ていくと，平成 16 年中の 14 件の訴訟事例のうち 10 件が給与所得と判示され，さらにそのうち 4 件が高裁判決となっている。続く平成 17 年では 6 件の係争事例全てで給与所得とされているが，その中でもアプライドマテリアルズ副社長 SO 事件の上告審判決は，同年以後の判決に大きな影響を与えている。このように平成 17 年中には 1 つの最高裁判決と 3 つ

（図表 2-1）　主な SO 判決と判示された所得分類

判決年月日	裁判署名	所得区分	事件番号	事件名
平成14年11月26日	東京地裁民事第3部	一時	平成13(行ウ)197	マイクロソフト従業員
平成15年8月26日	東京地裁民事第2部	一時	平成12(行ウ)309等	インテル
			平成13(行ウ)45等	マイクロソフト代表取締役
			平成13(行ウ)49	アプライドマテリアルズ副社長
平成16年1月21日	横浜地裁第1民事部	給与	平成13(行ウ)14等	コンパック役員
			平成13(行ウ)54等	マイクロソフト役員
平成16年1月30日	東京地裁民事第38部	給与	平成14(行ウ)214	IBM
平成16年2月19日	東京高裁第8民事部	給与	平成15(行コ)235	アプライドマテリアルズ副社長
平成16年2月25日	東京高裁第12民事部	給与	平成14(行コ)309	マイクロソフト従業員
平成16年2月27日	東京地裁民事第38部	給与	平成14(行ウ)138等	マイクロソフト従業員
平成16年3月16日	東京地裁民事第3部	一時	平成13(行ウ)46	コンパック従業員
平成16年8月24日	東京地裁民事第3部	一時	平成13(行ウ)299	
平成16年9月15日	東京高裁第11民事部	給与	平成16(行コ)61	IBM
平成16年10月7日	東京高裁第4民事部	給与	平成15(行コ)232	マイクロソフト代表取締役
			平成16(行コ)75	マイクロソフト役員
平成16年11月2日	神戸地裁第2民事部	給与	平成14(行ウ)30	アプライドマテリアルズ従業員
平成16年12月8日	東京高裁第5民事部	給与	平成15(行コ)233	インテル
平成16年12月17日	東京地裁民事第2部	一時	平成15(行ウ)357	ベリサイン役員
平成16年12月22日	名古屋地裁民事第9部	給与	平成16(行ウ)36	
平成17年1月25日	最高裁第三小法廷	給与	平成16(行ツ)133等	マイクロソフト従業員
			平成16(行ヒ)141	アプライドマテリアルズ副社長
平成17年2月22日	最高裁第三小法廷	給与	平成16(行ツ)340等	IBM
平成17年5月31日	東京高裁第24民事部	給与	平成16(行コ)79	コンパック役員
平成17年6月16日	大阪高裁第14民事部	給与	平成16(行コ)121	アプライドマテリアルズ従業員
平成17年9月29日	東京高裁第14民事部	給与	平成17(行コ)11	ベリサイン役員
平成17年10月28日	千葉地裁民事第3部	給与	平成14(行ウ)62	シスコシステムズ
平成17年12月16日	東京地裁民事第3部	給与	平成15(行ウ)427	ヒューレットパッカード常務取締役
平成18年7月18日	最高裁第三小法廷	給与	平成17(行ツ)17	マイクロソフト代表取締役
			平成17(行ツ)18	マイクロソフト役員
平成18年10月24日	最高裁第三小法廷	給与	平成17(行ヒ)2	マイクロソフト従業員
			平成17(行ヒ)296	コンパック役員
			平成17(行ヒ)314等	アプライドマテリアルズ従業員
平成19年4月25日	東京高裁第17民事部	給与	平成18(行コ)85	
平成19年7月6日	最高裁判所第二小法廷	給与	平成18(行ヒ)295	
平成20年2月15日	大阪地裁第2民事部	給与	平成17(行ウ)151等	
平成20年12月19日	大阪高裁第6民事部	給与	平成20(行コ)45	

の高裁判決が登場しており，権利行使益の所得分類をめぐる争いは給与所得であるとして，一連の訴訟が収束に向かった年であった。

なお，税務行政の根拠となる所得税関連法令整備の推移であるが，平成14年6月24日付けの所得税基本通達23〜35共−6の改正によって初めて，権利行使益に対する課税が給与所得となる旨，明記された。それ以前は，「課税実務においても，平成9年分の所得税の確定申告がされる時期ころまでは，上記権利行使益を一時所得として申告することが容認されていた。しかしながら，（中略−引用者）平成10年分の所得税の確定申告の時期以降は，上記権利行使益を給与所得とする統一的な取扱いがされるに至った[12]」という経緯がある。したがって通達が改正される平成14年6月頃までは権利行使益を給与所得とする根拠が存在しない状態が続き，混乱を招くきっかけとなった。このため納税者とのトラブルは平成10年前後の確定申告に対する更正処分がきっかけとなっている。

2-2. 権利行使益を一時所得とする見解

権利行使益に対する所得分類をめぐる訴訟においては，結果的に平成17年1月25日の最高裁判決によって給与所得である旨判示され，一応の解決を見ている。そこで本節では所得区分をめぐる議論のうち，一時所得とする見解を概観しておくこととする。権利行使益は「当事者の会社との関係により，事業所得，一時所得または雑所得のいずれかに該当すると解すべき（金子［2007，p.186］）」とあるが，この中で事業所得に区分される場合は，顧問弁護士や顧問税理士に対して付与されたSOが権利行使益を発生させた場合である。したがって法人役員や従業員による権利行使益は一時所得と解される。

権利行使益が給与所得ではなく，一時所得とする思考は，給与所得概念の狭義説に由来する。なぜならば給与所得概念の狭義説とは，権利行使益などのごとき「追加的な給付が提供された労務の対価にあたるか否かを厳密に考える考え方（佐藤［2004，p.25］）」であるため，この考えによると使用人の労働の質と量が権利行使によってもたらされる経済的利益の多寡と無関係となり，故に権利行使益は給与所得の要件を満たさないとする。また権利行使益を獲

得するためには株価の上昇という外部要因に依拠せねばならず，対価の不確定性が認められることから，給与所得への区分が馴染まないと考える。結果，権利行使益は給与所得とならず，一時所得と解される余地があった[13]。

　さらにわが国において展開された SO 訴訟の中には，米国親会社の出資するわが国子会社の従業員等に対し，親会社株式による SO を付与する事例が多い。したがって子会社従業員等が親会社と直接の雇用契約を結んでいないことを論拠に，親会社から支給される金員，つまりこの場合は権利行使益を給与所得とせずに一時所得とする見解も存在する[14]。

　加えて権利行使益を一時所得とした東京地裁民事第 3 部（平成 13（行ウ）46 号判決）の判決理由では，同権利行使の条件成就後に株価が上昇した場合に生じた所得は，「使用者の支配の及ばぬ運用益」であり，「資産の譲渡の対価ではなく，かつ，役務の対価ではないから一時所得」と判示している。しかしながら「行使利益は，給与所得と資産の譲渡による所得の混合的性質を有し」ていると指摘され（一高[2004, p. 103]），当該判決には疑問の余地が残る。

2-3. 権利行使益を給与所得とする見解

　前節において給与所得概念の狭義説に言及したが，これに対して広義説[15]は「使用者が従業員等にその従業員等の地位にもとづいて与えるものを包括的に給与所得として考える考え方（佐藤[2004, p. 25]）」である。これによれば権利行使益は給与所得と区分されるが，その根拠として佐藤[2004, p. 26]によれば，家族手当の支給を例に次のように説明し，権利行使益も給与所得に該当するとした。すなわち「本給部分は給与所得だが，追加の家族手当等は対応する労務提供無く継続的に使用者から与えられる金銭であって雑所得にあたる，という解釈論は，論じるまでもなくナンセンス」である[16]。

　また前節において，わが国子会社従業員等と米国親会社との間に雇用契約が存在しないことを根拠として権利行使益の給与所得性を否定する見解を示した。しかしアプライドマテリアルズ副社長 SO 事件の最高裁判決では，そのような親会社と子会社従業員の間の厳密な雇用関係が前提となって当該権利行使益の所得区分が行われる必要はないとの見解を示している。なぜなら

当該判決では，親子会社や企業グループという複数の経済主体の集合を1つの課税主体としてみなす思考を採用しており，資本関係が100％出資の子会社を親会社の一部と考え，結果として当該最高裁判決では，子会社従業員等に支給した親会社のSOから生じた権利行使益は親会社からの給与である旨判示した。このような思考は現行の連結納税制度が100％子会社を擁する企業グループに適用され，課税主体として一体視する点とも整合している。

　しかしながらこのような論理展開には次のような問題点が指摘されるのも事実である。例えば大渕[2005, pp. 18-19]は100％所有という「親子会社関係にないが，一定の株式を所有する一方の会社の使用人にSOを付与し，その従業員等が得た権利行使益が，何故に給与所得に該当しないのか，また，その場合でも給与所得に該当するのかという論点について何ら言及されていない」と指摘する。

2-4. 訴訟判決に関するイベント・スタディ

　本章では，下級審から最高裁までのSO訴訟判決が資本市場に及ぼした影響を観察する。そこで本節では訴訟判決日をイベント日とするESの先行研究として山崎・井上[2005]に注目する。この研究ではオリンパス事件と青色発光ダイオードの和解を分析対象とし，市場に与えた影響をESによって検証している。これらの事例は使用人による職務発明において相当の対価を使用者に求めた訴訟（職務発明訴訟）という共通の特徴がある。そして職務発明訴訟とSO訴訟の間には両者ともに従業員等へ支給される経済的利益をめぐる訴訟という点や，さらにその支給された金員が所得税法上，いかなる所得分類であるかについて興味深い議論が展開された点でも共通する。

　山崎・井上[2005]は職務発明訴訟における和解成立が株価に及ぼした影響について検証している。その分析結果から「地裁判決での莫大な『相当の対価』が大きく下方修正された青色発光ダイオード事件の和解成立は，研究開発を盛んに行う法人の株価を有意に上昇させた」という認識が示された。また「高裁判決をそのまま支持した内容となった最高裁判決では，株価に一定方向の大きな影響を与えない（山崎・井上[2005, p. 2]）」とも指摘しており，興

味深い。

そもそも特許法第35条第3項に規定する「相当の対価」の算定については同5項において，その発明により使用者等が受けるべき利益の額，その発明に関連して使用者等が行う負担，貢献及び従業者等の処遇その他の事情を考慮して定めなければならないとしている。このことを踏まえると，原告使用人が求める相当の対価とは「当該特許を受けるべき権利の『時価』の支払いを求めたものとは考えがたい」と言える。つまり相当の対価は「使用者以外の第三者(独立間当事者)に譲渡する際の『時価』を観念して，その金額の支払いを使用者に求めたものではない(佐藤[2004, p. 28])」と理解されている。

現在はこのように使用人への相当の対価が認識されるが，係争過程においてはいかなる程度を使用人への相当の対価とすべきか，投資家や研究開発に注力する法人経営者らの関心は高かった。そこで山崎・井上[2005]は職務発明訴訟をESにより観察し，判決が資本市場に有意な影響を及ぼすとの仮説を検証した。これを受けて本章ではSO訴訟を素材としてESを試みるが，山崎・井上[2005]には先行研究として豊富な示唆が認められる。

そして職務発明訴訟では相当の対価がいかなる所得区分に属するかについて，検討の機会を提供したため，税務会計研究の含意も認められる。先にも解説した通り特許法第35条第3項に規定する相当の対価は同第5項によって説明されるが，そこで相当の対価には「使用者等が行う負担，貢献」が考慮されなければならない旨規定されている。注目すべきは，この特許法の規定する相当の対価は所得税法が定めるところの使用人の給与所得概念と親和性が認められるという点である。

つまり「使用者等が行う負担，貢献」とは，発明に至るまでに研究室や実験装置，材料などが使用者によって負担されたことを指している。そして従業員発明とは，そのような研究環境の下で，仮に研究が失敗に終わったとしても使用人はいかなる経済損失も負うことがない。このことから使用人が独立して発明を行ったとは言えないため，発明の成果である特許が使用人から使用者へ継承された場合，使用人の発明した特許を原始的に使用人の資産とし，譲渡所得が発生したと解することに限界が認められる。つまり「使用者

等が行う負担，貢献」によって得られる従業員発明の対価とは，換言すれば所得税法において給与所得概念を構成する「自己の危険と計算によらないで獲得した経済的利益」という要件になり，これらの関係から発明対価は課税上，給与所得とすることに妥当性が認められる[17]。

　このように山崎・井上[2005]の研究成果と職務発明訴訟の判決から本研究に対し，次の2点のインプリケーションが与えられた。1つ目は下級審判決が支持される場合は，資本市場の反応が鈍るということである。2つ目は使用人への相当の対価がいかなる程度となるかによって，投資家に一定程度の影響を及ぼすということである。なお，職務発明訴訟では和解による相当の対価が支払われることで法人にキャッシュ・アウト・フローが発生する。しかしながら本章が分析対象とするSO訴訟では，訴訟の顛末によって法人側にキャッシュ・アウト・フローが発生することはない。この違いを踏まえて職務発明訴訟にESを試みた山崎・井上[2005]による検証結果とSO訴訟判決にESを試みた本章における検証結果との間にいかなる相違点が発見されるのか検討する。

3. リサーチ・デザイン

3-1. イベント日の決定

　SO訴訟が資本市場に及ぼした影響について明らかにするために，まず必要なことはイベント日の決定である。本章で試みるESは前章で定義したノイズ反映型のESであり，全ての分析対象法人にとって暦年上の特定の判決日がイベント日となる。そこで権利行使益をめぐって一時所得か給与所得かで争われた租税訴訟のうち，いかなる訴訟判決日をイベント日とするか検討した[18]結果，エポック・メイキングな次の3つの判決をイベント日として選ぶことにした。

　まず1つ目に取り上げるのが，平成15年8月26日にSOによる権利行使益を一時所得と判示した東京地裁判決（以下「下級審一時所得判決」と略称）であ

る。この判決が重要である理由としては3つの類似案件について同一日に判決が公表された点に加え，「ストックオプションの権利行使益が給与所得に該当しないという結論を導きうる点で画期的(佐藤[2004, pp. 33-34])」と評された通り，当該判決の革新性にも注目している。さらに(図表2-1)によって確認される通り，権利行使益に対する所得区分の判決は平成15年と同16年を境として，一時所得優勢から給与所得優勢へと転換する節目になっている。このことから同判決は給与所得判決とのせめぎ合いの中で，一時所得判決の妥当性を最も説得的に示したため，当該判決日をイベント日として選定した。

　また2つ目に取り上げるのが，平成16年1月21日に給与所得判決を示した横浜地裁判決(以下「下級審給与所得判決」と略称)である。この判決は(図表2-1)に示す中では一連のSO課税における所得分類をめぐる判決のうち，給与所得として判示された最初期の判決であることに加え，2つの類似案件について同一日に判決が公表されている点にも注目した。そのうちマイクロソフト従業員SO事件の判決では米国親会社の株価形成要因として100%保有するわが国子会社の業績を挙げており，これを理由に米国親会社とわが国子会社従業員等の間に類推的に雇用契約を認めることを可能とした上で，権利行使益を給与所得と判示している[19]。この論理展開は，従来わが国法人税法において親会社と子会社は納税主体として別個に存在し，取り扱われてきたところ，当該判決では，これまでの税務行政を覆す結果であるとして，「経営の支配と労働の対価という性質の異なるものを同一視するという誤謬を犯している(大渕[2005a, p. 31])」と厳しく批判がされている。このような経緯からも当該判決は数ある下級審給与所得判決の中でもひときわ注目されたと言える。なお，同判決から1カ月後にはSO訴訟におけるわが国初の高裁判決において権利行使益を給与所得と判示しており，当該判決に影響を及ぼしたと推察される点からしてもイベント日として妥当と考えた。

　3つ目に取り上げるのが，平成17年1月25日に給与所得判決を示した最高裁判決(以下「最高裁給与所得判決」と略称)である。そのうちアプライドマテリアルズ副社長SO事件の判決はわが国SO訴訟における初の最高裁判決であり，第一審が一時所得判決であった。当該案件は米国の巨大IT企業であ

るアプライドマテリアルズ社のわが国子会社副社長へ付与した SO に対する課税を不服として出訴した事例であり，各紙による新聞報道が散見されたことからも，判決内容は資本市場でも注目されたと考え，イベント日とした[20]。

　一連の SO 訴訟は当該判決によって権利行使益を給与所得とすることで確定したものの次の通り批判もあり，資本市場に与えた影響も看過ならない。それによると「株式所有割合による経営支配の程度に応じて給与所得又は一時所得の所得区分が判断されるという解釈の根拠が全く説示されない」とし，「納税者の予測可能性と法的安定性を阻害する結果（大渕［2005a, p. 19］）」とも評されており，判決趣旨は関係者の関心を集めている。このような経緯からES を行う上でのイベント日として相応しいと考えた。

3-2. 仮説の導出

　SO 訴訟に関する一連の判決の中で権利行使益の所得分類が一時所得と給与所得の間を二転三転する状況から，それぞれの場合における市場の反応を解明するために本節では後述する 3 つの仮説を検証することとした。さて，SO 制度はそもそも行使されなければ課税の問題も生じないことから，SO 制度を採用する銘柄の株価が上昇していなければ SO 訴訟に対する反応を観察する意義は低下する[21]。逆に言えば株価が下落した場合は SO の権利行使が行われにくくなるため，本章において試みられる ES の意義は失われる。そこで予備的考察を行う必要がある。本章では SO 訴訟判決が資本市場へ及ぼす影響を観察するために，前提としてイベント日を含むイベント・ウィンドウ内で株価が上昇局面にあることが好ましいと言える。したがってもし仮に SO 訴訟判決日が著しい株価下降局面にあったとすれば SO が行使されないため，本章の目的とする SO 判決が資本市場に及ぼす影響の観察は意義を失うであろう。そこで参考までにイベント日を挟んだ 20 日前後の TOPIX の推移を（図表 2-2）として掲げておく。それによると 3 つの判決日をイベント日とするそれぞれのイベント・ウィンドウ内では株価推移に著しい下落傾向にないことが示された。

　このように極端な株価下落局面にはないことを確認した上で SO 行使に対

(図表 2-2) イベント・ウィンドウにおける TOPIX の推移

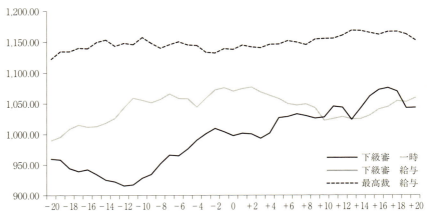

する期待を投資家が抱く前提条件を一応は満たしたと考える。そこで以下に3つの仮説を掲げることとしよう。まず1つ目の仮説は，株価上昇局面で一時所得判決が示された場合である。株価上昇局面では SO の権利行使が活発化すると思われる。その上で当該権利行使益が一時所得に分類されると判示されれば，SO 権利行使者の税負担が軽くなる。この結果から投資家は株価上昇局面の一時所得判決によって権利行使者の経営に対する意識が向上し，さらなる株価上昇へ結び付くと期待するかもしれない。つまり SO 制度は経営者と株主の利害一致のためのアライメントの仕掛けであるから，株価上昇によって動機付けされた上に一時所得判決がもたらす軽課という追加的な動機付けも期待されるため，投資家が好感するはずである。この現象を本研究では「課税要因によるインセンティブ効果」と呼ぶことにする。そこで仮説 H_1（株価が下降しない状況下で一時所得判決が示されれば，投資家はポジティブに反応する）を提起する。

　2つ目の仮説では，株価上昇局面で給与所得判決が示された場合である。1つ目の仮説同様，株価上昇局面では SO 権利行使が活発化すると思われるが，権利行使益が給与所得と判示されれば，SO の権利を行使する経営者らにとって税負担が重くなる。したがって給与所得判決という租税関連事象は

SO 制度によるそもそものインセンティブ効果を減殺すると予想される。このため一時所得判決ほどの経営者意識の向上を誘発せず，投資家の反応はネガティブに傾くと予想される。この現象を本研究では「課税要因によるディスインセンティブ効果」と呼ぶことにする。そこで仮説 H2（株価が下降しない状況下で給与所得判決が示されれば，投資家はネガティブに反応する）を提起する。

　3つ目の仮説では本章 2-4. において言及した山崎・井上［2005］による分析結果を踏まえる。つまり「高裁判決をそのまま支持した内容となった最高裁判決では，株価に一定方向の大きな影響を与えない」（山崎・井上［2005, p. 2］）との分析結果が，わが国 SO 訴訟において初の最高裁判決となったアプライドマテリアルズ副社長 SO 事件の最高裁判決においても再現されるのかを明らかにする。前示の通り SO 訴訟においては最高裁判決は下級審判決（平成 16 年 2 月 19 日の東京高裁　平成 15（行コ）235 号判決）を支持した。したがって下級審を支持した最高裁判決の影響が限定的であったのかについて明らかにするために，仮説 H3（下級審判決を支持する最高裁判決が示された場合，投資家の反応は鈍くなる）を提起する。

3-3. デ　ー　タ

　株価データについては日経 NEEDS Financial Quest と Yahoo Finance から収集した。また SO 交付企業は（株）eol 社が提供する「eol データソース」を通じて検索した 308 社[22] であるが，これらは平成 15 年度から同 19 年度までの期間において東京証券取引所等に SO 交付を新たに申請した法人である。そのうち日次株価データが入手できる法人をサンプルとして選択した。

　結果的に日次データが収集できたサンプルは平成 15 年 8 月 26 日の下級審一時所得判決（インテル SO 事件）において 47 社，平成 16 年 1 月 21 日の下級審給与所得判決（マイクロソフト役員 SO 事件）において 50 社，平成 17 年 1 月 25 日の給与所得判決となった最高裁判決（アプライドマテリアルズ副社長 SO 事件）において 62 社である。なお，推計期間内で出来高のない日が 1 日でも存在した銘柄は，サンプルから除外している。

4. 分析方法とその結果

4-1. イベント・スタディの分析モデルと検定統計量の算出

本章における ES による分析では各銘柄の AR の算出に必要となる期待収益率を SFM によって推計するが，マーケット・モデルの構成要素となる各銘柄の対前日比収益率 R_{it} を次のように算出する。

$$R_{it} = \frac{P_{it} - P_{it-1}}{P_{it-1}}$$

また同時にマーケット・インデックス Rm_t の対前日比収益率を TOPIX を用いて次のように算出する。

$$Rm_t = \frac{Pm_t - Pm_{t-1}}{Pm_{t-1}}$$

各銘柄のマーケット・モデルはマーケット・インデックスによって推計されるとすれば，R_{it} と Rm_t は次の線形関係にある。

$$R_{it} = \alpha_i + \beta_i \cdot Rm_t + u_{it}$$

この回帰式のパラメーター α と β は，分析対象となるイベント日より前の期間における各 R_{it} と Rm_t を用いて最小二乗法によって求めるが，ここでは 3 つの判決日の 267 営業日前から 21 営業日前までのデータを推計期間 (Estimation Window) として設定し，当該期間を $-267 \leqq t \leqq -21$ と表記する。このようにイベント日を基準とした特定日を指定する際には本書において「$t=0$」などと表記する。また u_{it} は誤差項である。

さらに各銘柄ごとに算定されるマーケット・モデルの推定値として $\hat{\alpha}_i$, $\hat{\beta}_i$ とすると i 銘柄の t 日における AR は次のように算定される。AR とは「リターンを予想するために用いたモデルにより算出された予想リターンと現実のリターンの乖離(Lamdin[2001, p.172])」である。

$$AR_{it} = R_{it} - \hat{\alpha}_i - \hat{\beta}_i \cdot R_{mt}$$

ES においては情報の蓄積を観察する目的，またイベントの影響がいかなる期間にまで及ぶのかを観察する目的から慣例的に *t1* から *t2* までの期間の累積超過収益率（Cumulative Abnormal Return：*CAR*）を算定する。本研究も先行研究に倣い，以下の通り *CAR* を定義する。

$$CAR_{i(t1, t2)} = \sum_{t=t1}^{t2} AR_{it}$$

$AR_{i,t}$ 並びに $CAR_{i(t1, t2)}$ が有意に「異常な」収益率であるか否かを判定するために，$AR_{i,t}$ 並びに $CAR_{i(t1, t2)}$ を標準化して以下の通り *SAR* (Standardized *AR*) 並びに *SCAR*（*Standardized CAR*）を定義する。

$$SAR_{it} = \frac{AR_{it}}{\hat{\sigma}_i} \qquad SCAR_{i(t1, t2)} = \frac{CAR_{i(t1, t2)}}{\hat{\sigma}_i}$$

なお，標準化に用いる $\hat{\sigma}_i$ は推計期間における誤差の標準偏差として次のように定義する。

$$\hat{\sigma}_i = \sqrt{\sum_{-267}^{-21} \frac{AR_{it}^2}{247 - 2}}$$

このようにして各銘柄ごとに算出した $SAR_{i,t}$ と $CAR_{i(t1, t2)}$ を各日において単純平均すると次の式となる。なお次の式において N はサンプルとなった法人数であり，下級審一時所得判決において 47 社，下級審給与所得判決において 50 社，最高裁給与所得判決において 62 社となる。

$$\overline{SAR_{i,t}} = \frac{1}{N} \sum_{i=1}^{N} SAR_{i,t} \qquad \overline{SCAR_i}(t1, t2) = \frac{1}{N} \sum_{i=1}^{N} SCAR_{i(t1, t2)}$$

平均 SCAR や平均 SAR の算定後，それらが統計的に有意な水準で異常値を示すのかを明らかにするために Campbel et al.［1997, p. 162］や広瀬ら［2005, p. 7］が採用した検定統計量を本研究においても採用する。広瀬ら［2005, p. 7］によっても解説されているが，*CAR* に関する帰無仮説について「イベントの株価への影響はなく，平均超過収益率はゼロ」として検定可能な統計量を，本研究では θ_1 と定義した。

$$\theta_1 = \sqrt{\frac{N(L-4)}{L-2}} \left(\frac{1}{N} \sum_{i=1}^{N} SCAR_{it} \right) \overset{a}{\sim} N(0,1)$$

　また山崎・井上[2005, p. 13]が採用した次の検定統計量は，「各日の株式収益率が通常と異なると判断できるか検証する」ことが可能であり，本研究では θ_2 と定義した。θ_1 と θ_2 のいずれの検定統計量も漸近的に標準正規分布に従うことになる。2つの検定統計量のうち L は推計期間であり，本研究では $L = 247$ 日としているが，これは概ね1年分の営業日に相当し，例えば参考までに Brown and Warner[1985]では $L = 244$ として推計期間を設定している。これら2つの検定統計量の違いは θ_1 が累積値によって異常値を検出するのに比し，θ_2 が各日における異常値を検出する点にある。なお L について一応の目安として $L > 30$ を必要としている (Campbel et al. [1997, p. 161])。

$$\theta_2 = \sqrt{\frac{N(L-4)}{L-2}} \left(\frac{1}{N} \sum_{i=1}^{N} SAR_{it} \right) \overset{a}{\sim} N(0,1)$$

4-2. 分析結果

　本節では下級審一時所得判決日・下級審給与所得判決日・最高裁給与所得判決日のそれぞれをイベント日 $t=0$ とした上で前後10日間，合計21日間のイベント・ウィンドウを設定した。(図表2-3)はイベント・ウィンドウ内の検定統計量を示しており，同図表内のアステリスクは有意水準を示す。***で1％の有意水準を意味し，同様に**で5％，*で10％を表し，以下，本書において同様とする。また検定統計量の推移を示すと(図表2-4)から(図表2-6)の通り，各図表の横軸は営業日を，縦軸は検定統計量を示す。また推計期間にもイベント・ウィンドウにも属さないバッファー期間として $-20 < t < -11$ を設定している。

　(図表2-4)によれば下級審一時所得判決日を $t=0$ とした場合の2日後と3日後である $t=2, 3$ においてポジティブな反応を示し，イベント・ウィンドウ内では比較的高位に検定統計量が推移していることから，投資家が示した

第2章　ストック・オプション判決に対する市場の反応　　45

(図表2-3)　3つの判決日周辺における資本市場の反応

t	下級審一時所得判決		下級審給与所得判決		最高裁給与所得判決	
	θ_1	θ_2	θ_1	θ_2	θ_1	θ_2
-10	0.028	0.028	0.826	0.826	1.038	1.038
-9	0.031	0.003	3.772 ***	2.946 ***	1.853 *	0.815
-8	-1.062	-1.093	5.300 ***	1.529	3.126 ***	1.273
-7	-0.502	0.559	8.125 ***	2.824 ***	3.959 ***	0.832
-6	-0.993	-0.491	8.603 ***	0.478	6.505 ***	2.546 **
-5	-0.916	0.076	9.509 ***	0.906	6.757 ***	0.252
-4	-1.287	-0.370	9.969 ***	0.459	6.714 ***	-0.042
-3	-1.895 *	-0.609	7.556 ***	-2.412 **	6.412 ***	-0.302
-2	-3.201 ***	-1.305	8.203 ***	0.647	6.603 ***	0.191
-1	-1.695 *	1.506	8.362 ***	0.159	6.911 ***	0.308
0	-2.832 ***	-1.138	8.879 ***	0.517	7.147 ***	0.236
1	-3.310 ***	-0.478	6.531 ***	-2.348 **	5.614 ***	-1.533
2	-1.089	2.221 **	6.053 ***	-0.478	6.927 ***	1.313
3	2.595 ***	3.684 ***	6.608 ***	0.555	7.405 ***	0.478
4	1.723 *	-0.872	6.336 ***	-0.271	7.891 ***	0.485
5	0.806	-0.917	5.560 ***	-0.777	8.852 ***	0.961
6	1.622	0.816	3.407 ***	-2.153 **	9.971 ***	1.119
7	1.907 *	0.285	5.478 ***	2.071 **	11.012 ***	1.042
8	0.847	-1.060	5.274 ***	-0.204	10.510 ***	-0.502
9	1.913 *	1.066	5.498 ***	0.224	11.306 ***	0.796
10	1.624	-0.289	5.555 ***	0.057	10.136 ***	-1.170

好意的な反応と考えてよさそうである。

　また逆に(図表2-5)を見ると $t=-3$，1，6で下降しており，このうち $t=$ 1における5％水準有意のネガティブ反応はマイクロソフト役員SO事件に対する横浜地裁判決の影響と考えられるが，$t=6$ における同様のネガティブ反応はIBM SO事件の判決公表前日に起きている点も注目される。

　最後に(図表2-6)によれば，最高裁給与所得判決日の翌日に θ_1 が一時的に下降したが，統計的有意性を伴わず直ちに回復している。このことから最高裁判決の影響は限定的と言え，高裁判決をそのまま支持した最高裁判決は投資家による有意な反応を示さないとする山崎・井上[2005]の分析結果を追認することとなった。以上の結果を総合すると，一時所得判決は課税要因によるインセンティブ効果を類推させる反応を観察したが，逆に給与所得判決では課税要因によるディスインセンティブ効果を観察する結果となり，一時所得判決と給与所得判決によって相反する資本市場の反応が示されるという

(図表 2-4) 下級審　一時所得判決日周辺における検定統計量の推移

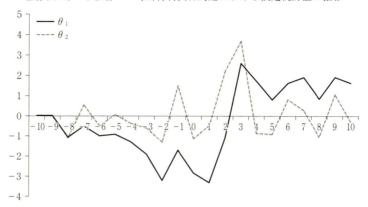

(図表 2-5) 下級審　給与所得判決日周辺における検定統計量の推移

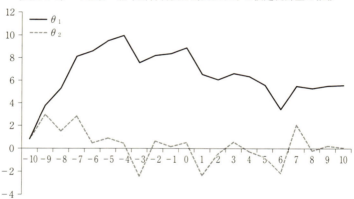

(図表 2-6) 最高裁　給与所得判決日周辺における検定統計量の推移

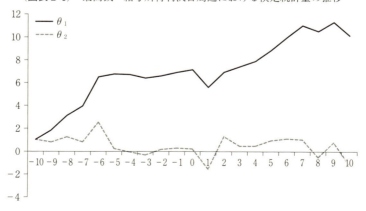

意味では規則性を認めたと考えてよいであろう。

したがって仮説 H_1～H_3 のいずれも支持されたことになるが，このことから投資家は判示される権利行使益の所得分類に注目しており，その分類如何によって SO 権利行使者に与えられる課税要因によるインセンティブ／ディスインセンティブ効果に注目していたと言える。

5. 分析結果の解釈と残された課題

5-1. 下級審判決による資本市場の反応

SO 制度に関するこれまでの実証研究として Yermack[1997]や Aboody and Kasznik[2000]，Chauvin and Shenoy[2001]から SO の権利行使と企業価値の変化について検証が試みられている。しかしこれらの研究成果は SO 権利行使者に対する課税のあり方を検討対象としていない。したがって本章における検証が従来にない独創的な論点から試みられている点を強調しておきたい。また本章における ES がノイズ反映型の ES であるという点では職務発明訴訟と同じであり，投資家の反応を観察するには一定程度の困難性を伴う。しかし本章における検証の結果，2 つの下級審判決において有意な投資家による反応を検出している。さらに職務発明訴訟では相当の対価の支払いが法人側に生じる懸念もあったが，SO 訴訟判決がいかなる結果となろうが，(訴訟費用以外に)法人には SO 権利行使者に対する新たなキャッシュ・アウト・フローは発生しない。その意味では SO 訴訟は職務発明訴訟に比し，資本市場に与える影響力を検出するほどに大きくならないと予想されたが，意外にも投資家の関心は高いことが明らかとなった。

本章成果は(図表 2-3)が示す通り，下級審一時所得判決で有意にポジティブな反応を，逆に下級審給与所得判決で有意にネガティブな反応を確認しており，投資家の関心が最高裁よりも下級審の SO 訴訟判決に向けられている。下級審判決において反応が強かった理由として，H_1 と H_2 で予想した「課税要因によるインセンティブ／ディスインセンティブ効果」が挙げられる。そ

48

の仮説を今一度振り返ってみると，株価上昇局面において一時所得判決が示された場合に，SO 制度によるそもそものインセンティブ効果に加え，権利行使益が軽課されるという「課税要因によるインセンティブ効果」を投資家が認識し，ポジティブに反応するという推察であった。また逆に株価上昇局面において給与所得判決が示された場合に，権利行使益が重課されるという「課税要因によるディスインセンティブ効果」を投資家が嫌うため，SO 制度によるそもそものインセンティブ効果を減殺し，ネガティブに反応するという推察であった。下級審の SO 訴訟判決に対する比較的強い関心は，これら 2 つの仮説によって説明が可能である。

　このように本章における実証分析では，本章 3-2. において定立した 2 つの仮説の妥当性を検証した。一般的に投資家は総じて証券税制とか投資減税などと言われるような投資家自身を直接的に，また短期的に潤すニュース・リリースのみに反応すると考えられたが，本章では SO 権利行使者に対してなされる課税のあり方に対してさえも，規則的に反応するという結果を明らかにすることに成功した。

5-2. 最高裁判決による資本市場の反応

　SO 制度に関して言えば，エンロン社の経営陣が大量の SO を保有したために，粉飾経理を駆使して利益の水増しを行った結果，2001 年に破綻している。わが国ではエンロン破綻の翌年から SO 訴訟が開始され，破綻後 3 年目にして初のわが国高裁判決が，同じく破綻後 4 年目にして初の最高裁判決が示されている。SO 制度に対する投資家の関心が風化しかけていた頃に最高裁判決が出されたものの，新聞各紙は最高裁による SO 訴訟判決に注目したことで，SO 制度と権利行使益への課税に対する興味を掘り起こしている。したがって SO 訴訟の最高裁判決に対し市場の関心は高いと予想されたが，下級審判決ほど投資家の関心の強さを検出する分析結果には至らなかった。そこで以下において，この疑問に関する本章なりの解釈を示すことにする。

　下級審判決を支持した場合の最高裁判決に対する反応が弱いという仮説は山崎・井上[2005]によって検証されており，本研究においても当該先行研究

成果を追認する結果となった。最高裁判決はサプライズに欠けたために弱い反応しか示さなかったと結論付けたが，そのような推測を補強する新聞報道[23]が存在する。新聞報道によれば最高裁で給与所得判決を判示した同第三小法廷は，判決日に先立つ7日前に口頭弁論を開かないことを明らかにしたが，このことから投資家は，イベント日となる判決日を待たずして控訴審判決を支持する判決（給与所得判決）が示されると予想したのであろう。（図表2-6）では最高裁給与所得判決日周辺における検定統計量θを示したが，それによると$t=-6$（平成17年1月17日）の高いθ_2に比し，その翌日となる$t=-5$（平成17年1月18日）のθ_2は低く示されている。つまり，口頭弁論不開催を通知した日＝給与所得判決が事実上決定した日はイベント日前5営業日となる平成17年1月18日であり，その反応が，資本市場において表れたということになる。さらに最高裁給与所得判決日において存外にも反応が弱かった理由については，最高裁判決当時，実務では権利行使益を給与として扱う処理が既に広がっており，法人側では税制適格SOが検討され，移行への準備が完了しつつあったと指摘する報道[24]の影響も小さくないと考える。

1) その他にLie[2005]は，SOの付与日を意図的に変更し，株価を下げて権利行使益を得ようという経営者の行動が認められるとして，バックデイティング仮説の検証を行った。1992年から2002年の間に公表された5,977件の経営者SO事例を分析対象とした結果，SO交付発表前後で平均超過投資収益率に著しい下落と上昇を認めた。そしてHeron and Lie[2007]はLie[2005]の分析結果を踏まえ，これまでのバックデイティング仮説を再度検証し，先行研究の結果を追認した。つまりSO付与日前には平均して約1%のマイナスのARが計上され，付与日以降約2%のプラスのARが計上されたという。

2) 例えば企業価値に強い影響を与えるイベントとして株式消却が挙げられる。株式消却のニュース・リリースが資本市場に与えた影響については広瀬ら[2005]に詳しい。この分析結果によれば，商法第212条による株式消却や特例法による株式消却を行うというニュース・リリース後，著しい平均累積超過収益率の上昇が観察されている。これに比べて本研究がイベントとして取り上げたSO訴訟では，権利行使者である従業員や役員の納税額の多寡に対して市場参加者がいかなる程度の興味関心を有するかを明らかにする点で課税研究の視座を有している。

3) 下記判例検索システムにおいて検索語として「ストック・オプション」または「ストックオプション」を用いて 41 事例を取り上げ，うち所得分類をめぐる係争事例を取り上げた。

http://www.courts.go.jp/search/jhsp0010?action_id=first&hanreiSrchKbn=01

4) 〈第一審〉平成 14 年 11 月 26 日東京地裁判決・平 13(行ウ)197 号，〈控訴審〉平成 16 年 2 月 25 日東京高裁判決・平 14(行コ)309 号，〈上告審〉平成 17 年 1 月 25 日最高裁第三小法廷決定・平 16(行ツ)133 号・平 16(行ヒ)146 号。

5) 〈第一審〉平成 15 年 8 月 26 日東京地裁判決・平 12(行ウ)309 号・平 13(行ウ)208 号，〈控訴審〉平成 16 年 12 月 8 日東京高裁判決・平 15(行コ)233 号，〈上告審〉平成 18 年 11 月 16 日最高裁第一小法廷判決・平 17(行ヒ)96 号。

6) 〈第一審〉平成 16 年 1 月 21 日横浜地裁判決・平 13(行ウ)54 号・平 14(行ウ)43 号・平 14(行ウ)70 号，〈控訴審〉平成 16 年 10 月 7 日東京高裁判決・平 16(行コ)75 号，〈上告審〉平成 18 年 7 月 18 日最高裁第三小法廷決定・平 17(行ツ)18 号。

7) 〈第一審〉平成 16 年 1 月 30 日東京地裁判決・平 14(行ウ)214 号，〈控訴審〉平成 16 年 9 月 15 日東京高裁判決・平 16(行コ)61 号，〈上告審〉平成 17 年 2 月 22 日最高裁第三小法廷決定・平 16(行ツ)340 号・平 16(行ヒ)370 号。

8) 〈第一審〉平成 15 年 8 月 26 日東京地裁判決・平 13(行ウ)49 号，〈控訴審〉平成 16 年 2 月 19 日東京高裁判決・平 15(行コ)235 号，〈上告審〉平成 17 年 1 月 25 日最高裁第三小法廷判決・平 16(行ヒ)141 号。

9) 〈第一審〉平成 16 年 11 月 2 日神戸地裁判決・平 14(行ウ)30 号，〈控訴審〉平成 17 年 6 月 16 日大阪高裁判決・平 16(行コ)121 号，〈上告審〉平成 18 年 10 月 24 日最高裁第三小法廷決定・平 17(行ヒ)314 号・平 17(行ツ)292 号・平 17(行ヒ)313 号。

10) 〈第一審〉平成 16 年 12 月 17 日東京地裁判決・平 15(行ウ)357 号，〈控訴審〉平成 17 年 9 月 29 日東京高裁判決・平 17(行コ)11 号。

11) 〈第一審〉平成 16 年 1 月 21 日横浜地裁判決・平 14(行ウ)61 号・平 13(行ウ)14 号，〈控訴審〉平成 17 年 5 月 31 日東京高裁判決・平 16(行コ)79 号，〈上告審〉平成 18 年 10 月 24 日最高裁第三小法廷判決・平 17(行ヒ)296 号。

12) 最高裁第三小法廷　平成 17(行ヒ)20 号　判決文　2／(4)。

13) なお参考までに SO 権利行使益を一時所得として判示した東京地裁民事第 3 部(平成 13(行ウ)197 号判決)や同民事第 2 部(平成 12(行ウ)309 号判決等)の判決理由について一高教授は，SO 権利行使益が「給与所得であるためには，労働の質・量と給付との間に何らかの相関関係が必要と言われ，外国親会社の付与する SO 行使益はかかる相関関係が希薄で偶発的であるから給与所得とはいえず，偶発的な資産性所得であり，一時所得とされる」として対価の不確定性を指摘した点で両判決は共通した性格が認められると指摘している(一高[2004, p. 103])。

14) 米国親会社と子会社役員の間の雇用契約が認められないとして，SO 権利行使益の給与所得性を否定し，一時所得とする見解については大渕[2004a/b]に詳しい。また本章において ES の分析対象とした東京地裁民事第 2 部による平成 12(行ウ)309

号判決等は権利行使益を一時所得と判示しているが，当該判決では米国親会社とわが国子会社従業員等の間の雇用契約の有無と権利行使益の給与所得性について次のように解説している。それによると「権利行使益は，雇用契約又はこれに類する原因に基づき使用者の指揮命令に服して提供した労務の対価として使用者から受ける給付にあたるとは認められない」とし(判決文　第3　争点に対する判断／2／(2)／エ)，給与所得概念の狭義説を採用している。

15)　本章において ES の分析対象とした横浜地裁第1民事部による平成13(行ウ)54号判決等は，権利行使益を給与所得と判示している。当該判決では給与所得概念を広義説に基づき，一般に経済的利益が給与所得に区分されるためには「労務の質ないし量と定量的な相関関係を必要とすべき合理的理由がない」として，権利行使益を給与所得と判示している(判決文　第7当裁判所の判断／1／(3)／ウ／(ウ)／d)。

16)　同様に一高教授によれば，労働の質や量と給与所得の一部として支給される通勤費との間に相関が認められないが，それを理由に通勤費が給与所得に該当しないわけではないとも指摘している(一高[2004, p. 103])。

17)　自己の危険と計算によらない経済的利益が給与所得概念を構成する重要な要素であるとの解釈については次の通りである。つまり，「裁判例において給与所得か否かの判断基準とされているのは，(中略)ある金銭の支払いが従属的，非独立的になされる労務提供の対価にあたる場合に給与所得とされる」とあるように，「給与所得に本質的であるのは非独立性，つまり，通常『自己の危険と計算』によらないと表現されている基準」である(佐藤[2004, p. 24])。

18)　租税訴訟判決日をイベント日とする ES は，サンプル法人にとってイベント日が暦年上の特定の同一日になるので，クラスタリングの問題が発生する。その結果，判決が資本市場に与える影響を鮮明に捉えることが困難になる可能性を孕んでいるものの，クラスタリングを解消する方法として，Campbell et al.[1997]による2つの方法を説明しておく。1つは個々の証券についての超過収益率をイベント日ごとに1つのポートフォリオに集計し，ポートフォリオごとに分析を行う方法である。いま1つは，イベント日のデータを集計するのではなく，ダミー変数を用いて多変量回帰分析を行う方法である。この方法については Schipper and Thompson[1983]に詳しい。

19)　判決文　第7当裁判所の判断／1／(3)／ウ／(ウ)／b 参照。

20)　新聞各紙の報道によれば SO 行使益に対する給与所得判決の反響は決して小さいとは言えず，判決日翌日の紙面で次のように報じられている。例えば「外資系企業の経営者らを裁判にまで追い込んだのは，税務行政があいまいだったからである。この点に最高裁判決が触れなかったのは納得できない。(中略)唐突に課税基準を変えられては，国民は戸惑うし，ビジネスでの創意工夫の芽を摘むことにもなる。財政再建が急がれるからといって，取りやすいところから取るような姿勢では，納税者の信頼や協力は得られない。(中略)課税の『後出しじゃんけん』は許されない。(平成17年1月28日 朝日新聞 朝刊3総合)」，「104件もの同種訴訟が起きた原因は

法整備をしないまま課税基準を急に変えた国税当局の対応にあり『裁量課税』の限界を露呈したとも言える(平成 17 年 1 月 26 日 毎日新聞 東京朝刊)。」,「国税当局は勝訴したとはいえ,納税者の理解を得る努力を怠った点について,反省が求められるだろう(平成 17 年 1 月 26 日 読売新聞 東京朝刊)」と,給与所得判決に厳しい評価が付されている。

21) SO 行使と株価の関係について株価操作の可能性を検証した研究として Yermack [1997]や Aboody and Kasznik[2000]がある。彼らは SO の実施によって投資家はポジティブに反応し,実施日以後は正の AR を観察するとしている。これらの分析結果の中で Yermack[1997]が観察した正の AR について,インセンティブ効果や agency 理論に基づくというよりも,むしろ情報公開のタイミングをコントロールした結果という解釈を行っている。すなわち Yermack[1997]はグッドニュースが公表される直前に SO を付与しているのではないかと指摘する。同時に Aboody and Kasznik[2000]は事前に SO の付与日が固定していた場合に経営者は付与日前に悪い情報を意図的に出して株価を引き下げ,その後株価を上昇させるという手段を用いる可能性を指摘している。分析の結果,経営者は機会的に情報開示のタイミングを操作し,意図的に SO 報酬の増額を図ったと示唆する。

22) サンプル法人となった 308 社は次の通りである。なお,社名における「ホールディングス」を以下本書において全て HD と略している。

ホクト／昭栄／片倉工業／みらか HD ／ TYK ／エフピコ／日本トイザらス／ベリテ／ジャステック／アパマンショップ HD ／ダイユーエイト／富士エレクトロニクス／アシード HD ／ガリバーインターナショナル／日立プラントテクノロジー／ NEC ／アドバンテスト／日立製作所／日本トリム／イビデン／コマツ／香川銀行／フコク／ダイキン工業／進学会／野村 HD ／トヨタ紡織／日本エス・エイチ・エル／アイビー化粧品／ DTS ／アロカ／クイック／ OKI ／アドヴァン／ウッドワン／アイネス／ダイソー／天昇電気工業／ HOYA ／第一商品／アイネット／鈴縫工業／日立電線／三菱自動車／三城 HD ／日立化成工業／高橋カーテンウォール工業／コロワイド／ MrMax ／スミダコーポレーション／ブイ・テクノロジー／イチケン／ユー・エス・エス／ニコン／ケーズ HD ／ネットマークス／キョウデン／日本システムディベロップメント／ヤフー／アコム／ゼクス／東京精密／京都きもの友禅／トランスコスモス／オオバ／クレスコ／オービックビジネスコンサルタント／ GMO インターネット／ベンチャー・リンク／ CIJ ／キングジム／雪国まいたけ／長瀬産業／ドン・キホーテ／三光マーケティングフーズ／ベルパーク／日本エアーテック／ワコム／メディアシーク／西部電機／ TPR ／ NEC エレクトロニクス／ CSS HD ／篠崎屋／トップカルチャー／カワチ薬品／メディビックグループ／フジオフードシステム／アークランドサカモト／旭硝子／富士精工／アンリツ／バックスグループ／ケル／プリヴェ ファンド グループ／スペースシャワーネットワーク／メルコ HD ／ SJI ／ブルドックソース／シャクリー・グローバル・グループ／コニシ／メガチップス／日本インター／小野建／大和 SMBC キャピタル／大和証券グ

ループ本社／ジャパンケアサービスグループ／ピーシーデポコーポレーション／小
野産業／富士火災海上保険／森精機製作所／堀田丸正／ジェイ・ブリッジ／フォト
ロン／MAG ねっと HD ／ニレコ／ケーユー HD ／岡本硝子／オンコセラピー・サ
イエンス／国際計測器／フジミインコーポレーテッド／ニイタカ／シグマ光機／オ
プト／因幡電機産業／タカラトミー／スクウェア・エニックス HD ／イリソ電子工
業／エンプラス／総合商研／明光ネットワークジャパン／インデックス HD ／パソ
ナテック／イーピーエス／アマダ／日本エム・ディ・エム／ビーアイジーグループ
／エリアリンク／USEN ／アイ・ピー・エス／KG 情報／明豊ファシリティワーク
ス／シコー／東京デリカ／東海観光／オメガプロジェクト HD ／チップワンストッ
プ／チムニー／極楽湯／ナルミヤ・インターナショナル／UBS ／ハイデイ日高／リ
ンガーハット／TRN コーポレーション／クレオ／ティーガイア／妙徳／スパーク
ス・グループ／トナミ HD ／RH インシグノ／ウィルソン・ラーニング ワールドワ
イド／アオキスーパー／日本航空電子工業／セブンシーズ HD ／大村紙業／ヨシタ
ケ／光波／京写／カブドットコム証券／東北新社／MCJ ／フィールズ／アウト
ソーシング／リンク・ワン／ジェイ・エー・エー／鉱研工業／有沢製作所／永大化
工／インテリックス／アイビーダイワ／キャリアバンク／A.C HD ／アルファ・ト
レンド HD ／日本社宅サービス／エム・ピー HD ／ジャストシステム／コモンウェ
ルス・エンターテインメント／旭化学工業／マニー／ダイキサウンド／ヒマラヤ／
東陽テクニカ／省電舎／綜合臨床 HD ／レカム HD ／アイ・エム・ジェイ／
EMCOM HD ／フォーサイド・ドット・コム／デジタルガレージ／コージツ／ジェ
イ・エスコム HD ／GMO ペイメントゲートウェイ／日本ミクロコーティング／
アークコア／トーセイ／ディー・ディー・エス／サイレックス・テクノロジー／ユ
ニバーサルソリューションシステムズ／ビスケー HD ／メディアグローバルリンク
ス／ジャストプランニング／日医工／ワイズテーブルコーポレーション／ランド／
カルラ／日本エスコン／アイカ工業／丸一鋼管／ファンケル／日清紡 HD ／ガーラ
／クリエアナブキ／サンフロンティア不動産／学習研究社／ミスミグループ本社／
アルコニックス／バンダイナムコ HD ／テクマトリックス／第一化成／だいこう証
券ビジネス／ビーイング／アビックス／シノケングループ／レイ／ソディックプラ
ステック／アイケイ／日本通信／日本駐車場開発／マクロミル／ネットプライス
ドットコム／ティー・ワイ・オー／YAMATO ／ソネット・エムスリー／アスクル
／関門海／そーせいグループ／ウルシステムズ／トレンドマイクロ／BBH ／フィ
スコ／アンジェス MG ／ピーエイ／ウェアハウス／ファンコミュニケーションズ／
マルマエ／中外製薬／インボイス／コックス／ソニー／パイプドビッツ／エルピー
ダメモリ／タムラ製作所／高松機械工業／小林製薬／日本バルカー工業／ソフトフ
ロント／アドテック／IHI ／幸楽苑／アドウェイズ／ケアネット／TFP コンサル
ティンググループ／TOTO ／アイティメディア／アドバックス／ユニオン HD ／
藍澤證券／富士テクニカ／トランコム／ステラ・グループ／プロジェ HD ／リミッ
クスポイント／日本橋梁／ユニプレス／飯田産業／日本和装 HD ／クレハ／三栄

コーポレーション／うかい／ユー・エム・シー・ジャパン／ひまわり HD ／ダイドーリミテッド／ルーデン HD ／オーエー・システム・プラザ／カルチュア・コンビニエンス・クラブ／三協フロンテア／アルク／アーバネットコーポレーション／SRA HD ／デイトナ／モジュレ／マーチャント・バンカーズ／ウェッジ HD ／武富士／テークスグループ／ e-まちタウン／東京一番フーズ／ AIG。

23)　例えば平成 17 年 1 月 19 日の朝日新聞朝刊は次のように伝えている。見出しに「ストックオプション利益，給与扱い確定へ」と題し，「企業が社員などに与える自社株購入権(ストックオプション)を使って得た利益は『給与所得』か，より税額が少ない『一時所得』かが争われた訴訟で，最高裁第三小法廷(藤田宙靖裁判長)は 18 日，上告審の判決を今月 25 日に言い渡すことを決め，関係者に通知した。当事者の主張を聴く口頭弁論が開かれていないことから，『給与所得』として課税した国税当局の処分を適法とした二審・東京高裁判決の結論が維持され，確定する可能性が高い。(以下省略)」とある。

24)　例えば平成 17 年 1 月 26 日の朝日新聞朝刊は次のように伝えている。見出しに「『人件費計上』流れ加速　ストックオプション判決」と題し，「企業の負担が軽く，役員や従業員には巨額報酬を与えられる『魔法のつえ』，自社株購入権(ストックオプション)の付与が大きな曲がり角を迎えた。すでに株式上場企業の 3 分の 1 に利用が広がる報酬の一手法だが，25 日の最高裁判決は受ける側の課税上の利点を完全否定。(中略)判決は，与えたストックオプションを役員や社員の給与所得と認定。ただ，日本企業には，日産自動車やソフトバンクがすでにそうした扱いを始めていることなどから，冷静な受け止め方が多い。(以下省略)」とある。また同日の毎日新聞朝刊は次のように伝えている。見出しに「ストックオプション訴訟：最高裁判決　使い勝手悪くなる－企業側，税の壁生まれ」と題し，「ストックオプション(自社株購入権)訴訟の最高裁判断が示されたことで，企業側は今後，一時所得課税に比べて税率の高い給与所得課税を前提に，ストックオプションを活用しなければならなくなった。(中略)市場関係者は『優遇措置の条件を満たさないストックオプションは税の壁に阻まれて使いづらくなるが，優遇措置を受けるケースは多く，判決の影響はそれほど大きくないとみられる』(大手証券)と冷静に見ている」とある。

第3章 役員給与の損金算入限度額規定に見る
課税の類型化
──判例が中小法人の税務行動に与えた影響と単変量分析──

1. はじめに

　本章ではもっぱら中小法人における役員報酬支給事例に注目し，それに関する損金算入限度額規定が納税者の税務行動にいかなる制約を課すこととなるのかを実証的に解明するために予備的考察を行う。法人税法では平成18年度改正以後，役員給与に定期同額給与・事前確定届出給与・利益連動給与の概念が登場し，これらに該当する場合に役員給与が損金算入されるようになった(法人税法34条1項。以下「法法34①」と略称)。しかし役員給与の損金算入限度額を超過する金額として従来より「その内国法人と同種の事業を営む法人でその事業規模が類似するものの役員に対する給与の支給の状況等に照らし，当該役員の職務に対する対価として相当であると認められる金額を超える場合におけるその超える部分の金額」を損金不算入としている(法人税法施行令第70条第1号イ。以下「法令70一」と略称。なお傍点筆者)。このように法令70一に示されるような「類似業種基準」や「類似規模基準」，またここで便宜上名付けるとすれば「類似職務基準」などの課税上の諸基準が，実際の役員給与の支給行動に及ぼす影響を計量的に把握することが本章と次章における最も重要な目的の1つである。

　法令70一が規定する類似規模等の諸基準によって納税者の特性を一面的に，そして画一的に捕捉する課税上の手段は，公平課税実現のためにやむを得ず行われている。例えば法人税編の租税特別措置法関係通達第57条の9

（以下「措通 57 の 9」と略称）によれば，期末資本金額または出資金額が 1 億円以下の法人の一括評価金銭債権に対しては，貸倒実績率によらずに業種別の法定繰入率によって貸倒引当金の損金算入限度額が算定される。また所得税法第 57 条第 1 項（以下「所法 57 ①」と略称）によれば，不動産所得・事業所得・山林所得における必要経費として認められる青色専従者給与の支給額をその事業の種類及び規模，その事業と同種の事業でその規模が類似するものが支給する給与の状況その他の政令で定める状況に照らしその労務の対価として相当と認められるものとする。

　さらに相続税法の財産評価基本通達 180（以下「財評通 180」と略称）では取引相場のない株式の評価において類似業種比準価額が用いられ，業種ごと・売上高ごと・従業員数ごとに株価が算定される。そして財評通は法人税法・所得税法のそれぞれにおいても税目横断的に適用が認められており，法人税法では取引相場のない有価証券についてその発行法人の資産状態が悪化した場合（法令 68 ①二），財産評価基本通達による時価までの評価損計上を認めている（法人税基本通達 9-1-14。以下「法基通 9-1-14」とし，基本通達を「基通」と略称）。同様に所得税でも法人に対する贈与・相続・遺贈または著しく低い価額による譲渡が行われ，みなし譲渡として課税される（所法 59）際，譲渡される資産が取引相場のない株式である場合には財産評価基本通達による評価を適用する（所基通 59-6）。

　以上のように各税法領域において横断的に存在する類似業種基準や類似規模基準による課税上の区分手法を，本書では便宜上，ひとまず「類型化」と呼ぶこととしたい。この類型化という用語は新旧美術品販売業 X 社が支給した役員報酬を過大と判定した原処分を不服として争われた事例[1]（以下「新旧美術品販売業・役員報酬事件」と略称）において，「原告の反論に対する被告の再反論」の際に課税側が用いたほか，食料品製造業・役員退職金事件[2] においても出現する用語である。新旧美術品販売業・役員報酬事件において原告 X 社は類似法人の選択には推計課税と同様の厳格性を求めて出訴しており，このような課税上の類型化はかねてより多くの問題を引き起こしてきた。実際，本件について「X 社は，本訴において，類似法人との比較はあくまで

も便法であって他に認定手段がない場合に限り一応の参考となるにすぎない旨主張するのであるが，本判決はこれを否定しており，多くの裁判例においても類似法人との比較を他の判定要素と同様に又はそれ以上の重要な判定要素（品川[1981, p. 261]）」と指摘している。このように役員給与課税においては損金算入限度額算定に際し，当該多寡の決定は実質的に類似法人における支給金額に多くを依存し，判例を踏まえざるを得ない状況にある。

そこで本章においては課税庁が示す役員報酬の損金算入限度額水準について，いかなる要素が影響し合って決定されるのかを解明するために，1つには租税争訟における司法判断のレビューを試み，いま1つには単変量分析を用いて解釈を試みることとする。本章で検討する中小法人における役員報酬の支給行動に関する企業属性（企業規模・業種など）と役員属性（役位・貢献など），そして調査年ごとの特性について次節以降で言及してゆく。

2. 本章における基本的認識

2-1. 役員給与支給額に関する情報開示と課税

わが国においては平成22年3月31日施行の「企業内容等の開示に関する内閣府令」の改正（第二号様式・記載上の注意(57)コーポレート・ガバナンスの状況a(d)）によって連結報酬等の総額が1億円以上である者の役員報酬が開示されるようになった。しかしわが国においてはこれまで大企業の役員給与に関する情報開示は次のような経緯を辿ってきた。松井[2001, p. 85]によると「今年（平成12年度−引用者）の株主総会で大きなテーマとなるとすれば，役員報酬と退職慰労金の個別開示」であるとし，役員報酬の開示問題は「会社側から説明すれば，金額について株主が納得するかどうかはともかく，説明したという会社の態度について株主が納得する問題だけに，説明しない理由の説明が難しい」難題であるとしている。松井[2001, p. 86]は当時，「『開示の義務がないから開示しない』という単純な考えだけではすまなくなるかもしれない情勢」と指摘していたが，実際の開示義務化まで10年を要してい

ることから，実務界の反発[3]が長きにわたって続いてきたことが看取される[4]。

　役員報酬の支給額を開示する動きは，平成8年6月に生じた住友商事による銅地金取引における巨額損失事件[5]が端緒となったと言ってよい。この事件では米国の銅先物業者や英米の取引市場当局，そして国内の投資家による株主代表訴訟が提起され，主要な和解[6]が成立するまで5年の歳月を要した。国内の投資家による株主代表訴訟における和解では，「銅地金の簿外不正取引によって，会社が多額の損害を被ったこと」に対し，「この回復にあてるため，法的責任を認めることなく，連帯して和解金四億三〇〇〇万円を会社に対して支払う」結果となった。この流れの中で役員のモラルが問われ，役員報酬・退職慰労金の開示が要求されたが，同社は「総会に取締役又は監査役の退職慰労金を支給する議案を提出する時は，対象となる取締役・監査役毎に予定支給総額を総会で開示する」ことや，「総会に取締役及び監査役（以下「役員」という）の報酬に関する議題を提出するときには，総会において，役員（社外を除く）に対する予定支給総額（傍点－引用者），最も高額な報酬を受ける者に対する予定支給総額及び全役員に対する予定支給額の平均額（傍点－引用者）を開示する」とした[7]。

　このように企業不祥事から投資家の圧力によって役員報酬額の開示が迫られるケースもあるが，逆に東京エレクトロンなどによる自発的な役員報酬の個別開示例も住商事件の和解が成立する時期に現れている[8]。さらにその後，住商事件を契機として公表された役員報酬の開示様式，つまり総額や平均額の公表が徐々に浸透してゆく[9]。そして「追加的な情報を提供することは自らの企業がインサイダー情報を有していないことを市場に訴え，企業の市場価値を上昇させ，企業経営者の役員報酬を市場価値に連動させる」という。このため企業経営者は「情報公開によるコストに比し，企業価値を向上させる効果が上回っていれば情報公開を継続する」と言う。このような観点から「agency理論において企業経営者が，特に債務契約や役員報酬規程といった自身の行動を制限する契約を行うことは合理的」とされる（Naser[1993, p. 16]）。

　以上の通り，上場企業においては役員報酬の支給額が公開され，その一部

がわれわれの知るところとなりつつあるが，他方，中小法人における役員報酬の支給水準については全く解明されていない。そのような中，中小法人における役員給与の支給実態は，役員給与課税をめぐる租税争訟の中で限られた事例が明らかにされるのみである。それら役員給与課税における租税争訟とは，概ね中小法人における役員給与について損金算入限度額を超過する過大部分が存在するとの課税庁による更正処分を不服として出訴している。

　これに関連して「会社（株主）と役員との間の対外的取引である役員給与の支給方法についてのみ，法人税法において木目細かい規制方法を定める必要があるのか（品川[2008b, p. 27]）」との問いかけがある。しかし会社自治が株主総会で公開される上場企業とそうではない中小法人の間には，実態として全く異なる役員給与課税が展開される理由があると考えるべきかもしれない。つまり資本市場を通じて企業評価を行う投資家が存在する上場企業の場合，会社自治によって役員給与が適正であると投資家による承認を受けた以上，過大役員給与は発生しないと考えるべきである。仮に発生しても株主総会で承認した以上，たとえ過大部分が損金不算入とされ，法人の租税負担が増加したとしても株主利益の喪失にはならないと考えられる。他方，閉鎖会社である中小法人においては役員給与の適正額が客観的に検証される機会がないため，損金算入限度額の適正性について実質基準によって厳格に判断せざるを得ない。良い悪いは別として，課税実務では上場企業における役員給与について過大部分が認定されないという見解が川田剛元仙台国税局長に対して行われたインタビューで次のように示されている。それによれば「上場企業の役員報酬に対し，国税当局が過大だとして経費性を認めなかった例は聞いたことがない」とのことであり[10]，同様の指摘は中島[2011, p. 211]においても見られる。

　このように役員給与課税において上場企業と中小法人における損金算入限度額水準の決定に著しい差異が存在する可能性について国税経験者による指摘が見られるが，これに関連して興味深い実証研究成果がある。川口[2012]では資本金100億円未満の有報提出会社で株式公開企業1,548社・非公開企業556社について平成12年度から同16年度までのパネルデータを構成し，

法人税額と役員報酬額の関係性を解明している。川口[2012]は株式公開企業と非公開企業の利益分配の違いを明らかにする目的があり，法人税額を被説明変数とし，説明変数に役員報酬額，役員報酬額と非上場ダミーの交差項，売上高，売上高と非上場ダミーの交差項によって回帰を試みている。この分析結果から株式公開・非公開企業の全ての役員報酬額は法人税額との間に正の関係性を1％水準有意で示すが，他方，役員報酬額と非上場企業に1を与えたダミー変数の交差項との間に負の関係性を1％水準有意で示すという。この結果を川口[2012, p. 101]は「株式非公開企業は役員報酬を利用して法人税の租税回避を行っている」と解釈している。

　しかし川口[2012]が分析対象とした非公開企業について，本章以降第6章において分析対象とする中小法人も一部含まれる可能性があるが，川口[2012]による分析結果を本書がそのまま踏襲することはないと考えている。つまり本書においては中小法人の役員給与支給実態を租税争訟のレビューと実証分析により明らかにするが，それによって導出された結果は川口[2012]が指摘するように「役員報酬を利用して法人税の租税回避を行っている」との認識に一致しない。この点について本章以下第6章までで詳述するが，中小法人の役員給与の支給実態は税制による制約，つまり損金算入限度額が非常に厳しく効いている実態を明らかにしている。このように川口[2012]と本書の間の検証結果に見られる相違は分析対象の大部分が全く異なることが原因と考えられる。本書において分析対象とするのは非公開企業であっても有報提出会社ではなく，後掲する（図表3-4）において示す通り，大半が資本金1億円未満の中小法人である。したがって本書で明らかにされる中小法人における役員給与支給の実態はこれまでの研究成果とは一線を画しており，新奇性に富む点を強調しておきたい。

2-2. 分析対象となるデータの概要とサンプルサイズ

　本章は役員報酬の損金算入限度額水準を実証的に明らかにする目的があるが，分析対象とする役員報酬の支給額に関するデータは納税者が提出する申告書に求めるわけにいかない。周知の通り該当資料の入手は研究上の限界で

第3章　役員給与の損金算入限度額規定に見る課税の類型化　　61

（図表3-1）　分析対象となる役員報酬支給事例の構成

データ名称：『書籍名』(株式会社日本実業出版社)	初版発行日			アンケ調査実施時点		調査対象数	有効回答数	掲載事例	分析対象事例
	年	月	日	年	月				
H26データ：『役員報酬・賞与・退職金，従業員退職金，慶弔見舞金，高齢社員の待遇＆賃金，税理士等の顧問料　中小企業の「支給相場＆制度」完全データ』	2015	1	20	2014	6	4,500	204	538	433
H24データ：『役員報酬・賞与・退職金，従業員退職金，各種手当，慶弔見舞金　中小企業の「支給相場」完全データ』	2013	2	20	2012	9	5,000	176	474	321
H22データ：『社長・役員の報酬・賞与・退職金業種別役位別　最新支給データと中小企業の従業員退職金相場』	2010	12	10	2010	7	7,000	212	616	350
H20データ：『社長・役員の報酬・賞与・退職金最新支給事例と税金対策』	2008	9	11	2008	4	5,000	134	461	313
H18データ：『社長・役員の報酬・賞与・退職金最新支給データと税務Q＆A』	2006	9	11	2006	4	5,000	150	491	349
H16データ：『最新　社長・役員の報酬・賞与・退職金支給データ』	2004	7	22	2004	4	5,000	110	360	278
H14データ：『社長・役員の報酬・賞与・退職金最新支給データ』	2002	6	6	2002	3	5,000	143	513	365
H12データ：『役員の報酬・賞与・退職金　最新支給相場　資料大集』	2000	6	20	2000	3	5,000	110	433	417
								3,453	2,826

あり，本研究における分析対象となるデータの源泉を課税庁に求めることはできない。そこで（図表3-1）に示す通り，実業出版データに注目するが，当該データは調査時点が複数年にわたっているものの，パネル・データではなく，繰り返しクロスセクション・データという構造にある。

　本書ではアンケート調査によって収集された役員報酬支給事例を実際の課税上の損金算入限度額の水準とみなすが，当該仮定の妥当性について次のように解釈している。つまり一般的傾向として過大役員報酬の否認等の加算項目が不自然に多くなることによって攻撃的な租税負担回避の意図を課税庁に疑われること，さらには頻回に税務調査を招いてしまう結果を納税者は望まないとの前提を本研究は踏まえる。そのような見解はChen et al. [2010]にも認められるが，そうであれば合理的な納税者は役員報酬の支給水準を損金算

入限度額内に収めると推察される。

　そしてまたこのように税法が納税者の税務行動に及ぼす作用を逆基準性と呼ぶが，この逆基準性は中小法人に対して強く影響すると考えられている。この点について大城[2006, pp. 33-34]によれば「『逆基準性』の現象は，租税特別措置法等を中心とした種々の租税政策の重要性とともに増加した」と指摘しており，その増加を受けて「中小企業は，大企業と比較して節税目的のための会計が適正な期間損益計算よりも優先されている」という。そのためアンケート調査によって明らかにされる中小法人における役員報酬の支給水準は，役員報酬の損金算入限度額と概ね同水準にあると本書ではみなしている。

　さて，本書において利用する実業出版データは平成12年から平成26年までの間，隔年で提供されており，8カ年分のデータセットを本書における検証のために独自に再構成している。しかし当該データが提供されたこの8カ年の間に数次にわたり構成が変更されているため，（図表3-2）・（図表3-3）が示す通り，データ形式の不統一性が引き起こすデータ価値の毀損や相対的なデータの劣化が散見され，一定程度の修正を施さないと本書における統計解析は行えない。例えばH12データで掲載されていた持株比率がH26データでは欠落しているが，わが国公開会社を分析対象としたJackson and Milhaupt[2014, p. 149]の研究によれば，株式保有する役員とそうでない役員の間の在任年数に注目した場合，統計的有意性を伴って株式保有する役員の在任年数が長いとする。このような知見から中小法人においてはなおさら持株比率は役員報酬額の多寡を決定する際の重要な変数と考えられるが，当該比率の提供が停止している。

　逆に実業出版データにおいてH12データにのみ前期業績が示されていない点や，H12データで連続数値として提供された従業員・資本金・年商は，H26データでは5つの階層を設け，離散数値として提供されている点が整合しない。このままでは従業員数・資本金額・年商の各数値は提供される年の違いによって連続数値と離散数値が入り乱れる結果となるため，本研究における分析を遂行するには実業出版データの構成上の混乱を整理する必要がある。そこでこのような不統一な基準で提供されるデータを実証分析に活用

（図表 3-2）　H12 データの概要

業種	所在地	従業員数	資本金（万円）	年商（万円）	持株比率（%）	役職	同族関係	年齢	在任年数（年）	常勤非常勤	報酬月額（万円）	年間賞与（万円）役員分	年間賞与（万円）従業員分
製造業	愛媛県	180	9,000	596,000	80.0	社長	創業者	67	26	－	300	0	0
					0.0	取締役開発部長	非同族	49	8	常勤	100	0	0
					0.0	取締役営業部長	非同族	59	8	常勤	70	0	0
					0.0	取締役技術部長	非同族	51	4	常勤	50	0	0
					0.0	取締役技術部長	非同族	49	4	常勤	50	0	0
					0.0	取締役企画営業部長	非同族	56	2	常勤	50	0	0
販売業	京都府	167	208,000	1,110,000	21.0	社長	創業者	51	25		360	400	0
					7.0	専務	妻	53	25	常勤	210	300	0
					1.0	常務	非同族	60	10	常勤	160	300	0
					0.0	常務	非同族	57	4	常勤	160	300	0
					1.0	取締役企画本部長	非同族	46	8	常勤	140	100	100
					1.0	取締役	非同族	44	8	常勤	140	100	100
					1.0	取締役	非同族	45	8	常勤	125	100	100

（図表 3-3）　H26 データの概要

業種	所在地	従業員数	資本金（万円未満）	年商(万円)	前期業績	役職	同族関係	年齢	在任年数（年）	常勤非常勤	報酬月額 役員分（万円）	報酬月額 従業員分（万円）	年間賞与 役員分（万円）	年間賞与 従業員分（万円）	年収（万円）
その他	宮城県	20名以下	2,000	50,000未満	黒字	社長	非創業同族	51	13	常勤	43	0	0	＊	516
						取締役	非同族	48	11	常勤	26	0	0	0	312
						取締役技術部長	非同族	47	13	常勤	38	0	0	0	456
その他	群馬県	51-100	10,000	100,000-300,000未満	黒字	社長	非同族	79	11	常勤	100		60	＊	1,260
						専務	非同族	70	4	常勤	90		60	＊	1,140
						取締役	非同族	76	10	非常勤	7	0	35	0	119
						取締役営業部長	非同族	60	4	常勤	35	40	60	0	960
						取締役業務部長	非同族	65	4	常勤	35	40	60	0	960

64

するために具体的な措置として次の通りの工夫をせざるを得なかった。つまり過去において連続数値として提供されていた数値を離散数値に置き換え，ダミー変数化することで分析可能なデータセットとして再構成したのである。このように離散数値を重回帰分析におけるダミー変数として活用することで中小法人における役員報酬の支給実態が明らかになると期待される。

2-3. 倍半基準と類似法人の選定

本章において分析対象となるデータの概要は(図表3-4)に示す通り，最大2,826件の役員報酬の支給事例であるが，これに対して役員給与の損金算入限度額算定に関する係争事例おいては僅かに数例から20例程度の類似法人の支給実態を踏まえて判決が言い渡されている。このように課税側が類似法人のサンプルサイズを比較的小さく設定する理由は倍半基準の採用に求められる[11]。サンプル抽出手法としての倍半基準の妥当性をめぐって争った事例に注目すると，過大役員給与の支給事例のみならず，推計課税をも検討の俎上に載せる必要がある[12]。

課税側が従来より採用してきた倍半基準によるサンプル抽出は，類似法人を業種や企業規模等の一定の条件下に集積するため，比準同業者数が20件を超えると比較的多数と評される。しかし本研究においては類似法人として業種や規模の特定を行わず，まずは中小法人における役員報酬支給事例を最大限集積し，それらの企業規模や業種，役位や調査年などの諸要因を回帰モデルにおける説明変数として投入することでコントロールする方法を採用する。分析モデルの詳細は次章において言及するが，本章において試みられる2,409件の役員報酬支給事例の集積はサンプルサイズという観点から貴重であり，そのサンプルから導出された分析結果は説得的である。

サンプルサイズの大きさが分析結果の説得性に大いに貢献すると一般的に考えられているにもかかわらず，課税側による類似法人の収集規模が極小であると批判される好例として，食肉販売業 X 社の前代表取締役甲に対する役員退職金支給を過大とした原処分を不服として出訴した事例[13] (以下「食肉販売業・役員退職金事件」と略称)に言及する。本件では一審にて原告が勝訴す

第3章 役員給与の損金算入限度額規定に見る課税の類型化

（図表 3-4） 分析対象データの基本統計量

変数の区分／変数名			度数	平均値	標準偏差	最小値	最大値	第1四分位数	第2四分位数(中央値)	第3四分位数
被説明変数		log役員報酬月額	2,826	4.1769	0.87081	-0.22	6.55	3.9120	4.3040	4.6910
企業属性	規模変数 / 従業員数	20人以下	732	0.2590	0.43818	0	1	0	0	1
		20人超50人以下	876	0.3100	0.46257	0	1	0	0	1
		50人超100人以下	611	0.2162	0.41173	0	1	0	0	0
		100人超300人以下	536	0.1897	0.39211	0	1	0	0	0
		300人超	71	0.0251	0.15653	0	1	0	0	0
	資本金額(単位:万円)	2000未満	646	0.2286	0.42000	0	1	0	0	0
		2000以上-5000未満	1,021	0.3613	0.48046	0	1	0	0	1
		5000以上10000未満	683	0.2417	0.42818	0	1	0	0	0
		10000以上30000未満	310	0.1097	0.31257	0	1	0	0	0
		30000以上	166	0.0587	0.23518	0	1	0	0	0
	年商(単位:万円)	50000未満	676	0.2392	0.42668	0	1	0	0	0
		50000以上100000未満	462	0.1635	0.36987	0	1	0	0	0
		100000以上300000未満	913	0.3231	0.46773	0	1	0	0	1
		300000以上500000未満	386	0.1366	0.34347	0	1	0	0	0
		500000以上	389	0.1377	0.34459	0	1	0	0	0
	業種	製造業に1	847	0.2997	0.45821	0	1	0	0	1
		卸小売業に1	714	0.2527	0.43461	0	1	0	0	1
		建設業に1	439	0.1553	0.36230	0	1	0	0	0
		サービス業に1	545	0.1929	0.39461	0	1	0	0	0
		その他1	281	0.0994	0.29930	0	1	0	0	0
	その他	政令市を要する都道府県に1	2,099	0.7427	0.43720	0	1	0	1	1
		黒字に1	2,068	0.8584	0.34866	0	1	1	1	1
役員属性	役位	代表権者に1	840	0.2972	0.45712	0	1	0	0	1
		専務等に1	575	0.2035	0.40265	0	1	0	0	0
		使用人兼務役員に1	527	0.1865	0.38956	0	1	0	0	0
		平取締役に1	638	0.2258	0.41816	0	1	0	0	0
		監査役に1	86	0.0304	0.17180	0	1	0	0	0
		顧問等に1	130	0.0460	0.20953	0	1	0	0	0
		その他の役員に1	30	0.0106	0.10250	0	1	0	0	0
	貢献	創業者に1	317	0.1122	0.31563	0	1	0	0	0
		常勤に1	2,556	0.9045	0.29401	0	1	1	1	1
		log年齢	2,826	4.0226	0.20076	3.18	4.55	3.9120	4.0600	4.1590
		log在任年数	2,826	1.9946	1.08788	-2.30	4.28	1.0990	2.0790	2.8900
	その他	同族に1	1,408	0.4982	0.50009	0	1	0	0	1
		賞与有に1	1,143	0.4045	0.49087	0	1	0	0	0
調査年		H26に1	433	0.1532	0.36026	0	1	0	0	0
		H24に1	321	0.1136	0.31737	0	1	0	0	0
		H22に1	350	0.1238	0.32947	0	1	0	0	0
		H20に1	313	0.1108	0.31389	0	1	0	0	0
		H18に1	349	0.1235	0.32906	0	1	0	0	0
		H16に1	278	0.0984	0.29787	0	1	0	0	0
		H14に1	365	0.1292	0.33543	0	1	0	0	0
		H12に1	417	0.1476	0.35472	0	1	0	0	0
参考		役員報酬月額(単位:万円)	2,826	86.4405	62.83338	0.80	700	50	74	109
		役員年収(単位:万円)	2,044	1,115.99	754.44	18.00	7,340.00	660.40	973.50	1,369.50
		log役員年収	2,044	6.7747	0.80055	2.89	8.90	6.4928	6.8809	7.2222
		年齢	2,826	56.9324	10.80633	24	95	50	58	64
		在任年数	2,826	12.1504	11.55980	0	72	3	8	18
		持株比率	1,629	17.0533	22.42361	0	100	1	7	24

66

るも，控訴審では課税側の逆転勝訴となり，被控訴人の上訴も最高裁にて棄却され昭和50年に確定している。一審被告答弁よりX社を含めて12例集め，業績の良い順に3グループ化した上で，そのうち概ね中位グループから3社を選んで役員退職金の損金算入限度額を算定している。本件は類似会社が3社に過ぎないものの課税側の主張が支持された点に特徴があるが，これに対して納税者の不満が上告理由の中に次の通り示されている。それによれば「ある一つの事象に与えられた数値が一般的に云って相当であるか否かは，他の類似の三つの事象と比較すれば妥当な結果を得られるなどということは常識的に見ても異常と云う外はない。これを仮に科学的な立場又は数理統計的な立場から見ても，将に異常と云う外はない」と主張する。実証分析上は頑健性を確保するためにサンプルサイズは最低限40程度が慣例上，必要とされるが，類似法人が3社のみであることに対する司法側による課税側に対する批判もなく，納税者は「数理統計的立場から異常」と指摘するのが精一杯であった。

2-4. 僅か6社に回帰分析を試みた事例

本節では工作機械製造販売業社X社が支給した役員退職金について課税庁が回帰分析により損金算入限度額を算定したものの，同社が法人税更正処分等の取り消しを請求した事例(工作機械製造販売業・役員退職金事件)に注目する。この事例では課税庁が功績倍率法等に基づき過大役員退職金を算定しており，「X社の甲に対する役員給与として社会通念上，相当な額であるかどうかが問われていることになるが，X社の外形的な事業規模に照らしてみれば，当該金額が不相当に高額であるということは，一般の理解が得られる(傍点－引用者)ものではないか(大渕[2001, p. 339])」と評されている。

このため第一審並びに控訴審において原告の請求がともに棄却されたが，とりわけ注目すべきは一審被告の課税庁が役員退職金の損金算入限度額算定のために本件において回帰分析を用いた点である。一審被告が類似法人とした6社により非線形回帰を試み，一度は損金算入限度額を算定したものの，類似法人とするには不適切とされた2社を排除し，結局4社による最終報酬

月額，退職給与の額，勤続年数等の平均値を算出し，限度額を算定した。しかも分析モデルの説明力を示す調整済決定係数（以下「AdjR2：Adjusted R-squared」と略称）や説明変数の統計的有意性に関する原告の追求はなく，それら資料の開示を争ったのかは不明である。

原告 X 社の役員甲は，その他の多くの過大役員給与の係争事例と同様，類似法人の選定について異議を唱え，「（甲の－引用者注）原告に対する功績は計りがたいものであり，これを無視して形式的な計数計算（傍点－引用者）により，その退職給与の相当額を算出するのは不合理である」と述べるのみである。原告が批判した「係数計算」なる用語は恐らくは回帰分析を意味するのだろうが，分析手法としての回帰分析そのものに関する検証は試みられなかった。この点は課税庁にとっては幸いであり，当時の納税者の意識としては損金算入限度額算定のために用いた回帰式の適正性にまで思考が及ばず，そのような事情にあっては課税側の示した稚拙な回帰分析結果でも原告による追求を逃れたとの印象を与える。

尤も回帰分析を用いようが，そうでなかろうが，本件について原告敗訴が予見可能な案件と言えたのも事実ではある。なぜなら(1)原告の過大退職金が一般の理解が得られるほどに不相当に高額であったこと，(2)原告の回帰分析に対する理解が未熟であったことが一審被告の勝訴要因と考えるが，たとえ(2)について原告側が十分な学習を経て裁判に臨んだとしても，(1)の限りにおいては，やはり原告勝訴は困難というよりほかない。いずれにせよ本件では役員退職金の支給水準が常識外れであったことに加え，納税者の知識不足のスキを突いて課税側は租税争訟において回帰分析を採用する実績を積むことに巧みに成功したと評することができる。

2-5. 納税側が回帰分析を用いて独立企業間価格を算出した事例

本節では平成 16 年に船舶製造業 X 社に対して適用された移転価格税制を不服とし，訴訟が提起された事例[14]（以下「船舶製造業・移転価格税制適用事件」と略称）に注目する。本件は役員給与に関する租税争訟ではないものの，従来，課税側が用いてきた回帰分析を納税側 X 社が採用し，法人税の更正処分の

取り消しを請求している点で注目すべき案件である。その係争内容とは、X社の国外関連者間に対する船舶建造請負取引に適用された移転価格税制について撤回を求め、回帰分析を用いて独立企業間価格を納税者自らが算定した。そのためX社が求めた独立企業間価格には幅が存在すると主張している。しかし第一審から上告審まで一貫して原告の請求は棄却され続け、上告審では不受理となっている。独立企業間価格の算定における幅の概念[15]の妥当性については原告が第一審から主張していたが、このような主張が一見妥当であると感ぜられるのは、原告が控訴審において回帰分析を用いて独立企業間価格の算定を試みたという事情による。回帰分析を採用することで示される独立企業間価格について、それが唯一の値として算出されたかのような印象を与えるが、標準正規分布を背景として算出された値であるため、2σ内は容認されるべきである。即ち独立企業間価格に幅が存在するという原告の主張は支持されるべき理由がある[16]。

　これに関連して「独立企業間価格は、比準取引の選定の仕方によって異なりうるから、各取引の具体的な状況に応じて、取引価格が、これらの方法で算出された独立企業間価格の上下ある程度の幅（独立企業間価格幅（レンジ））の中にある場合には、当該取引は適正な価格で行われたと解して良い場合が多い（金子[2012, p. 475]）」と解すのが通説である。本事例で原告は回帰分析の採用によって導出された船価が幅を生じさせると主張しており、上記通説にも矛盾しない。しかし本事例においてはほかの敗訴要因も大きく作用して、結果的に原告の主張は棄却されている。そこで原告が採用した回帰分析による主張の中にいかなる敗訴要因が潜んでいたのかについて検討してみることとする。

　原告が収集したサンプルについて、誤った回帰分析結果を導出しないために分析対象となるデータはいかにあるべきかについて次の通り高松高裁が指摘している[17]。それによると「分析に用いられた標本データは、控訴人が過去長期間（23年間）において非関連者に売却した船舶の船種別（パナマックス船、アフラマックス船）の契約金額（実際の船価）であり、それぞれ仕様、性能、取引条件等には自ずと差異があり品質を異にする」という。しかし控訴

人が収集したデータの問題点として2点掲げ，1つ目に「品質の差異をもたらす要素については調整されていない」点を，いま1つに「上記標本データには企業秘密上の問題から，乱数に基づく仮番号が割り当てられている」点を指摘している。

　まず前者についてであるが，回帰分析が成立する理想的なデータに比し，控訴人が収集したデータには重要な説明変数の欠落が認められるとしている。控訴人が採用した分析モデルでは最大3つの説明変数（船価・契約日から竣工日までの期間・船種国籍）を投入して重回帰分析を試みており，控訴人の示した分析モデルの決定係数が0.82ないし0.90を誇り，モデル式の説明力が高いと評することができる[18]。しかし重要な説明変数として高松高裁は「個々の船価において差異を生じる主要な要因(傍点－引用者)である，船級，用途，総トン数，載貨，主要寸法，主機関基数，付属設備等」を挙げており，それら要因が欠落しているという。他方，2つ目の問題点は，データ構成における恣意的操作の可能性である。控訴人が公開した自社の販売データは企業秘密扱いとの理由から全取引データが公開されたわけではない。その結果，「船舶建造請負金額を比較・検討する際の標本データとしては不適切である上，標本データ自体について検証可能な状態にあるものでもない(傍点－引用者)」と断じている。

　しかしながら後者については従来，課税側が役員給与の損金算入限度額水準を確定する上で倍半基準を用いた極小サンプルによって展開してきた主張に対しても公平に批判されるべきである。つまりこれまで課税側が主張してきた当該限度額について，これを納税側が検証可能な状態にあったとは言えない。したがって納税者が用意したデータとその分析結果について検証を認めるならば，課税側が用意したデータとその分析結果についても検証を認めるべきである。とはいえ本件においてはそもそも不適切なモデルとサンプルに生じた偏りから控訴人主張は失当とされる点に反論の余地はない。これらを踏まえ本書では第4章から第6章において回帰モデルを用いて中小法人における役員給与の損金算入限度額水準を明らかにする。そのため船舶製造業・移転価格税制適用事件において争点となったモデル構築上の問題点は予

70

備的考察として重要な示唆を与えている。

3. 課税における類型化の検討

3-1. 規模変数の検討

3-1-1. 各規模変数の相関と分析モデルへの示唆

　本章において取り上げる多くの判例がそうであるように，従来，役員報酬・役員退職金の損金算入限度額算定においては類似法人の規模の近似が前提となっている。そしてこの場合の「規模」について大渕[1990, p. 208]によれば「量的経営規模又は外形的経営規模の同一性と質的経営規模の同一性があり，両者の規模の同一性が担保されていることが望ましい」とする。そのうち「量的規模とは，総資産価額，純資産価額，従業員数等であり」，「質的規模とは，公表利益又は所得金額，売上金額等がこれに該当する」としている。これに関連して電気製品部品製造業 X 社が支給した役員退職金が否認された裁決処分について取り消しを請求した事例[19]（以下「電気製品部品製造業・役員退職金事件」と略称）の一審判決において東京地裁は被告・課税庁が資本金額・従業員数・売上金額による比較法人の選定を妥当としている。この事例では原告が上訴するも棄却され，原審が確定しているが，企業規模の指標として資本金額・従業員数・売上金額が用いられることが，これ以後の租税争訟において強く支持され続けているのも事実である。

　そこで3つの規模変数についていずれも法人規模を適正に表しうるのかを検証する目的で，それら規模変数同士の相関を（図表 3-5）によって示している。なお同図表の各セルにおいて上段は Pearson の相関係数を，下段は両側検定による有意確率を表している。また，0.15 以上の相関について網掛けによる表示を施した。（図表 3-5）から従業員「20 人以下」と資本金額「2,000（万円）未満」について 0.309 の比較的高い相関が示され，従業員数が少ないことと資本金額が小さいことは統計的には正の相関があり，逆に従業員「20 人以下」が年商「5,000,000（万円）以上」と逆相関（−0.206）にあると

第3章　役員給与の損金算入限度額規定に見る課税の類型化　71

(図表 3-5)　3種の規模変数による相関係数表

		従業員数					資本金額(単位：万円)				
		20人以下	20人超50人以下	50人超100人以下	100人超300人以下	300人超	2000未満	2000以上5000未満	5000以上10000未満	10000以上30000未満	30000以上
年商（単位：万円）	50000未満	0.560 0.000	−0.037 0.050	−0.264 0.000	−0.269 0.000	−0.090 0.000	0.398 0.000	0.013 0.476	−0.235 0.000	−0.144 0.000	−0.119 0.000
	50000以上100000未満	0.049 0.010	0.159 0.000	−0.042 0.027	−0.170 0.000	−0.071 0.000	0.044 0.019	0.062 0.001	−0.028 0.133	−0.060 0.001	−0.074 0.000
	100000以上300000未満	−0.232 0.000	0.113 0.000	0.192 0.000	−0.039 0.039	−0.092 0.000	−0.149 0.000	0.107 0.000	0.039 0.036	0.050 0.007	−0.092 0.000
	300000以上500000未満	−0.226 0.000	−0.079 0.000	0.059 0.002	0.220 0.000	0.160 0.000	−0.143 0.000	−0.145 0.000	0.173 0.000	0.094 0.000	0.111 0.000
	500000以上	−0.206 0.000	−0.199 0.000	0.052 0.006	0.349 0.000	0.152 0.000	−0.195 0.000	−0.085 0.000	0.096 0.000	0.080 0.000	0.241 0.000
資本金額（単位：万円）	2000未満	0.309 0.000	0.047 0.013	−0.179 0.000	−0.190 0.000	−0.055 0.003					
	2000以上5000未満	0.041 0.028	0.072 0.000	0.033 0.083	−0.125 0.000	−0.102 0.000					
	5000以上10000未満	−0.204 0.000	−0.051 0.006	0.121 0.000	0.138 0.000	0.057 0.002					
	10000以上30000未満	−0.133 0.000	−0.059 0.002	0.080 0.000	0.125 0.000	0.023 0.217					
	30000以上	−0.089 0.000	−0.060 0.001	−0.073 0.000	0.179 0.000	0.171 0.000					

いうことは，従業員数が少ないサンプルは年商が高くないことを統計的に支持している。

　このほか，従業員数20人以下のサンプルは年商5億円未満となる傾向が見られ，正の相関が強い(0.560)。しかもこのような関係は資本金額と年商の関係にも観察され，資本金2,000万円未満のサンプルは年商5億円未満となる傾向を示し，正の相関が強い(0.398)。逆に資本金額が3億円以上のサンプルでは50億以上の年商を稼ぐ傾向がある(0.241)。このようにこれら規模変数は互いに相関関係が強く，説明変数として代替関係にあると言え，規模変数として採用する十分な理由があると認められる。中でも(図表3-5)中に示した網掛けの多さから，年商と従業員は互いに規模変数として近似した性質を有するとみなして良いであろう。

3-1-2.　規模変数としての資本金額と年商

　わが国法人税法では資本金額1億円以下を中小企業者等として優遇する諸

制度が存在することにより，企業規模としての資本金額は1億円未満の階層に偏るバイアスが存在すると考えられる。例えば資本金額1億円以下の中小法人に対して軽減税率(法法66，租税特別措置法(以下「措法」と略称)42の3の2)，交際費の損金不算入限度額(措法61の4②)，少額減価償却資産(措法67の5)といった集中的な特例が適用されている。さらに中小企業者等の税額を軽減する目的で規定された中小企業投資促進税制では特別償却または税額控除を認めている(措法42条の4～54条)。そして最後に資本金が1億円を超える普通法人には事業税につき，(1)付加価値割，(2)資本割，(3)所得割が課せられるものの，資本金1億円以下の普通法人等には(3)が課せられるのみである(地方税法第72条の2①)。このような背景から(図表3-4)が示す通り，資本金額1億円未満の分析対象は全体の83.16％を占める。

　他方，個別の法人が年商を決定する際にいかなる法制上の誘因が存在するのかを考えると，先験的に年商の決定は資本金額の決定ほど強い動機付けが作用するとは思えない。例えば小規模事業者に係る納税義務の免除制度(消費税法第9条)により，課税売上高1,000万円以下の事業者が売上高を抑制する強い動機を有すると考えられる。しかし，そのような現象が本研究に与える影響は限定的と考えるべきであろう。そのように考えられる理由として2つ挙げられ，まず1つ目に本研究におけるサンプル構成によると，課税売上高1,000万円以下のサンプルは年商5億円未満の階層内のさらに一部分を構成するに過ぎないからである。いま1つには，分析対象が概ね利益獲得を目的とする健全な法人によって構成されると考えれば，取引量は常に拡大に向けた努力が積み重ねられるからである。

　実際，本章2-4. において言及した工作機械製造販売業・役員退職金事件において岡山地裁は「一般に企業活動は，利益の追求にあるのであるから，その企業の規模を把握するために最も適切，簡明な指標は，当該企業活動によって形成された財産的結果である売上金額(傍点－引用者)，総資産価額，純資産価額，所得金額に求めるのが相当である」と判示している。したがって一定程度の年商を上限としてそれを死守するという動機付けが僅かに一部の低い年商階層に限られると推察され，その他多くの年商の階層にまで同様の

強い動機付けがなされるとは考えられない。このように見てくると年商は規模を表す変数として，資本金額ほどに法制上のバイアスが作用しない指標として期待される。

3-2. 業種区分上の論点

本章1. において挙げた新旧美術品販売業・役員報酬事件では，原告が厳密な業種区分を求めたにもかかわらず，岐阜地裁は業種区分について「役員報酬として客観的に相当である額を算定する資料，指標を得るための手段であることに鑑みれば，推計課税と同様の厳格性を要求する必然性はない」と判示している。さらに同様の事例として本書第1章4-4. において言及した工作機械製造販売業・役員退職金事件にも再度注目してみたい。本件では一審原告であるX社は被告である課税庁による類似法人の選定に関して以下の通り反論を試みている。それによれば「原告は，単なる金属製品製造業ではなく，また，一般機械器具製造業でもないのであって，原告の製品は高度な技術を要する数値制御，複合工作機械であり，精密機械としての側面をも有する。したがって，右選定基準〈1〉は何ら原告との類似性を基礎付けるものとはいえず，これを原告の類似法人の選定基準として掲げるのは不合理である」旨主張し，業種区分における原告X社の特殊性を強調する。

このように原告主張の共通点は同社が特殊な業種・業態に属することを理由として類似業種選定が困難であるとし，突出した役員給与支給の大部分を損金算入すべきとした。しかし岡山地裁の判断によれば類似法人は業種ではなく，むしろ事業規模によって抽出されるべきであり，その他の要因として退職事由・勤続年数が挙げられるとする被控訴人の主張を採用している。この事案について大渕[1990, p. 208]は，「推計課税は当該納税者の所得金額を推計により算定するものであるところ，その推計の基礎とされる所得率，原価率又は経費率などは，その業種，取扱い品目により相当の差異が生ずるものであるが，退職金の支給額は，所得率等のように業種業態の相違により相違が生じるというものではないことは，経験則上明らか」と評している。このように見てくると，本章では役員報酬支給2,826事例を分析対象として損金

算入限度額の水準を解明するが，その際，業種区分が役員報酬支給額の多寡を決定する要因としていかなる程度強く作用するのか検証結果の導出が待たれる。

またわが国では過去の交際費課税において細かい業種区分によって類型化を試みた時期が存在したが，課税庁における実務が混乱したと指摘されている。昭和36年改正を控え，当時の交際費課税について税制調査会[1960, p. 347]は「現在各業種に適用される取引基準の率を各業種の実情に即して定めることも業種の慣行等から交際費支出の多い業種としからざる業種とがあり，それらの事情を一々考慮することは不可能に近い」と評している。さらに続けて「税務執行の面では，取引基準があまりにも細分化されて複雑であり，また業種の定義もむずかしいので，特定の企業がたとえば数多くの物品を製造しているような場合には，どの業種の取引基準を使用するか等について問題が多い(いずれも傍点－引用者)」と指摘している。そして当時の交際費課税に対し，「取引基準と実績基準とを基礎とする現在の否認方法をそのままにして，この制度を延長することは業種の間又は同じ業種でも取引規模の異なる企業の間で不公平であり，また，し意的になるおそれがあり，さらには制度が複雑すぎる(税制調査会[1960, p. 350])」と批判されるまでに至った[20]。

このように見てくると，仮に課税庁が役員報酬の損金算入限度額算定において細分化した業種区分を行った場合，過去の交際費課税における失敗を繰り返すことになるかもしれない。したがって現行の役員報酬の損金算入限度額算定のための類似法人の選定上，業種区分による影響は小さくなるように税務行政が執り行われていると考える。このため次章で検討する分析モデルでは，業種の詳細な区分を行わないとしても問題ないと考える。

3-3. その他の企業属性

本節においては支給される役員報酬額の多寡に影響を及ぼすであろうその他の企業属性について検討する。とりわけ本節において注目するのは分析対象とする2,826件の役員報酬支給事例のうち東京都内や政令指定都市を擁する道府県において実施された事例(以下「政令市等における事例」と略称)か否か

である。この分類において東京都内に所在する法人における役員報酬事例も政令市において実施された事例に含めて分類している。役員報酬の損金算入限度額水準が、政令市等における事例か否かに影響を受けると考え得るのは、近時問題となっている残波事件に注目したからにほかならない。原告である比嘉酒造は沖縄の泡盛製造会社であり、創業社長などの親族役員4人に対して支給した基本報酬と退職慰労金について沖縄国税事務所は不相当に高額であるとの決定を行った。この事案における国税側の判断では沖縄県と熊本国税局管内で売上に倍半基準を採用し、酒造会社34社を抽出している。当該更正決定に対し比嘉酒造はライバル企業として日本全国の大手酒造会社を挙げるが、それに比して原処分庁が採用した比較法人によれば役員報酬の損金算入限度額が低く抑えられると主張している。

　本件における争点とは、地方に所在する法人の役員給与の損金算入限度額は都市部に所在する法人のそれに比して少額であるべきとする課税側による潜在的な基準の妥当性であり、当該基準を本書では便宜上、「地域格差基準」と呼称する。地域格差基準は条文規定によって明示的に存在するわけではないが、従来より課税庁による判断として積み上げられてきており、法令70一において地域格差基準が含意される点は納税者にも一定程度が理解されていると思われる。そこで役員報酬の支給水準の多寡が政令市等における事例か否かによって影響を受ける実態が存在するのか、明らかにしてみたい。

　次に本章において重視したその他の要因としては黒字ダミーである。これまで中小法人に関連する役員報酬の支給データが入手困難であるため、それらの役員報酬の支給行動が上場企業のそれと同視してよいのかについて、従来より研究上の空白領域とされていた。そこで黒字法人という要因が支給される役員報酬額を統計的に有意に増額させるのか否かについて、中小法人の役員報酬支給事例から検証を行う意義は大きい。役員報酬額と企業利益の関係性について、分析対象を上場企業としたKaplan[1994]の研究成果以降、2変量は互いに正の関係性を有することが明らかにされている。またJoskow and Rose[1994]は「赤字が12%の報酬・ボーナスの減少をもたらす」と指摘するが、本研究においても同様の結果が導出されるのかを検証する。本研究

76

で分析対象となる役員報酬を支給した2,826事例のうち，黒字法人であるか否かが明らかにされるのはH14データ以降H26データまでの2,409事例である。そこで当該2,409事例を用いて役員報酬額の多寡が黒字か否かといかなる関係性を有するかを明らかにする。

3-4. 役位区分上の論点

3-4-1. 代表権者と専務等の区分

　本章における実証分析の目的には，第一義的に役員報酬額の多寡をもたらす決定要因を明らかにすることにあるが，より正確な分析結果を導出するためには，分析の準備段階として各事例が役位ごとに適切に区分されている必要がある。次章において役位別にダミーを付した上で回帰分析を試みるが，本章はそのための予備的考察という位置づけであり，ある役位区分において支給された役員報酬額は，その他の役位区分における支給金額と有意に異なるかを検証する。そのため本節以降ではいくつかの係争事例を踏まえることで，役位間に存在するであろう報酬額の金額的差異を推測してみる。

　代表権者の範囲を広義に解すれば代表取締役社長のみならず，副社長や専務取締役，常務取締役(以下「専務等」と略称)も含めて会社を代表すると一般的には考えるべきであろう。そのように考えられるのは信用金庫Xの専務理事甲へ支給された賞与に使用人兼務性が認められるかを争点とした事例[21](以下「信用金庫・専務理事賞与事件」と略称)を参考にしても明らかである。本件は第一審にて原告請求が棄却され，課税庁の原処分が確定している。そもそも会社役員における専務の呼称は会社法に規定はないものの，一般的に「専務理事は理事長を補佐して業務を執行する職務を有し，理事長と共に当該金庫経営の中枢的立場にあり，理事長に事故があるときは第一順位の職務代行者である」と福岡地裁は判示した。このように専務の職務にはCGの構造上，バックアップ機能というほかの役位にはない特別の役割が期待される。したがって一般的に専務は対外的に表見代表者とみなされる現状[22]があり，実証分析におけるデータ分類上も代表取締役社長と専務等の役位を同一区分とすることに一定の合理性が認められる。

しかし専務等に対する役員報酬の支給額が，代表取締役社長と同等であると断ずることができないことを示す事例として，通称専務に対する賞与に使用人兼務性を認定するか否かをめぐって争われた事例[23]（以下「水産加工物卸売業・通称専務賞与事件」と略称）が示唆に富む。当該事例によれば水産加工物卸売業 X 社は代表取締役甲によって 100% 株式保有されている会社であるが，広島地裁・広島高裁ともに通称専務に対して支給された役員賞与に使用人兼務性を認め，損金算入とした。当該 X 社の事例では，課税側が実質的に専務でなくても通称専務という形式を優先して役員賞与の損金不算入を主張したが，退けられている[24]。この事例から得られる含意とは次の通り 2 点ある。まず 1 つ目に中小法人における役員報酬支給は一般的に代表取締役の独裁的経営を反映する傾向がある。そしていま 1 つに中小法人の専務の一定程度が通称専務である実態が少なくないと予想され，彼らに対する報酬月額は使用人に準ずる事例も散見されるという点である。一般的に専務等に対して支給される報酬は高額を連想させるが，水産加工物卸売業・通称専務賞与事件を踏まえると，専務等への給与支給額は使用人兼務役員に対するそれと同程度で，決して高くないと推察される。

　以上から本研究において収集した役員報酬支給事例には，一定程度の通称専務や名刺常務等がデータに混入する可能性も覚悟すべきである。なぜなら本研究における分析対象はもっぱら中小法人となることから，多くの法人で創業社長がワンマン経営者となれば通称専務を設置する動機が共有されるかもしれず，その実態がサンプルに反映されると考えるからである。加えてデータを収集する側において真性の専務と通称専務の違いを見抜けない場合もあり得るという限界があるかもしれない。

3-4-2. 役付取締役と使用人兼務役員・平取締役の区分

　本節では判例研究から使用人兼務役員と平取締役のそれぞれに対して支給される役員報酬月額に差が存在するのか，また当該 2 つの役位が一般的に代表取締役社長を目指したトーナメントのいかなるポジションにあるのかも検討する。とりわけ使用人兼務役員については使用人部分に対する賞与は損金算入となり，「役員を使用人兼務役員に該当させる（中略 − 引用者）などの法人

税法の規定を逆手にとった租税回避策が横行している（小畠［2001, p. 80]）」と指摘される[25]。このような課税上の優遇が使用人兼務役員には認められるため，平取締役など設置せずに全てを使用人兼務役員にすべきと考えられるが，実際には平取締役が設置される法人も少なくない。そうであれば課税上の優遇が認められない平取締役をあえて設置する理由は何であろうか。平取締役から使用人兼務役員となる事例や，またその逆の事例で報酬の増（減）額改訂が生じ，かつ損金算入限度額の水準を争った係争事例は管見の限り，その存在を知らない。他方，平取締役や使用人兼務役員がそれぞれに役付取締役に選任される事例は多数存在するので，それらの昇格事例により報酬の増額改訂の実態を概観する。

　鉄鋼製品販売業 X 社が審査請求人となった事例[26]（以下「鉄鋼製品販売業・役員報酬改訂増額事件」と略称）では司法判断は「期中にあらかじめ定められた基準に基づいて増額支給した役員報酬を損金算入として認容」している。本件では「A を常務取締役から専務取締役に，B を取締役から常務取締役にそれぞれ昇格選任した」にもかかわらず，「事務処理の不手際から，昭和51年3月まで改訂増額された金額による報酬が支給されず，その間増額分の金額が支給漏れとなっていることが判明したため，翌月の昭和51年4月から改訂後の役員報酬の額を適用して支給するとともに，当該支給もれに係る金額を昭和51年5月から翌52年4月にかけて，各月均等に追加支給した」のである。しかし原処分庁は「具体的な資料又は記録の保存がなく，（中略）役員報酬を改訂増額したと主張するに足りる証拠が認められない」として賞与認定をした。

　審判所の判断は請求人の主張を支持しており，とりわけ本件が本研究にもたらす含意とは「一般企業において，役員が昇任若しくは昇格した場合，権限と責任が加重されることから，その対価として，当該昇任者等の給与の額を増額するのが経済界の通例であることからすれば，（中略・傍点－引用者）本件追加報酬は，実質的にも役務の対価たる性質を有する根拠のある給与であると認めるのが相当」との見解である。このことから本研究において分析対象となるデータについても専務等と平取締役の役員報酬の平均値には差が存

在することが期待される。

　このほかにも使用人兼務役員から専務等への昇進が報酬の増額改定を伴い，それを契機に役員賞与が損金不算入となった事例が存在するので言及しておく。ゴム製品販売業 X 社の専務取締役への賞与について第一審で使用人兼務性が認められるも，控訴審で原判決を一部変更したゴム製品販売業・役員賞与事件である。第一審によれば甲は昭和 29 年 7 月に正式に専務取締役に就任したが，それより前において支給された賞与について当然に甲が従業員として受けた賞与であるとし，さらに専務取締役就任後に受けた賞与も会社業務一般に携わっていた事実から，従業員賞与であるとの一審原告の主張を熊本地裁が認めている。

　しかし上記第一審における X 社の勝訴を受けて一審被告・課税庁は控訴し，原判決において X 社に対して違法とされた法人所得額を控訴審において減額変更させることに成功している。つまりその控訴審では X 社甲が昭和 29 年 7 月に専務取締役へ就任した後に支給された給料・賞与においてさえも使用人兼務性を認めるとした熊本地裁判決に見直しが生じている。他方，甲への給料・賞与については昭和 29 年 6 月までは専務取締役ではないと認定され，一審判決が一部据え置かれた。

　これら鉄鋼製品販売業・役員報酬改訂増額事件とゴム製品販売業・役員賞与事件を踏まえると，本章において分析対象となるデータについても専務等と平取締役，および専務等と使用人兼務役員の間には役員報酬支給額に有意差が存在する可能性がある。しかし使用人兼務役員と平取締役が同一の役位区分として良いのか否か，管見の限り収集した係争事例からは両者の役員報酬額における明確な差異を予感させる司法判断を発見できなかった。そこで使用人兼務役員と平取締役を別区分することの統計的な妥当性について 3-4-4. にて検証することにしよう。

3-4-3.　顧問等と監査役の区分

　これまでの検討により，サンプルは(1)代表取締役社長，(2)専務等，(3)使用人兼務役員と平取締役，(4)それ以外に区分され，とりわけ(4)には監査役，顧問や相談役，会長[27] が含まれることとなる。本節では(4)の中に含ま

80

れる複数種の役位について，いかに区分すべきかを検討する。なお，本研究における分析対象データの中には非常に少ない割合で通常存在し得ない役位が散見される。そのような場合は「その他の役員」に区分している[28]。

さて，(4)の役位集合の中から，まず監査役は非常勤形態による従事が多いと予想されることから支給される役員報酬額も低くなるだろう。また法的位置づけとして旧商法においては設置が義務づけられていたが，平成18年の会社法施行以後は監査役を廃して会計参与を設置することも認められている(会社法 327 ②)。このように監査役はCGの機能上，その他の役位と役割が格段に異なるために(4)の中でも別区分とするのが妥当であろう[29]。

次に相談役や顧問の区分についてである。法令7一に規定する「使用人以外の者でその法人の経営に従事しているもの」の定義について法基通 9-2-1が示すように，「相談役，顧問その他これらに類する者でその法人内における地位，その行う職務等からみて他の役員と同様に実質的に法人の経営に従事していると認められるものが含まれる」とするため，相談役と顧問は同一の役位として区分されるべきであろう。さらに本章においてはこれらに会長を加え(以下「顧問等」と略称)，集合を構成することとした[30]。

3-4-4. 役員報酬の支給額における役位間の等分散性の検定と t 検定

これまでの判例・裁決事例で見てきた限りでは中小法人における各役位に対して支給される役員報酬額について差異が存在すると類推された。しかし実際は専務等と使用人兼務役員の業務内容の差が不明確となる事例も多く，支給される役員報酬額にも差異が存在しないと推察されたり，使用人兼務役員と平取締役における役員報酬額の差異が判例等からは明確にはならないという問題にも直面している。そこでこのような判例研究による限界から実際にデータ分析を行ってみる。中小法人においてそれぞれの役位に対して支給される報酬額に一般的傾向として差異が確認されるのか，本節において単変量解析を試みてみよう。

本研究では各役位を(図表 3-4)で示した通り7区分したが，その他の役位30事例を除く6区分(2,796事例)について，それぞれの役位グループに支給される役員報酬額の平均値に有意差が認められるのか否か，検証を試みる。

(図表 3-6)　役員報酬額に関する等分散性と平均差の検定結果

	代表権者	専務等	使用人兼務役員	平取締役	顧問等	監査役
代表権者		3.6182 0.0000	8.8872 0.0000	4.5930 0.0000	1.0537 0.7221	7.6348 0.0000
専務等	13.1228 0.0000		2.4562 0.0000	1.2694 0.0033	3.4338 0.0000	2.1101 0.0000
使用人兼務役員	22.3040 0.0000	11.3588 0.0000		1.9349 0.0000	8.4342 0.0000	1.1640 0.3299
平取締役	25.5467 0.0000	16.1629 0.0000	6.9672 0.0000		4.3589 0.0000	1.6623 0.0041
顧問等	5.8298 0.0000	0.0084 0.9933	3.4440 0.0008	5.2924 0.0000		7.2457 0.0000
監査役	26.3592 0.0000	18.6904 0.0000	12.8949 0.0000	8.6446 0.0000	8.8989 0.0000	

そこで Welch の方法による t 検定を実施し，帰無仮説(任意の2役位のそれぞれに支給される役員報酬額の平均に差がない)を検証する。また参考までに等分散性の検定も実施し，帰無仮説(任意の2役位のそれぞれに支給される役員報酬額の分散に差がない)も併せて検証する。

　各役位グループにおける役員報酬の支給額について等分散性の検定と平均差の検定の結果を示したのが(図表3-6)であり，同表において右上半分は等分散性の検定結果を，左下半分は平均差の検定結果を示している。なお，等分散性の検定において各セルの上段に検定統計量：F値を，下段にP値を示している。また平均差の検定において各セルの上段に検定統計量：t値を，下段に両側P値を示している。

　分析結果より，各役位グループに支給される役員報酬額は専務等と顧問等の組み合わせを除いて全てにおいて統計的に平均値差が存在することが明らかとなった。つまり，それぞれの役位区分は概ね妥当であり，専務等と顧問等の間に有意差は認められなかったが，それ以外の各区分ごとに支給される役員報酬額には有意差が認められている。なお代表権者と顧問等に支給される役員報酬額，また使用人兼務役員と監査役に支給される役員報酬額はそれぞれ等分散と判定された。

3-5. 貢献度指標に見るお手盛りの可能性

中小法人における役員報酬の支給額の多寡に役員の法人に対するかかわりの程度が影響するのかを確認する目的から，まず創業者か否か，同族か否かに加えて年齢，在任年数を自然対数変換した数値(以下それぞれ「log 年齢」，「log 在任年数」と略称)にも注目する。これら4つの変数は貢献度の影響を観察する上で重要である。また役員の属性同士の関係を明らかにするために(図表 3-7)を作成したが，それにより次の6点が明らかとなった。(1)使用人兼務役員や専務等の起用は同族によらない傾向が認められるが，その傾向は使用人兼務役員により強い。(2)平取締役の就任には同族か否かの偏りは認められない。(3)使用人兼務役員は年齢的に低いが，顧問等は年齢が高い。(4)同族役員の在任年数は長い。(5)監査役と平取締役は非常勤となる傾向が強い。(6)代表権者や創業者，同族役員への賞与支給は不活発であるが，使用人兼務役員への賞与支給は活発である。以上6つの特性を踏まえると，次のことが言える。

まず(1)(3)(6)から中小法人では，同族関係のない従業員の昇格として使用人兼務役員への就任の途が拓かれており，それらの者は比較的若年で就任する上，創業者や同族役員に比し，賞与支給が活発に行われ，厚遇されてい

(図表 3-7)　役員属性に関連する変数の相関

	代表権者に1	専務等に1	使用人兼務役員に1	平取締役に1	顧問等に1	監査役に1	その他の役員に1	創業者に1	常勤に1	log年齢	log 在任年数	同族に1	賞与有に1
創業者に1	0.537 0.000	-0.180 0.000	-0.170 0.000	-0.192 0.000	-0.057 0.003	-0.063 0.001	-0.037 0.050	1					
常勤に1	0.211 0.000	0.125 0.000	0.149 0.000	-0.294 0.000	-0.107 0.000	-0.356 0.000	0.010 0.589	0.112 0.000	1				
log年齢	0.125 0.000	-0.099 0.000	-0.118 0.000	-0.093 0.000	0.286 0.000	0.049 0.010	-0.008 0.674	0.150 0.000	-0.113 0.000	1			
log在任年数	0.227 0.000	-0.049 0.009	-0.146 0.000	-0.058 0.002	0.002 0.933	0.000 0.987	-0.031 0.101	0.330 0.000	-0.013 0.483	0.292 0.000	1		
同族に1	0.379 0.000	-0.113 0.000	-0.308 0.000	-0.066 0.000	0.133 0.000	-0.024 0.200	-0.034 0.069	0.357 0.000	-0.028 0.142	-0.074 0.000	0.325 0.000	1	
賞与有に1	-0.142 0.000	0.001 0.967	0.213 0.000	-0.019 0.311	-0.016 0.402	-0.049 0.009	0.013 0.485	-0.158 0.000	0.079 0.000	0.009 0.621	-0.097 0.000	-0.165 0.000	1

る。また(2)(4)(5)から，平取締役への就任は同族関係者にも拓かれており，同族役員は比較的長期に在任し，非常勤形態が少なくない。これらを統合すると，使用人兼務役員へ就任する人材として同族関係者外の従業員出身者である可能性が高く，平取締役に就任する人材との間で棲み分けがされているようである。なお(図表3-7)において役位ダミーごとの相関係数の掲載を省略している。その理由として分類上，例えば代表権者となる役員は必然的に専務常務や使用人兼務役員，平取締役等の役位となることはなく，排他的に役位ダミーが決定されるため，これら役位ダミー間では負の相関が自明となり，このことが何ら学術的知見をもたらすわけではないからである。

さて合理的納税者の行動とすれば品川[1981, p.262]が指摘する通り，平成18年度税制改正以前は「役員賞与が原則として損金不算入となっていることから役員に対する給与を一本化する傾向が強く，本来配当として利益処分とすべき付加価値部分についても報酬として支給する傾向がまま見受けられる」とされた。このような知見に基づけば一族による経営を強固に守り抜き，さらに課税上の恩恵に浴することを最優先すれば，同族関係者に優先的に使用人兼務役員へ就任させるであろう。そして損金算入となる従業員に対する給与・賞与を集中的に同族である使用人兼務役員に対し支給する一方，役員報酬・賞与を最小限に留める方法を採用すると推測される。しかし(図表3-7)からそのような結果を顕著に示す傾向はなく，使用人兼務役員への就任が同族関係者によって占められるといったお手盛りを想起させる実態は認められない。分析対象となるデータは平成18年度税制改正によって事前確定届出給与が損金算入可能な役員賞与として活用されるようになる前のデータも含んでいるため，品川教授が指摘する通りの非常に強いお手盛りが分析結果から看取されると思われたが，意外である。

3-6. 調査時点の検討

本章における分析対象は，平成12年以降隔年で同26年までの8カ年において支給された役員報酬2,826事例である。その中から役員報酬月額を自然対数で変換した数値(以下「*log*役員報酬月額」と略称)を被説明変数とする回帰

84

分析を行う上で，前期業績が明らかにされていない平成 12 年データの全てを分析対象外とした。その結果，平成 14 年以降隔年で同 26 年までの 7 カ年の役員報酬支給事例 2,409 件が分析対象となった。それと同時に役員報酬の支給額の多寡について，いつの支給であったのか，つまりデータが収集された調査年の違いが有意な説明変数となり得るのかについても明らかにする。

この検証の意義であるが，本章 2-5. において言及した船舶製造業・移転価格税制適用事件において被控訴人となった課税庁の主張を踏まえている。つまり当該事例では原告の請求が上訴も含め一貫して棄却されたが，注目すべきは「控訴人の主張は，控訴人が過去において行ってきた船舶建造請負取引の金額を統計学的手法を用いて分析しているにすぎず，本件各取引における金額の決定状況を何ら明らかにするものではない」とされ，「そもそも船価は過去の統計によって決定されるものではないから，その手法自体に疑問がある（傍点－引用者）」と指摘している点である。この課税側の主張が興味深いのは比較対象取引の参照が過去の取引例にまで及ぶべきかとの論点提供であり，高松高裁は課税側の主張を支持し，過去の取引の参照を認めないと判示している。

先述の通り，船舶製造業・移転価格税制適用事件では控訴人 X 社が自社の取引事例から船舶販売に関する 23 年間のデータを集積し，回帰分析を試みており，その結果から独立企業間価格を提示し，移転価格税制の適用を回避する主張を試みた。船価は好不況の影響を強く受ける性質から，なにより移転価格が疑われた取引と時期の近接性を最重視して比較対象取引を集積すべきと高松高裁は判断している。しかし分析技術上は船価決定に影響を与える取引年度等も調整することができれば，参照する比較対象取引は過去事例に遡っても問題ないと理解されるべきである。つまり船舶製造業・移転価格税制適用事件を踏まえると，分析モデルに船舶の取引年度等を反映する変数を投入すれば，過去データを含めても理論上は現在の船価決定に有益である。

さらに次の理由から調査年の違いが役員報酬の支給額の多寡に影響を及ぼした可能性を疑うべきである。つまり本研究が分析対象期間とする平成 16 年から平成 26 年の間には，役員報酬の支給額を増減させる制度的イベント

が次の通り存在する。まず平成18年4月1日開始事業年度より特殊支配同族会社における業務主宰役員の給与所得控除額相当部分が損金不算入となる制度(以下「業務主宰役員給与の損金不算入制度」と略称。旧法人税法35条)の導入である。この制度の導入により平成18年度から中小法人における役員報酬の支給額が減少した可能性がある。しかし同制度は平成22年度税制改正によって廃止されたため，同年以降，役員給与の支給額水準が回復した可能性がある。そして最後に給与所得の収入金額が1,500万円超の者に対し給与所得控除額が245万円で打ち切りとなる制度(以下「給与所得控除額の上限設定制度」と略称。所得税法第28条第3項第6号)の導入に注目する。同制度によって平成25年分から会社役員を含めた高額所得者の給与所得控除額が減少したため，役員報酬の支給水準が下がった可能性がある。以上の理由により，これらの各年ごとの変動要因を次章における検証によって解明してみることにしよう。

1) 〈第一審〉昭和56年7月1日岐阜地裁民事第2部判決・昭和49年(行ウ)8号／昭和51年(行ウ)2号／昭和53年(行ウ)14号。

2) 〈第一審〉平成11年12月10日札幌地裁民事第5部判決・平成8年(行ウ)20号，〈控訴審〉平成12年9月27日札幌高裁第2民事部判決・平成12年(行コ)1号，〈上告審〉平成15年11月7日最高裁第二小法廷決定・平成12年(行ツ)357号。

3) 始関[2004, p.10]によれば平成14年改正商法における中間試案において「取締役の個別具体的な報酬内容の開示を図るべきであるとする意見等もあったが，取締役のプライバシー等を理由とする経済界等の強い反対もあったためこの意見は取り入れられていない」とある。

4) 役員報酬等の開示に対する消極的姿勢を示すアンケートの調査結果が発表されている。このアンケートは財団法人産業研究所が野村総合研究所に委託して行った調査であり，調査対象企業はわが国一部上場企業から二部・地方上場・店頭・マザーズなどの新規市場までの企業500社である(商事法務 No.1575 pp.4-15)。このアンケートは個々の役員報酬の情報開示を法律や上場規則で義務づけるとする意見に対し，調査企業の法務・総務関係部署の反応をまとめている。その中で個々の役員報酬の開示は不要とする見解が最も多く41.2%あり，次いで個々の役員報酬の情報開示に賛成するものの義務化に反対する見解が29.9%，さらに個々あるいは最上位の役員報酬の開示義務に賛成する見解は全体の10.7%，最上位のみの開示に賛成するものの義務化に反対する見解が8.9%存在した。残りの9.3%はわからないとする見

解やその他の意見である。このような現状について松井[2000, p. 35]は「日本においては報酬や給与を開示しないのが美徳あるいは企業文化であるという考えや，日本での経営スタイルは経営トップの個人プレーではなく経営陣全員によるチームプレーであり，個別開示はチームを乱す」と説明している。

5) 平成 8 年 6 月 14 日　日本経済新聞　夕刊 1 頁。

6) 平成 13 年 5 月 10 日　日本経済新聞　夕刊 3 頁。

7) 商事法務 No.1590　2001.3.25 号　p.41。

8) 平成 13 年 3 月 15 日　日本経済新聞　夕刊 18 頁。

9) 平成 15 年 6 月 28 日　日本経済新聞　朝刊 3 頁。

10) 平成 26 年 11 月 2 日　朝日新聞　朝刊 29 頁。

11) 本章冒頭でも言及した通り，役員給与の損金算入限度額算定において税務行政上，やむを得ず用いられる類似法人の抽出作業を実証水準で検証する目的を本章は有するが，同様の視座で規範的検討を試みた論文に湯本[2001, pp. 168-169]が存在する。それによると「類似法人比較については，その選定基準にいわゆる倍半基準というものが合理的とされ，相当額の判定では，類似法人の役員報酬の平均額に，当該法人の売上金額，売上総利益，使用人給与の最高額等の伸び率を乗じて算出したり，また，加重平均という方法を用いたりしている」と解説している。本章と湯本[2001]はともに類似法人を倍半基準によって抽出する過程を検証しているが，本章では統計的検証に耐えうるサンプルサイズを確保した上で重回帰分析を試みることで倍半基準と決別する方法を模索している。他方，湯本[2001, pp. 167-169]は「同業者，類似法人と比較するという極めてあいまいで，納税者の知るところのできない基準を税法に持ち込むことは，法の趣旨をゆがめることにも繋がりかねないと思われる」と評し，「類似法人比較が基本に置かれていることに疑問が残る」としている。加えて湯本[2001, p. 169]は「事業が類似する個人あるいは法人でなくとも，比較は可能であり，社会一般で認められる給与，報酬であれば，あいまいな基準で規制する必要はない」と主張する。しかしながら類似法人による比準方式を代替する手段については具体的な説示は認められない。

12) 例えば帳簿書類等を提示せず税務調査に非協力であった木造建築工事請負業 X 社に対して推計課税が適用され，これを不服として所得税更正処分，過少申告加算税賦課決定処分の取り消しを請求した事例（〈第一審〉平成 5 年 3 月 22 日浦和地裁第 4 民事部判決・平成 1 年（行ウ）4 号，〈控訴審〉平成 6 年 3 月 16 日東京高裁判決・平成 5 年（行コ）68 号／平成 5 年（行コ）86 号）を参照のこと。本事例では東京高裁によって倍半基準に関する定義や合理性が示されたほか，比準同業者数として僅かに 22 件のサンプル確保をもって「比較的多数」と評している点も注目に値する。

13) 〈第一審〉昭和 46 年 6 月 29 日東京地裁民事第 2 部判決・昭和 44 年（行ウ）84 号，〈控訴審〉昭和 49 年 1 月 31 日東京高裁第 12 民事部判決・昭和 46 年（行コ）64 号，〈上告審〉昭和 50 年 2 月 25 日最高裁第三小法廷判決・昭和 49 年（行ツ）28 号。

14) 〈第一審〉平成 16 年 4 月 14 日松山地裁民事第 1 部判決・平成 11 年（行ウ）7 号，

第 3 章　役員給与の損金算入限度額規定に見る課税の類型化　　87

〈控訴審〉平成 18 年 10 月 13 日高松高裁第 4 部判決・平成 16 年(行コ)17 号, 〈上告審〉平成 19 年 4 月 10 日最高裁第三小法廷決定・平成 19 年(行ツ)34 号／平成 19 年 (行ヒ)第 30 号。

15)　なお, 移転価格税制における幅の概念に関して「①複数の算定方法間の価格の違い, ②同一の算定方法において異なる比較対象取引を用いることによる価格の違い, ③同一の算定方法において比較対象取引を絞り込んだ結果の価格における幅(安全帯)(今村[2009, p. 16])」として 3 つに分類されるという。

16)　参考までに船舶製造業・移転価格税制適用事件において争われた独立企業間価格に幅が存在する妥当性について太田・手塚[2010, p. 106]は「最終的には裁判所は『幅』の議論を排斥しているのですが, 『課税の合理性を損ねる』ですとか, 『比較可能性が同等に認められる取引が複数存在する』といったような事情がなかったからではないか」と評している。

17)　裁判所が求めたのは措法 66 の 4 ②に示す通り, 1 つ目に国外関連取引に係る棚卸資産と同種の棚卸資産の取引との要件であり, 2 つ目に国外関連取引と取引段階, 取引数量その他が同様の状況の下でされた取引との要件である。

18)　一般的には多項式によって回帰を試みる場合, 決定係数のほかに調整済み決定係数の公表がより重要である。しかし決定係数と調整済み決定係数では前者が後者を上回るため, 裁判における心証形成として船舶製造業・移転価格税制適用事件では控訴人は後者の公表を避け, 前者のみの公表とした可能性が認められる点は批判の余地がある。

19)　〈第一審〉昭和 49 年 12 月 16 日東京地裁民事第 3 部判決・昭和 48 年(行ウ)52 号, 〈控訴審〉昭和 51 年 9 月 29 日東京高裁第 11 民事部判決・昭和 49 年(行コ)88 号。本件では一審被告・課税側は役員退職金を決定する五要素(総資産額・自己資本額・売上金額・公表利益金額・利益積立金増加額)と 1 年当りの退職金との間の相関係数を求め, その上で基準法人の選定を行い, 甲に適用すべき功績倍率を算出した。当該功績倍率は東京地裁により支持され, 控訴審でも原審が支持されている。

20)　昭和 36 年の交際費に関する税制改正については成道[2004, pp. 128-129]に詳しい。

21)　〈第一審〉昭和 34 年 11 月 27 日福岡地裁第 3 民事部判決・昭和 32 年(行)21 号。

22)　小林[1998, pp. 30-31]によれば, 会長, 社長, 副社長, 専務取締役, 常務取締役などの役員職階上の地位を役付取締役と呼ぶとし, 「役付取締役が代表権をもつか否かについては各会社によって定め方が異なる」ものの, 実態としては次の通りと説明している。それによれば「会長, 専務取締役については代表権を付与している会社としていない会社とがあり, 副社長については代表権を付与している会社が多い」ほか, 「常務取締役については代表権のないのが普通であるが, 代表権を付与している会社もないわけではない」という。

23)　〈第一審〉昭和 41 年 10 月 31 日広島地裁民事第 1 部判決・昭和 37 年(行)2 号, 〈控訴審〉昭和 45 年 6 月 17 日広島高裁第 2 部判決・昭和 41 年(行コ)11 号／昭和 41 年(行コ)12 号。

24) 参考までに協同組合 X における専務理事として定款に定められていれば，その者の使用人兼務性は否定されるとした信用金庫・専務理事賞与事件では実質よりも形式が優先され，本文とは真逆の判断が示されている。なお，現行税制では当該協同組合 X の係争結果は法基通 9-2-4 に反映されており，当該法基通は「中小法人において『通称専務』『名刺専務』が使用人兼務役員となれる途を開いている（品川[2001, p. 61]）」とされる。

25) 使用人に役員を兼務させるに至らなくても，同族会社においては「経営者が自己の配偶者や子供に多額の給料を支払い，法人税の負担軽減を図っているケース」が散見されている（武田[2001, p. 511]）。平成 10 年度の税制改正では，その使用人給与の不相当に高額な部分について損金不算入とする規定が法 36 の 2 として設けられた。

26) 昭和 56 年 5 月 26 日国税不服審判所裁決『裁決事例集　No. 22（昭和 56 年度・第 1）』pp. 124-132。

27) 参考までにわが国における会長と米国 CEO の違いについて，Kaplan[1994, p. 519]が Heftel の所論を用いて次のように説明している。それによると「日本では取締役は株主総会で選出され概ね 2 年の任期である。取締役会で最上位に位置し絶大な力を発揮するのは社長である。多くの企業では議長（会長）を有しているが，会長は前社長である。会長は通常，社長より権限が低い」特色が認められる。

28) 「その他の役員」に分類された具体例は次の通りであり，H 14 データには取締役監査役・専務取締役営業本部長・常務取締役建築本部長が，H 16 データには専務取締役工場長・常務取締役営業本部長・代表取締役専務が，H 22 データにも代表取締役専務がそれぞれ存在した。これらの役位のうち，取締役監査役と代表取締役専務を除く残りの 5 事例については 3-4-1. において検討した信用金庫・専務理事賞与事件や水産加工物卸売業・通称専務賞与事件の通り，専務等の使用人兼務性を認めるべきか否かについて，検討を要する事例であろう。

29) 役員における監査役の特殊性としては「取締役に従属的な「第二級」の人物が選任されている（西脇[2001, p. 214]）」という実態があると指摘しており，このような観点からも監査役は役員の中で特異な人材の集合と考えてもよさそうである。

30) 本研究では会長を顧問・相談役と同一グループとしたが，参考までに齋藤[2006・2008]による実証研究では社長と会長を同一グループとして設定している。この点に関して「社長のみとしなかった理由は創業者が社長職を早めに退き，息子に譲るが，実権は会長である創業者が握っているという企業が多く観察されるから（齋藤[2008, p. 150]）」としている。確かに首肯すべき観点であるが，創業一族によって支配される上場企業を分析対象とした齋藤[2006・2008]に比し，中小法人を分析対象とした本研究では法人の実質支配に関する判断材料が限られ，実業出版データから実権を握る会長像の把握が容易ではなかったことを強調しておく。このため憶測を排除し，代表取締役社長を法人における全権者として役位分類している。

第4章　中小法人における役員報酬の支給実態に関する多変量解析

1.　は じ め に

　前章では役員給与の損金算入限度額水準をめぐる租税争訟を渉猟し，影響力のある司法判断に学び，回帰分析モデルに投入される説明変数の検証を行ってきた。このようなリサーチ・デザインが重要とされる理由は従来，役員報酬の損金算入限度額に関する妥当性は分析データの入手困難性という厚い壁の前に統計的検証が放置されており，その代わりに規範的検討のみが積み重ねられてきたからである。しかし本章では中小法人における役員報酬支給事例について貴重なデータを用いて納税者の税務行動を実証水準で捕捉することとしてみよう。

　前章では役員報酬の損金算入限度額が決定される際に影響を及ぼす要因として判例研究と単変量解析によって企業属性・役員属性・調査年について検討した。そのうち企業属性は規模変数・業種を検討したが，規模変数として支給される役員報酬の多寡に最も影響力を有するのは，判例研究の結果，年商であると予想された。さらに業種が役員報酬の支給額に及ぼす影響は小さいと判例研究の結果から予想される。このほか，企業属性が役員報酬の支給額の多寡に与える要因として地域格差基準，つまり役員報酬の支給が政令市等における事例か，あるいは地方都市における支給かによって金額的な差異が発生すると予想される。

　既に前章において法令70一には暗黙裏に地域格差基準が含意されている

と指摘しているが，当該基準によりいかなる地域に会社本籍を置くかによって納税者は好むと好まないとにかかわらず，損金算入可能となる役員報酬の水準について国税側から合意を強要される現状が存在すると考えている。そして地域格差基準によってもたらされる課税の類型化に関連し，前章では残波事件に言及した通り，納税者の反発がないわけではない。これに対して株式公開している大法人に対する役員給与の課税処分においては前章において言及した通り，損金不算入として加算処理される事例は稀とされ，その上，利益連動給与の支給についても途が拓かれている。このような現状を踏まえると，中小法人における役員給与に関する税法規定がより一層不満の多い制度として定着している。さらに中小法人においては企業利益と無関係に役員報酬が支給されるような所謂お手盛りが存在するとかねてより指摘されるが，そのような傾向を捉えることが可能か否かについて，役員報酬の支給額の多寡と黒字の関係を観察してみる。

　また一般的傾向として役位ごとに支給される報酬額に差異が観察されるのか否かにも注目するが，前章では単変量解析の結果として(図表3-6)を示している。それによると役位同士の組み合わせは15組存在するが，そのうち2組(代表権者と顧問等，使用人兼務役員と監査役)を除いて統計的に有意な支給額の差が発見されている。このような予備的検証結果から，本章では役員に支給される報酬額がいかなる要因によって決定されるのかを解明してみよう。またその他の役位属性としては年齢などが役員報酬の支給額の多寡に与える影響も観察することとしている。年齢や在任年数は長い年月をかけて法人の維持に貢献する指標として認識される一方，役員報酬の支給が成果に裏付けされる能力給というよりは，出自や年功序列によって影響を受ける可能性を示す指標である。そのために創業者 *dummy* や *log* 年齢・*log* 在任年数という役員属性にも注目するが，判例研究による検討からは単に創業者であることを理由に多額の役員報酬が支給されるという事実はないとされており，そのことを前章において既に確認している。このような司法判断が実際の納税者の役員給与支給行動へ影響を及ぼしているのか否か，データを分析することによって判例研究の成果を検証してみよう。

第 4 章　役員給与の支給実態に関する多変量解析　　91

　役員報酬の重要な決定要因として最後に挙げられるのは調査年の違いである。データが収集された時点が異なれば，景気の浮沈とともに支給額が異なると想定される。しかしより影響力が大きいと考えられるのは役員給与課税に関する新制度の導入や廃止である。具体的には平成 18 年度に導入され同 22 年度に廃止された業務主宰役員給与の損金不算入制度と，平成 25 年分から適用された給与所得控除額の上限設定制度が役員報酬の実支給額の決定に与える影響を観察する。

　以上，役員報酬の支給額が決定される要因として企業属性や役員属性などをいくつか挙げたが，これらは重回帰分析における説明変数となる。他方，被説明変数は log 役員報酬月額を用いることとし，役員報酬の多寡がいかなる要因によって決定づけられるのかを解明する。この分析が意義深いのは役員給与の損金算入限度額が課税庁によって決定される際，優先される事実認定項目を重回帰分析モデルにおける説明変数に置き換えた点である。そして有意な変数を発見することで実際の課税では，何を基準に役員報酬の損金算入限度額が決定されるのかが明らかとなる。役員報酬の損金算入限度額の算定では企業規模や業種，役位などの事実認定において最も影響力を及ぼす項目があるとすれば，その項目を統計的分析手法によって明らかにすることになり，課税側と納税者の間に存在する認識の齟齬を減少させることができるであろう。そして平均的な支給水準を超過した部分が課税庁の指摘する過大部分となるため，納税者はその過大部分に対する特殊な事情について説明を尽くせば良いことになる。

2.　租税争訟における統計活用の経緯

2-1.　多変量解析の導入と幅の概念

　本研究は 2,826 件の中小法人における役員報酬支給事例を用いてその支給の一般的傾向を解明する目的があるが，このような分析方法に対し批判が存在するのも事実である。その典型的主張として山本[1987]が挙げられるが，

その所見は役員報酬に対する当時の課税のあり方を示した新聞報道[1]への批判にも通じるので，まずは当該報道の概要を見てみる。それによれば旧法人税法における役員報酬に対する課税において「適正な報酬を超える部分はすべて賞与に繰り入れる」とするも，その「適正な報酬を算定するための基準として(1)総売上げ(2)売り上げ利益率(3)従業員給与の最高額(4)個人換算所得(法人と役員の所得を合算して，法人の真実の所得状況をみる)を新たに採用した」と報道されている。

これに対して山本[1987, p. 38]はこのような課税の方法を当時の「法人税法施行令第 69 条の実質基準をある程度参考にし，相続税の株価評価である類似業種比準方式に似た手法」とし，「政令で示された要素の一部分を抽出し，しかも，算式によって適性額を計算しようとするところに問題がある」と評している。そして「税務訴訟における実質基準算定の手法は多様であり，数学的算式(傍点-引用者)によって役員報酬の適正額が算定されないことが明らか」であり，「個別的事情を総合勘案して不相当高額か否かを決定すべき」とし，同様の指摘は山本[2000, p. 45]においても継承されている。さらに山本[2004, p. 91]においてはこの数学的算式を「まぼろし」と評している。

このように山本[1987]による数学的算式への批判とは，初等教育としての算数の範囲内であれば容認するとの趣旨なのか，その意味するところは定かではない。しかし強調しておかねばならないのは，本章では中小法人における役員報酬の支給に関して 2,826 事例を取り上げ，これらに関する諸要素を勘案し，回帰モデルを用いて一般的傾向を解明するという点である。モデル式により，特定の役員に対して支給される報酬額が一意に算定されるように見受けられるが，分析モデルによって導出される役員報酬の損金算入限度額水準は標準正規分布という統計的背景を伴うため，所謂「幅の概念」が認められる数値である[2]。

つまり回帰分析によって一意に決定された役員報酬額は当該数値を平均値として片側 1σ 内に 34.13％の類似する役員報酬の支出事例が分布すると仮定する。同様に 2σ 内に 47.72％の事例が分布すると仮定するため，平均値を境として ±2σ 内に約 95％の事例が存在する。したがって役員に関連する

諸要素から給与支給額が回帰式によって一意に決定されたとしても，突出した個別事情が存在すれば平均値への上乗せと考えるべきである。このように回帰式を用いて役員報酬の損金算入限度額水準を明らかにする場合，実際に支給された役員報酬額から平均値を差し引いた額について，合理的説明が可能か否かを法廷の場で争うことになる。

　この点に関連して金子[2012, pp. 326-327]は「同種・類似規模の法人の報酬支給状況を参照することは，もちろん必要であり，一応合理的であるが，当該役員のその法人に対する貢献度等も合わせて勘案しなければならない」との所見を示している。同様に品川[2016, p. 42]が指摘する通り，役員給与課税においていかなる程度の個別性を反映させるのかについて「類似法人の平均値を採用することについては，そもそも各役員の役務提供力の個別性を否定することになるので，到底合理性があるとは認め難い」と指摘している。また役員給与課税における損金算入限度額算定に際し，一般的には「売上規模のみを基にした倍半基準による類似法人の選定」において合理性を喪失すると指摘されるからこそ残波事件では原処分庁が経常利益(改訂利益)を用いた類似法人の選出を行ったと考えられる。このように類似法人の選定において課税側が見せる個別性の尊重とは，規模変数をいわば単眼視的に売上高という１つの指標に拘わらず，経常利益をも用いて両眼視による主張を展開した点に認められる。しかしながら現状では課税側が容認する貢献等が依然として過小に評価されると受けとめ，納税者は不服なのである。

　そこで本章では役員給与課税における損金算入限度額算定において課税庁が容認する個別性を明らかにしつつも，その他の要素によって役員給与の損金算入限度額の多寡が決定されるとすれば，いかなる可能性があるのかについて解明を試みる。したがって山本[1987]以来批判の対象となってきた数学的算式を活用することになる。そこで鉄工業 X 社の死亡退職した代表取締役甲に対して支給した役員退職金が過大であるとした更正決定に対し，X 社が不服とした事例[3] (以下「鉄工業・役員退職金事件」と略称)に注目する。当該事例では役員退職金の損金算入限度額計算が回帰分析によって導出されており，平均値から $+2\sigma$ の範囲内に実支給額が存在すれば損金不算入にならな

94

いとしている。

鉄工業・役員退職金事件では一審原告の主張が一部容認され，上訴なく確定している。本事例では役員退職金の損金算入限度額について 18 法人の標本より支給した役員退職金に対する退職前 3 年間の利益金額・総資産価額・自己資本額のそれぞれの比率を求めたが，結局 X 社の利益金額等を代入し，勤務期間 1 年当たりの甲の退職金を算定した。その際，本件では「役員の勤務年数一年当たり退職金額 Y と三年間公表利益 X との変化関係を示す回帰方程式を求める等統計的操作に依ったものであるが，この様な事例は類似例が少ない(品川[1983, p. 45])」と評されている。

現在では功績倍率式による役員退職金の損金算入限度額算定が支配的であるが，当時は当該限度額算定において様々な方法が試みられていた。本件では役員退職金の損金算入限度額について公表利益を説明変数とする単回帰分析によって算定を試みているが，公表利益は船舶製造業・移転価格税制適用事件にいうところの真に主要な要因たり得るのか，疑問ではある。役員退職金の損金算入限度額算定において適正水準を決定する要因として唯一公表利益に限定したモデルを採用した点は実態からの乖離を含め議論の余地はある。課税庁は公表利益と役員退職金額の間の突出した相関係数を理由とし，分析モデルに投入する唯一の説明変数として公表利益の妥当性を主張し，裁判所は控訴審で支持している。しかし役員退職金の損金算入限度額水準を公表利益によって決定した方法が現在もなお実態に適合し，通用するのかについて再検証が必要だが，これまで述べた通り，十分なデータが存在しない。

また本判決の評価されるべき点として次のような特徴を挙げることができる。それは標本より例外として除かれた 1 法人以外の 17 法人が支給した役員退職金の額は，「回帰方程式の標準偏差の二倍の範囲内（2 シグマの内）に入っている」とする一方，「原告の本件退職金三〇〇万円は，右標準差の二倍の範囲（2 シグマ）から遠く離れている」として課税庁は 44 万 5,500 円を損金不算入と主張した点である。しかし大阪地裁は退職金 300 万円とする課税側の認定がそもそも失当であり，当該 300 万円の中に役員甲が受けるべき地代の未払分を認め，これを役員甲による特別の功労としたため，役員退職金

に関する損金不算入額はないと判示した。本件は統計的分析手法の活用という点では画期的判決であり，大阪地裁は「五法人の退職金は回帰直線をこえている(ただし，二標準偏差内)にもかかわらず，前示のように過大とされてその計算を否認されてはいない」としている。このように本件における含意とは，2σ内であれば支給された役員退職金は過大認定を免れるという画期的判断を課税側と司法側が共有した点である。課税側も容認するこの2σ内の分布を損金算入限度額の範囲内とする思考は，その後に議論となる「幅の概念[4]」の萌芽と考えることもできよう。

2-2. 幅の概念の再検討

山本[1987]による指摘にもかかわらず，役員給与の損金算入限度額計算を数学的算式や係数計算によって導出する方法は課税側・納税側双方，そして司法の側においても受容されたと言える。しかし回帰分析を用いた租税争訟において幅の概念がいかなる程度認められるかについては課税や司法の側は消極的である。前節で検討した船舶製造業・移転価格税制適用事件では幅の概念の採用が見送られたが，回帰分析を用いる限り，司法判断も$\pm2\sigma$内は異常の範囲ではないと解釈すべきである。このため役員給与の損金算入限度額算定においては平均値を超過した$+2\sigma$までは損金に算入されるべき範囲となり，直ちに否認されるべきではないのである。

このように一旦，鉄工業・役員退職金事件で幅の概念の萌芽を見たが，それ以後の統計的分析手法を用いた租税争訟では幅の概念が後退している。課税庁は課税の公平に資するという理由で個別事情を一顧だにせず，幅の概念を否定する傾向を強めている。実際に当該事件で認められた役員の貢献部分は会社への貸付を無利子で行ったという明確な貸借関係が前提となっており，一般的に納税者が期待するような係争上は証拠となりにくい無形の貢献は加味されない現実がある。

次に平成4年に広島高裁において確定した工作機械製造販売業・役員退職金事件に再び注目し，統計的分析手法の活用という観点から当該判決の今日的意義を検討してみる。当該事例は電気製品部品製造業・役員退職金事件同

様，類似法人のサンプルサイズは僅かに 6 法人であった。一審判決で敗訴した納税者は常識外れの過大役員退職金支給を企てた末に控訴審において請求棄却となるが，このことから明らかなように一審において既に被告・課税庁の主張が優勢であるためか，抗弁において提出された被控訴人の実証結果は手抜きの様相を呈している。常識外れの原告主張に対して課税庁は勝訴を当然に予測したためか，標準正規分布における 2σ 内に類似法人が存在するのかなど，課税側主張の頑健性について検証が放置されている。

また平成 19 年に最高裁で請求が棄却された船舶製造業・移転価格税制適用事件は前出の工作機械製造販売業・役員退職金事件の確定から 15 年後に確定している。船舶製造業・移転価格税制適用事件は控訴審において控訴人が回帰分析を用いて独立企業間価格の妥当性を主張しようと試みたが，それに応じた課税側も 15 年前の工作機械製造販売業・役員退職金事件において披露した稚拙な統計分析から一定程度の学習を経たと思われる点は注目すべきである。船舶製造業 X 社は統計分析を行った先行事例である工作機械製造販売業・役員退職金事件における課税側主張の稚拙さに油断し，課税庁の統計知識を過小評価した可能性がある。

船舶製造業・移転価格税制適用事件における高松高裁判決で注目される点とは，納税者が回帰分析を採用するという租税争訟における戦術の高度化に課税側は見事に対応し，圧倒する統計知識によって論理展開を試みた点である。具体的には船価決定における重要な説明変数として船級，用途，総トン数等の欠落を指摘するまでに至っており，司法の側もこの状況に見事に随伴している。これら 3 つの統計的分析を用いた租税争訟を見てくると，今後は法廷の場において統計分析を用いた課税側主張が徐々に精緻化・先鋭化していく可能性を予見させる。

2-3. 課税要件明確主義とシークレット・コンパラブル

前節までの考察により，租税争訟において今後広く回帰分析が活用される可能性と，その結果として幅の概念を課税側が容認する可能性が予想される。しかし現状では租税争訟で原告となる納税者が統計的に偏りのないサンプル

を編成することは不可能に近いと考えられ，納税者が回帰分析を検証ツールとして用いることは企業秘密などの理由から困難であることに変わりはない。逆に課税側には統計上，偏りのないサンプルを編成することが可能であるため，シークレット・コンパラブルではあるが，回帰分析は課税側が検証ツールとして一方的に用いることになりかねない。そのような場合，納税側は課税側が示した結果を反証するのが一層困難になるという問題に直面するだろう。このシークレット・コンパラブルの問題自体はかねてより存在していたが，一層深刻な問題は，統計知識の不足により，納税者の抗弁が不十分となるかもしれないということである。

　このような情報の非対称性の問題のみならず，知識の非対称性とも言うべき新たな問題に直面するとき，かねてより課税側が死蔵するデータを課税要件明確主義により公表すべきとの見解がより一層重要な意味を帯びてくる。そこで食料品製造業・役員退職金事件を参照すると，一審原告は支給した役員退職金が不相当に高額であるというためには，「納税者が申告時にその不相当性を知るべきであったとしても酷でないということができる場合に限り，退職給与の損金算入を否定できると，限定的に解すべき」と主張する。これに関して札幌地裁はそもそも租税法律主義の趣旨として「租税の内容及び手続を法律又は法律の定める条件によらしめ，恣意的な課税が行われることを防止しようというもの」であるとし，「損益等の実質に応じた公平課税の実現のためには，租税法規の明確性の要請も一定の制限を受けざるを得ない」と課税要件明確主義を限定的に解釈すべきと判示した。このため「必要な限度において，納税者の予測可能性が制限されることがあってもやむを得ない」と結論している。

　従来，租税争訟の結果として課税庁が倍半基準によって収集した僅かな事例が公表されてきた。そのような僅かな事例では納税者のみならず，われわれ税務会計領域において実証研究を試みる者にとっても説得的なサンプルサイズとは言えない。ましてや申告前に納税者自らが役員給与の支給実態に関する資料を入手できないことは明らかである。しかし仮に課税庁が死蔵するデータが公開されると，当該データを基として多くの検証が課税庁の外で試

みられることになり，原処分の妥当性を確保することが困難になる。その結果，課税権の行使における主導的役割を担えなくなるとの危惧もあるのだろう。そのため役員給与課税における課税要件明確主義とは納税者の税務行動における予測可能性を最低限保障するために関連法規を整備し，判例が公開されればこと足りると考えられている。このように役員給与の損金算入限度額水準をめぐって課税側と納税者の主張が嚙み合わず，そのいくつかが租税争訟にまで発展する。

　他方，上場会社における高額な経営者報酬の支給をめぐっては，課税の問題というよりは CG の問題として検討される。上場会社では高額報酬を株主に認めさせることの方が課税庁に認めさせることより重要である。例えば Bebchuk and Fried[2004, p. 70]は「経営者自身の活躍を説明すると言うよりも報酬コンサルタントによって推奨される報酬パッケージを採用することで正当性を提供する現実があり，訴訟が提起されれば外部専門家によって推奨された報酬決定を経営者が正当化できる」と指摘している。

　しかし Bebchuk and Fried[2004]は総じてこのような経営コンサルタントの活躍に対して懐疑的である。なぜなら Murphy[1995, p. 63]は「最も規模の大きい 1,000 社についてその 3 分の 2 が過去 5 年間，同業者の実績を上回ると報告している」が，これに対して Bebchuk and Fried[2004, p. 70]は「その様な矛盾は報酬コンサルタントによって促されている」と批判している。このように報酬コンサルタントは高額報酬を欲する経営者とコンサルタント自身の稼ぎに貢献するのみで株主にとってはレント[5)]の引き出しを幇助する有害な存在かもしれない。エンロン破綻をもたらした原因の 1 つに経営者に対する不相応な高額報酬が挙げられるが，当該事件においてそもそも高額報酬を主張するためのツールと化した報酬コンサルに対してはこれまで十分な制裁が存在しない。この点，Bebchuk and Fried[2004, p. 38]は「報酬コンサルの収入は株主価値に連動しないため，コンサルは経営者が株主に押しつけたいかなる負担も負わない」と解説している。

　全てとは言わないまでも報酬コンサルサービスの有害性は会計不祥事を繰り返し発生させてしまう会計士による監査業務に通じる点がある。投資家に

与える影響が甚大であるにもかかわらず，責任追及が不十分という点で両者共通しているが，報酬コンサルは会計士に比べて無資格者も従事する余地がある。例えばわが国においては会計士は公認会計士法が制定され，地位や使命，職務等のほか，これらから派生する倫理に拘束されるが，われわれは経営コンサルを管理し，責任を負わせる方法を知らない。

　このような厄介な存在が将来的に租税争訟においてプレーヤーとなる事態を，課税庁は警戒しないはずがない。中小法人において役員給与支給はCGという観点よりもむしろ租税負担の軽減が眼目となるが，その中でも退職金の支給は大型案件であるために御用聞きビジネスとして経営コンサルの触手に落ちる可能性がある。例えば役員給与課税をめぐる租税争訟に経営コンサルが乱入する場を忌避し，予防のために今後も課税側は新たな情報の開示，この場合で言うと多数の類似法人における役員給与支給事例の公開を制限し，シークレット・コンパラブルに固執する保守的な税務行政に傾注していくと思われる。このため課税庁による情報開示は一向に改善しないのである。

3. *log* 役員報酬額を被説明変数とした分析と結果の解釈

3-1. 分析モデル

　本研究におけるリサーチ・デザインは単回帰分析を用いて死亡退職金を推計した鉄工業・役員退職金事件に求められるが，この事件との違いといえば本章では分析対象を役員報酬事例に求め，回帰式も多項式によるという点である。前章において言及した通り，分析対象となるデータのうち規模変数はそもそも本研究を着手した時点で連続数値と離散数値が混在しており，そのままでは分析対象とすることはできず，規模変数を全て離散数値に置き換えている。これに対して上場企業を分析対象として役員給与の支給実態を解明した研究はKaplan[1994]や星野[2003]，首藤[2010]等をはじめとして数多く存在するが，それらにおける分析モデルに比し，本研究における分析モデルは上記制約からダミー変数の投入が圧倒的に多いという特徴がある。

$$log\ 役員報酬月額_i = \alpha + \begin{pmatrix} \Sigma_{k=1\sim4}\ \beta_{1k}\ 従業員数\ dummy_{ik} \\ \Sigma_{k=1\sim4}\ \beta_{2k}\ 資本金額\ dummy_{ik} \\ \Sigma_{k=1\sim4}\ \beta_{3k}\ 年\quad商\quad dummy_{ik} \end{pmatrix}$$

$$+\Sigma_{k=1\sim4}\ \beta_{4k}\ 業種\ dummy_{ik} + \beta_5\ 政令市\ dummy_i + \beta_8\ 黒字\ dummy_i$$

$$+\Sigma_{k=1\sim5}\ \beta_{9k}\ 役位\ dummy_{ik} + \beta_{10}\ 創業者\ dummy_i + \beta_{11}\ 常勤\ dummy_i$$

$$+\beta_{12}\ log\ 年齢_i + \beta_{13}\ log\ 在任年数_i + \beta_{14}\ 同族\ dummy_i + \beta_{15}\ 賞与\ dummy_i$$

$$+\Sigma_{k=1\sim7}\ \beta_{16k}\ 調査年\ dummy_{ik} + \varepsilon_i$$

なお(図表4-1)に示す通り,回帰分析の計算技術上の制約から投入するダミー変数の一部が除外される。つまり従業員数においては50人超100人以下の階層を,また資本金額においては5,000万円以上10,000万円未満を,そして年商においては100,000万円以上300,000万円未満を,業種においてはその他の業種を,役位においては顧問等を,それぞれ分析モデルにおける説明変数として投入しない。また調査年においてはH12データが存在するものの前期業績,つまり黒字か否かが公表されていないため,そもそも黒字 dummy を含んだモデルにおいて分析対象にならない。このためH14以降のデータを分析対象とするしかないが,ダミー変数投入における上記計算技術上の制約から,調査年 dummy における「H14に1」を説明変数として投入しない。以上から最も当てはまりのよいモデルは規模変数に年商を採用した model. 3 となり,AdjR2 は 0.551 を誇っている。なお,分析対象となる実業出版データの基本統計量は前章(図表3-4)において示した通りである。

3-2. 3つの規模変数の有意性について

本節では有意となった規模変数に対して解釈を試みる。まず規模変数のうち年商が有意な変数となった理由について2つ挙げられるが,まず1つ目に前章において言及した通り,法人が決定する自社の資本金額には課税上,バイアスが効き,その結果,相対的に分析モデルにおける年商の有意性が示されたと考える。このことは前章(図表3-4)によっても裏付けされており,資本金額は比較的少額の階層である 2,000 万円以上 5,000 万円未満に度数分布

（図表4-1）　*log* 報酬月額を被説明変数とした重回帰分析の結果

被説明変数：*log*報酬月額			係数	model. 1				model. 2				model. 3			
				非標準化係数	t	有意確率	VIF	非標準化係数	t	有意確率	VIF	非標準化係数	t	有意確率	VIF
		（定数）	a	3.053	9.120	0.000		2.830	8.343	0.000		3.242	9.818	0.000	
企業属性　規模変数	従業員数	20人以下	β11	-0.386	-10.214	0.000	1.794								
		20人超50人以下	β12	-0.130	-3.731	0.000	1.766								
		100人超300人以下	β13	0.152	3.821	0.000	1.534								
		300人超	β14	0.072	0.836	0.403	1.131								
	資本金額（単位：万円）	2000未満	β21					-0.312	-7.799	0.000	1.806				
		2000以上-5000未満	β22					-0.133	-3.908	0.000	1.693				
		10000以上30000未満	β23					0.094	2.031	0.042	1.372				
		30000以上	β24					0.222	3.960	0.000	1.219				
	年商（単位：万円）	50000未満	β31									-0.358	-10.315	0.000	1.508
		50000以上100000未満	β32									-0.056	-1.518	0.129	1.322
		300000以上500000未満	β33									0.199	4.908	0.000	1.289
		500000以上	β34									0.364	8.810	0.000	1.372
	業種	製造業に1	β41	-0.103	-2.366	0.018	2.629	-0.072	-1.631	0.103	2.580	-0.119	-2.801	0.005	2.573
		卸小売業に1	β42	-0.089	-1.989	0.047	2.489	-0.143	-3.161	0.002	2.446	-0.251	-5.623	0.000	2.541
		建設業に1	β43	-0.167	-3.405	0.001	2.069	-0.242	-4.916	0.000	2.027	-0.237	-4.987	0.000	2.015
		サービス業に1	β44	-0.063	-1.364	0.173	2.178	-0.064	-1.360	0.174	2.190	-0.054	-1.180	0.238	2.198
	その他	政令市を要する都道府県に1	β5	0.206	7.007	0.000	1.062	0.186	6.216	0.000	1.061	0.163	5.634	0.000	1.067
		黒字に1	β8	0.125	3.414	0.001	1.079	0.153	4.125	0.000	1.073	0.087	2.408	0.016	1.087
役員属性	役位	代表権者に1	β91	0.358	5.116	0.000	6.866	0.345	4.851	0.000	6.875	0.347	5.046	0.000	6.866
		専務等に1	β92	0.083	1.147	0.252	5.603	0.081	1.101	0.271	5.609	0.070	0.986	0.324	5.606
		使用人兼務役員に1	β93	-0.298	-3.960	0.000	5.446	-0.290	-3.796	0.000	5.444	-0.306	-4.143	0.000	5.449
		平取締役に1	β94	-0.335	-4.703	0.000	5.958	-0.336	-4.648	0.000	5.950	-0.315	-4.500	0.000	5.955
		監査役に1	β95	-0.870	-8.949	0.000	1.963	-0.869	-8.781	0.000	1.970	-0.884	-9.244	0.000	1.964
		その他の役員に1	β97	-0.089	-0.679	0.497	1.342	-0.150	-1.132	0.258	1.338	-0.073	-0.572	0.568	1.337
	貢献	創業者に1	β10	0.057	1.161	0.246	1.631	0.024	0.489	0.625	1.624	0.071	1.456	0.145	1.633
		常勤に1	β11	1.343	26.434	0.000	1.437	1.379	26.720	0.000	1.438	1.346	26.954	0.000	1.435
		log年齢	β12	-0.037	-0.498	0.619	1.498	0.016	0.215	0.830	1.490	-0.085	-1.149	0.250	1.503
		log在任年数	β13	0.007	0.494	0.621	1.442	-0.002	-0.125	0.900	1.431	0.018	1.373	0.170	1.455
	その他	同族に1	β14	0.094	3.002	0.003	1.624	0.128	3.975	0.000	1.663	0.116	3.767	0.000	1.631
		賞与有に1	β15	-0.008	-0.310	0.756	1.153	0.029	1.067	0.286	1.150	-0.016	-0.585	0.558	1.154
調査年		H26に1	β161	-0.249	-5.631	0.000	1.911	-0.396	-8.464	0.000	2.077	-0.242	-5.569	0.000	1.906
		H24に1	β162	-0.051	-1.084	0.279	1.725	-0.068	-1.405	0.160	1.730	-0.037	-0.795	0.427	1.726
		H22に1	β163	0.044	0.936	0.349	1.801	0.014	0.286	0.775	1.832	0.034	0.732	0.464	1.813
		H20に1	β164	-0.018	-0.385	0.700	1.700	-0.047	-0.974	0.330	1.702	-0.019	-0.408	0.684	1.707
		H18に1	β165	-0.046	-0.990	0.322	1.750	-0.058	-1.227	0.220	1.755	-0.065	-1.432	0.152	1.749
		H16に1	β166	0.022	0.440	0.660	1.623	-0.020	-0.406	0.685	1.614	0.002	0.047	0.963	1.607
AdjR2/F値（有意確率）				0.536/100.470(0.000)				0.521/94.682(0.000)				0.551/106.700(0.000)			
観測数　N				2,409											

のピークが認められる一方，年商は 10 億円以上 30 億円未満にピークが存在
しており，資本金額が少額に偏るのは優遇税制による影響である。

　また規模変数として年商を採用した model. 3 についてその説明力の高さ
を裏付けるいま 1 つの理由として，前章において検討した食肉販売業・役員
退職金事件に対する中村 [1975] による所見と工作機械製造販売業・役員退職
金事件に対する大渕 [1990] による所見を参考とする。まず前者となる食肉販
売業・役員退職金事件では前代表取締役甲に対する役員退職金の損金算入限
度額が甲の会社に対する貢献を反映させるべきとして争い，課税側の逆転勝
訴となった控訴審に注目する。一審判決では甲に対する起業や会社再建とい
う局面において私財を提供して会社を守らなければならない経営者の苦労を
酌み取っており，当該一審判決に対して中村 [1975, p. 227] は「役員退職金の損
金性を認定する場合に，当該会社における特殊事情は，それが合理的なもの
である限り，当然に考慮されなければならない」とする。しかし「単に特殊
事情といえば，個々の会社はそれぞれ特殊であるということにもなり兼ねな
いので，特に立法をして，まず，特殊事情が極めて顕著である従事期間，退
職事情を例示し，その反面において，特殊事情を共通的に表現しうると思わ
れる同業種，同規模の法人をあげ，これらを基準として判定することと定め
た」のが課税の立場とする。したがって中村 [1975, pp. 227-228] は「同業種，
同規模ということにより吸収される特殊事情は，最早再度考慮する必要がな
い」とし，「一度び同種，同規模であることが確定すればそこに吸収される
べき特殊事情について独立に主張する実益がない」と結論する。同様の主張
は食料品製造業・役員退職金事件においても見られるが，このような主張か
ら役員報酬の多寡をもたらす要因として法人規模が最重要視されており，そ
の中でも年商との間に正の関係性を有する課税実務が長い時間をかけて定着
してきたと思われる[6]。

　また後者となる工作機械製造販売業・役員退職金事件も含め，原告は一般
的に役員退職金の損金算入限度額算定の際，役員の個人の寄与，貢献度の反
映を主張する傾向にあり，「労働力，役員個人の寄与，貢献の大小が会社の
業績に影響を及ぼすことは否定できない」とするものの，岡山地裁によれば

貢献は「通常当該法人の事業規模に反映している」と判示した。これに関連して大渕[1990, p. 208]は「役員退職給与の過大性の判定にあたっての比較類似法人の選定は，規模の同一性に重点がおかれる」と指摘する。このように見てくると，本研究では一面において法人規模がいかなる財務数値に反映されるのかという問いに実証的観点から挑み，その答えとして資本金額ではなく，年商に端的に反映されるとの結論を導出した。上記の中村[1975]や大渕[1990]による所見が本研究成果に対して示唆に富むのは，特殊事情は規模に表れるという判例研究の成果と，役員給与の多寡は規模指標である年商の統計的説明力が強いという実証研究の成果が整合する点にある。このことは分析モデルにおいて年商を企業規模の代理変数とした場合，モデルの説明力がなぜ向上するのかを説明する直接的な証拠となり，同時に本研究において構築したモデルの妥当性をも示す結果になっている。

3-3. 業種とその他の企業属性に関する変数の有意性について

本節では規模変数を除いた企業属性に関する変数について言及する。まず業種 *dummy* について model. 1〜3 の中で横断的に建設業ダミーに 1%水準を遙かに凌駕する有意性が示され，他業種に比し，相対的に支給される役員報酬が低いことが明らかとなった。他方，製造業と卸小売業においてはmodel. 1 において 5%水準の有意性が示された。しかし，そもそも業種の設定につき，データの提供元が販売業として卸売と小売を統合しているが，卸売業と小売業では企業規模が全く異なる可能性から，この両者を同一グループとしてよいのかどうか疑問ではある。従来より役員報酬の損金算入限度額算定において同業種・同規模という観点から類型化され，類似法人の選定が行われているが，課税の立場としては前章で言及した通り，業種区分の細分化を回避する利点は大きい。

これに関連して卸売業と小売業の区分を度外視して類似法人を選定した判決として前節でも取り上げた食肉販売業・役員退職金事件に再び注目する。それによれば原告は「(類似会社である)D，F，H 社は食肉の販売業ではあるが，主たる営業内容は御売業(原文ママ)に止るのに対し上告会社は卸売業

の外に三つの小売店（支店）と更にもう一つの中間卸売支店を有するのであってこの点から云っても右 D，F，H 社と上告人が同業種同規模と云うことはできない」と主張したが，最高裁は棄却している。この判決からすると，本章における実証分析では，役員報酬における業種分類として製造業・卸小売業・建設業・サービス業（・その他の業種）といった大まかな区分を採用しているが，詳細な業種分類は重要ではないと考えてもよさそうである。

　次にその他の企業属性に関する変数のうち，政令市 dummy と黒字 dummy について分析結果を概観し，解釈を試みる。まず政令市 dummy であるが，課税側はかねてより類似法人の役員報酬支給水準を倍半基準によって決定しており，その際，類似法人のサンプリングが係争当事者の所在する地域との類似性を踏まえて行う慣例がある。前章より残波事件を例に挙げ，地域性を踏まえた課税が地域格差を惹起すると問題視したが，それにもかかわらず課税側は倍半基準の採用による事例を蓄積してきた。このため納税者は半ば強制的に役員報酬の支給水準における地域格差を受け入れざるを得ない実態が存在し続けており，そのことは本章における実証結果より追認されたことになる。また黒字 dummy について先行研究の成果（櫻田［2010, p. 106］）では一部の業種における一部の役位に有意性が認められたのみであった。しかし本章における再検証により，黒字が役員報酬を増額させるという税務行動について，今回はより一層強い確証を得ることとなった。

3-4.　役員属性に関する変数の有意性について

　まず最初に役位に関するダミー変数の結果を見てみると，代表権者に対して突出した役員報酬の支給が実施される実態が明らかになる一方，使用人兼務役員と平取締役の非標準化係数を比較すると，いずれのモデルにおいても横断的に後者の係数が小さい。このことは使用人兼務役員よりも平取締役に支給される報酬月額が一般的に低いことを示唆している。その他，model. 1～3 を通じて横断的に監査役は非常勤形態による職務従事が反映してか，全ての役位の中で突出して報酬月額が低い。

　次に役員属性のうち，貢献度に関する影響を検証する 4 つの変数に注目す

る。このうち創業者 *dummy* は有意な変数ではないことから，創業者である
ことを理由に高額報酬が支給される実態は認められない。本章における分析
対象が同族の中小法人において支給された役員報酬事例により構成されるた
め，先験的にはお手盛りが横行すると考える向きも多かろうが，これまでの
判例を踏まえると首肯できる分析結果である。なぜなら例えば先述の食肉販
売業・役員退職金事件では，被控訴人 X 社は創業という特殊事情・貢献度
を加味するよう主張するが，中村[1975, pp. 228-229]が指摘する通り，東京高
裁は退けている。

　2 つ目に常勤 *dummy* についても，非常勤に比し，常勤である場合に役員
報酬の支給額が上昇するという当然の結果が示されている。衣服等縫製加工
業・役員報酬事件[7] では，非常勤役員に対する報酬の支給額について過大と
した更正処分を不服として出訴している。しかし衣服等縫製加工業・役員報
酬事件において原処分庁が認めた損金算入額と，他方，パチンコホール業・
非常勤役員報酬事件[8] において認めたそれとの間に不整合な部分がある。湯
本[2001, p. 166]によると，衣服等縫製加工業・役員報酬事件では「法人の業務
に専念した代表取締役の報酬の相当額が前年の報酬額が低額であったため，
620 万円しか認められなかった」点を挙げ，他方パチンコホール業・非常勤
役員報酬事件においては「実質的には職務のない役員が類似法人比較によっ
て 180 万円もの報酬が認められている」と指摘している。湯本[2001]は法人
形態といえども家族経営においては同族である非常勤役員に対する報酬の支
給額に業務対価を認めるのが困難な実態が存在することを指摘している。湯
本[2001]は「類似法人比較を用いる矛盾」を指摘するために衣服等縫製加工
業・役員報酬事件においては損金算入限度額の低さを，他方，パチンコホー
ル業・非常勤役員報酬事件においてはその高さをそれぞれ指摘している。こ
のようにどちらが高いとか低いの議論について本章で採用した分析モデルが
多くの説明変数によって構成されるように，より多くの要因を疑うべきであ
る。その意味で中小法人における役員報酬の支給額を決定する要因を包括的
に検討するのが本章における目的であり，常勤と非常勤役員それぞれに対し
て支給される報酬の水準が 1 つの回帰モデルによって明らかにされる点にも

106

本研究の特色が認められる。

3つ目に *log* 年齢と *log* 在任年数のそれぞれが *log* 役員報酬月額との間に統計的に有意な関係性を認めない点は注目すべき結果である。なぜなら役員報酬の支給に際し、年功序列によるお手盛り支給を否定する間接的な証拠となっているからである。つまり中小法人における役員報酬の支給事例では、一般的傾向として長幼の序を重んじる旧態依然とした役員報酬支給額の決定を類推しがちであるが、単に年齢や在籍年数の多寡による影響は認められない。実際、前章において言及した新旧美術品販売業・役員報酬事件においては役員給与支給における損金算入限度額算定の際の類型化が争点となっていた。第一審判決にて原告の請求が棄却され確定している当該事件について品川[1981, p. 262]は、「役員の継続期間の長短が必ずしも企業に対する功績の多寡に結びつくものでもない」と指摘している。本章における実証研究の成果も当該指摘を支持する結果を導出している。

4つ目に同族 *dummy* についてであるが、model. 1〜3 で横断的に1%を遙かに凌駕する有意水準で強い正の関係性が確認されている。このことから同族役員であることを理由として役員報酬の支給額が多くなる一般的傾向が実証結果によって示されたことになる。但し前章(図表3-7)より同族 *dummy* は創業者 *dummy* と比較的強い正の相関(0.357)を有しているが、これは創業者が同族役員の部分集合となるため、実際には創業者のみならず同族全体への報酬が高まる実態が存在するのであろう。しかし同族への報酬の高額化といえども、(図表3-7)において明らかにしたように同族役員への賞与支給が制限される傾向(−0.165)も認められる。このように同族役員について報酬は高額になるが賞与支給は減少する傾向が認められる一方で、平成18年度税制改正までは賞与の全てが利益処分とされていた事情がデータに反映したために賞与支給が控えられていたように見えるのかもしれない。データの過半は平成18年度法人税法改正後であり、事前確定届出によって損金算入となる賞与支給が普及していく中でデータを集積しているため、中小法人における賞与支給は依然として消極的と推察される。最後に賞与 *dummy* の解釈について付言すれば、役位ごとに賞与支給の事情が異なるため、model.

1～3による検証結果として，単純に賞与支給が認められる法人で役員報酬の支給額が高額化するという一般的傾向は看取されないと言える。

3-5. 調査年 *dummy* の有意性について

調査年 *dummy* について統計的に有意となったのは平成26年に調査したサンプルであることを示すH26ダミーだけであり，その符号が非常に強いマイナスを示している。平成26年に調査した役員報酬の支給事例が，その他の調査年に比し支給額が低い理由として前章3-6.において言及した通り，平成25年1月1日より給与所得控除に245万円の上限が設定された税制改正の影響が表れたと言える。他方，平成18年度導入・同22年度廃止の業務主宰役員給与の損金不算入制度の影響を分析結果から捕捉することはできず，分析対象となった2,409事例全体に当該制度が与えた影響は相対的に小さいと言えよう。この結果の解釈として業務主宰役員給与の損金不算入制度が集中的に適用される極小規模の中小法人のみをサンプルとした分析を再度実施した場合，該当する調査年 *dummy* が有意となる可能性があるが，この検証は第6章において改めて試みることとする。

また平成18年度における役員給与課税に関する税制改正の観点から分析結果について解釈を試みると，分析対象は認定賞与が存在した旧法人税法下において収集されたサンプルとして平成14年，同16年に由来するデータが含まれている。他方，平成18年度税制改正によって事前確定届出給与が損金算入可能な賞与支給のための制度として定着することが期待されたが，制度導入直後の混乱もあり，分析結果からは速やかに普及しなかったと看取される。それでも分析対象2,409事例の過半(1,417事例)が平成20年以降の調査年となることを踏まえると，中小法人では平成18年度税制改正を受けて役員賞与支給が一般的に増額傾向を示すとの結果が期待されたが，実際はそのような税務行動は推察できない。

4. 追 加 検 証

　本章では役員報酬支給 2,409 事例のうち，政令市等における役員報酬事例
は，その他の府県において支給した役員報酬事例に比し，有意に高額である
という一般的傾向を示している。しかしこの結果は大まかな傾向を明らかに
したに過ぎない。このため人口密集地における役員報酬支給事例が他地域に
比し，高額になる傾向を精緻に検証することにしよう。具体的には政令市
dummy は 2,099 存在するが，その部分集合として東京都・大阪府・愛知県
内において支給された役員報酬事例に 1 とおくダミー(以下「*TOAdummy*」と
略称)と東京都内において支給された事例に 1 とおくダミー(以下「*Tdummy*」
と略称)を投入する。*TOAdummy* は 1,241 事例存在し，さらにその部分集合
である *Tdummy* は 562 事例存在する。そこで *TOAdummy* による検証を
model. 1. 1，model. 2. 1，model. 3. 1 によって試み，*Tdummy* による検証を
model. 1. 2，model. 2. 2，model. 3. 2 によって試みる。

　なお model. 1〜3 の違いは本章 3-1. において検証した通り，モデルに投入
する規模変数(従業員・資本金額・年商)の違いに由来している。また(図表
4-2)は入れ替えで投入する地域ダミー 3 つの基本統計量を示している。

　3 つの規模変数の配下にそれぞれ 3 つ地域ダミーが入れ替わり投入される
ので，モデルの多様性は(図表 4-3)の分析結果が示す通り 9 種存在すること
になる。そしてその分析結果の全てを一覧として本章にて掲載することはい
たずらに紙幅を費やすことになるため，3 つの地域ダミーの有意性のみを同
表において示すこととした。本節において検証するモデル式を表すと以下の

(図表 4-2)　3 つの地域ダミーに関する基本統計量

地域ダミーの変数名	度数	平均値	標準偏差	最小値	最大値	第1四分位数	第2四分位数(中央値)	第3四分位数
政令市を擁する都道府県に1	2,099	0.7427	0.43720	0	1	0	1	1
東京・大阪・愛知に1	1,241	0.4391	0.49637	0	1	0	0	1
東京に1	562	0.1989	0.39922	0	1	0	0	0

（図表 4-3） 3つの分析モデルにおける3つの地域ダミーの有意性比較

従属変数：log報酬月額 規模変数に従業員を用いたモデル		model. 1				model. 1.1				model. 1.2			
		非標準化係数	t	有意確率	VIF	非標準化係数	t	有意確率	VIF	非標準化係数	t	有意確率	VIF
$\beta 5$	政令市を要する都道府県に1	0.206	7.007	0.000	1.062								
$\beta 6$	東京・大阪・愛知に1					0.189	7.315	0.000	1.109				
$\beta 7$	東京に1									0.164	5.154	0.000	1.075
AdjR2/F値（有意確率）		0.536/100.470（0.000）				0.537/100.806（0.000）				0.532/98.750（0.000）			

従属変数：log報酬月額 規模変数に資本金を用いたモデル		model. 2				model. 2.1				model. 2.2			
		非標準化係数	t	有意確率	VIF	非標準化係数	t	有意確率	VIF	非標準化係数	t	有意確率	VIF
$\beta 5$	政令市を要する都道府県に1	0.186	6.216	0.000	1.061								
$\beta 6$	東京・大阪・愛知に1					0.168	6.367	0.000	1.117				
$\beta 7$	東京に1									0.125	3.828	0.000	1.095
AdjR2/F値（有意確率）		0.521/94.682（0.000）				0.522/94.823（0.000）				0.517/92.900（0.000）			

従属変数：log報酬月額 規模変数に年商を用いたモデル		model. 3				model. 3.1				model. 3.2			
		非標準化係数	t	有意確率	VIF	非標準化係数	t	有意確率	VIF	非標準化係数	t	有意確率	VIF
$\beta 5$	政令市を要する都道府県に1	0.163	5.634	0.000	1.067								
$\beta 6$	東京・大阪・愛知に1					0.153	5.976	0.000	1.113				
$\beta 7$	東京に1									0.161	5.160	0.000	1.072
AdjR2/F値（有意確率）		0.551/106.700（0.000）				0.552/107.015（0.000）				0.550/106.293（0.000）			

通りとなる。

$$log\,役員報酬月額_i = \alpha + \begin{pmatrix} \Sigma_{k=1\sim4}\,\beta_{1k}\,従業員数\,dummy_{ik} \\ \Sigma_{k=1\sim4}\,\beta_{2k}\,資本金額\,dummy_{ik} \\ \Sigma_{k=1\sim4}\,\beta_{3k}\,年\quad商\,dummy_{ik} \end{pmatrix}$$

$$+\Sigma_{k=1\sim4}\,\beta_{4k}\,業種\,dummy_{ik} + \begin{pmatrix} \beta_5\,政令市\,dummy_i \\ \beta_6\,TOAdummy_i \\ \beta_7\,Tdummy_i \end{pmatrix} + \beta_8\,黒字\,dummy_i$$

$$+\Sigma_{k=1\sim6}\,\beta_{9k}\,役位\,dummy_{ik} + \beta_{10}\,創業者\,dummy_i + \beta_{11}\,常勤\,dummy_i$$

$$+\beta_{12}\,log\,年齢_i + \beta_{13}\,log\,在任年数_i + \beta_{14}\,同族\,dummy_i + \beta_{15}\,賞与\,dummy_i$$

$$+\Sigma_{k=1\sim6}\,\beta_{16k}\,調査年\,dummy_{ik} + \varepsilon_i$$

また（図表 4-3）から政令市 $dummy$ と入れ替えで投入された $TOAdummy$

や *Tdummy* は，それぞれのモデルにおいて1%を遙かに凌駕した統計的有意性を示している。つまり東京都・大阪府・愛知県に所在する中小法人において支給される役員報酬は統計的有意性を伴ってそれ以外の地域において支給される役員報酬に比し，高額であることが示された。またそのことは東京都に所在する中小法人において支給される役員報酬についても同様である。

5. お わ り に

5-1. 本章の成果

　本章における分析では *log* 役員報酬月額を被説明変数とする重回帰モデルによって中小法人における役員報酬の支給額がいかなる要因に影響を受けるかを解明した。分析モデルの構築に際し税法規定や租税判例を渉猟したが，最も影響力のある判例は役員報酬額と規模変数の関係を示した食肉販売業・役員退職金事件であろう。そして分析結果の概要は次の通り，(1)規模変数のうち年商が最も有意と言え，(2)業種別に見れば建設業の役員報酬の支給水準は他業種に比し低くなり，(3)役位別に見れば代表権者に対して高額支給されるという想定通りの結果を導出したものの，(4)平取締役より使用人兼務役員へ支給される報酬額が高いことが実証的に明らかとなる新知見を得た。さらに(5)平成25年の所得税法改正による影響を受けて役員報酬の支給水準が全てのモデルで低下しており，データの収集年における差異が回帰分析上の欠くべからざる要素として認識された。また(6)都市部に所在する中小法人が支給する役員報酬は統計的に有意に高いと言え，(7)役員報酬の高額支給には黒字が重要となるほか，(8)同族役員であることも重要な要素である。しかし他方，(9)創業者であることや単に年齢や在任年数が長いことを理由とした高額支給が一般的ではなく，お手盛り支給が存外に少ないのも税制が納税者への規律を提供した結果としてもたらされているのであろう。

　上記の成果の中で，とりわけ新知見として注目されるのは(4)と(5)に関連する発見事項であろう。(4)に関連して平取締役に比し使用人兼務役員の報

酬額が一般的に高い傾向を示した(図表4-1)の結果を踏まえると，中小法人における人材は次の通り，昇格の過程を歩んでいくと言えよう。つまり有能な人材を求めると同族という要件に拘るわけにいかず，人材が同族外から提供される。そのような人材が従業員から役員に昇格する際に多くが使用人兼務役員になる。他方，同族役員が非常勤で平取締役に就く実態が少なくないと類推されるが，その理由として能力的に事業に貢献可能な人材が必ずしも同族から供給されない事情がある。そしてその反面，経営への実質貢献というよりも出資によって非常勤取締役，あるいは税法上のみなし役員としての地位を築く者も少なくないであろう。このような分析結果は中小法人における後継ぎ問題を論じる点からも実態解明へ一定程度の貢献があると言える。

　また上記(5)に関する発見事項について，租税争訟におけるサンプル構成は係争年に限定または近接した比較対象取引を倍半基準によって収集するのが定石である。これは課税側がサンプルに影響を及ぼす景気の浮沈を配慮した結果であろうが，しかし本研究において試みたようにデータの収集時点を説明変数の1つとしてコントロールする方法も妥当である。そのようにして過去データを用いることでサンプルサイズが拡大し，これまで課税側が繰り返してきたように単年で僅か数例によってサンプルを構成し，過大役員給与を判定するという無理筋も回避される。このように考察結果がもたらす含意とは，現在データから過去データへのサンプル対象の拡がりを示唆するだけでなく，類似法人を業種的・地域的に拡大することでサンプルサイズの拡大が実現するという点である。そして方法論としては回帰分析におけるモデルにおいて複数年・多業種・多地域をコントロールする説明変数を投入することで納税者に対し説得的な主張が可能になるだろう。

　そのように見てくれば前章において検討した船舶製造業・移転価格税制適用事件で，納税側による独立企業間価格の証明に対する疑義について係争年の近接データによってのみ船価決定を可能とする課税側の主張は視野狭窄との批判を免れない。具体的なモデルの構築としては，本研究において試みた通り，データの調査年 *dummy* を投入し，繰り返しクロスセクション・データの回帰分析が推奨されると主張しておく。

5-2. 残された課題

　本章におけるこれまでの検証結果により，判例研究上も実証研究上も中小法人において支給される役員報酬の損金算入限度額は，概ね類型化され算定されていると言ってもよい。その中でとりわけ企業規模が大きな要因となるが，これについて前章にて言及した新旧美術品販売業・役員報酬事件を踏まえると興味深い。それによると「役員の会社の業務に対する貢献は極めて個別性の強いものであろうし，企業規模の大小に応じて労務の対価の適正額を決することは必ずしも合理的とはいえず，むしろ，大企業よりも中小企業の経営者の方が当該企業の存亡を決するような働きを強いられる(品川[1981, p. 262])」と指摘している。この見解は貢献度の多くを規模に求めて解決を図りたい課税側を牽制し，納税側に寄り添う主張と解される。しかし現実に星の数ほど存在する中小法人が支給する役員報酬の損金算入限度額水準を確定しながら，且つ不公平感を惹起させない方法となれば，やむを得ず画一的に類型化を行うこととなり，現在はその説得的基準が売上高になっているという限界を認めざるを得ない。それでも品川による上記見解は課税庁が一切の個別性を捨象してきた硬直的な姿勢を批判しているとも解され，役員給与の損金算入限度額算定における個別性の反映は，今後とも検討課題であり続けるであろう。

　また本章において役員報酬の支給実態について影響力のある判例を見てきたが，その中で役員退職金に関する判例も多く参照した。本章において明らかにしたのはもっぱら中小法人における役員報酬の支給実態であり，役員給与という意味では双璧を成す役員退職金の支給実態の解明については次章にて検証を試みることとする。

1)　昭和57年4月26日　日本経済新聞　朝刊22頁。
2)　この点に関する同様の指摘について税務会計研究学会第27回大会統一論題報告に対するシンポジウム(於成蹊大学・平成27年11月1日)を参照のこと。今村猛会計士による質問に対して筆者が回答を示している(『税務会計研究』第27号，pp. 100-105)。

第4章　役員給与の支給実態に関する多変量解析　113

3)　〈第一審〉昭和44年3月27日大阪地裁第2民事部判決・昭和35年(行)25号。鉄工業・役員退職金事件は昭和44年に判決が言い渡されているが，異常な役員退職金の支給か否かの判断基準を標準正規分布における棄却域に落ちるか否かに置き換えて検討したため，課税側の主張を理解するためには統計学に関連する比較的高度な教養が必要であったと思われる。幸いにも今でこそ，われわれが使用する小さなノートパソコンに搭載された統計処理のツールが当該判決の主旨を理解する助けとなるが，当時，例えば昭和50年代に入ると税理士が個人事務所で数百万円するオフィスコンピューターを導入する時代になったばかりである。そのようなオフコンを利用して回帰分析を試行し，検証するという発想自体が当時の税理士や納税者にはなかったであろう。そのため当時の原告のデータリテラシーの水準を踏まえると，課税側の主張が十分に説得的であったか疑問は残る。

4)　幅の概念については衣服等縫製加工業・役員報酬事件における一審原告の主張にも見られる。本件では旧法法34①の規定が適用されることの違憲性を主張している。なお，本章において検討する統計的分析方法を用いた場合の幅の概念は標準正規分布に基づく幅の概念の主張となるが，他方，上記衣服等縫製加工業 X 社が主張する幅の概念は統計的な背景がないために感覚的な水掛け論に拘泥しているように思えてならない。

5)　レントとは機会原価を超過するリターンを言い，Quasi レントとは短期の機会原価を超過するリターンを指す(Jensen[1986, p. 323])。

6)　本章における研究成果より企業規模は中小法人において支給される役員報酬の多寡を支配する要因と結論付けたが，この見解に対して異なる実証成果を示す研究も存在する。泉田[2003, p. 102]によれば「日本企業の役員報酬に関する先行する研究の多くにおいて，役員報酬が企業規模と統計的に有意な強い正の関係を持つことが報告されてきた」と指摘している。しかしこの結果に対し「これまでの実証分析の説明変数の数が少なかったことにより，見せかけの関係が生じていた」と疑っている。尤も本研究成果と泉田[2003]の研究成果の相違は分析対象に由来するとも考えられ，後者は上場企業 1,764 社を対象としている点を付言しておく。

7)　〈第一審〉平成6年6月15日名古屋地裁判決・平成2年(行ウ)5号，〈控訴審〉平成7年3月30日名古屋高裁民事第1部判決・平成6年(行コ)21号，〈上告審〉平成9年3月25日最高裁第三小法廷判決・平成7年(行ツ)110号。

8)　平成9年9月29日国税不服審判所裁決『平成10年度上期・第54集　裁決事例集』pp. 306-322。

第5章 中小法人における役員退職金の
損金算入限度額を決定する諸要因
――倍半基準の問題点を中心として――

1. はじめに

　本章では中小法人における役員退職金の支給事例を分析対象とし，役員退職金の多寡が決定される要因を解明する。上場企業においては今時，資本市場における投資家によって経営の成果と役員退職金の適正額が厳しく査定される時代になっており，役員退職金の支給制度が廃止され，支給事例が減少する傾向にある。しかし他方，中小法人では証券市場要因が欠落しており上場企業における役員に比し在任年数が長期化する事情などもあり，依然として役員退職金の支給事例は多いと考えられる。このように中小法人において支給される役員退職金の背景は上場企業における背景と著しく異なる。

　上場企業であろうが中小法人であろうが適用される法人税法規定は同じであり，それによれば役員退職金の損金算入限度額を最大化するためにはなるべく長く在任し，そして退職間際まで報酬月額を高位に維持する必要がある。そして不相当に高額な役員退職金は損金不算入となるが，中小法人は所有と経営が分離していないため，過大役員給与の認定にはことさらに敏感になる。最近では沖縄の酒造会社が支出した役員報酬と役員退職金について不相当に過大な部分があるとした課税庁の更正処分に対し，取り消しを求めた裁判が提起されている(残波事件)。第一審では東京地裁が課税側の主張する過大な役員退職金を退け，納税者の主張を認めているが，控訴審では東京高裁が課税側の主張する過大な役員報酬を認め，納税者敗訴となっている。本件には

116

役員給与の損金算入限度額の水準について沖縄と大都市圏の間の地域格差を
めぐって争われた側面がある。そこで本研究では地域格差が役員退職金支給
という税務行動において実際に観察されるのか否か，明らかにする。

　本章では中小法人における役員退職金の支給実態の解明のために実業出版
データを分析対象としている。当該データは平成12年から同26年までの間
に隔年で収集した中小法人における役員退職金の支給667事例から欠損値を
含まない550事例によって構成され，分析の結果，次のような注目すべき一
般的傾向が認められた。まず最初に法人税法が役員退職金の損金算入限度額
を算定する際に用いるとされる功績倍率式の影響を非常に強く受けた支給実
態が明らかとなった。次に役員退職金の支給行動に与える企業規模の影響は
強くはない。3つ目に建設業の役員退職金の支給実態について他業種に比べ
高く支給される。4つ目に政令市等における役員退職金の支給事例はそれ以
外の府県における支給事例に比し，実支給額が高額化する。5つ目に役員退
職金の支給実態では創業者を理由として高額支給される実態が認められた。
6つ目に業務主宰役員給与の損金不算入制度(旧法法35①)が存在した平成18
年から平成22年までの間は，ほかの調査年に比し，役員退職金の実支給額
が減少する傾向が認められた。最後に死亡を退職事由とした場合に役員退職
金の支給額が高額化する実態は認められない。

　以上の分析結果のうち，1つ目と7つ目は役員退職金の支給実態を解明す
る上で特有の分析視角，つまり役員報酬の決定要因にはない独自の説明変数
から導出された知見である。また前章と同一の観点により分析を試みた結果，
4つ目については役員報酬の支給実態と同一傾向を示し，役員退職金の損金
算入限度額水準に影響を及ぼす地域格差基準は納税者の税務行動に一定程度
浸透している事実が明らかになった。しかし，より正確に言うと役員報酬の
損金算入限度額水準に及ぼす地域格差基準に比し，役員退職金のそれに及ぼ
す影響は弱いとされ，この分析結果は残波事件における第一審・控訴審を通
じた司法判断と通底している。つまり役員退職金の損金算入限度額水準の算
定においては役員報酬のそれと比較すると，後者において地域格差基準によ
る影響を反映させた判決を示したが，本書における分析結果も判決の趣旨と

離齬を来たさない。このように本章と前章の分析結果を踏まえると，役員給与課税をめぐる租税争訟で示される司法判断がいかなる要素を重視しているのかが，実業出版データを分析することで明らかになり，本章の分析結果は役員給与課税をめぐり今後発生するであろう租税争訟の顛末を予想する上で有益な示唆を与える。

2. 研究の背景

2-1. 本研究における問題意識

現在，役員退職金支給は上場企業を中心に廃止が一層加速される傾向にあるが他方，中小法人においては依然としてその支給が維持されている。平成10年代に上場企業における役員退職金の支給に対する批判が出はじめ，例えば平成15年には厚生年金基金連合会が「投資先企業の株主総会で議決権を行使する際の基準を正式発表し(中略－引用者)，三期連続赤字かつ無配企業の経営者の再任や退職慰労金の支給に反対する」等といった具体的な行動に出たと報道された[1]。上場企業における役員退職金制度が批判の対象となった背景には「従業員に導入した成果給との整合性」が挙げられる。また企業側には同制度の廃止とともに「役員の受取額が株価に連動する報酬制度を導入する動き」が表れた[2]。そして平成17年に日本経済新聞社が実施した調査によると，「役員退職金の廃止を取締役会で決めたり，関連する議案の株主総会への提案を検討したりしている企業は百社を突破」し，「累計では約三百社と(調査対象の－引用者)五社に一社にのぼる見通し」とされた。

平成18年に野村総合研究所が東証一部・同二部を対象として実施した調査[3]では「役員退職慰労金制度については，『制度が無い』もしくは『最近廃止した』と回答した企業は合わせて41.4%にのぼり，昨年度調査の27.4%と比べ大幅に増え(中略－引用者)，役員退職慰労金制度を維持している企業でも，約半数が『制度改訂を予定』または『検討している』こと」が明らかになった。さらに平成20年に実施された同様の調査[4]では『制度が無い』も

しくは『最近廃止した』と回答した企業は59.9%にのぼることが明らかになっている。このような役員退職金支給の見直しと成果報酬への移行について間接的要因として，平成18年度法人税法改正における利益連動給与の損金算入化が挙げられる。

　先にも述べたように上場企業においては不祥事発生に対する責任と役員退職金支給の関係性に注目した論点で検討が重ねられ，例えば平成15年に起きた事例によれば「原子力発電所の修理記録改ざんなどが表面化し，二〇〇三年三月期に減益決算となった東京電力」に対し，「米大手メーカーの年金基金や州の教職員の年金基金が，南直哉前社長などへの退職慰労金の支払いに反対票を投じる予定」と報じられている[5]。この事例で注目すべきは，わが国上場企業における役員退職金の支給に対する批判が海外投資家によってもたらされている点である。実際，Bebchuk and Fried[2004, p. 42]は「辞任を求める稀な例では辞任の苦痛を和らげるために根拠のない『さよなら報酬』を報酬委員会は与える」と指摘しており，役員退職金の支給に対する懐疑的な見解が浸透していた。

　平成20年頃になるとわが国においても役員退職金の支給がさらに廃れてゆくが，その理由として算定方法が「あいまい」なため，「株主から批判が高まっている」とされ，また同時に役員退職金の支給を廃止する企業側でも「不祥事などで不払いになるリスクを避けたい」という事情があると報道されている[6]。この新聞報道では役員退職金が「在任期間が長くなるほど受取額が増える」点を指摘し，これが「必ずしも明確でない算定基準」であるとし，「風当たりが強い」と併せて指摘している。そして前示の米国年金基金による議決権行使同様，わが国においても企業年金連合会など「機関投資家は退職慰労金の支給議案に原則反対の方針」を表明するようになった。

　しかし批判の対象となった在任年数に応じて支給額が増える慣例は，法人税法が規定する役員退職金の損金算入限度額算定において採用される功績倍率式によるところが大きい。中小法人にあっては経営者の流動性が上場企業に比して低いため，例えば社長の在任年数が創業から清算に至るまでというように経営者と企業の寿命が近似する事例も少なくないだろう。そのため中

第5章　中小法人における役員退職金の損金算入限度額を決定する諸要因　119

小法人では経営の巧拙が在任年数の長短そのものとなる傾向が認められるが，上場企業において高額な役員退職金の支給額を決定する際，いかなる観点から貢献が測定されているのか不明確であるとの認識が強く，役員退職金を支給する背景は全く異なると言ってよい。このように見てくると平成18年度法人税法改正後に従来，役員退職金を支給していた上場企業は業績連動給与に乗り換える動きが増えたが，中小法人では依然として役務対価として重要であることに変わりはない。

　尤も平成18年度法人税法改正前は利益処分による役員賞与支給が損金不算入であったところ，そもそも利益処分という概念が廃止されたことで役員賞与支給が事前確定届出給与の要件を満たせば損金算入されることとなった。但し，同改正において同時に導入された利益連動給与については中小法人に資本市場要因が欠落するため，支給が認められていない。これらの制度的変化に対し役員退職金の支給に関する法制は以前と変わらず功績倍率式によって損金算入限度額が算定される事例が支配的とされる。功績倍率式では報酬月額と在任年数，そして功績倍率の積によって役員退職金の損金算入限度額を算定する便宜的方法である。退職給与の損金算入限度額がいかなる水準にあるのかについて顧問税理士は見極める必要があるが，実際には功績倍率式を用いて自動的に決定される側面が強い。

　しかし退職事由の中でも死亡退職に関してはいかなる程度の支給が妥当なのか，実務上は争点となることも少なくない。これにはいくつかの重要な理由が挙げられ，まず最初に中小法人においては経営者の資質が事業の成否を大きく左右する事情から，創業社長の高齢化はやむを得ないという点である。上場企業では事件・事故を除けば死亡するまで社長職に就く事例は少ないと考えられるが他方，中小法人においては後継者問題など人的資源の流動性が著しく低く，辞めるに辞められないため，在任年数の長い高齢役員の退職金は高額化すると考えられる。次に死亡退職によって発生する保険金を原資とし，損金算入限度額一杯に迫ろうとする動機も存在すると思われる。最後に顧問税理士による遺族への配慮から，在任中の役員の功績に対する最大限の好意的評価が役員退職金を高額化させるかもしれない。但し，1つ目の要因

120

として役員の年齢が高齢であることと在任年数が長いということは厳密には同じではなく，後述する分析モデルではこれらをそれぞれ別の要因として注意深く区分し，説明変数として投入する必要があると思われる。

　さて上述の通り中小法人において役員退職金が高額化する事情を概観したが，この実態に役員退職金の損金算入限度額規定を当てはめると，合理的な税務行動としては報酬月額を退職間際までに高位に維持させる動機が生じると思われる。そこで本章における問題意識として，本当に中小法人における死亡退職金がそのほかの退職事由に比し，より多く支給される実態が存在するのかについて検証する。また同時に課税庁は中小法人における役員報酬の支給行動に対し，一定程度の地域格差を容認する判決を積み上げてきており，実証研究上も人口密集度と役員報酬の実支給額に正の関係性を認めている。この点について役員退職金に関しても実支給額と人口密集度との間に統計的に有意な関係性が認められるのかについて明らかにし，役員報酬と役員退職金の支給行動との間に異同が認められるのか，本章にて解明を試みる。

2-2.　本章の着想

　本章は回帰分析を用いて中小法人における役員退職金の損金算入限度額水準を解明するが，検証を試みるそもそもの着想は鉄工業・役員退職金事件より得ている。当該事件は昭和40年代中葉において争われているため，当該判決の意義についてその一部に現在の法律的背景とは相容れない論点を含んでいるのは否めない。判決は時代の変化とともにその意義を失う場合もあるが，それでも多くの司法判断は今もなお，その価値を維持している。鉄工業・役員退職金事件が争われた当時は「役員に対する報酬・賞与・退職給与の支給額が不当である（利益処分性がある）として，その損金算入を否認する場合には，同族会社の行為計算の否認規定（当時は法人税法三一条の三）を適用せねばならず，本件（鉄工業・役員退職金事件−引用者注）もまたその例であった（品川［1983, p. 45］）」という通り，今日における役員給与課税の体系は当時に比べて乖離が見られるのも事実ではある。さらに残波事件における争点にも見られるように今日的観点からすれば業種や退職事由による影響を再考す

第5章　中小法人における役員退職金の損金算入限度額を決定する諸要因　121

る必要があるかもしれない。加えて役員退職金の損金算入限度額算定においては功績倍率式による算定方法が支持を集めているが，上記事件では公表利益による推定であるため，算定方法がそもそも特殊である。

　鉄工業・役員退職金事件では，課税庁が試みた17法人による回帰分析を大阪地裁は支持し，争いは上訴なく確定している。当該事例では過大とされる役員退職金の中に，死亡退職した役員に対して会社が支払うべき土地賃貸料を認定したため，結果として過大部分が存在しないこととなり，実質的に課税庁敗訴の判決である。それでも本件の意義とは，損金算入限度額の水準を確定する方法として統計的分析手法に対して一定程度の説得力を認めたことにある。

　鉄工業・役員退職金事件では業種と退職事由が役員退職金の損金算入限度額算定にいかなる変動をもたらすのかについて，検討が試みられている。この業種と退職事由という2つの論点を細かく見ていくと，前者について類似法人の構成は「魔法瓶製造，薬品製造，ノート製造，運送業その他種々の業務を目的とする法人より成っている」とある。鉄工業・役員退職金事件後に役員報酬・役員退職金それぞれについて損金算入限度額水準を争った事例は多数存在するが，それらにおいても業種による支給額の類型化が争点となっており，根深い問題である。またいま1つの論点である退職事由については鉄工業・役員退職金事件で分析対象となった17法人は全てが死亡退職事例で構成されたが，死亡退職はその他の退職事由に比し，支給される役員退職金が多いのか少ないのか，明らかにする必要があろう。なぜなら死亡退職がその他の退職事由に対し高額支給する実態がなければ，そもそも類似法人を死亡退職事例によって構成する意味などなくなるからである。これら2つの論点の検証によって，鉄工業・役員退職金事件を今日的に再検証するとき，いかなる知見が獲得されるのか，本章において明らかにしてみる。

2-3.　納税者が損金算入限度額を予想できないという論点

　上場企業においては1億円を超える役員報酬の支給事例が公開され，その水準がわれわれの知るところとなるが，1億円以下の役員報酬の支給状況に

ついては明らかにはされず，ましてや中小法人における役員報酬の支給水準が明らかになることはない。しかし中小法人に関しては実業出版データから役員報酬の実支給水準が一定程度明らかになっており，当該データを基に前章では実証分析による解明が試みられた。役員報酬は役員退職金とともに役員給与を構成する双璧となるが，本章では中小法人における役員退職金の損金算入限度額水準について，実証分析による解明を試みることとする。

　中小法人においては過大役員給与の損金不算入を回避するために租税争訟において該当役員の事業への貢献や経営能力の特殊性を強調することで，より多くの役員給与の支給を主張するものの，司法判断は課税庁の主張を認め，著しく高額との原処分を支持する事例が少なくない。このときに争点の１つとなるのは係争前に納税者にとって中小法人の役員給与に関する損金算入限度額が予測不能とする主張である。このような納税者の主張に対し，司法判断は，入手可能な資料から予測が可能とする。平成６年と同８年に名古屋地裁で争われた２つの事件，つまり衣服等縫製加工業・役員報酬事件と事件物の不動産仲介代理業・役員報酬事件[7]では，役員報酬の支給額決定時点において入手可能な資料によって原告自らが支給した役員報酬額の異常さを認識することが可能としている。これら２件で入手可能な資料の存否について司法判断が共通するのは名古屋地裁の担当裁判官が重複している点も踏まえねばならないが，これらの判決以後，役員給与支給の決定前に納税側において損金算入限度額水準が予測可能という認識が支配的になった。実際，食料品製造業・役員退職金事件においても入手可能な資料に関する言及は見当たらないが，「事情を総合すれば相当な退職給与の額を判断することができる」と札幌地裁は判示している。これら３件の係争事例のうち，衣服等縫製加工業・役員報酬事件と食料品製造業・役員退職金事件では原告が役員給与の損金算入限度額に関する納税側における推計が不可能であるとして，課税要件明確主義に反するとの主張を展開し，上訴が最高裁にまで及んでいることからも重要な論点提供となっている。また食料品製造業・役員退職金事件の控訴審では札幌高裁が「控訴人の特殊事情を余りにも強調しすぎる」旨を原判決に追加している。このような役員給与の損金算入限度額をめぐる租税争訟

第5章　中小法人における役員退職金の損金算入限度額を決定する諸要因　　123

において，原告は必ずと言ってよいほど法人の特殊性を強調した主張を試みる。

　しかし特殊な業種に属するが故に役員給与の支給額に不相当に高額な部分が存在しないとの納税者の主張は，食品販売業・役員退職金事件において課税側逆転勝訴となった昭和49年の控訴審判決以来，現在に至るまで司法判断として支持されなくなったようである。それでも当該事例において品川[2001, p. 99]は「甲の多大な功績にも配慮し，せめて功績倍率の最大値4.8を適用すべきであった」と批判の余地を認めている。なぜなら比較法人の「事業規模等がX会社に比較して相当に劣っているほか，前述の(功績倍率法における－引用者)平均値と最高値のそれぞれの採用根拠」に問題を残すからである。このような判例批判より，原告が主張する特殊性について課税側は一定程度の寛容性を示すべきなのであろう。

　以上，本節で言及したこれら3件の係争事例のうち，衣服等縫製加工業・役員報酬事件と食料品製造業・役員退職金事件では役員給与の損金算入限度額に関する納税側における予測が不可能であるとして，課税要件明確主義に反するとの主張を展開し，上訴が最高裁にまで及んでいる。いずれも原告の請求は棄却されているものの，衣服等縫製加工業・役員報酬事件の上告審において上告人が上告理由として述べている第四点で主張する通り，「(旧－引用者)法三四条一項の『不相当に高額』の概念については，本訴ですら被上告人・原判決・上告人が三者三様の解釈を展開しその内容が帰一しないこと，税理士側も課税庁側もこの概念にはそれぞれがそれぞれの立場で解釈に困惑を感じており，この点は税務実務家にとって公知の事実であること，法曹にも税務関係者にも明らかでない概念は素人たる納税者には一層明らかでないこと」を指摘し，不服としている[8]。

　旧法34①の「不相当に高額」の概念は現行法34②において継承されているが，これに対する納税者の理解が司法判断に追いつかないのが現状である。近時では残波事件における役員給与支給に対する原処分について東京地裁で争われ，役員退職金6億円を高額ではないと判示したが他方，役員報酬については課税側の主張を認め，不相当に高額としている。このように法曹と課

税庁における理解に著しい乖離が認められる中，本研究において試みられる役員退職金の損金算入限度額水準や，それを決定づける要因の解明は重要である。とりわけ実証分析によるエビデンスを伴った検証を急ぐ必要があり，裁判所が役員退職金の支給相場に関して入手可能な資料の1つと考えるであろう実業出版データを用いた検証を試みる意義がある。

2-4. 地域的な差異と倍半基準

これまでの判例では役員退職金のみならず，役員報酬を含めた役員給与全般の支給事例において損金算入限度額に地域的差異が反映されてきたが，その地域格差基準は法人税法上明文化された概念ではない。強いて挙げるとすれば法令70一に示す類似規模・類似業種によって役員給与の損金算入限度額を算定する方法として倍半基準を容認する結果，地域格差が発生してしまう関係にある。倍半基準は一定地域に限定して類似法人を抽出するため，役員給与の実支給額に関する相場は地域性を反映する。租税争訟においては課税側が勝訴するたび，倍半基準によるサンプル構成を含めて肯定されてしまい，結果として地域格差基準が定着している。このようにして従来，多くの納税者は大都市圏に所在する法人においては比較的多くの役員給与の損金算入限度額が認められると考え，逆に地方都市においてはそれが相対的に低く設定されることを容認せざるを得ないのであろう。

地域格差基準について例えば衣服等縫製加工業・役員報酬事件では，原告が類似法人の抽出基準についてその合理性を疑っている。本件は第一審にて原告・納税者の敗訴となり，控訴審・上告審と上訴するもともに棄却されているが，「本件類似法人のように抽出対象を特定業種，規模，地域に限定すると，役員報酬の平均レベルの低い場合には，低い報酬額を強いることとなり，税の公平に反する」旨，原告は主張している。これに対し第一審判決における名古屋地裁は「抽出基準について，業種，規模，地区を限定することはそれら法人役員報酬の平均的レベルが低い場合には税の公平に反する旨主張するが，令六九条一号は，同業種・類似規模の法人を掲げている上，一般的に見て同業種・類似規模で同地域にあれば，当該法人も同様の経済状況に

第 5 章　中小法人における役員退職金の損金算入限度額を決定する諸要因　　125

あり，また，その役員の役務に対する報酬として通常支払われる額も類似するといえるから，右基準は，何ら不合理ではなく，原告の右主張は，採用できない」としている。

2-5.　死亡退職の特殊性

　課税庁は倍半基準により類似事例を抽出し，役員退職金の損金算入限度額の水準を決定するものの，その際，退職事由について死亡であるか否かがサンプリング上，重要な観点であるかのように思わせる事例がいくつも存在する。尤も課税庁が退職事由に拘って類似事例の抽出を実施したというよりも，むしろ納税者が死亡退職による類似事例の抽出を求めたため，そのような要請に応えてきた結果かもしれない。そのように考えられるのは役員の死亡による保険金取得を理由として退職金の原資が潤沢になるという事情が影響すると思われるからである。この点，具体的には一般貨物自動車運送業および不動産賃貸業を営む X 社の死亡退職した代表取締役に対する役員報酬および役員退職金に対する更正処分等の一部取り消しを求めて争われた事例[9]（以下「一般貨物自動車運送業・役員退職金事件」と略称）では，受取死亡保険金合計 2 億 7,200 万円に対し役員退職金等合計 2 億 7,000 万円の支給を X 社が行っている。

　さらに本書において役員給与の損金算入限度額をめぐる多くの租税争訟で見てきた通り，納税者は自社の特殊性を強調し，課税庁に損金算入限度額をより高額に決定させたい動機を有する。したがって役員退職金の損金算入限度額算定における類似事例の抽出において退職事由のうち，ことさらに「死亡」退職であることを強調してきた向きがある。実際，鉄工業・役員退職金事件で抽出した 17 法人は全てが死亡退職事例で構成されている。また逆に退職事由が死亡退職ではない食料品製造業・役員退職金事件や工作機械製造販売業・役員退職金事件においては，それぞれに死亡退職となるサンプルを排除しながら課税庁は抽出を行った。しかしこのように課税庁が類似事例を収集する過程で死亡退職事例を排除する意味は本当にあるのだろうか。

　食料品製造業・退職給与事件では，原告の代表取締役に対して支給した役

員退職金について課税庁は仙台国税局管内において比較法人を 4 社抽出し，平均功績倍率法，最高功績倍率法，1 年当たり平均額法を用いて損金算入限度額を算定した。この際に算定された平均功績倍率は 3.9 であるが，当該原処分における比較 4 法人に関し，抽出条件の 1 つに「退職事由が業務上の死亡でないこと」を挙げている。札幌地裁における訴訟の提起でありながら，比較法人の抽出を仙台国税局管内に求めたのは札幌国税局管内に比較法人が存在しないためとされるが，本件訴訟提起後，札幌国税局長が同局管内において再度，比較法人を 7 社抽出し，平均功績倍率を算出したところ 2.6 と低下した。なお，この際も抽出条件として死亡退職を排除している。

　また課税庁が僅か 6 法人に非線形回帰を試みたものの，結局回帰分析によって算定された損金算入限度額を採用せず，その代わりに前示 6 法人から 2 法人を排除し，4 法人によって算出された平均功績倍率と 1 年当たり平均額を用いて算出した損金算入限度額を司法判断として採用したのが工作機械製造販売業・役員退職金事件である。同事件では課税庁が業種と退職事由の不一致を理由として 2 法人を排除しており，とりわけ退職事由に死亡退職でないことを条件とし，岡山地裁はこの抽出プロセスを合理的としている。

2-6.　前章と本章のかかわり

　役員報酬の支給実態に関する一般的傾向は前章によって次の通り，明らかにされている。まず最初に役員報酬の支給額の多寡は企業規模(従業員・資本金額・年商)と正の関係性を有しており，次に建設業の役員報酬の支給額が他の業種に比し減少する傾向を認めた。3 つ目に政令市等における役員報酬の支給額は，それ以外の府県における支給事例に比し高額となる傾向を認めた。4 つ目に黒字であることが役員報酬の支給額を高額化させる要因である。5 つ目に代表権者，専務等，使用人兼務役員，平取締役，監査役の順に支給される役員報酬が低くなる傾向を認めた。6 つ目に創業者であることや高齢であること，在任年数が長いことを理由として高額な役員報酬が支給される傾向を認めないが，同族役員であることを理由に高額支給される傾向を認めた。7 つ目に賞与支給の有無が役員報酬の支給額の多寡に影響を及ぼさ

ない。8つ目にデータの調査年の違いによって役員報酬の支給額に差異を認めたのは平成26年のみであった。

　これらの分析結果の中から重要な発見について以下の通り解釈が可能である。1つ目から5つ目までの分析結果は判例の積み重ねが影響した結果であると推察される。つまり課税庁が下す役員報酬の損金算入限度額について，その多寡は倍半基準によって同程度の企業規模や利益数値，そして地域性，役位を基準として類似事例を抽出し，決定される。そのため分析結果には一定程度の類型化が潜在すると考えるが，前章の分析でその実態について既に一部を明らかにしている。また6つ目の発見事項に関し，存外にお手盛り支給事例が少ないことが看取される。本章では同族であれば役員報酬が高くなるという分析結果を導出したものの，非同族の役員が多いと予想される使用人兼務役員に支給される従業員部分給与について，実業出版データの限界から，これ以上の詳細な検証を行うことはできない。最後に調査年 *dummy* の有意性について統計的に有意となったのは平成26年調査のサンプルであることを示す H26 ダミーだけであり，その符号が非常に強いマイナスを示している。平成26年に調査した役員報酬の支給額がその他の調査年に比し低い理由としては，平成25年1月1日より開始された税制改正，つまり給与所得控除に245万円の上限が設定された改正の影響が表れたためと考えている。他方，平成18年度導入・同22年度廃止の業務主宰役員の損金不算入制度の影響を分析結果から捕捉することはできない。

　本章には役員報酬とともに役員給与の双璧を成す役員退職金の支給額を決定づける要因を解明する目的があるが，前章における分析結果が明らかにした役員報酬の支給額を決定づける要因と，いかなる異同が見られるのかについても検証する。役員退職金は報酬の後払いとしての性質を有すると認識されるが，そうであれば役員報酬の多寡を決定する要因が即，役員退職金を決定する要因となることが考えられる。中小法人における役員給与の支給行動の多くは法人税法規定による影響が及び，実質的に同法が規定する損金算入限度額計算による上限に迫るものの，これを超えない範囲で決定すると考えられる。そのようにして決定される最終報酬月額が役員退職金の損金算入限

度額計算に直接的に影響しているのではないか。しかしながら他方，役員退職金の損金算入限度額をめぐる租税争訟においては退職事由，とりわけ死亡退職によって当該限度額を拡大させたい納税者の意図があるものの，司法はその意図を退けてきたようにも思える。さらに分析対象事例を収集した調査年間においては役員給与課税に関する重要な税制改正が複数存在し，それらに影響を受けたのか否かについても解明が待たれる。

3. 分析モデルと基本統計量，分析結果の解釈

3-1. 分析モデル

これまでに役員退職金の損金算入限度額算定をめぐる租税争訟において課税庁が類似法人を抽出する際に採用する倍半基準に注目した結果，いくつかの検討すべき論点が浮かび上がってきた。具体的には課税庁が倍半基準に固執するため，企業規模や業種，法人の所在地といった企業属性に偏重し，租税争訟において原告が主張する特殊事情が軽視されるという点である。役員退職金の支給額の変動は役位や創業者か否かなどの役員属性，そして調査年間の違い，さらには役員報酬の支給事例には存在しない固有の要因として退職事由にも影響を受けると考えられる。概ね功績倍率式によって役員退職金の損金算入限度額水準が確定する以上，最終報酬月額と在任年数が固定され，功績倍率に貢献度を反映させるよりほかないため，次のように分析モデルを定式化した。

なお，係数 β は前章の役員報酬の検証の際においても投入されたが，係数 γ は役員退職金の検証のため，本章において新たに投入された説明変数となることを付言しておく。

第5章　中小法人における役員退職金の損金算入限度額を決定する諸要因　　129

$$
\begin{aligned}
log\,\text{役員退職給与金額}_i = {} & \alpha + \gamma_1\,log\,\text{役員報酬月額}_i + \beta_{13}\,log\,\text{在任年数}_i \\
& + \begin{pmatrix} \Sigma_{k=1\sim4}\,\beta_{1k}\,\text{従業員数}\,dummy_{ik} \\ \Sigma_{k=1\sim4}\,\beta_{2k}\,\text{資本金額}\,dummy_{ik} \\ \Sigma_{k=1\sim4}\,\beta_{3k}\,\text{年\quad 商}\,dummy_{ik} \end{pmatrix} + \Sigma_{k=1\sim4}\,\beta_{4k}\,\text{業種}\,dummy_{ik} \\
& + \begin{pmatrix} \beta_5\,\text{政令市}\,dummy_i \\ \beta_6\,TOAdummy_i \\ \beta_7\,Tdummy_i \end{pmatrix} + \Sigma_{k=1\sim5}\,\beta_{9k}\,\text{役位}\,dummy_{ik} + \beta_{10}\,\text{創業者}\,dummy_i \\
& + \beta_{11}\,\text{常勤}\,dummy_i + \beta_{12}\,log\,\text{年齢}_i + \beta_{14}\,\text{同族}\,dummy_i \\
& + \gamma_2\,\text{その他の加算}\,dummy_i + \Sigma_{k=1\sim7}\,\beta_{16k}\,\text{調査年}\,dummy_{ik} \\
& + \Sigma_{k=1\sim10}\,\gamma_{3k}\,\text{退職事由}\,dummy_{ik} + \varepsilon_i
\end{aligned}
$$

　中小法人における役員退職金の損金算入限度額水準がいかなる要因によって決定されるのかについて実業出版データを用いて検証を試みる上で重要な論点に言及すると次の通りとなる。まずは地域ダミーを検証対象とする目的であるが、平成28年4月に示された残波事件の第一審判決においてかねてより納税者が不服とする地域格差を一部容認している点に注目する。当該判決では役員退職金の過大認定は取り消されたものの、役員報酬については課税庁の主張が支持され、過大役員報酬を認めている。残波事件における納税側の不服は課税庁の定める役員給与の損金算入限度額に表れる地域格差にあり、地域格差を発生させる原因が倍半基準の採用である。課税庁は法令70一が示す類似法人の抽出作業において多くの事例で倍半基準を採用するため、役員給与の損金算入限度額の算定上、様々な事案で地域格差を発生させており、納税者が不服としている。

　そこで役員退職金の支給において人口密集地における役員退職金の支給額が有意に増加するのかを検証するために地域ダミーを細分化し、TOAdummy と Tdummy による検証を試みる。役員退職金の損金算入限度額は最終報酬月額を構成要素とするので、役員報酬の支給において地域格差が存在する以上、役員退職金の支給額においてもその多寡に影響すると考える。TOAdummy や Tdummy の検証意義とは役員退職金の支給行動に東京

130

の一極集中の先鋭的な影響が表れるのか否かの解明にある。期待されるべきは前章における分析と整合するように，政令市 *dummy* に比し，*TOAdummy* や *Tdummy* におけるより一層の有意性の検出である。

また前章の分析結果から平成26年度における役員報酬の実支給額の減少が明らかになっているが，この原因として給与所得控除の上限設定による影響と解釈した。同様の税制改正の影響が役員退職金の支給事例においても及ぶのかを明らかにする。最後に退職事由のうち，死亡退職か否かは役員退職金の損金算入限度額を算定する上で影響力を有するのか否かについても分析結果の導出が待たれる。

なお実際の分析モデルは企業規模を示す3つの変数(従業員・資本金・年商)によって model. 1～3 に区分され，その配下に3つの地域ダミー(政令市 *dummy* ・ *TOAdummy* ・ *Tdummy*)が組み合わされるため，全部で model. 1～model. 3. 2 まで9つのモデルを検証することになる。

3-2. データの基本統計量

実業出版データについて，まず企業属性のうち規模の観点からは従業員数 20人超50人以下，資本金額 2,000万円以上 5,000万円未満，年商10億円以上 30億円未満の階層がその他の階層に比し若干多く，全体的に小規模階層への僅かな偏りがある。また業種の構成は製造業が35.3%であり，順に卸売小売業，建設業，サービス業，その他の業種と割合が低下していき，分析対象法人の79.8%が政令市等における事例である。そして役員属性として全体の29.0%が専務・常務・副社長による役員退職金の支給事例となり，これらが役位構成上，最多を占める。このことから実業出版データを構成するサンプルの一般的傾向として代表取締役の下に複数の役付取締役が存在すると推察される。また創業者の退職事例は全体の2%と少ないものの，常勤役員に対する退職金の支給事例は全体の88%を占める点も付言しておく。

退職事由については本研究において最も注目する「死亡」が全体の1割弱存在し，その他に引責もその内容に含まれるであろう「辞任」が32.2%，また「解雇」は2.2%サンプルに含まれている。これに関連して金融業や規制

第5章　中小法人における役員退職金の損金算入限度額を決定する諸要因　　131

（図表5-1）　中小法人における役員退職金支給550事例の基本統計量

変数区分			度数	平均値	標準偏差	最小値	最大値	第1四分位	第2四分位（中央値）	第3四分位
		log役員退職給与金額	667	7.142	1.332	1.386	11.082	6.397	7.162	8.006
検証変数		log報酬月額	639	4.302	0.769	0.000	7.365	4.078	4.382	4.691
		log在任年数	653	2.554	0.862	0.000	4.290	1.946	2.565	3.258
企業属性	規模変数 従業員数	20人以下		0.154	0.361	0	1	0	0	0
		20人超50人以下		0.318	0.466	0	1	0	0	1
		50人超100人以下	677	0.236	0.425	0	1	0	0	0
		100人超300人以下		0.220	0.415	0	1	0	0	0
		300人超		0.044	0.206	0	1	0	0	0
	資本金額（単位：万円）	2000未満		0.171	0.377	0	1	0	0	0
		2000以上－5000未満		0.344	0.475	0	1	0	0	1
		5000以上10000未満	677	0.301	0.459	0	1	0	0	1
		10000以上30000未満		0.099	0.299	0	1	0	0	0
		30000以上		0.071	0.257	0	1	0	0	0
	年商（単位：万円）	50000未満		0.134	0.341	0	1	0	0	0
		50000以上100000未満		0.152	0.359	0	1	0	0	0
		100000以上300000未満	677	0.310	0.463	0	1	0	0	1
		300000以上500000未満		0.155	0.362	0	1	0	0	0
		500000以上		0.219	0.414	0	1	0	0	0
	業種	製造業に1		0.353	0.478	0	1	0	0	1
		卸小売業に1		0.281	0.450	0	1	0	0	1
		建設業に1	677	0.126	0.332	0	1	0	0	0
		サービス業に1		0.092	0.289	0	1	0	0	0
		その他に1		0.078	0.269	0	1	0	0	0
		政令市を要する都道府県に1	677	0.798	0.402	0	1	1	1	1
役員属性	役位	代表権者に1		0.217	0.413	0	1	0	0	0
		専務等に1		0.290	0.454	0	1	0	0	1
		使用人兼務役員に1		0.160	0.366	0	1	0	0	0
		平取締役に1	677	0.211	0.408	0	1	0	0	0
		監査役に1		0.025	0.157	0	1	0	0	0
		顧問等に1		0.080	0.271	0	1	0	0	0
		その他の役位に1		0.018	0.132	0	1	0	0	0
	貢献	創業者に1	677	0.022	0.147	0	1	0	0	0
		常勤に1	677	0.880	0.325	0	1	1	1	1
		log年齢	601	4.163	0.117	3.714	4.564	4.111	4.174	4.220
	その他	同族に1	677	0.230	0.421	0	1	0	0	0
		その他加算有りに1	677	0.205	0.404	0	1	0	0	0
調査年		H26に1		0.149	0.357	0	1	0	0	0
		H24に1		0.157	0.364	0	1	0	0	0
		H22に1		0.194	0.395	0	1	0	0	0
		H20に1	677	0.100	0.301	0	1	0	0	0
		H18に1		0.086	0.280	0	1	0	0	0
		H16に1		0.087	0.282	0	1	0	0	0
		H14に1		0.120	0.325	0	1	0	0	0
		H12に1		0.108	0.310	0	1	0	0	0
退職事由		死亡に1		0.099	0.299	0	1	0	0	0
		定年に1		0.129	0.335	0	1	0	0	0
		任期満了に1		0.183	0.387	0	1	0	0	0
		病気に1		0.032	0.177	0	1	0	0	0
		会長顧問就任に1		0.041	0.199	0	1	0	0	0
		その他役員就任に1	677	0.025	0.157	0	1	0	0	0
		辞任に1		0.322	0.468	0	1	0	0	1
		自己都合に1		0.053	0.225	0	1	0	0	0
		解雇に1		0.022	0.147	0	1	0	0	0
		退職に1		0.015	0.121	0	1	0	0	0
		その他の理由に1		0.016	0.127	0	1	0	0	0
		不明に1		0.061	0.239	0	1	0	0	0
（参考）		退職金額	673	2,826.597	5,340.947	0	65,000	566.5	1,260	3,000
		報酬月額	658	93.192	103.618	0	1,580	55	78	105
		在任年数	653	17.834	13.719	1	73	7	13	26
		年齢	601	64.724	7.635	41	96	61	65	68

産業を除く米国上場企業の役員退職金の支給状況に言及した Chakraborty et al.［2007, p. 301］によると，1994 年から 1999 年までの間に 6,688 人の CEO のうち 742 人（11.09％）の交代があり，そのうち 137 人（2.05％）が辞任としている。この場合の辞任とは，業績不振が報道されており，役員が 60 歳以下で病気やその他の役職に就くことを理由とする辞任ではなく，賞賛されるような業績もない役員の退任を定義としている。このような観点からすると本研究の分析対象は Chakraborty et al.［2007］による調査に比し辞任と解雇の割合が高い。しかし Bebchuk and Fried［2004, p. 42］は Chakraborty et al.［2007］による調査に対して「役員の解雇が極端に少ないことは留意すべき」と指摘していることから，本来であれば引責による多数の辞任が表出するはずだが，役員の地位を手放さない事例も少なからず潜在すると見られる。このように見てくると本章において分析対象となるデータは一定程度健全なサンプル構成であると言えるのかもしれない。

　なお，本章における分析モデルではダミー変数を多用するため，基本統計量において示した変量のうち，一部の変量はモデルへ投入していない。つまり分析結果を示した（図表 5-2）から（図表 5-4）にある通り，従業員数においては 50 人超 100 人以下の階層を，また資本金額においては 5,000 万円以上 10,000 万円未満の階層を，そして年商においては 100,000 万円以上 300,000 万円未満の階層を，業種においてはその他の業種を，役位においては使用人兼務役員とその他の役員を，調査年においては H 12 を，それぞれ分析モデルに投入していないことを付言しておく。

3-3. 分析結果とその解釈

　9 つの分析モデルによって役員退職金の損金算入限度額算定に与える諸要因について，その検証結果を示すと（図表 5-2）から（図表 5-4）の通りとなる。注目すべき結果は以下の通りである。まず最初に法人税法が役員退職金の損金算入限度額を算定する際に用いるとされる功績倍率式の影響を非常に強く受けている実態が明らかとなった。次に前章においては役員報酬の支給行動には企業規模と実支給額の間に非常に強い関係性が認められたが，役員退職

（図表 5-2） 従業員数を規模変数とした推計結果

被説明変数：log役員退職金			係数	model. 4				model. 4.1				model. 4.2			
				非標準化係数	t	有意確率	VIF	非標準化係数	t	有意確率	VIF	非標準化係数	t	有意確率	VIF
	（定数）		a	3.303	2.525	0.012		3.560	2.717	0.007		3.659	2.793	0.005	
検証変数	log報酬月額		γ1	0.629	13.024	0.000	1.741	0.634	13.021	0.000	1.755	0.644	13.192	0.000	1.767
	log在任年数		β13	0.819	18.454	0.000	1.686	0.816	18.263	0.000	1.690	0.813	18.256	0.000	1.682
企業属性 規模変数 従業員数		20人以下	β11	−0.351	−3.450	0.001	1.534	−0.368	−3.610	0.000	1.532	−0.361	−3.541	0.000	1.532
		20人超50人以下	β12	−0.031	−0.391	0.696	1.586	−0.044	−0.557	0.578	1.583	−0.039	−0.494	0.622	1.585
		100人超300人以下	β13	−0.012	−0.144	0.886	1.564	−0.019	−0.213	0.832	1.588	−0.002	−0.020	0.984	1.592
		300人超	β14	0.190	1.107	0.269	1.230	0.167	0.970	0.332	1.227	0.159	0.920	0.358	1.241
業種	製造業に1		β41	0.084	0.859	0.391	2.616	0.085	0.870	0.384	2.614	0.080	0.811	0.418	2.657
	卸小売業に1		β42	0.100	1.006	0.315	2.382	0.101	1.011	0.312	2.384	0.101	1.001	0.318	2.405
	建設業に1		β43	0.211	1.811	0.071	1.940	0.206	1.760	0.079	1.939	0.195	1.644	0.101	1.979
	サービス業に1		β44	0.034	0.249	0.803	1.659	0.066	0.481	0.630	1.653	0.041	0.301	0.764	1.662
地域	政令市を要する都道府県に1		β5	0.161	2.154	0.032	1.158								
	東京・大阪・愛知に1		β6					0.048	0.736	0.462	1.238				
	東京に1		β7									−0.034	−0.478	0.633	1.178
役員属性 役位	代表権者に1		β91	0.436	4.124	0.000	2.243	0.439	4.124	0.000	2.245	0.428	3.992	0.000	2.278
	専務等に1		β92	0.106	1.155	0.249	2.089	0.095	1.033	0.302	2.077	0.081	0.886	0.376	2.073
	平取締役に1		β94	0.132	1.339	0.181	1.846	0.127	1.284	0.200	1.846	0.120	1.217	0.224	1.842
	監査役に1		β95	0.300	1.391	0.165	1.283	0.300	1.383	0.167	1.284	0.306	1.411	0.159	1.287
	顧問等に1		β96	0.614	4.155	0.000	1.841	0.608	4.098	0.000	1.843	0.604	4.069	0.000	1.840
貢献	創業者に1		β10	0.602	2.585	0.010	1.270	0.551	2.373	0.018	1.255	0.545	2.348	0.019	1.254
	常勤に1		β11	0.462	4.030	0.000	1.416	0.465	4.014	0.000	1.432	0.451	3.915	0.000	1.418
	log年齢		β12	−0.364	−1.163	0.245	1.494	−0.398	−1.265	0.206	1.494	−0.418	−1.329	0.184	1.496
その他	同族に1		β14	0.242	2.860	0.004	1.452	0.245	2.863	0.004	1.469	0.236	2.765	0.006	1.462
	その他加算有りに1		γ2	0.246	3.157	0.002	1.181	0.251	3.206	0.001	1.180	0.249	3.185	0.002	1.182
調査年	H26に1		β161	−0.095	−0.765	0.445	2.284	−0.109	−0.866	0.387	2.299	−0.103	−0.820	0.413	2.283
	H24に1		β162	−0.132	−1.110	0.267	2.295	−0.142	−1.178	0.240	2.341	−0.125	−1.047	0.295	2.304
	H22に1		β163	−0.191	−1.620	0.106	2.466	−0.187	−1.547	0.122	2.547	−0.176	−1.489	0.137	2.457
	H20に1		β164	−0.244	−1.793	0.074	1.858	−0.272	−1.995	0.047	1.850	−0.270	−1.980	0.048	1.851
	H18に1		β165	−0.259	−1.870	0.062	1.758	−0.271	−1.943	0.053	1.765	−0.265	−1.907	0.057	1.759
	H16に1		β166	−0.166	−1.257	0.209	1.795	−0.164	−1.230	0.219	1.795	−0.169	−1.267	0.206	1.805
	H14に1		β167	−0.273	−2.180	0.030	2.083	−0.287	−2.282	0.023	2.079	−0.295	−2.353	0.019	2.075
退職事由	死亡に1		γ31	−0.057	−0.392	0.695	2.228	−0.076	−0.515	0.607	2.219	−0.078	−0.529	0.597	2.219
	定年に1		γ32	−0.241	−1.751	0.081	2.483	−0.245	−1.769	0.077	2.484	−0.246	−1.783	0.075	2.483
	任期満了に1		γ33	−0.108	−0.859	0.390	2.994	−0.119	−0.941	0.347	2.989	−0.115	−0.905	0.366	2.998
	病気に1		γ34	−0.137	−0.703	0.482	1.506	−0.161	−0.827	0.409	1.501	−0.155	−0.796	0.426	1.505
	会長顧問就任に1		γ35	−0.198	−1.086	0.278	1.590	−0.225	−1.235	0.217	1.583	−0.226	−1.238	0.216	1.583
	その他役員就任に1		γ36	−0.259	−1.184	0.237	1.421	−0.284	−1.295	0.196	1.416	−0.288	−1.314	0.189	1.415
	辞任に1		γ37	−0.283	−2.355	0.019	3.762	−0.296	−2.450	0.015	3.749	−0.307	−2.550	0.011	3.735
	自己都合に1		γ38	−0.156	−0.886	0.376	1.678	−0.183	−1.034	0.302	1.672	−0.177	−1.001	0.317	1.673
	解雇に1		γ39	−0.537	−2.149	0.032	1.332	−0.572	−2.279	0.023	1.331	−0.587	−2.351	0.019	1.321
	退職に1		γ310	−0.023	−0.088	0.930	1.266	−0.014	−0.055	0.957	1.265	−0.005	−0.018	0.985	1.271
AdjR2/F値（有意確率）				0.732/40.517(0.000)				0.730/40.019(0.000)				0.730/40.056(0.000)			
観測数　N				550											

（図表5-3） 資本金額を規模変数とした推計結果

被説明変数：log役員退職金			係数	model.5 非標準化係数	t	有意確率	VIF	model.5.1 非標準化係数	t	有意確率	VIF	model.5.2 非標準化係数	t	有意確率	VIF
（定数）			a	3.154	2.385	0.017		3.400	2.567	0.011		3.530	2.670	0.008	
検証変数	log報酬月額		$\gamma 1$	0.652	13.684	0.000	1.674	0.660	13.772	0.000	1.678	0.669	13.998	0.000	1.678
	log在任年数		$\beta 13$	0.823	18.401	0.000	1.690	0.818	18.200	0.000	1.693	0.819	18.281	0.000	1.685
企業属性	規模 資本金額（単位・万円）	2000未満	$\beta 21$	-0.223	-2.354	0.019	1.471	-0.232	-2.440	0.015	1.474	-0.247	-2.601	0.010	1.480
		2000以上-5000未満	$\beta 22$	-0.024	-0.322	0.747	1.540	-0.020	-0.261	0.794	1.547	-0.033	-0.430	0.667	1.550
		10000以上30000未満	$\beta 23$	0.016	0.139	0.889	1.269	0.032	0.286	0.775	1.272	0.053	0.468	0.640	1.280
		30000以上	$\beta 24$	0.165	1.184	0.237	1.362	0.185	1.322	0.187	1.368	0.209	1.490	0.137	1.374
	業種	製造業に1	$\beta 41$	0.099	1.019	0.309	2.582	0.100	1.018	0.309	2.581	0.085	0.869	0.385	2.620
		卸小売業に1	$\beta 42$	0.070	0.691	0.490	2.432	0.068	0.671	0.502	2.431	0.053	0.513	0.608	2.475
		建設業に1	$\beta 43$	0.218	1.857	0.064	1.932	0.209	1.776	0.076	1.930	0.184	1.546	0.123	1.977
		サービス業に1	$\beta 44$	0.054	0.397	0.692	1.645	0.079	0.575	0.565	1.633	0.057	0.416	0.678	1.646
	地域	政令市を要する都道府県に1	$\beta 5$	0.144	1.895	0.059	1.170								
		東京・大阪・愛知に1	$\beta 6$					0.016	0.237	0.813	1.265				
		東京に1	$\beta 7$									-0.091	-1.266	0.206	1.205
役員属性	役位	代表権者に1	$\beta 91$	0.395	3.742	0.000	2.198	0.394	3.718	0.000	2.199	0.375	3.529	0.000	2.229
		専務等に1	$\beta 92$	0.105	1.142	0.254	2.080	0.093	1.005	0.315	2.069	0.076	0.829	0.407	2.067
		平取締役に1	$\beta 94$	0.144	1.452	0.147	1.841	0.139	1.393	0.164	1.841	0.134	1.349	0.178	1.837
		監査役に1	$\beta 95$	0.285	1.297	0.195	1.310	0.282	1.280	0.201	1.310	0.289	1.315	0.189	1.311
		顧問等に1	$\beta 96$	0.594	3.982	0.000	1.849	0.587	3.921	0.000	1.848	0.578	3.874	0.000	1.847
	貢献	創業者に1	$\beta 10$	0.540	2.312	0.021	1.262	0.496	2.129	0.034	1.248	0.493	2.120	0.034	1.247
		常勤に1	$\beta 11$	0.483	4.093	0.000	1.481	0.484	4.066	0.000	1.494	0.476	4.021	0.000	1.482
		log年齢	$\beta 12$	-0.351	-1.105	0.270	1.513	-0.386	-1.212	0.226	1.513	-0.412	-1.295	0.196	1.515
	その他	同族に1	$\beta 14$	0.232	2.706	0.007	1.468	0.235	2.726	0.007	1.474	0.231	2.691	0.007	1.469
		その他加算有りに1	$\gamma 2$	0.247	3.148	0.002	1.190	0.254	3.203	0.001	1.189	0.253	3.214	0.001	1.192
調査年		H26に1	$\beta 161$	-0.093	-0.741	0.459	2.291	-0.099	-0.781	0.435	2.309	-0.099	-0.784	0.434	2.290
		H24に1	$\beta 162$	-0.164	-1.369	0.172	2.290	-0.167	-1.372	0.171	2.338	-0.151	-1.256	0.210	2.302
		H22に1	$\beta 163$	-0.219	-1.839	0.066	2.459	-0.204	-1.679	0.094	2.537	-0.207	-1.742	0.082	2.451
		H20に1	$\beta 164$	-0.251	-1.837	0.067	1.854	-0.272	-1.986	0.048	1.851	-0.272	-1.991	0.047	1.846
		H18に1	$\beta 165$	-0.280	-2.016	0.044	1.747	-0.285	-2.037	0.042	1.759	-0.282	-2.023	0.044	1.747
		H16に1	$\beta 166$	-0.191	-1.441	0.150	1.776	-0.187	-1.405	0.161	1.776	-0.198	-1.485	0.138	1.781
		H14に1	$\beta 167$	-0.287	-2.270	0.024	2.095	-0.298	-2.349	0.019	2.094	-0.306	-2.423	0.016	2.089
退職事由		死亡に1	$\gamma 31$	-0.076	-0.519	0.604	2.232	-0.091	-0.617	0.537	2.226	-0.089	-0.600	0.548	2.226
		定年に1	$\gamma 32$	-0.260	-1.869	0.062	2.515	-0.264	-1.888	0.060	2.515	-0.254	-1.814	0.070	2.523
		任期満了に1	$\gamma 33$	-0.129	-1.012	0.312	3.023	-0.138	-1.081	0.280	3.018	-0.129	-1.012	0.312	3.026
		病気に1	$\gamma 34$	-0.168	-0.849	0.396	1.534	-0.188	-0.949	0.343	1.531	-0.169	-0.855	0.393	1.537
		会長顧問就任に1	$\gamma 35$	-0.187	-1.016	0.310	1.599	-0.210	-1.139	0.255	1.592	-0.194	-1.050	0.294	1.600
		その他役員就任に1	$\gamma 36$	-0.238	-1.081	0.280	1.415	-0.267	-1.211	0.227	1.410	-0.265	-1.207	0.228	1.407
		辞任に1	$\gamma 37$	-0.304	-2.534	0.012	3.701	-0.316	-2.624	0.009	3.687	-0.318	-2.649	0.008	3.685
		自己都合に1	$\gamma 38$	-0.209	-1.167	0.244	1.704	-0.232	-1.293	0.197	1.701	-0.214	-1.193	0.234	1.705
		解雇に1	$\gamma 39$	-0.596	-2.380	0.018	1.321	-0.636	-2.530	0.012	1.321	-0.638	-2.554	0.011	1.311
		退職に1	$\gamma 310$	-0.004	-0.016	0.987	1.269	0.008	0.029	0.977	1.269	0.041	0.158	0.875	1.279
AdjR2/F値（有意確率）				0.729/39.802(0.000)				0.727/39.358(0.000)				0.728/39.597(0.000)			
観測数　N				550											

第5章　中小法人における役員退職金の損金算入限度額を決定する諸要因　135

（図表5-4）　年商を規模変数とした推計結果

被説明変数：log役員退職金			係数	model.6				model.6.1				model.6.2			
				非標準化係数	t	有意確率	VIF	非標準化係数	t	有意確率	VIF	非標準化係数	t	有意確率	VIF
（定数）			a	3.231	2.434	0.015		3.476	2.609	0.009		3.565	2.682	0.008	
検証変数	log報酬月額		γ1	0.657	13.554	0.000	1.719	0.667	13.718	0.000	1.713	0.676	13.854	0.000	1.728
	log在任年数		β13	0.820	18.215	0.000	1.693	0.815	18.016	0.000	1.697	0.815	18.060	0.000	1.691
企業属性	規模	年商（単位：万円） 50000未満	β31	-0.050	-0.483	0.629	1.380	-0.030	-0.288	0.773	1.370	-0.027	-0.257	0.797	1.363
		50000以上100000未満	β32	-0.083	-0.878	0.380	1.346	-0.086	-0.899	0.369	1.351	-0.076	-0.796	0.427	1.351
		300000以上500000未満	β33	0.013	0.134	0.893	1.429	0.029	0.306	0.760	1.419	0.038	0.408	0.684	1.413
		500000以上	β34	0.115	1.291	0.197	1.531	0.131	1.457	0.146	1.545	0.145	1.631	0.103	1.511
	業種	製造業に1	β41	0.118	1.211	0.226	2.551	0.120	1.230	0.219	2.549	0.112	1.139	0.255	2.584
		卸小売業に1	β42	0.076	0.741	0.459	2.452	0.074	0.725	0.469	2.450	0.065	0.631	0.528	2.489
		建設業に1	β43	0.218	1.842	0.066	1.951	0.208	1.747	0.081	1.950	0.191	1.591	0.112	1.992
		サービス業に1	β44	0.089	0.654	0.514	1.639	0.115	0.833	0.405	1.632	0.094	0.686	0.493	1.641
	地域	政令市を要する都道府県に1	β5	0.158	2.063	0.040	1.179								
		東京・大阪・愛知に1	β6					0.024	0.370	0.711	1.257				
		東京に1	β7									-0.052	-0.744	0.457	1.144
役員属性	役位	代表権者に1	β91	0.363	3.390	0.001	2.251	0.356	3.307	0.001	2.248	0.342	3.163	0.002	2.279
		専務等に1	β92	0.096	1.021	0.308	2.122	0.079	0.839	0.402	2.105	0.064	0.682	0.495	2.099
		平取締役に1	β94	0.137	1.349	0.178	1.915	0.126	1.239	0.216	1.913	0.120	1.179	0.239	1.905
		監査役に1	β95	0.309	1.416	0.157	1.285	0.309	1.411	0.159	1.285	0.317	1.445	0.149	1.289
		顧問等に1	β96	0.620	4.092	0.000	1.896	0.609	4.002	0.000	1.895	0.601	3.957	0.000	1.891
	貢献	創業者に1	β10	0.589	2.506	0.013	1.266	0.543	2.312	0.021	1.253	0.540	2.301	0.022	1.252
		常勤に1	β11	0.478	4.087	0.000	1.439	0.477	4.038	0.000	1.453	0.467	3.976	0.000	1.441
		log年齢	β12	-0.384	-1.208	0.228	1.506	-0.420	-1.314	0.190	1.509	-0.439	-1.375	0.170	1.507
	その他	同族に1	β14	0.204	2.402	0.017	1.428	0.203	2.376	0.018	1.437	0.198	2.320	0.021	1.433
		その他加算有りに1	γ2	0.228	2.899	0.004	1.179	0.232	2.933	0.004	1.180	0.228	2.886	0.004	1.179
調査年	H26に1		β161	-0.105	-0.832	0.406	2.302	-0.112	-0.875	0.382	2.320	-0.109	-0.861	0.389	2.303
	H24に1		β162	-0.140	-1.155	0.249	2.346	-0.141	-1.142	0.254	2.405	-0.127	-1.037	0.300	2.357
	H22に1		β163	-0.214	-1.783	0.075	2.480	-0.199	-1.618	0.106	2.566	-0.195	-1.628	0.104	2.466
	H20に1		β164	-0.253	-1.831	0.068	1.878	-0.274	-1.973	0.049	1.876	-0.273	-1.973	0.049	1.874
	H18に1		β165	-0.295	-2.107	0.036	1.762	-0.302	-2.139	0.033	1.772	-0.301	-2.136	0.033	1.763
	H16に1		β166	-0.200	-1.495	0.136	1.789	-0.194	-1.444	0.149	1.789	-0.201	-1.496	0.135	1.796
	H14に1		β167	-0.302	-2.386	0.017	2.082	-0.315	-2.482	0.013	2.079	-0.321	-2.532	0.012	2.075
退職事由	死亡に1		γ31	-0.089	-0.606	0.545	2.198	-0.104	-0.708	0.479	2.192	-0.106	-0.718	0.473	2.192
	定年に1		γ32	-0.253	-1.826	0.068	2.460	-0.257	-1.844	0.066	2.460	-0.253	-1.822	0.069	2.463
	任期満了に1		γ33	-0.098	-0.760	0.447	3.037	-0.108	-0.836	0.403	3.032	-0.103	-0.801	0.424	3.040
	病気に1		γ34	-0.154	-0.787	0.432	1.503	-0.175	-0.891	0.374	1.500	-0.167	-0.846	0.398	1.503
	会長顧問就任に1		γ35	-0.205	-1.110	0.268	1.607	-0.236	-1.272	0.204	1.595	-0.231	-1.245	0.214	1.599
	その他役員就任に1		γ36	-0.224	-1.013	0.312	1.413	-0.253	-1.142	0.254	1.408	-0.254	-1.151	0.250	1.405
	辞任に1		γ37	-0.295	-2.443	0.015	3.705	-0.308	-2.538	0.011	3.693	-0.315	-2.605	0.009	3.683
	自己都合に1		γ38	-0.179	-0.993	0.321	1.705	-0.207	-1.149	0.251	1.698	-0.200	-1.108	0.268	1.700
	解雇に1		γ39	-0.554	-2.193	0.029	1.335	-0.589	-2.318	0.021	1.335	-0.592	-2.340	0.020	1.328
	退職に1		γ310	-0.054	-0.210	0.834	1.266	-0.049	-0.190	0.850	1.266	-0.035	-0.134	0.894	1.272
AdjR2/F値（有意確率）				0.726/39.332（0.000）				0.724/38.829（0.000）				0.724/38.953（0.000）			
観測数　N				550											

金の実支給額に与える企業規模の影響は強いとは言えない。従業員規模にして 20 人以下，また資本金規模にして 2,000 万円未満の極小規模の中小法人ではほかの規模の階層に比し役員退職金の支給額が減少するが，それ以外の階層においては高額支給との関係は見えてこない。

3 つ目に役員報酬の支給実態を明らかにした前章においては建設業は他業種に比べ低く支給される一般的傾向を認めたが，役員退職金の支給実態においては他業種に比べ建設業が高く支給されており，真逆の分析結果が導出されるに至った。4 つ目に政令市等における支給事例はそれ以外の地域における支給事例に比し，役員退職金の実支給額が高額化する。この点は前章においても同様の分析結果を導出しているものの，異なる点は *TOAdummy* や *Tdummy* の有意性が一切認められないという点である。つまり東京都や大阪府，愛知県に所在する中小法人が支給する役員退職金は，その他の地域に比べ，高額支給される一般的傾向はなく，地域格差が著しいとは言えない。

5 つ目に創業者 *dummy* による分析から役員報酬の支給実態では創業者であることを理由として高額支給される実態は認められなかったが，役員退職金の支給実態ではその逆に創業者を理由として高額支給される実態が認められた。一般貨物自動車運送業・役員退職金事件において大分地裁は「創業者として多大な功労のあった A のような創業者の功労等，報酬額に相当の影響を及ぼすと考えられる事情は平均値算出過程で基本的に考慮されていない」と原処分を批判している。これには従来，「創業者としての功績は，一般に勤続年数の長短及び最終報酬月額に反映されているとも主張する」ものの，「功績倍率の相当性を検討するに当たり，創業者としての功績を全く考慮しないでよいことにはならない」と判示し，3.5 の功績倍率を採用している。本事件では X 社の業績が類似法人の中で突出している点を踏まえ，役員退職金の受給者に対する比較的高額支給を容認したが，この点は本章における実証結果に整合し，高率の功績倍率を導出した背景に創業者という要因が認められると言えよう。

6 つ目に調査年 *dummy* による分析から業務主宰役員給与の損金不算入制度(旧法人税法第 35 条第 1 項)が存在した平成 18 年から平成 22 年までの間は，

第5章　中小法人における役員退職金の損金算入限度額を決定する諸要因　　137

(図表5-5)　退職事由ごとの在任年数に関する基本統計量

退職事由	度数	平均値	標準偏差	最小値	最大値	第1四分位数	第2四分位数(中央値)	第3四分位数
死亡	62	25.6032	17.0851	1	73	12.000	22.000	40.250
定年	83	18.9711	12.3711	3	56	8.000	18.000	29.000
任期満了	122	12.4926	10.2285	2	60	6.000	10.000	15.000
病気	21	20.4048	14.4045	2	43	5.750	18.000	34.500
会長顧問就任	28	31.2500	12.4324	3	56	20.500	34.000	40.000
その他役員就任	16	12.0156	11.9277	3	35	3.625	5.375	15.000
辞任	213	16.5728	12.7125	1	62	7.000	12.000	22.500
自己都合	35	21.9714	15.2633	4	65	10.000	18.000	30.000
解雇	14	13.1071	16.1700	1	47	2.000	4.500	26.000
退職	9	12.3333	9.0000	4	31	4.500	10.000	17.500
その他の理由	11	22.0000	12.6570	2	34	6.000	25.000	34.000
不明	38	16.3684	13.1795	2	50	6.000	11.500	22.250

ほかの調査年に比し，役員退職金の実支給額が減少する傾向を認めた。同様に平成25年度税制改正によって導入された給与所得控除額の上限設定による影響が調査年 *dummy* のうち平成26年に表れると期待されたが，反応はない。

　最後に死亡を退職事由とした場合に役員退職金の支給額が高額化する実態は認められず，逆に辞任や解雇といった引責を連想させる退職事由による役員退職金の支給額の減額傾向が明らかになっている。この結果はこれまで役員退職金の損金算入限度額算定のために行ってきた類似法人の抽出においてことさらに死亡退職に注目し，該当事例のみによってサンプルを構成するとか，また逆に死亡退職事例を混入させないように排除する課税側の手続きに対し，いかなる意味があるのか疑問を投げかける結果となっている。

　そこで退職事由ごとの在任年数に関する基本統計量を(図表5-5)によって示すと次のことが明らかとなる。まず会長や顧問などに就任するために退職した役員について在任年数の平均値は31.25年と最長であり，次に死亡退職の25.60年，そして病気・自己都合・その他の理由がそれぞれ20.40年・21.97年・22.00年となり，第3位グループを構成する。この順位について，どの経営者にも等しく寿命に限りがありながら，同時に健康面を含めた経営

138

能力の低下を背景に次世代に経営を引き継ぐ過程で最高齢者が会長や顧問に就任し，後継者を支援する実態に符合する。そして経営の継承を前に役員の死亡によって退職を迎える者も一定数存在し，死亡に至る前段階として健康上の問題や病気を理由とした退職者が存在する。この点，死亡退職者の平均在任年数が病気を理由とするそれに比し長いのは，健康上の問題や病気を抱え込まない，あるいはそれらを克服した生き残りが死亡時点まで役職に就いていると考えれば合理的である。また退職事由の中で自己都合やその他の理由について，これらが病気を理由として退職した役員の在任年数の平均値や標準偏差に近似している点は興味深い。なぜなら自己都合とその他の理由による退職は，その一部に病気によって退職した事例を含む可能性を想起させるからである。

　また同様の観点から退職事由のうち任期満了と退職は，平均値と標準偏差が近似しており，そもそもが同じような分布である。実業出版データの作成者がいかなる意図を有して退職事由に「退職」という項目を設けたのか計り知れないが，分析結果からこれら2つは同一の退職事由と想像される。本章では引責による退職を想起させる辞任と解雇の事例に関し，これらを同一のグループであるとみなした。この点についてより詳細に検討するためにこれらの在任年数について Welch の方法による t 検定を実施すると，t 値 -0.7861 を得たことから，2群の平均は等しいとする帰無仮説を棄却できない。したがって退職事由としての辞任と解雇は統計的には類似の分布を示すことが明らかとなった。以上の通り，これらの結果は従来より類推はされてはいたが，実証結果よりエビデンスを伴い証明したという点で重要な意義がある。なお参考までに辞任と解雇の在任年数について2変量の F 検定を実施すると，分散比 1.6179 で片側 P 値 0.0819 を得たため，等分散と判定されたことを付言しておく。

4. おわりに

　現在でも中小法人であれば役員給与支給の全てがお手盛りで経営成績との

関連性がないと勘違いされている。しかし前章における検証結果から役員報酬の支給にはお手盛りが横行しているとは言えず，大局的には法令70一に規定する諸要素が実支給額に少なくない影響を及ぼしていることが明らかになった。反面，役員退職金の支給においては創業者であることを理由とする高額化に課税庁は寛容な傾向があり，この点は十分とは言わないまでも創業者の功労に報いる姿勢が認められる。また同時に意外な結果と言えるのは役員退職金の支給実態において地域的格差が著しいとは言えない点である。残波事件の第一審判決で東京地裁が判示したように過大役員報酬の認定は維持されたが，過大役員退職金は取り消され，納税者の主張が一部受け入れられている。このことから地方都市においては役員退職金の損金算入限度額水準について，東京などとの間に生じる格差は想像以上に少ないのであろう。しかしこれに対し前章による分析結果から役員報酬の支給は地域格差をより強く反映するのもまた事実ではある。そこで残波事件の判決を振り返ると，役員退職金の損金算入限度額について高額に設定する課税庁の寛容さを認める一方，役員報酬については地域格差を強く反映させるようにも思える。このように残波事件における第一審と控訴審の判決と本研究における分析結果が齟齬を起こさず整合する点は興味深い。

　本章では中小法人における役員退職金の支給実態を明らかにしたが，中小法人経営の成功は創業者の資質によるところが大きい。このため退職給与に地域格差が著しく反映しないとの分析結果と判決の整合は首肯できる。また同族役員に対する退職金の支給も高額化する傾向があるが，これについては同族役員の功績を反映した結果であり，お手盛りと断ずるべきではないだろう。実際に公開会社においてさえも「創業者一族が大規模に株式を保有し，なおかつ経営にも参加している」事例が散見されるが，これらの会社における「経営権の世襲は長期的視野での経営を可能にすると解釈でき」，好業績に結びつく事例が少なくない。もちろん，「経営者として十分な能力をもたない創業者の子孫が社長など経営の要職に就く可能性が高い」リスクも孕んでいるものの，「ファミリー企業のさまざまな特徴はポジティブにもネガティブにも解釈しうる（齋藤[2006, p. 143]）」という点は，上場企業も中小法人

140

も同じなのであろう。そうであれば創業者の引退時には十分な役員退職金が支払われるべきとされ，中小法人の役員退職金の実支給相場に強い地域格差が発生しないように現行税制が措置していると思われる。

　最後に残された課題としては役員退職金支給額の多寡を解明する説明変数として利益数値の投入が見送られたという点である。役員報酬の損金算入限度額の水準を解明した前章においては黒字 *dummy* が投入されているが，本章における検証では実業出版データの限界により，当該変数を入手できなかった。利益数値が説明変数として重要と考えるのは，例えば電気製品部品製造業・役員退職金事件の一審判決を踏まえれば理由が明らかである。つまり創業社長に対する役員退職金の損金算入限度額をめぐり争った同事件では，退職金を支給した法人が当該支給によって欠損金を出した点を踏まえ，支給額に無理があったとし，不相当に高額と東京地裁は判示している。

　このように見てくると創業社長の退職に対してはことのほか，その功績に応えようとして財務上，無理な役員退職金の支給を行う傾向が潜在するのであろうが，過大との判定を回避するためにはかねてより黒字を確保することが重要な条件となっている。前章における分析結果によれば役員報酬の多寡を決定づける有力な要因として黒字 *dummy* との正の関係性が示されたが，同様に役員退職金の多寡が黒字 *dummy* との正の関係性によって説明されるかについても検証が試みられるべきであった。この点は今後，新たな資料の提供を待って再考されるべきであろう。

　これに関連して品川[2016, p. 42]は法令70二を踏まえ，「役員退職給与が当該役員の長年の功績に報いる趣旨があるので(中略－引用者)，当該功績の証しとも言える当該法人の純資産価額(内部留保金額等)が重視されるべき」との見解を示している。指摘の通り，特に中小法人においては退職時点での内部留保が役員退職金の実支給額の多寡に影響を及ぼす可能性は相当程度疑われる。しかしこの興味深い論点を検証するためのデータは，管見の限り一般に研究者が入手できる状態にないのは残念である。

　1)　平成15年2月27日　日本経済新聞　朝刊16頁。

第5章　中小法人における役員退職金の損金算入限度額を決定する諸要因　　141

2)　平成16年6月23日　日本経済新聞　朝刊1頁。上場企業の役員に対する動機付けとしてSO制度が導入される事例を多く見かけるが，投資家にとってはいかなる報酬制度が採用されるのかのみならず，当該情報開示の迅速さも評価の対象となっているようである。Aboody et al.[2004]はアメリカ財務会計基準書123号（SFAS123）によって勧奨された経営者報酬費用の計上を早期に公表する法人において有意にプラスのARを得られるかを検証した。その結果，早期に開示する法人は遅れて開示する法人に比し，有意に正の超過収益が得られることが明らかになった。このように上場企業においては役員給与の支給のあり方をいかに示し，情報を発信するかも含め，投資家から支持を集めるために重要と考えられる。

3)　「役員処遇に関するアンケート調査2006」を実施〜59.0%が業績連動型報酬を導入し，41.4%が役員退職金を廃止〜　野村総合研究所　2006年12月14日　https://www.nri.com/jp/news/2006/061214.html

4)　役員退職慰労金制度を持たない企業が約6割〜「日本企業の役員処遇（報酬・評価・能力開発）に関するアンケート調査2008」を実施〜　野村総合研究所　2008年12月1日。https://www.nri.com/jp/news/2008/081201_2.html

5)　平成15年6月24日　日本経済新聞　朝刊3頁。

6)　平成20年9月14日　日本経済新聞　朝刊1頁。

7)　〈第一審〉平成8年3月27日　名古屋地裁民事第9部判決・平成6年（行ウ）13号。

8)　同様の観点から湯本[2001, pp. 164-165]は「役員報酬の相当額が，申告時に納税者において判断可能であるとは，到底考えられない」と指摘している。

9)　〈第一審〉平成21年2月26日　大分地裁民事第1部判決・平成18年（行ウ）8号。

第6章 業務主宰役員給与に関する税制の改廃と納税者行動の分析

1. はじめに

　本章では役員報酬の支給額を増減させたと考えられる以下の3つの税制の改廃に注目し，極小規模の中小法人における役員報酬の支給行動を観察する。まず注目するのは(1)旧法人税法第35条第1項に規定されていた業務主宰役員給与の損金不算入制度の導入である。この制度は特殊支配同族会社の役員給与に対する規制として導入され，法人課税上は実質増税と考えられる。これにより平成18年度から極小規模の中小法人における役員給与，とりわけ定期同額給与と事前確定届出給与の支給額が減少した可能性がある。次に(2)平成22年度税制改正によって平成22年4月1日以降に終了する事業年度より上記損金不算入制度が廃止されたため，役員給与の支給水準が回復し，実質的な法人減税となった可能性を検証する。そして最後に(3)所得税法第28条第3項に規定される給与所得控除額の上限設定制度[1] の導入に注目する。同制度は平成25年1月1日より高額所得者の範疇に入るであろう会社役員，とりわけ代表取締役社長には実質的に所得増税となるため，役員報酬の支給水準が下がった可能性がある。

　上記3つの制度の導入・廃止のうち，(3)については第4章の分析結果から，実際に役員報酬の支給額が減少した実態を明らかにしており，当該制度導入は中小法人における役員給与の支給行動に影響を及ぼしたことが明らかとなった。しかし第4章における検証では上記(1)と(2)が役員報酬の支給行

動に及ぼした影響を認めることはなかった。そこでその分析結果を再検討する必要性を認識するに至っていた。本章では新たに業務主宰役員給与の損金不算入制度が適用される主要な条件である業務主宰役員による持株割合90%に注目し，再検証のために分析対象を絞り込んだ。つまり同制度による制約を受けるのは中小法人のうち，とりわけ資本の上では独裁的支配による極小規模の中小法人に限定されると考えた。

第4章が分析対象とした中小法人における役員報酬支給事例の中には従業員数300人超・資本金3億円以上・年商50億以上の比較的大規模な事例も含まれている。当該研究では役員報酬の多寡をもたらす要因について，法人の規模（従業員・資本金額・年商）や業種といった企業属性，役位等の役員属性，そしてデータの収集時点を表す調査年の違いをそれぞれ説明変数として検証を試みている。このため中小法人における役員報酬の支給行動について一般的な傾向を捕捉するには一定の成果を獲得したものの，業務主宰役員給与の損金不算入制度が対象とした持株比率が高く，且つ極小資本の法人における役員報酬の支給行動を解明したとは言えなかった。

一般的に規模が小さくなれば会社の持分割合が極端に上昇すると考えられるが，それら極小規模の中小法人を狙い撃ちしたのが業務主宰役員給与の損金不算入制度である。これによる影響が及ぶ法人には給与所得控除の上限設定制度導入による影響も当然に及ぶと考えており，このような観点から新たな仮説検証を試みる。そこで本章では極小規模の中小法人に焦点を当て，役員給与の支給行動を明らかにする。

2. 本章における基本的認識

2-1. 制度導入の背景と批判，そして廃止

業務主宰役員給与の損金不算入制度は旧法35条①において規定され，平成18年4月1日から平成22年3月31日までの4年間存在したが，当該制度の背景にあったのは個人事業の法人成りへの制限である。具体的には個人

事業においては事業主の給与が必要経費とならない問題(所法 37 条 1 項)や，親族への給与支払いにおいて青色専従者給与の支給に制約が多いという問題(所法 57 条 1 項)が存在している。さらに法人税は比例税率となるものの所得税においては累進税率が適用される点(所法 89 条)も個人事業主による法人成りの動機付けとなっている。そのような背景から平成 18 年施行の会社法では最低資本金制度が廃止(旧商法第 168 条の 4，会社法 27 条 4 号)され，法人成りを加速させたとも言える。そこで財務省は平成 18 年度法人税法改正により，法人のうち業務を主宰する役員および主宰する役員関連者が発行済み株式または出資の 90％以上を有する場合等(旧法令 72 条)で，業務に従事する役員の過半数を占める場合には，この会社を「特殊支配同族会社」と定義し，特殊支配同族会社が業務主宰役員に対して支払う報酬のうち政令で定める金額(旧法令 72 条の 2 第 1 項：給与所得控除額に相当する金額)を法人税で損金不算入とする規定を設けた(旧法 35 条 1 項)。

　当該制度は導入当初から多くの実務家や研究者による批判にさらされている。具体的には品川[2008b, p. 33]は「当該条項(旧法人税法第 35 条に定める業務主宰役員給与の損金不算入制度－引用者)を正当化する論拠は極めて乏しいと考えられるから，当該条項を廃止すべき」と主張している。また野手[2008, p. 208]の指摘によれば業務主宰役員の定義が判然とせず，「課税要件明確主義の立場から問題」があり，また中島[2009, pp. 8, 14, 18]は，「法人において役員に対する職務の対価として支払い，資金流出し担税力のないものに対してさらに法人税を課税する」と批判した。そもそも「主税局は，この特例措置の課税対象は 5～6 万件程度である旨説明していたが，税理士会側の調査では，その 10 倍を超える」旨の反論が出るなど当時の反発ぶりが指摘されている(品川[2008b, pp. 28-29])。当該制度は業務主宰役員に対する課税強化をもたらした割には税収への貢献という果実に乏しいと推察され，さらに課税理論上の矛盾が多く，納税者に説明困難な税制であった。このように業務主宰役員給与の損金不算入制度は平成 22 年度税制改正で廃止され，平成 22 年 3 月 31 日まで 4 年間の適用期間を終了したが，当該制度との入れ替わりで平成 23 年度の税制改正では給与所得控除額の上限設定制度が導入された。

146

　上述の通りの制度入替えについて金子[2016, p. 368]によれば「平成24年度および同26年度の改正で，給与所得控除の上限額が設けられたのは，この問題(業務主宰役員給与の損金不算入制度の廃止−引用者注)に部分的に対応する意味を持っている」とし，現行の給与所得控除の上限設定が業務主宰役員給与の損金不算入制度廃止によって失った財源の回復に関連づけられているという。しかしこの改正は法人税の減収を所得税の増収で代替させるに過ぎず，もっぱら個人事業主に対して法人成りする税制上の動機付けを無駄に与えないとする問題の解消でもない。また業務主宰役員で問題とされた個人事業主類似法人だけでなく，所得税の高額納税者全てが影響を受ける[2]点からすると，単なる課税ベースの拡大としての批判を否めない。

2-2. 役員給与に関する法規定と agency 理論

　本書では第3章から第5章までの間に中小法人における役員報酬の支給行動について裁量的行動の防止のために租税判例が担う役割を概観してきた。実際に租税訴訟における判決は納税者による役員報酬の支給行動を規律づけていると考えられる。役員給与に関する法規定について民法と会社法，そして税法の関係は次の通り説明されている。関[1994, p. 264]によれば商法の一般法としての民法においては，「会社が委任者であり取締役は受任者である」という認識から，「取締役は会社に対して善良な管理者として委任事務を処理する義務，いわゆる善管注意義務を負っている」とし，民法の特別法たる会社法は，一般法の民法に優先して多くの役員報酬規定を設けている。そして「税法(法人税法三四条)と異なって商法は報酬の金額の多寡ではなく金額の決定方法を規制している(関[1994, p. 275])」という構造にある。このように法人所得が会社法計算による当期利益を起点として算定される確定決算主義を採用していることからも，民法・会社法・法人税法を通じて役員やその給与概念が共有されている。

　他方，上場企業における役員報酬の支給行動における裁量的行動の防止については agency 理論によって次のように説明される。株主(principal)と経営者(agent)の関係について一般的には「複雑な構造を有する集団内におい

て権利と義務によって契約を成立させるが，その契約のもとでは principal は agent の予想される行動に指示を与え，その行動に影響力を与える」とされる。そして「企業の所有と経営が分離し，いかにして企業資金を役立てるかという観点から，経営管理者の行動や決定について株主が支配する必要が生じた結果，会計が管理機能として必要」となる。会計の役立ちによって「資産の安全性を保証したり，企業を統括する者が適切な役割を担っているかを明らかにすることが可能」となる。さらに「agent には経営行動の責任と当該行動の報告責任があり，現代においては会計責任は単に株主のみならず，それ以上の広い意味での集団として従業員・債権者・社会・その他のステークホルダーに有用となるべき」と考えられ，このことから「agent の会計責任は社会的責任にも通じる」とされる（Naser[1993, pp. 3-4]）。

　そして argent が受け取る役員報酬について査定が行われることで経営者のマーケットバリューが決定するが，そのプロセスについて Fama[1980, pp. 291-293]は「企業経営者の人的資源が評価され，その評価は企業の成功と失敗に依存する」と言う。さらに経営者は「現在の企業の財務状態を根拠に直接利得を得たり損失を被ったりしないが，当該企業の成功あるいは失敗が露見すると，コーチたる経営者の将来の報酬に影響を与える」仕組みとなっている。加えて「役員の中に競争が存在し，全ての役員が社長を志向するなら，競争を勝ち抜いてゆくことで取締役会を支配する最良の人材となってゆく」とする。以上から「株式市場や経営者労働市場が冴えない反応を示せば，役員は解雇される」のが公開会社の役員を取り巻く環境と言える。

　役員にいかなる役割を見出し，報酬決定がいかにあるべきかに関する理論研究は上述した通り，既に agency 理論の中で整理されているが，星野[1999, p. 56]によれば「日本では企業の業績と連動した経営者報酬契約がないために，報告利益管理機能について実証した研究は欧米と比較して少ない」という。また「企業業績とボーナスなどのリンクに関する研究にしても，（中略－引用者）わずかな検証例が見られるにすぎない」のが現状であり，「実証分析で確認されてきた企業業績と経営者報酬との関係はそれほど強い経験的証拠によって支持されているわけではない」と結論する。agency 関係を踏まえ

148

て役員給与の支給行動を検証する場合,「日本でも経営者が報告利益を調整して自身の報酬を増加させるというインセンティブに駆り立てられるという説明が類推的に行われているが,その実証性となると決して高くはない」のであり,「役員報酬と会計ベースの業績とがリンクしているかどうかは今のところ仮説のレベルにとどまっている」と言える。

　以上のように役員報酬に関する法規定と agency 理論,そして役員の行動が説明されたが,agency 理論が適合するのは公開会社であり,非上場となる中小法人には異なる説明が必要となる。中小法人の企業行動に強い影響を及ぼすのは税法であるが,税法による企業行動への制約が中小法人における裁量的行動を完全に消滅させるわけではない。それでも公開か非公開かの相違による粉飾の差異について報告した興味深い研究に Nasar [1993, pp. 196-206]の実態調査が挙げられるが,それによると公開・非公開に関係なく粉飾が行われるという。この調査は社外監査役に対して postal questionnaire を実施し,公開会社と非公開会社に分けて粉飾の実態を明らかにしている。当初,証券市場要因が存在する公開会社は非公開会社に比し,粉飾を行う動機が強いと思われた。しかし調査の結果,上述した仮説を支持するには根拠が弱く,粉飾は公開会社に特徴的に表れる問題ではなく,非公開会社においても同様に発生すると指摘する。この研究を踏まえると中小法人の役員給与支給においても当然に裁量的行動が生じると考えられる。そこで中小法人における役員報酬の支給行動を推測するために,まずは公開会社に関する実証研究成果を次節において概観し,予備的考察とする。

2-3. 役員報酬の実証分析に関する先行研究

　わが国企業の役員報酬・賞与金額の決定要因を分析した6つの先行研究を見ていくこととする。まず胥[1993, p. 83]の実証分析によると「日本企業の内部労働市場の特徴から,役員報酬(経営者の賃金)と役員賞与はそれぞれ異なる役割を担っている」と指摘する。役員報酬と売上高の関係について,「企業内の長期的な rank order tournament を通じる競争が成立するためには,企業規模が大きければ大きいほど役員報酬は高く設定されなければならな

い」と指摘する。その理由として「より大きい企業では従業員の上位ポスト
に昇進できる(出世)確率が低くなる」ことが挙げられる。他方，役員賞与と
企業利益の相関が高いのは，「賞与は"出世頭"などの出世後のインセン
ティブ device として役割を果た」すためであると指摘している[3]。

　次に Kaplan[1994, p.510]の研究によると「米国企業の役員報酬は配当に敏
感であるが，日本企業の役員報酬は企業利益の低さに敏感になる」と指摘し
た。これに関連して米国企業の役員が配当を増加させる動機として，米国企
業の役員持株比率の高さを指摘している[4]。これに対して「日本においては
メインバンクや大株主による役員の監視が強いために株式所有による経営の
動機を相殺する(Kaplan[1994, p.544])」特徴を挙げている。

　3つ目にわが国企業の役員賞与の支給金額決定要因に関する検証として被
説明変数を役員賞与とする一方，説明変数を売上高・資本金・ROE・役員
報酬として重回帰分析を試みた先行研究に注目する。星野[1999, p.64]は分析
結果として「役員賞与は売上高とは強く関連している」が，「資本規模との
間には統計的に有意な結果を確認することができなかった」という。そして
「ROE は役員の賞与に強い影響力を持っている」ことと，「役員報酬は企業
規模と密接な関係がある(星野[1999, p.66])」ことが明らかにされている。

　4つ目に注目する先行研究として公開会社を株式保有形態別に区分し，そ
れらのうちいかなる形態において agency 理論が成立するのかを検証した泉
田[2003]を掲げる。泉田[2003, pp.95-99]は株式公開会社について，「もしもプ
リンシパル・エージェント理論の主張が正しいものであるならば，経営者の
報酬と株主の利益を表す変数(企業価値，株式投資収益率，利益率)との間に
正の有意な相関が観察されるはず」と仮定した。この実証研究ではデータを
平成2年度における 1,764 社分の財務数値に求めており，全ての企業をオー
ナー経営者企業・昇進経営者企業・大株主企業出身経営者企業・金融機関出
身経営者企業・政府機関出身経営者企業・その他の企業に6分類し，CG と
役員報酬の算定構造について検討した。当該研究は根本的に agency 理論の
検証という視座を有しており，「所有と経営の分離に伴う経営者への動機付
けの問題を考えている以上，所有と経営の分離した企業すなわちオーナー経

営者企業以外の企業において，プリンシパル・エージェント理論の主張が妥当性をもつのか検討する」目的がある。分析の結果，「金銭的報酬を通じて，株主の利益を追求するインセンティブが与えられているのは，個人大株主であるオーナーが経営意思決定を行っていると考えられるオーナー経営者企業の役員のみであり，それ以外の，所有と経営が分離した企業では，株主の利益を追求するための金銭的動機付けは行われていない」との結論を導出した。換言すれば昇進経営者企業を中心とする全体の65％程度にはアライメント効果を期待できず，他方，全体の29.31％であるオーナー経営者企業にむしろ同効果が発見されたことになる。さらに一般的な傾向としてわが国の株式公開法人は「オーナー経営者によって経営されていないことが暗黙の前提になっているように思われるが，その前提は事実に基づく限り正しくない(泉田[2003, p. 108])」という。

　5つ目の先行研究として1986年3月期から2002年3月期の17年間を分析対象期間としてわが国上場企業の経営者報酬が会計利益といかなる関係にあるのか検証した乙政[2005, pp. 5-9]に注目する。当該研究では2万790企業・年の観測値を入手し，これらを前期(1986-1995)のサンプルと後期(1996-2002)のサンプルに二分した上で経営者報酬が経常利益や純利益の変化に反応するのかを明らかにしている。そして分析の結果，利益に対する経営者報酬の感応度は前期よりも後期において年々低下することが発見された。この発見は経営者報酬の多寡に及ぼす会計利益の影響が低下していることを意味するが，「機会主義的な経営者行動の誘発を制御することが困難になってくる」と指摘している。このような現象の背景には経営者に対する現金報酬が相対的に重要ではなくなり，これに代わって株式報酬の割合が増えてきたことも併せて指摘している。この研究成果から本章の分析に対して得られる含意とは，公開企業における役員報酬の支給形態は株式報酬による比重が大きくなるものの証券市場要因が欠落する中小法人においては依然として会計利益の影響が強く認められるのではないかという示唆である。そしてまた「経営者報酬契約では，経営者報酬と会計利益との間の関係が強いほど経営者のインセンティブは高まると期待されている(乙政[2005, p. 13])」ことより，

中小法人において会計利益と役員報酬の間に正の相関が認められる限りはお手盛りが防止される可能性が高いと考えても良いということになる。

最後に株式が創業家一族によって一定程度保有されるファミリー企業の業績に注目し，非ファミリー企業との相違を検証した研究に齋藤[2006・2008]がある。齋藤[2008, p. 148]によれば「創業者によって経営されているファミリー企業の業績はその他の企業と比べてきわめて高い」という先行研究の成果を仮説とし，その検証をわが国公開会社1,818社を対象として試みている。分析結果は上記仮説を支持することとなり，「創業者，もしくは創業者の子孫によってなんらかの形で支配されている企業は株式市場での評価も，利益率も高い(齋藤[2008, p. 158])」ことを明らかにしている。また創業者一族による支配について「社長・会長の職が創業者の子孫に世襲された企業」に対する投資家の評価をトービンQによって測定した結果，それらの企業は「現在の利益率が悪くなくとも，将来的に私的便益を追求した経営がなされ，株主としての利益が損なわれる」と投資家はみなすことも併せて解明している。

2-4. 予想される中小法人の役員給与支給行動

前節において6つの先行研究を概観したが，公開会社を分析対象とした実証研究は数多く蓄積されてきている。しかし本書第4章の分析結果から中小法人においても役員報酬の多寡を決定づける要因としては売上高や黒字が挙げられ，公開会社を分析対象とした結果に整合する部分も認められる。しかも中小法人における役員給与支給行動に多いとされるお手盛り，つまり長幼の序を重んじて単に年齢や在任年数の長さが報酬額増加の理由となるような単純な年功序列や創業者であるという理由だけで高額な報酬額が決定される実態も少ないと思われる。換言すれば一般的に中小法人においては税法規定によって役員給与支給行動における深刻なエントレンチメント問題が解消されていると考えられる。さらに公開会社においてはオーナー経営者企業が最も金銭的動機付けが効くとする泉田[2003]の知見により，オーナー経営者そのものである中小法人においても金銭的動機付けがより強いかもしれない。

CGのあるべき論は実証研究の成果によって検証が試みられるので，やや

もすると実態と規範論の間に存在しがちな乖離を穴埋めし，修正すべき証拠を提供すると考えられる。しかし中小法人を分析対象とした検証はデータの入手困難性から実証研究成果は蓄積されず，規範研究成果のみが蓄積されてきた感がある。非公開会社では所有と経営の不分離によってCGは後進的で，経営者への動機付けは機能しないとみなされている。

しかし公開会社にあっても例えば株主総会において取締役候補者の選出に際し，争いが生じるという事例は皆無に等しいと言われ，形骸化している。実際米国では1996年から2002年までの間に発生した買収案件を除くと「株式時価総額2億ドルを超える10社が取締役候補者の選出に際し争いがあったに過ぎず，平均して1年に2件も発生しない(Bebchuk[2003, pp. 4-5])」という。さらにBrick et al.[2002, pp. 23-27]によれば「CEOへの追加報酬は取締役へのより高い報酬を予定することになり，同様に取締役への追加報酬はCEOへのより高い報酬を予定することになる」との仮説検証を試みた。結果，「取締役報酬はモニタリングに密接に関連することが明らかとなったが，取締役とCEOへの報酬は正の関係性を有する」ことも明らかにしている。このほか，Bebchuk and Fried[2004, p. 31]によれば「CEOのことを知らなかった取締役でさえ恩義と忠誠で業務を開始する」と指摘しており，特に米国における公開会社のCGは馴れ合いによって画餅に等しい事例も散見される。このように見てくると公開会社であることを理由に会計不正や企業不祥事を引き起こさないCGが構築されているとは断言できず，逆に中小法人であることを理由にエントレンチメント問題に拘泥しているとか，レントを引き出し放題であるとも言えない。むしろ中小法人の企業行動には租税法という制約が奏功し，あたかもagency理論において理想とされるように役員報酬の多寡は売上高や利益数値によって決定づけられている。

公開会社が売上高や利益によって役員報酬の多寡が決定されるという実証成果が導出されているが，agency理論上は好ましいこの実態は本書第4章が示したように中小法人においても同様に観察されている。公開会社における役員報酬の決定要因が売上高や利益に求められ，それらが正の関係性を有するのはagency理論に基づいて会社法や金商法が構成され，それら法制に

従う企業行動が観察された結果であろう。しかし他方，中小法人における役員報酬の決定要因が売上高や黒字に求められるのは agent に対するモニタリングが効いているからではなく，租税法規定に従う企業行動が観察された結果であり，その結果が agency 理論の理想とする状態に一致したに過ぎない。

　企業規模の大小や公開・非公開を問わず，売上高や利益数値が役員報酬の多寡を決定づける要因となる状態が健全であると為政者が考えるからこそ，租税法においてもその目的達成のために企業行動を誘導する法制を採用するのである。このようにして企業規模や公開・非公開の違いにかかわらず，役員報酬の決定要因に売上高や利益数値が作用するという共通の結果が得られているが，その結果に到達する背景に agency 理論が存在すると言える。このように見てくると中小法人においては役員報酬と売上高の間に正の関係性を認めたが，租税法においても暗黙裡に agency 理論が支持されていると言える。

　中小法人には証券市場要因が欠落するために投資家によるモニタリングが効かないという限界が存在するが，その欠点を補うのが租税法規定による企業行動の誘導であり，法人課税理論が役員のエントレンチメント問題の発生を防止する役割を担っているとも考えられる。役員報酬の支給行動を例に挙げて説明すれば，法令 70 一に規定される類似規模基準やこれまで蓄積してきた租税争訟における判例によって役員給与の損金算入限度額の決定に売上高や黒字が作用するように課税が納税者行動に影響を及ぼし続けている。したがって一般的に考えられているように，中小法人において支給される役員報酬がお手盛りであり，利益の変化による影響を受けずに高額な支給を単調に繰り返すという見解があるとすれば，第 4 章や第 5 章における検証結果から事実誤認と言える。

　さて，本章における分析対象は中小法人のうち極小規模の中小法人であるが，それにもかかわらず公開会社における役員給与支給の実証成果に言及してきた。公開会社と中小法人の間では CG 構成や法制上の制約条件が大きく異なると思われるが，これまでの検討の通り，結果として中小法人における役員報酬の支給行動は公開会社と全く別物と言うよりは重要な部分で共通項

154

が認められる。したがって公開会社を分析対象とした実証研究成果の一部が本章における分析対象である極小規模の中小法人を分析した結果の解釈指針となり得ると考えている。

3. 二制度の導入と廃止が役員給与の支給行動に及ぼす影響

3-1. 分析対象となるデータの概要

本章では第4章における分析対象となった実業出版データのうち，従業員数50人以下の472事例，資本金5,000万円未満の464事例，そして年商10億円未満の354事例を対象として，業務主宰役員給与の損金不算入制度の導入・廃止と給与所得控除額の上限設定制度の導入の影響を観察する。なお，これらの3つの企業規模に区分されたそれぞれの役員給与の支給事例は互いに重複する事例を含んでいる。またそれらの基本統計量を示すと（図表6-1）から（図表6-3）の通りとなる。

（図表6-1）は従業員50人以下の法人における代表取締役社長に対する役員報酬の支給472事例の基本統計量であるが，当該472事例のうちそれぞれ半数ずつが従業員20人以下と20人超50人以下の事例によって占められる。（図表6-1）から（図表6-3）に共通する3つの特性として(1)サンプルの過半が政令市等における役員報酬支給事例であり，「東京都内や政令市を擁する道府県において支給された事例に1」を与えたダミー変数の平均値が74.6%を示すことで確認される。そして（図表6-1）から（図表6-3）より(2)サンプルの80%近くが黒字法人であり，(3)支給事例の20%から25%程度が代表取締役社長に対する賞与支給を実施したに過ぎないことから，代表取締役社長に対する賞与支給事例が決して多いとは言えない。

（図表6-2）に示す資本金額5,000万円未満[5]の2階層は，いずれも中小企業者等に対する税制優遇が集中する資本金1億円以下の法人に該当する。また同表より資本金額5,000万円未満となる464事例は資本金2,000万円未満と2,000万円以上5,000万円未満の2階層に区分してダミー変数を付してお

第6章　業務主宰役員給与に関する税制の改廃と納税者行動の分析　　155

(図表6-1)　従業員50人以下の分析対象472事例に関する基本統計量

変数区分		変数名	度数	平均値	標準偏差	最小値	最大値	第1四分位数	第2四分位数（中央値）	第3四分位数
被説明変数		log役員報酬月額	472	4.555	0.638	2.303	6.332	4.174	4.605	5.011
企業属性	規模：従業員数	20人以下	236	0.500	0.501	0	1	0	0.500	1
		20人超50人以下	236	0.500	0.501	0	1	0	0.500	1
	業種	製造業に1	121	0.256	0.437	0	1	0	0	1
		卸小売業に1	127	0.269	0.444	0	1	0	0	1
		建設業に1	86	0.182	0.386	0	1	0	0	0
		サービス業に1	91	0.193	0.395	0	1	0	0	0
		その他に1	47	0.100	0.300	0	1	0	0	0
	政令市を擁する都道府県に1		352	0.746	0.436	0	1	0	1	1
	黒字に1		384	0.814	0.390	0	1	1	1	1
役員属性	創業者に1		223	0.472	0.500	0	1	0	0	1
	log年齢		472	4.067	0.195	3.178	4.522	3.951	4.111	4.205
	log在任年数		472	2.523	1.006	0.000	4.060	1.792	2.773	3.367
	同族に1		384	0.814	0.390	0	1	1	1	1
	賞与有に1		109	0.231	0.422	0	1	0	0	0
調査年	H26に1		74	0.157	0.364	0	1	0	0	0
	H24に1		56	0.119	0.324	0	1	0	0	0
	H22に1		62	0.131	0.338	0	1	0	0	0
	H20に1		71	0.150	0.358	0	1	0	0	0
	H18に1		75	0.159	0.366	0	1	0	0	0
	H16に1		62	0.131	0.338	0	1	0	0	0
	H14に1		72	0.153	0.360	0	1	0	0	0

り，前者が46.6％であり，後者が53.4％となる。同様に業種は5業種に分類してダミー変数を付したため，例えば製造業の平均値29.5％は5業種全体に占める割合を表している。当該464事例は平成14年から隔年で同26年までの7カ年において収集されているが，最も高い構成割合を占めるのが平成18年由来のデータであり，17.5％となる。なお(図表6-2)と(図表6-3)ではそれぞれ企業規模を資本金額と年商で分類しているが，単位はともに万円となる。

3-2.　分析モデルと分析結果

検証を試みるモデルは以下の通り model. 1〜3 によって示され，当該モデルでは3つの規模変数(従業員数・資本金額・年商)を入れ替えている。業種

（図表6-2） 資本金5,000万円未満の分析対象464事例に関する基本統計量

変数区分		変数名	度数	平均値	標準偏差	最小値	最大値	第1四分位数	第2四分位数(中央値)	第3四分位数
被説明変数		log役員報酬月額	464	4.606	0.627	2.303	6.551	4.248	4.605	5.011
企業属性	規模：資本金額	2000未満	216	0.466	0.499	0	1	0	0	1
		2000以上－5000未満	248	0.534	0.499	0	1	0	1	1
	業種	製造業に1	137	0.295	0.457	0	1	0	0	1
		卸小売業に1	110	0.237	0.426	0	1	0	0	0
		建設業に1	66	0.142	0.350	0	1	0	0	0
		サービス業に1	100	0.216	0.412	0	1	0	0	0
		その他に1	51	0.110	0.313	0	1	0	0	0
	政令市を擁する都道府県に1		345	0.744	0.437	0	1	0	1	1
	黒字に1		382	0.823	0.382	0	1	1	1	1
役員属性	創業者に1		210	0.453	0.498	0	1	0	0	1
	log年齢		464	4.055	0.202	3.178	4.522	3.951	4.111	4.205
	log在任年数		464	2.522	1.059	-2.303	4.060	1.792	2.773	3.401
	同族に1		396	0.853	0.354	0	1	1	1	1
	賞与有に1		118	0.254	0.436	0	1	0	0	1
調査年	H26に1		41	0.088	0.284	0	1	0	0	0
	H24に1		62	0.134	0.341	0	1	0	0	0
	H22に1		64	0.138	0.345	0	1	0	0	0
	H20に1		75	0.162	0.369	0	1	0	0	0
	H18に1		81	0.175	0.380	0	1	0	0	0
	H16に1		65	0.140	0.347	0	1	0	0	0
	H14に1		76	0.164	0.370	0	1	0	0	0

は4業種（製造・卸小売・建設・サービス）に分類したが，当該4業種にダミー変数を付し，回帰を試みるとVIFが2を上回ってしまう。このような多重共線性の惹起に対処するために業種 $dummy$ は「サービス業に1」を除外した3業種にて実施することとした。

$$
log\,役員報酬月額_i = \alpha + \begin{pmatrix} \beta_1\,従業員数\,dummy_i \\ \beta_2\,資本金額\,dummy_i \\ \beta_3\,年\quad商\,dummy_i \end{pmatrix} + \Sigma_{k=1\sim3}\,\beta_{4k}\,業種\,dummy_{ik}
$$

$$
+\,\beta_5\,政令市\,dummy_i + \beta_8\,黒字\,dummy_i + \beta_{10}\,創業者\,dummy_i
$$

$$
+\,\beta_{12}\,log\,年齢_i + \beta_{13}\,log\,在任年数_i + \beta_{14}\,同族\,dummy_i
$$

$$
+\,\beta_{15}\,賞与\,dummy_i + \Sigma_{k=1\sim6}\,\beta_{16k}\,調査年\,dummy_{ik} + \varepsilon_i
$$

第6章　業務主宰役員給与に関する税制の改廃と納税者行動の分析　　157

(図表6-3)　年商10億円未満の分析対象354事例に関する基本統計量

変数区分		変数名	度数	平均値	標準偏差	最小値	最大値	第1四分位数	第2四分位数(中央値)	第3四分位数
被説明変数		log役員報酬月額	354	4.492	0.615	2.303	6.153	4.094	4.554	4.893
企業属性	規模:年商	50000未満	223	0.630	0.484	0	1	0	1	1
		50000以上100000未満	131	0.370	0.484	0	1	0	0	1
	業種	製造業に1	98	0.277	0.448	0	1	0	0	1
		卸小売業に1	61	0.172	0.378	0	1	0	0	0
		建設業に1	58	0.164	0.371	0	1	0	0	0
		サービス業に1	93	0.263	0.441	0	1	0	0	1
		その他に1	44	0.124	0.330	0	1	0	0	0
	政令市を擁する都道府県に1		257	0.726	0.447	0	1	0	1	1
	黒字に1		281	0.794	0.405	0	1	1	1	1
役員属性	創業者に1		183	0.517	0.500	0	1	0	1	1
	log年齢		354	4.057	0.200	3.178	4.522	3.951	4.103	4.205
	log在任年数		354	2.581	0.980	0.000	4.060	2.079	2.833	3.367
	同族に1		298	0.842	0.365	0	1	1	1	1
	賞与有に1		72	0.203	0.403	0	1	0	0	0
調査年	H26に1		59	0.167	0.373	0	1	0	0	0
	H24に1		47	0.133	0.340	0	1	0	0	0
	H22に1		41	0.116	0.320	0	1	0	0	0
	H20に1		50	0.141	0.349	0	1	0	0	0
	H18に1		59	0.167	0.373	0	1	0	0	0
	H16に1		47	0.133	0.340	0	1	0	0	0
	H14に1		51	0.144	0.352	0	1	0	0	0

　そのほかに企業属性に分類される説明変数として「政令市 $dummy$」と「黒字 $dummy$」を投入するほか，役員属性に関する5変数(創業者・同族・賞与の各ダミー3変数と log 年齢・log 在任年数の連続数値による変数)の投入も第4章における検証モデルを踏襲している。調査年 $dummy$ は本章におけるメイン変数であり，業務主宰役員給与の損金不算入制度が導入された平成18年において係数符号が有意性を伴ってマイナスとなり，他方，同制度が廃止された平成22年において係数符号が有意性を伴ってプラスとなることが期待される。さらに平成25年において導入された給与所得控除の上限設定制度の影響を受けて代表取締役社長に対する役員給与支給額の減少が平成26年のデータに反映すると思われるため，平成26年ダミーの係数符号が有意性を伴ってマイナスとなることが期待される。

(図表6-4)　代表取締役社長への報酬額を被説明変数とした分析結果

従属変数：log報酬月額			model. 1				model. 2				model. 3			
			非標準化係数	t	有意確率	VIF	非標準化係数	t	有意確率	VIF	非標準化係数	t	有意確率	VIF
（定数）			5.239	7.459	0.000		4.914	6.981	0.000		5.966	7.982	0.000	
企業属性	規模変数	従業員数 20人以下	−0.391	−6.875	0.000	1.092								
		資本金額 2000未満					−0.169	−2.786	0.006	1.210				
		年商 50000未満									−0.412	−6.368	0.000	1.0
	業種	製造業に1	−0.208	−2.715	0.007	1.510	−0.107	−1.465	0.144	1.453	−0.143	−1.806	0.072	1.39
		卸小売業に1	−0.135	−1.760	0.079	1.565	−0.240	−3.085	0.002	1.444	−0.225	−2.433	0.016	1.36
		建設業に1	−0.172	−2.060	0.040	1.407	−0.256	−2.840	0.005	1.306	−0.156	−1.694	0.091	1.29
	政令市を擁する都道府県に1		0.187	2.936	0.003	1.040	0.144	2.230	0.026	1.043	0.077	1.115	0.266	1.05
	黒字に1		0.237	3.266	0.001	1.082	0.226	3.000	0.003	1.088	0.167	2.130	0.034	1.1
役員属性	創業者に1		0.020	0.286	0.775	1.576	−0.024	−0.356	0.722	1.520	0.065	0.870	0.385	1.52
	log年齢		−0.204	−1.145	0.253	1.621	−0.111	−0.624	0.533	1.689	−0.316	−1.651	0.100	1.62
	log在任年数		0.052	1.375	0.170	1.933	0.046	1.261	0.208	1.942	0.053	1.224	0.222	1.97
	同族に1		0.054	0.608	0.543	1.597	0.094	1.008	0.314	1.427	−0.031	−0.306	0.760	1.56
	賞与有に1		0.086	1.265	0.206	1.096	0.158	2.370	0.018	1.117	0.083	1.068	0.286	1.08
調査年	H26に1		−0.233	−2.359	0.019	1.740	−0.527	−4.331	0.000	1.574	−0.352	−3.207	0.001	1.86
	H24に1		−0.220	−2.068	0.039	1.605	−0.319	−3.083	0.002	1.638	−0.240	−2.023	0.044	1.80
	H22に1		0.055	0.528	0.598	1.702	−0.097	−0.933	0.351	1.709	−0.049	−0.397	0.692	1.72
	H20に1		−0.064	−0.640	0.522	1.709	−0.201	−2.051	0.041	1.719	−0.211	−1.852	0.065	1.76
	H18に1		−0.093	−0.946	0.345	1.759	−0.205	−2.134	0.033	1.744	−0.313	−2.816	0.005	1.91
	H16に1		0.047	0.454	0.650	1.640	−0.015	−0.144	0.886	1.623	−0.004	−0.037	0.970	1.7
AdjR2/F値（有意確率）			0.141/5.548（0.000）				0.105/4.206（0.000）				0.163/5.048（0.000）			
観測数　N			472				464				354			

　分析結果を示すと（図表6-4）の通りとなり，規模変数に非常に強い有意性が示される点やその中でも年商[6]を用いた model. 3 において調整済み決定係数（AdjR2）が最高値を誇る点，そして黒字 *dummy* の有意性も第4章における分析結果と整合する。とりわけ役員報酬の説明変数としての年商について興味深い指摘がある。多くの先行研究において役員報酬が規模変数と正の関係性を有するとの実証分析上の結果に対し泉田[2003, pp. 101-106]は「適切な説明変数を含まない分析によって発生した見せかけの関係」であると批判している。実際に泉田[2003]では役員一人当たりの付加価値[7]（以下「*VA*」と略称）と従業員一人当たり調整済み賃金（以下「*ADJWAGE*」と略称）が売上高に代わる有意な説明変数であるとの実証結果を導出している。*VA* が役員報酬

第 6 章　業務主宰役員給与に関する税制の改廃と納税者行動の分析　　159

に対する有意な説明変数となる理由として泉田[2003, pp. 104-106]は「役員であっても生産性すなわち能力の大小が，報酬を決定する最大の要因」とし，また *ADJWAGE* が有意となる理由として「日本の大企業の役員の多くは長期的な雇用関係の中で昇進した従業員である」ため，「役員の報酬が従業員の賃金水準と連動して決定される」としている。

　本章や第 4 章における検証においては実業出版データの限界から *VA* や *ADJWAGE* を入手できないが，これらの変数が年商に代わる有意な説明変数である可能性は法人税法規定によっても示されている。つまり中小法人における役員報酬の損金算入限度額水準は法令 70 一によれば「使用人に対する給与の支給の状況」に照らすとある。役員能力の個別測定が不可能であるため，代わりに年商や従業員賃金を役員能力の代理変数とし，課税する実態がある。つまり現下の法人課税においては多くの租税争訟が物語るように直接的な役員能力の測定を断念し，代替的に年商や従業員賃金を有効な指標として認識し，活用している。このように泉田[2003]の分析結果は公開会社を対象として導出されたが，租税法規定においても受容可能な結果である。

　また泉田[2003]も本章や第 4 章における検証同様，役員報酬と年齢や在任年数の関係を明らかにしようとしている。それによれば統計的な有意性を伴って「在職期間の長い役員ほど多くの報酬を得ている(泉田[2003, p. 104])」とするが，中小法人では第 4 章・本章の分析結果から，在任年数の多寡が役員報酬支給額の多寡に与える影響は統計的に有意ではない。このように見てくると，公開会社において長幼の序を重んじる傾向が強いと言うことができる。そこで参考までに(図表3-4)に示した分析対象となる役員報酬支給事例に関する基本統計量と泉田[2003]の所見を比較してみる。本書における分析対象に比し泉田[2003]のそれは 10 年程度遡るため単純な比較はできないかもしれないが，中小法人に対して公開会社においては役員の年齢は高く，在任年数は短い。中小法人における役員報酬支給事例 2,826 件から年齢と在任年数の平均値を求めるとそれぞれ 56.93 歳と 12.15 年である。これに比し泉田[2003, p. 98]によれば「1991 年 7 月 1 日時点で日本国内の 8 証券取引所に上場している企業(中略－引用者)1,764 社」を対象とした場合の年齢と在任年数

の平均値はそれぞれ 58.16 歳と 7.43 年である（泉田[2003, p. 103]）。公開会社で
は短い在任年数期間に高齢の役員が就任し，年功序列が効いた構成となるよ
うである。

　最後に調査年 *dummy* についてであるが，第 4 章における分析同様，平成
26 年の調査年 *dummy* について統計的有意性を伴い，役員報酬額との間に
負の関係性が認められる。また逆に第 4 章の分析結果との相違点として挙げ
られるのは平成 18 年の調査年 *dummy* が model. 2 と 3 において統計的有意
性を伴って負の関係性が認められたことである。このことから業務主催役員
給与の損金不算入制度の影響が表れたと考えられる。特に規模変数を資本金
額で見た model. 2 においては H 20 ダミーにおいても 5%水準有意で負の関
係性を示した。このことから景気の浮沈により年商が上下動し，企業規模が
変動する可能性のある年商よりも，より変動の少ない規模変数である資本金
額で見た場合に極小規模である法人群は業務主宰役員給与の損金不算入制度
導入による影響を受けた点に注目すべきであろう。

　尤も資本金額を企業規模変数とした場合，資本金額 1 億円以下で税優遇が
存在する点を踏まえ，経営者による資本金額決定に際し，制度的バイアスを
意識した上で分析結果を解釈しなければならない。しかし本章で検討対象と
した実業出版データは資本金額 2,000 万円未満の階層と同 2,000 万円以上
5,000 万円未満の階層であるため，いずれも当然に税優遇を受ける階層の中
でいかなる役員報酬の支給行動が観察されるかを検討する意義がある。

3-3. 分析結果の解釈

　一般的な傾向として企業業績と役員報酬額の関係について八ツ尾[2002, pp.
27-28]は次のように指摘している。つまり「業績低迷（売上金額が減少）が続
いている場合には，企業としても人件費の削減を行うことが一般的であるか
ら，売上げに連動して人件費をカットする」と言う。そして役員報酬規定に
は「具体的な基準がない」と指摘しながらも，「役員報酬については，企業
規模（売上高）と，また，役員賞与については，会計利益に影響されている」
と指摘する。結局「業績不振は，売上高や会計利益と密接に関連する」と考

えられるために，「業績不振(パフォーマンスの低下)になれば，真っ先に『役員賞与』がなくなり，次に『役員報酬』がカットされる」と解説している。その中でも「中小企業では人件費の中で役員報酬の占める割合が高いことから，役員報酬のカットが行われる」という。

　この見解は役員給与の損金算入限度額規定が平成18年度に改正される前においては納税者の税務行動を合理的に説明しているが，現行税法の下では役員賞与と認定され，即全額損金不算入とはならないため，前示の八ツ尾[2002]による解釈には今日的な修正が必要である。それでも税制改正後も役員報酬が売上げに連動する仕組みは第4章における分析結果と整合する。つまり(図表4-1)より売上高が5億円未満と5億円以上10億円未満の二階層に注目すると，前者の階層は後者の階層に比し，log役員報酬月額が低下する実態を示しており，年商規模が小さくなれば支給される役員報酬も大幅に削減されるという発見と八ツ尾[2002]の所見は整合する。

　また本章では分析モデルにおけるメイン変数として調査年 dummy に注目したが，分析結果から業務主宰役員給与の損金不算入制度が廃止された平成22年のダミー変数には符号以前に係数そのものに有意性が認められず，その後の平成24年における調査年 dummy の係数符号は5%水準有意でマイナスである。同制度の導入時を表す平成18年ダミーはマイナスであることから代表取締役社長の役員給与が業務主宰役員給与の損金不算入制度の導入によって直接的に減額したが，逆に制度の廃止によって増額するかと言えばそうではなく，増額に対しては硬直的であった。このことから役員報酬の増額機会に乏しい極小規模の中小法人ではかねてより低水準の役員報酬の支給実態が認められていたが，極小法人の代表取締役社長を直撃する業務主宰役員給与の損金不算入制度の影響を受けて予想通りに減額支給に拍車が掛かっている。さらに平成25年に導入された給与所得控除額の上限設定制度の導入は第4章同様，本章における分析結果も平成26年ダミーが有意にマイナスである。このことから当該制度は代表取締役社長のみならず，その他の役位に対しても広く役員給与の実支給額を減少させたと評することができる。

4. 追加検証

　本節においては政令市 *dummy* の有意性について再検証を試みる。model. 1, 2 においては政令市 *dummy* が有意であるにもかかわらず，model. 3 において有意ではない。model. 3 は 3 つのモデルの中で最も高い AdjR2 を誇る秀逸なモデルと考えられるが，なぜこのモデルにだけ政令市 *dummy* が有意とならないのか。本書第 3 章では政令市等において支給される役員報酬額は，地方都市に所在する法人が支給するそれらに比し，高額であるべきとする地域格差基準の存在を指摘した。そして第 4 章においては当該基準の存在が実証的に明らかにされた。しかし本章における実証分析結果からは当該基準の存在を強く肯定するには至っていない。

　このような地域格差基準に関連して前章で言及した衣服等縫製加工業・役員報酬事件では，原告は「本件類似法人のように抽出対象を特定業種，規模，地域に限定すると，役員報酬の平均レベルの低い場合には，低い報酬額を強いることとなり，税の公平に反する」旨主張するものの，名古屋地裁による第一審判決では当該原告主張を採用できないとしている。このように見てくると第 4 章における実証分析結果が示した通り，本章において試みた実証分析においても，地域格差基準が税務行動に与える影響が強く表れることが期待されていた。しかしながら地域格差基準の影響を示す政令市 *dummy* の有意性を一貫して証明することができず，model. 1, 2 のみで有意性が示されたに過ぎない点が残された課題となる。

　そこで本節では政令市 *dummy* を細分化して再検証を試みることとする。このように政令市 *dummy* の有意性についてその頑健性を確認する目的とは，残波事件の第一審判決において示された役員給与の損金算入限度額に反映された地域格差の検証にあり，依然として未解明な問題とされているからにほかならない。残波事件における第一審判決では，課税庁が主張する過大役員報酬の認定について納税側による取消請求は却下されている。当該事件における納税側の不服は課税庁の定める役員給与の損金算入限度額に表れる地域

格差にあり，原告の主訴としては衣服等縫製加工業・役員報酬事件と何ら変わるところはない。そこでこのような問題意識から model. 4, 5 を定立し，再検証を試みることとする。

$$log 役員報酬月額_i = \alpha + \beta_3 年商 dummy_i + \Sigma_{k=1~3} \beta_{4k} 業種 dummy_{ik}$$

$$+ \binom{\beta_6\ TOAdummy_i}{\beta_7\ Tdummy_i} + \beta_8 黒字 dummy_i + \beta_{10} 創業者 dummy_i$$

$$+ \beta_{12} log 年齢_i + \beta_{13} log 在任年数_i + \beta_{14} 同族 dummy_i$$

$$+ \beta_{15} 賞与 dummy_i + \Sigma_{k=1~6} \beta_{16k} 調査年 dummy_{ik} + \varepsilon_i$$

再検討に関する具体的内容とは第 4 章や第 5 章で試みた通り，$TOAdummy$ や $Tdummy$ の投入であるが，(図表6-5)により期待通りの結果が導出されている。つまり model. 3 における政令市 $dummy$ の有意性の低さを再検証するために代替的に $TOAdummy$ を投入したが，当該変数は 5%水準有意を示し，さらに $Tdummy$ も $TOAdummy$ に比し若干ではあるが，有意性が向上している。モデルの有意性を示す AdjR2 についても model. 3 に比し model. 4 と model. 5 で改善している。このように model. 3 において政令市 $dummy$ の有意性が低く，代替的に投入した $TOAdummy$ や $Tdummy$ によって改善が示された理由について考えると次の通りとなろう。

つまり政令市等における役員報酬事例のうち，東京・大阪・愛知の各都府県において発生した支給事例以外の事例の一部(例えば札幌市や熊本市，相模原市や仙台市等の地方都市における事例)について，低い役員報酬の支給実態が存在した可能性が指摘される。そこで政令市等の中で地方都市における役員報酬支給事例の影響を排除するために $TOAdummy$ や $Tdummy$ を代替投入することにより，model. 4 や model. 5 の AdjR2 が上昇したのであろう。このことは残波事件において納税側が不当と主張する役員給与の損金不算入限度額算定における地域格差が，分析対象データにおいても反映されたことを示している。

法令 70 一に示す類似規模・類似業種による基準によって算定される役員給与の損金算入限度額規定は，これまでの判例の積み上げによって多くの納

（図表6-5） 政令市 *dummy* の再検証

従属変数：*log*報酬月額				model. 4				model. 5			
				非標準化係数	*t*	有意確率	VIF	非標準化係数	*t*	有意確率	VIF
（定数）				5.931	7.987	0.000		6.015	8.103	0.000	
規模変数	規模	年商	50000未満	−0.399	−6.171	0.000	1.101	−0.413	−6.443	0.000	1.087
規模変数	業種	製造業に1		−0.151	−1.919	0.056	1.397	−0.125	−1.596	0.111	1.398
規模変数	業種	卸小売業に1		−0.221	−2.407	0.017	1.359	−0.207	−2.249	0.025	1.365
規模変数	業種	建設業に1		−0.146	−1.592	0.112	1.295	−0.136	−1.489	0.137	1.301
規模変数	地域	東京・大阪・名古屋に1		0.147	2.373	0.018	1.066				
規模変数	地域	東京に1						0.191	2.491	0.013	1.085
規模変数	黒字に1			0.165	2.108	0.036	1.130	0.163	2.083	0.038	1.131
役員属性	創業者に1			0.067	0.904	0.367	1.550	0.060	0.814	0.416	1.557
役員属性	*log*年齢			−0.308	−1.630	0.104	1.615	−0.333	−1.756	0.080	1.624
役員属性	*log*在任年数			0.055	1.299	0.195	1.946	0.056	1.331	0.184	1.949
役員属性	同族に1			−0.031	−0.307	0.759	1.561	−0.020	−0.198	0.843	1.568
役員属性	賞与有に1			0.073	0.943	0.346	1.087	0.115	1.474	0.141	1.117
調査年	H26に1			−0.361	−3.308	0.001	1.871	−0.338	−3.095	0.002	1.873
調査年	H24に1			−0.262	−2.214	0.027	1.821	−0.240	−2.041	0.042	1.799
調査年	H22に1			−0.062	−0.508	0.612	1.729	−0.036	−0.298	0.766	1.726
調査年	H20に1			−0.226	−1.987	0.048	1.771	−0.193	−1.700	0.090	1.769
調査年	H18に1			−0.326	−2.948	0.003	1.923	−0.306	−2.779	0.006	1.915
調査年	H16に1			−0.021	−0.181	0.856	1.719	−0.003	−0.025	0.980	1.712
AdjR2/F値（有意確率）				0.174/5.371（0.000）				0.175/5.414（0.000）			
観測数　N				354							

税者らに受け入れられてきた感がある。しかし役員給与の損金算入限度額算定において，地域格差基準が分析結果から納税者によって受容されているとしても，同基準の妥当性となると残波事件で争われた通り，課税側の主張は説得的とは思えない。役員給与の損金算入限度額の多寡までもが東京一極集中で高額になる傾向を容認し続けると，地方有力企業の新興による地域活性への期待を見込めなくなるのではないか。

5. お わ り に

　本章では極小規模の中小法人における役員給与支給について業務主宰役員給与の損金不算入制度導入の直後のみならず，給与所得控除の上限設定制度の導入直後においても支給額が縮小する現象を観察した。本章が業務主宰役員に対する給与の支給行動に注目したことから，当該役員の属する法人規模は極小に設定した。本研究成果によって極小規模の中小法人における役員報酬の支給額はそもそも当該法人の業績もさることながら，制度の改廃によって強い影響を受けるとの指摘が可能である。しかもその影響は役員報酬の増額に対してではなく，減少に対してより柔軟に変化する。

　極小規模の中小法人における代表取締役の給与は増額しにくく減額しやすい傾向が，本章における分析結果から明らかになった。これらの法人では経営者がかねてより極めて強い自己犠牲を強いられているにもかかわらず，業務主宰役員給与の損金不算入制度は極小規模の中小法人の役員給与支給が全て悪であるかのような先入観に基づき導入されたように感ぜられる。当該制度について「突如，特殊支配同族会社の業務主宰役員に対する給与の一部損金不算入という新たな制度が導入されたため，税理士等の専門家や中小企業団体から厳しい批判を浴びることとなった」と品川[2008a, p. 27]が指摘する通り，批判的論調が支配的となり，当該制度を4年で葬り去ることに成功している。この点は品川[2008b]や中島[2009]をはじめとする先学の研究成果による貢献にも留意すべきであろう。

　また前節において言及した地域格差基準は地域活性を阻む制度の1つとして定着している可能性があるが，「経済政策のうちにおける財政政策の比重が高まっており，租税政策も，広く経済政策の重要な内容をなす財政政策の一環として，国民経済の成長と安定とに資すべき(富岡[2003, p. 604])」である。このように見てくると，類似規模・類似業種基準が公平課税に資するという理由から容認されるとの強弁に課税側が固執するよりも，地域格差基準にいかなる妥当性が認められるのか顧りみるべきであろう。法令70一やこれま

での租税争訟の積み上げにおいて，例えば東京と沖縄の物価の差を前提として地域格差を反映させてきたとは考えられず，現時点までの地域格差基準の運用は経済政策上の障害を放置し続けていると考えるべきである。

1) 平成24年度税制改正で給与所得の収入金額が1,500万円超の者は245万円が給与所得控除の上限とされ（旧所法28条3項6号），さらに続く平成26年度税制改正により平成28年度給与所得の収入金額1,200万円超の者は230万円が，平成29年1,000万円超の者は220万円がそれぞれその上限とされた（所法28条3項6号）。なお，収入金額が4,000万円を超える特別に高額の役員給与につき，給与所得控除額の上限を2分の1とすること，2,000万円を超え4,000万円までは給与所得控除額の上限を4分の3とする改正案が23年度税制改正案として財務省から提示された（財務省[2010, p. 43]）ものの見送られ，平成26年度にも再度与党内で検討されたが見送られている。平成25年11月27日2：00　日本経済新聞電子版。

2) 同様の見解として寺澤[2011, p. 74]は「平成23年度改正案では給与所得控除の見直しが手当てされているが，二重課税問題の解消は殊更意識されずその範囲を超えて法人役員すべてにわたる措置となった」と指摘している。

3) 胥教授が指摘するように賞与をインセンティブdeviceとする見解は武田[2001, p. 507]の次の指摘にも見られる。それによると旧商法下では「役員賞与は業務執行の対価としての報酬ではなく，あくまでも役員の功績報奨としての性格のものであって，それは利益処分によってまかなわれるべき利益参加的性格」と認識されていた。さらにわが国では「賞与は手代等の増進を目的として行われる利益分配金としての性格を持っている」とし，「かかる利益分配方式（利益金を内部留保・配当・賞与に三分割する『三ツ割』制度。－引用者注）が明治以降の近代会計制度のなかに引き継がれ，それが今日諸外国と異なる取り扱いを形成するに至った」と指摘した。

4) わが国とアメリカの大企業の役員持株比率を比較すれば，「日本企業の役員は自社の株式を有していることは典型的であるが，その所有割合は概ねアメリカ企業の役員持株の半分ぐらいの割合（オプションは四分の一の割合）に過ぎない」とされる（Kaplan[1994, p. 544]）。

5) 本研究において分析対象となる資本金額5,000万円未満の法人に関連して会計参与の導入状況を調査した税理士会[2008]によるアンケート（複数回答可能）結果によれば，会計参与が就任した企業のうち55.4％が資本金1,000万円以上3,000万円未満の階層であるという。また以下順に17.5％が3,000万円以上5,000万円未満の階層，そして13.4％が5,000万円以上1億円未満の階層と報告されている。

6) 売上高を企業規模と捉えて役員給与の支給額の多寡について実証分析を行った先行研究例としてKaplan[1994, p. 510]が挙げられる。それによれば「日本の役員報酬は稼得利益や配当に相関があり，売上高には弱い相関性が認められるのみ」と指摘したが，分析対象は上場企業である。

7) 泉田[2003, pp. 101-102]によれば役員 1 人当たり付加価値は「税引後経常利益，租税公課，人件費，支払い利息割引料の合計と定義」しており，他方従業員 1 人当たり売上高は「常用労働者比率×人件費÷期末従業員数」にて算出している。

第7章　企業価値連動給与と類似業種比準方式による株価算定の問題点

1. は じ め に

　実効税率の低減競争が世界的規模で展開される中，わが国法人税制は課税ベース拡大のために税効果会計でいうところの加算処理される永久差異が拡大し，とりわけ損金算入限度額が縮減されていく傾向，即ち「損金の侵食」を憂慮する状況にある。このような状況に対し武田［2002, pp. 119-120］は「課税ベースを拡大して税率を下げるとか，課税ベースを狭くして税率を引き上げるとかの議論は邪道である」と評している。その一例として「退職給与引当金を廃止し，配当益金不算入の率を引き下げて税率を引き下げるなどは，まったく論外」と言える。このような観点から平成28年度税制改正大綱[1]を見てみれば，建物附属設備・構築物の償却方法を定額法に一本化し，また特別償却・各種租税特別措置の廃止・縮減が実行された。償却方法の見直しは企業利益と課税所得の期間的なズレを生じさせるのみであり，本章で検討すべき損金の侵食の埒外にある。また特別償却などの縮減は政策税制であるため，減価償却についていかなる程度までを早期に実施するべきかは産業政策への言及となり，本章に期待される役割からすると検討すべき課題として優先順位は低い。このように見てくると平成28年度税制改正大綱の中で本章が紙幅を割くべき論点といえば，法人の支給する役員給与について「利益連動給与の算定指標の範囲にROE（自己資本利益率）その他の利益に関連する一定の指標が含まれることを明確化する」旨の改正であろうか。尤もこの

税制改正以前においても利益連動給与の「利益」について，有価証券報告書（以下「有報」と略称）に掲載される利益に関する指標を基礎とした客観的なものと規定されている（法法 34 ①三イ）ため，私見であるが，従来より ROE による利益連動給与の支給は当然に可能と解していた。

　しかし実際には ROE や ROA に連動させた役員報酬を支給するコマツは「役員報酬のうち業績連動部分は損金算入していない」と報じられ[2]，解釈が定まらないままであった。そこで経済産業省経済産業政策局産業組織課が平成 28 年度税制改正に対し，「『攻めの経営』を促す役員給与等に係る税制の整備[3]（以下「税制整備」と略称）」として利益連動給与における利益概念の緩和を要望し，実現に至っている。さらに平成 29 年度法人税法改正より利益指標の概念が拡大したため，利益連動給与は業績連動給与と呼称されるようになった。そこで本書においても平成 29 年度改正以後の呼称に倣い，以後，特別の理由がない限り「業績」連動給与と記す。

　このように平成 29 年度税制改正までに業績連動給与の支給を活発化させる方向性が示されたが，現状では有報を作成する企業に限定した緩和策であり，依然として非公開である中小法人に業績連動給与が適用される見通しは険しい。品川［2008b, p. 28］が指摘する通り，「業績連動型報酬制度は，元来，経営者の経営手腕の発揮が即企業経営の成果に結びつくような中小企業にこそその必要が求められているにもかかわらず，法人税法上の利益連動給与は，そのことをまったく無視している」という批判がある。仮に稼ぐ企業に有利に作用する法人税制を採用するならば，中法人のせめて一部にでも業績連動給与を適用すべきと考える[4]。尤も平成 29 年度税制改正大綱では同族会社といえども上場会社の 100％子会社における業績連動給与の支給を容認している。しかし本章が検討する業績連動給与の緩和は平成 29 年度税制改正大綱による適用対象を超え，より一層の緩和策を目指している。

　そこで本章においては概ね法法 57 ⑪一が規定する中小法人等や，措令 27 の 4 ⑤が規定する中小企業者のような税制優遇の対象となる法人を企業規模で上回る非上場の法人・企業に注目する。法法 66 ⑥二において中小法人を資本金 1 億円以下と規定する点を踏まえ，概ねこの基準を超える非公開会社

には業績連動給与を容認するべきと本章では主張している。参考までに本書分析対象に占める比較的規模の大きい中小法人の割合については，1つの目安として，第3章の(図表3-4)が示す通り，資本金3億円以上の事例は全体の5.9%(166件)しか存在しない。したがって新たに業績連動給与を導入すると言っても検討対象は中小法人の全てではないことは付言しておく必要がある[5]。このことは裏を返せば零細な中小法人に業績連動給与を導入するために本章において試論を展開するのではないということである。

　また非公開であっても会計監査人の設置義務がある会社は存在するので，本章における検討対象から当該会社は外れることになる。そのため便宜上，本章における検討対象をひとまず「中堅企業」と呼称する[6]が，この企業規模について現時点では会社や法人を区分する正確な概念ではないこと強調しておくべきであろう。この点の企業区分の線引きも今後の検討課題とはなるであろうが，いずれにせよ現状では業績連動給与の導入が認められていない法人のうち，比較的規模が大きい法人への業績連動給与の導入に一定程度の具体案を示し，また問題点を明らかにすることを本章の目的としている。

2. 利益数値の客観性確保の限界と代替指標

2-1. 利益連動給与の問題点

　利益はその客観性を確保することが困難であるため，利益に役員報酬を連動させた場合に生じる問題は少なくないと言われている。例えば役員報酬に連動させる利益数値として税引後利益や経常利益を用いた場合，「税制改正その他の経営者の直接的責任に帰せられないような要因によって変動することが多い(鈴木[2013, p.386])」との指摘は示唆に富んでいる。したがって税率改正や為替変動要因が利益に及ぶ影響を回避するために営業利益を採用する方法も考えられよう。しかし古川[2005, p.126]は移転価格税制において用いられる取引単位営業利益法に注目し，そこで用いられる「営業利益率は事業の効率性といった事項について影響を受ける」と指摘している[7]。そのほかに

172

も「利益計算が会計方針の選択や変更を通じて恣意的操作を受けやすい(櫻井[2008, p. 179])」ことには変わりないため，そもそも利益は数値の安定性という観点から問題である。

そして租税回避のインセンティブを与えるという意味でも利益に連動させる役員給与は問題である。Gaertner[2014, pp. 1085, 1098]によれば，税引後利益を最高経営責任者の報酬と連動させる企業では実効税率が低下すると指摘している。この分析結果は2010年の米国S＆P500社から条件に適合する354社によって導出しているが，この研究成果の含意とは，法人税負担の削減という租税回避と引き替えに増額した役員報酬を獲得することによって追加のリスクを発生させる問題を実証水準で明らかにした点にある。

以上のように利益を指標とする方法への批判を無視することはできず，その批判に対する具体的な提言は税制整備の中にも見出すことができる。つまり税制整備では利益数値から派生したROE等の採用が要望されたが，その理由は「短期の利益より中長期の資本効率が重視されている[8]」との思考に基づいている。これら先行研究による検討結果はいずれも公開会社を対象としているが，非公開会社においても同様の問題から解放されることはない。

利益が様々な変動要因によって攪乱されるのは上場の有無にかかわらず生じる問題である。その上，中小法人においても役員報酬の増加が黒字を背景とするとの実証結果は第4章においても導出されている。したがって仮に中堅企業において業績連動給与の支給を実施した場合，利益の正確性確保や恣意性の排除という問題が生じるが，公開会社に比し，より深刻な問題となる点も見逃せない。そこで業績連動給与を中堅企業に導入するためには，いかなる問題を解決しなければならないのか次節において検討する。

2-2. 利益連動給与の導入とコーポレート・ガバナンス

平成18年度法人税法改正前までは役員賞与は法人段階と個人段階において課税される仕組みであった。当時の役員賞与は「配当と同様の性格を有しており，本来は，これを法人において損金算入することによって(二重課税が－引用者注)解決できる(武田[2002, p. 439])」とされた。平成18年度税制改正で

はこのように指摘されてきた問題点が解消され，さらに役員に対する報酬を用いた動機付けの仕組みを税制が邪魔しないように利益連動給与をも損金算入とするように制度化されている(法法34①三)。しかし所有と経営が一体となる中堅企業では，お手盛り支給が懸念され，業績連動給与の支給は理論的に間違いとされてきた。

このように業績連動給与は中小法人に対して閉鎖的な制度であるが，本来適用が前提とされていた公開会社に対しては平成28年度と同29年度税制改正で実施条件が緩和されている。経産省の税制整備によって利益連動給与における利益概念が拡張し，経常利益や税引前・税引後当期純利益のみならず，ROE等によっても支給が可能となった。しかし税制整備による要望では公開会社であれば全てROE等による利益連動給与の支給が可能になるのではなく，「全上場企業3,476社(平成27年7月31日時点)のうち，コーポレートガバナンスが強化されている上場企業等」に対する適用を見込んでいた。したがって中堅企業における業績連動給与の実施のためには「(1)利益の客観性確保」と「(2)CGの改善」も検討されなければならない[9]。このとき，(1)を(2)によって実現するのか，あるいはそもそも(1)と(2)を別々の検討課題とするのかで議論の方向性が異なってくる。

(1)を(2)によって実現する方法の1つとして例えば会計参与の中堅企業への設置が推奨されるが，この方法は例えるならば公認会計士に監査をさせても東芝の不適正会計を防止できない[10]のと同じ轍を踏む可能性が高い。つまり公認会計士本人の資質のバラツキが永遠に解決されない限り，公開会社の不適切会計の見落としが消滅することはなく，今後も形を変えて絶え間なく会計士の不注意による会計不祥事が繰り返される。しかし会計参与は取締役と共同で計算書類等を作成する(会社法374①)ため，会計士監査に比し，より確実に利益の客観性が確保されると期待される。

2-3. 会計参与制度への期待と組織の見直し

現実の会計参与の設置に関しては銀行借り入れにおける貸出金利の優遇措置[11]を享受しようとする資本金額1億円以下の中小事業者等に僅かな動機

付けを提供したに過ぎず[12]，肝心の中堅企業においては会計参与の設置が浸透していない[13]。会計参与導入が遅々として進まない理由の1つとして次のような見解が示されている。それによれば「監査役よりも会計参与の報酬のほうが低く抑えられるのであれば，あるいは(中略－引用者)支払利息の減少などの便益が報酬の増加額を上回るのであれば，取締役会設置会社で会計参与を選択するはず(野口[2008, pp. 181-182])」と指摘される。このように中小法人の経営者は会計参与導入による損益分岐点分析に迷っている可能性がある。

　会計参与制度の導入に対する期待に反し，存外に中小事業者等にその設置が偏る事情として実際に会計参与となる税理士自身が負うリスクの大きさも問題となろう。つまり税理士個人が会計参与として任務懈怠責任や第三者責任(会社法423・429)のリスクを負うためには就任先は比較的小資本にならざるを得ない。逆に言うと会計参与が公開会社やそれに準ずる規模の会社に設置されるためには，会計参与はリスク・テイクの現実的問題から担い手はもはや税理士個人ではなく，税理士法人が期待される。

　また監査役設置会社における監査役は独立して会計監査人を選任することで取締役会が直接的に会計監査人を選任するよりは健全と考えられて現行制度が構成されているが，選任される会計監査人が大手に限られ，それらが順番で入れ替わる現状では監査役の存在意義や会計監査人による監査そのものが画餅との感も否めない。このような制度的閉塞から会計参与制度の意義は過小評価されるべきではなく，大会社においても任意で会計参与の設置が認められている。

　しかし法務省[2004]によれば会計参与の制度化過程において「会計参与というのは監査人を置かないような非公開会社とか，あるいは中小会社のために考案された制度」とし，「会計参与と会計監査人の併存というのはほとんどナンセンスに近い」と主張する論者も存在する。この主張は恐らくは実務界を代表した見解と思われ，「間違ってもこういう制度を将来公開会社に強制しようなどという，そういうばかなことは考えないようにしてほしい」との意見が述べられている。

　この発言者はエンロン事件について「役に立つ情報を出させるよりも経営

者が操作できない情報を出させるのが先だという話になって，非常に一面的な開示観」が存在すると評した上で，会計参与についても「外部の人が入ってきて，何かあたかも鑑定人が鑑定するみたいな情報を出すこと」を危惧している。この点，全ての公開会社への適用が拙速との指摘は首肯できようが，それでも会計不正の発生により投資家へ不安を引き起こす企業，換言すれば公認会計士による監査が失敗し，その責任を監査法人さえも放棄する現状にあっては会計参与の設置義務化を検討する意義はある。

　会計監査人による一部の監査が公認会計士の懐を肥やすだけの必要悪として存在し，緊張感のないルーティンと化している。そして会計不正が世の中を騒がせる事例は枚挙にいとまがない昨今，監査業務を会計士に独占させておくべきではなく，例えば税理士法人による会計参与の設置によって税務・監査をめぐって利害を競わせ，一定程度の緊張感をもたせることが投資家保護にも資するのではないか。会計参与の設置によって会計監査を代替するわけではないが，税理士(法人)が会計参与としての実績を積むことで従来，会計士が税務領域において蚕食してきた税理士本来の業務を回復する意義もあり，会計参与への就任は税理士(法人)にとってフロンティアである。

2-4. 同族性の強い上場企業における株主利益追求

　事業規模が極端に小さい１つ１つの中小事業者等は税を通じて経済の新陳代謝を促すプレイヤーとして未熟であり，経済へ及ぼす効果は大きいとは言えない。例え中小法人における CG が改善したとしても僅かな税収増加を課税側にもたらす程度かもしれないし，また中小法人に融資する銀行では資金回収の一部が円滑化するだけかもしれない。このようにたとえ中堅企業に業績連動給与を導入したとしても，経済社会に与える影響は限定的であるため，関心が高いとは言えない。

　しかし他方，持株割合からすると中小法人に近い同族性の強い上場企業では，いかなる程度の株主利益の追求が認められるのかを検証した研究によると興味深い結果が導出されている。創業家支配の公開会社は中小法人同様，役員給与のお手盛り支給問題が注目されるが，泉田[2003]によれば，公開会

社でありながら創業家による持株比率の高い会社では，株主利益と所有者利益が一致するため，金銭的動機付けが行われる可能性が高いと指摘している。泉田[2003]は公開会社のうち創業一族が高い株式保有を示すオーナー経営者企業に注目し，それらにおける役員報酬の支給額と株主利益を表す指標（株式投資収益率と自己資本利益率）の関係を明らかにした。分析結果から「役員報酬と株主の利益を表す変数との間の統計的に有意な正の関係は，実はオーナー経営者企業においてのみ観察される（泉田[2003, p. 116]）」としている。これに対して「所有と経営が分離していると考えられる企業では，（中略-引用者）役員に対して金銭的報酬を通じて株主の利益を追求するインセンティブは与えられてはいない（泉田[2003, p. 128]）」ことも明らかになった。

　このように上場企業であれば全てに歪みのない agency 関係が成立するとは言えず，むしろ同族傾向の強い上場企業において発現するアライメント効果は無視できないとの所見は示唆に富んでいる。多くの上場企業がそうであるように創業家による持株割合が減少し，同族傾向が弱まることが CG における改善とみなされ，好ましいとされる。しかしこのような理論的想定を覆し，株主利益を追求するインセンティブを付与するのは同族傾向が強い上場企業であると泉田[2003]は指摘している。実はこのような所見から利益連動給与を導入した平成 18 年度法人税法改正，そして利益連動給与における利益指標を緩和した平成 28 年度・同 29 年度の税制改正によって最も恩恵を享受するのはオーナー経営者が支配する上場企業であろう。

　中堅企業には資本市場における投資家が存在しない分，ステークホルダーとして課税庁や銀行の存在が相対的に強まるため，それらステークホルダーの関心は納税額の増加や資金回収の円滑化に集中するであろう。利益を発生させない法人や納税できない法人に対する融資は控えられるであろうから，利益の存在と納税の事実が中堅企業における業績連動給与実施の実質的な条件の 1 つとなるかもしれない。加えて金融機関による支配について銀行等の議決権保有規制（銀 16 条の 3）に定める所謂 5% ルールに抵触する限界まで株式保有される中堅企業や 5% ルールの例外（銀 16 の 3 七）が適用されるベンチャービジネス会社や事業再生会社には業績連動給与を適用してもよい例で

はないかと考える。

2-5. 創業一族による株式所有とエントレンチメント問題

同族会社におけるエントレンチメント問題発生の事例として，例えば破綻した大手消費者金融会社・武富士に注目した場合，同社店舗における放火殺人事件[14]やジャーナリスト個人事務所を盗聴した事件で武井保雄元会長が警察庁に告発された[15]ほか，同社元会長長男への巨額租税回避事件[16]の発生が挙げられる。また大王製紙では井川意高元会長が165億円をカジノの遊興費に充て[17]，特別背任罪が問われ，懲役4年の実刑判決が確定しており[18]，新聞報道では創業家の権限明確化が課題と指摘している[19]。さらに経営権をめぐって社長と会長の対立が企業業績の低迷を引き起こした大塚家具の事件では同族企業の問題が浮き彫りと報道されている[20]。欠陥エアバッグの大規模リコールによって法的整理に陥ったタカタは「約6割の株式を握るタカタ創業家の処遇などが焦点」と報じられ[21]，株主総会では高田重久会長兼社長の責任をめぐり，「私財を提供するつもりはないのか」と株主から怒号を浴びせられている[22]。なお，タカタの負債総額は1兆5,024億円であり，わが国製造業で戦後最大の倒産となっている[23]。これら事件のように同族性の強い上場企業の不祥事は決まって創業社長の奮闘と不祥事発生による信用失墜という明快なコントラストをもって報じられ，さらに同族役員のキャラクターにも注目が集まり，面白可笑しく報じられるのが常であるが，同時にCG上の欠陥を憂慮する論調が多い。

しかし前節において言及した泉田[2003]と同様の観点から検証を試みた齋藤[2008, p. 158]によれば，「創業者により経営されている企業の業績は非ファミリー企業と比べて有意に高い」と言う。一般的に創業者一族によって株式が大量保有される公開会社においては役員によるエントレンチメントが発生し，agency問題を引き起こすと考えられているが，泉田[2003]と齋藤[2008]の検証ではいずれもそれらの通説を覆す結果を導出している。このように公開会社であっても泉田[2003]が言うところのオーナー経営者企業や齋藤[2008]が言うところのファミリー企業では役員によるエントレンチメント問

題が一定程度解消されている可能性が高い。このように見てくると実際のところ中小法人においてはいかなる程度エントレンチメント問題が発生しているのか疑問である。そこで本書第3章から第6章までの分析結果を踏まえ，予備的考察を試みる必要がある。

優遇税制[24]の恩恵を享受するような極小規模の中小法人は論外として，中堅企業にあってさえも役員報酬額を算定する内部環境，換言すればCGは公開大会社のそれと著しく乖離し，旧態依然としているのかもしれない。尤も多くの公開大会社の機関構成においてさえ社外取締役確保の困難性から指名委員会等設置会社への移行が困難な状況にあり，依然として大半が監査役会設置会社を維持する現状[25]にある。したがって当然に業績連動給与を導入する中堅企業の大半が監査役会設置会社であると予想されるが，その上で公開会社とそれら中堅企業のCG上の相違の1つとして会計監査人の設置義務が挙げられる。中堅企業における会計監査人の設置をコストの問題から非現実的であるとすれば，会計参与の導入によって代替させることも可能であり，そのように会計参与を設置した中堅企業においては業績連動給与を導入する条件の1つを実質的に克服したことになるだろう。そしてその結果，公開会社と中堅企業の間に存在する役員給与課税における不公平は一定程度，解消されると考えられる。

わが国における監査役設置会社と指名委員会等設置会社の特性を踏まえ，Jackson and Milhaupt[2014, pp. 136-138]はCG構造の相違によってもたらされる企業の財務状態の相違を明らかにしている。それによると平成22年に役員の個別報酬を明らかにした152社を監査役設置会社141社と指名委員会等設置会社11社に分類し，5つの観点から比較すると次の通りである。つまり監査役設置会社と指名委員会等設置会社の間で統計的な有意性を伴い後者が前者を上回っていた指標は海外売上比率・外国人持株比率・外国人役員を擁する比率・平均社外取締役数であり，逆に前者が後者を上回っていたのは事業会社や銀行による持株比率である。さらに監査役設置会社の役員234名と指名委員会等設置会社の役員35名の平均社年齢と在任年数を比較すると，いずれも1％水準有意で監査役設置会社の役員が指名委員会等設置会社の役

員より平均年齢は高く，在任年数も長いことが明らかとなった。

　監査役設置会社において金融機関による支配が優勢であり，役員は高齢で在任年数が長いという保守的な特性は，業績連動給与の導入を模索する中堅企業においても該当すると思われる。つまり中堅企業における役員構成は経営者の流動性が低く，役員構成が攪拌されないと考えられるが，この性質は一部の上場企業においても共通するのであろう。

2-6. 業績連動給与の導入と裁量的行動の関係

　役員報酬・役員賞与の支給状況が裁量的会計発生高や利益平準化に影響されるとの所見を示した首藤[2010]の研究成果によれば，経営者は業績連動給与の導入に際し，その採用時期決定において裁量的行動を執る可能性が指摘されるのではなかろうか。中小法人は公開会社に比し，繰越欠損金の計上が優遇されており，さらなる租税負担削減を目指し，繰越欠損金が枯渇する時点で業績連動給与を導入するタイミングを窺うと考えられる。このような仮説が説得的であるのは経営者がビッグ・バスを発生させるタイミングを選択可能であるからであり，企業業績の悪化や不祥事の発生によって役員賞与を無支給とする行動を発見した乙政[2000]の研究成果にもよるところでもある。実際，「今年度，ボーナスの受取を期待していない経営者は，利益減少型の利益調整を行う」との仮説検証から，「ビッグ・バスを行うことによって，経営者は次年度以降の利益を増加させ，将来のボーナスの受取の可能性を高めることができる（首藤[2010, p. 261]）」との知見も示されている。

　首藤[2010]はビッグ・バスを行う際に生じるであろう裁量的会計発生高と特別損益項目の検出にロジット回帰分析を用いて実態を解明した。分析結果より「特別損益項目の利用は，当期のボーナスを増加させるための主要な手段とはならないが，将来ボーナスを増加させるビッグ・バスの重要な方法となっている（首藤[2010, p. 274]）」と言う。このように公開会社を分析対象として役員賞与の無支給とビッグ・バスの関係を検証した首藤[2010]の研究成果が，極小規模の中小法人における役員給与支給における行動の一部を合理的に説明すると期待される。

ビッグ・バスによって生じた損失は繰越欠損として翌期以降に法人所得を減少させるが，公開大会社に比し資本金額1億円以下の中小法人ではより効果的に繰越欠損金による法人所得の削減が実現できる法制にある。但し，そもそもビッグ・バスが生じるには(1)企業をモニタリングする投資家の存在が不可欠であり，かつ首藤[2010, pp. 260-261]が検討した通り，(2)経営者報酬契約上の下限値の存在と役員賞与無支給を引き起こす業績悪化や不祥事の発生を与件としなければならない。したがって(1)の条件が欠落している非上場会社ではモニタリングと意図的な業績悪化の関係解明は困難となるが，前述の通り，中堅企業では借り入れによって銀行と納税によって課税庁が最も企業業績に関心を寄せることになる。

　さて，課税制度においては公開会社や中堅企業に比し，中小法人ではより優遇された繰越欠損金制度が存在するため，繰越欠損金の枯渇後，さらに一段の租税負担削減のために業績連動給与の導入が検討されると思われる。したがって中小法人には業績連動給与を導入すべきではない。このように推測されるのは高橋・野間[2011]の示唆による。この研究では平成29年度法人税法改正前における利益連動給与について，これを採用するタイミングが繰越欠損金の存否と関係するとの仮説を検証している。

　高橋・野間[2011]によれば会社法361①二に規定する業績連動給与の採用企業のうち，法法34①三に規定する利益連動給与を採用する東証一部上場企業を分析対象とし，他方，不採用企業群を編成してロジット回帰分析を実施している。その結果，「繰越欠損金が存在せず，将来の課税所得が見込まれる場合に，利益連動給与を採用する傾向がある」と指摘し，その他には「企業規模や取締役会の規模が小さい場合や，社長が六十五歳未満であったり，ストック・オプション制度が導入されていない場合に，利益連動給与が採用される傾向にある(高橋・野間[2011, p. 112])」ことを発見している。この研究は「繰越欠損金がなければ将来の課税所得が存在し，利益連動給与を採用する経済的合理性が生まれる(高橋・野間[2011, p. 113])」との仮説検証によって租税負担削減行動の一面が繰越欠損金の存否を原因とすることを明らかにしている点で興味深い。

第7章　企業価値連動給与と類似業種比準方式による株価算定の問題点　　181

　以上の高橋・野間[2011]の検証を踏まえると，中堅企業において業績連動
給与を導入した場合，その導入タイミングが繰越欠損金の消滅によって訪れ
ると予想され，裁量的行動を看過することになる。そこで中堅企業に業績連
動給与を導入する場合，繰越欠損金の控除額について繰越控除適用前の所得
金額の100％相当額まで控除を可能とする資本金1億円以下の中小法人に対
する措置は併用されるべきではない。換言すると中堅企業への業績連動給与
導入に際し，平成27年度法人税法改正附則第27条が規定する65％制限[26]
を適用すべきと考える。このため中堅企業に業績連動給与を支給する場合，
現行税制を踏まえると資本金1億円超を前提とすべきとなる。

3.　企業価値連動給与における類似業種比準方式の援用

3-1.　企業価値連動の利点

　中堅企業への業績連動給与の導入が制度上容認されない理由は大きく分け
て2つ存在し，1つ目に非公開会社における利益数値に対し恣意性が介入す
るために客観性が欠如する点を問題視しており，いま1つに証券市場要因の
欠落が挙げられる。そこで本節では短期的な利益へ連動させる方法に拘泥し
ないインセンティブ給与として企業価値に連動させて支給する役員給与を提
唱する。そしてその新たなインセンティブ給与は公開会社への適用というよ
りはむしろ有報を作成しない中堅企業において使い勝手の良い制度となるこ
とが望ましいと考える。そのように新たなインセンティブ給与の適用企業の
裾野を広げることが，景気浮揚のための税制改正として相応しいであろう。
　また従来より中小法人においてヒット商品の売上によって急激に利益を伸
ばした場合，役員に報酬として支払われるまでに相当のラグが生じ，硬直的
との問題が存在していた。公開会社であれば一時的に増加した利益を背景に
利益連動給与を支給することが可能であるが，中小法人においてはその途は
閉ざされている。例えば第4章以降で言及した衣服等縫製加工業・役員報酬
事件では，支給した役員報酬が不相当に高額であるとの賦課決定処分，審査

裁決を不服として出訴している。この事例は平成18年度税制改正前の役員給与課税制度の下で争われていたため、ヒット商品の売上げがもたらした利益について、これを取締役に分配する場合は役員賞与となり、即、損金不算入として処理されている。

平成18年度税制改正後には認定賞与がなくなったものの、同様の事件が改正後に生じた場合、中小法人におけるヒット商品の売上げによる一時的な利益の増加が直ぐに役員報酬の損金算入限度額に含められ、結果、役員給与の増額支給に結びつくわけでもない。本件では名古屋地方裁判所の見解として「ラックコートは、いわゆるヒット商品として飛ぶように売れたのであるから(中略－引用者)、当然に利益率は高くなる。従って、役務の対価としての報酬の相当額を判断するに際しては、利益率の増加を特に重視することはできない」と断じている。さらに「特に商品のヒットに基づく利益の増加のような一時的な利益の増加は、本来、役務の対価としての報酬ではなく、利益配分としての賞与の支給額の決定に際して考慮されるべき性質」と指摘している。この見解は平成6年に示されており、恐らく現在も課税側は中小法人における一時的な利益の増加が役員給与の損金算入限度額を増額させるとは考えていないと思われる。したがって中小法人におけるヒット商品の売上げがもたらす利益を企業価値連動給与として損金算入可能とすべき理由がある。

類似の観点から衣服等縫製加工業・役員報酬事件について品川[1994, p.42]は次のように指摘してる。それによると当該事件に対する判決を「受注増により売上金額等が急増するなかで、利益増があっても役員賞与や配当を支払わないで、役員報酬を前年度の3.2倍または5倍に増額させた場合に、当該役員報酬の過大性が問題となり、Y税務署長は、類似法人における対応する役員の平均報酬額を基準にして甲及び乙の役員報酬適正額を算定した」が、「結論において、本件更正処分を適法であるとしている(中略－引用者)考え方については、なお検討する余地がある」と指摘している。

さて、そこで本章において企業価値連動給与を検討するが、具体的には相続税法における取引相場のない株式の評価を基礎としており、財産評価基本通達(以下「財評通」と略称)の規定を援用した企業価値に連動する新たな税制

適格役員給与の導入を検討してみたい。この方法が優れていると考えられるのは，公開会社へ有報における開示義務(法法34①三イ(3))を課しているが，これに替えて中堅企業においては「取引相場のない株式(出資)の評価明細書」の提出を義務化すればひとまず代替される点である。中堅企業に企業価値連動給与を導入する際の条件として受給者氏名と受給金額，計算方法の公表が争点化するが，この方法によれば評価明細書の作成によって鈴木[2013, p.388]が指摘する役員のプライバシー問題からも解放される。加えて当該評価明細書が会計参与によって作成されれば，利益操作排除の観点からもなおのこと良いであろう。その他，財評通189に規定するような比準要素数1の会社にはそもそも企業価値連動給与の適用を除外するなど，要件設定についても現行規定を援用することで利便性も高いと言える。

実際の株式評価実務では財評通188により同族株主についての判定を行うが，本章において注目する中堅企業の役員に対する企業価値連動給与の支給を考えると，当該役員給与を受ける者は議決権割合を5％以上保持する同族株主等が大半を占めると思われる。さらに同族株主等であればそれらの有する株式に対する評価は類似業種比準価額と一株当たりの純資産価額のいずれか，あるいはその両方によることになろう。逆に言えば少数株主に適用される配当還元価額による株式評価は採用されないということである。また経営に参画しないみなし役員や貢献度が低いと考えられる非常勤役員に対しては企業価値連動給与の支給は見送られるべきである。

なお，本章では中堅企業における新たな税制適格役員給与のあり方を模索する上で，検討する法人の規模について財評通178における大会社に該当する水準を参照してみる。すると例えば卸売業，小売・サービス業以外の業種では年商20億円以上が大会社となっており，またこのときの帳簿価額による純資産価額は10億円以上であるため，先に述べた資本金額1億円以下の中小事業者等を除くとの条件設定は堅持すべきとなろう。

3-2. 類似業種比準方式に対する批判

これまでの検討により，中堅企業に対して企業価値連動給与を支給する場

合，類似業種比準方式による株価算定を踏まえることとするが，類似業種比準方式に対するいくつかの批判に言及しておく必要もあろう。例えばその1つ目として相続税法の財産評価基本通達がいかなる程度の基準性を有しているのかという論点である。そもそも通達などというものは「国税庁長官が国税庁に宛てて，相続税および贈与税の課税価格計算の基礎となる基本的な取扱いを指示しているものであるにすぎない（浜田[2004, p.19]）」との指摘がある。しかしこの点について「租税法における資産（財産）の時価（価格）の解釈については，国税庁の取扱通達に端を発していると言え，裁判例が当該扱いの適法性を是認する形で定着してきている（品川[2004, p.14]）」とされ，今や当該通達に認められる規準性を否定することは困難である[27]。同様に類似業種比準方式は「実務における簡便性，客観性の担保を勘案すれば，一定の評価を与えることができる（辻山[2004, p.30]）」とされる。

　また類似業種比準方式に対する次のような2つ目の批判も存在する。実際平成28年度税制改正に向けた中小企業庁による提言の中で，取引所相場のない株式の評価方式に関する見直しが提案されている。その目的は「上場企業の株価の上昇に伴い，中小企業の中には，業績に大きな変化のない状況下であっても，想定外に株価が高く評価されることにより，円滑な事業承継に影響を来す可能性が生じている（中小企業庁[2015, p.17]）」現状の改善である。類似業種比準方式では評価会社の株価算定のために評価会社の一株当たりの配当金額・利益金額・簿価純資産価額（以下「三要素」と略称）を算出し（財評通183），これに対応する類似業種の三要素との関係から株式評価を行う（財評通180）。そこで平成7年から同17年までの類似業種の株価と三要素の間でそれぞれの変動率を各年別に比較した結果，「非常にバラツキがあり，相関性は認められない（川崎[2006, p.6]）」と指摘される。川崎[2006]は16業種を分析対象とし，類似業種の株価および三要素の前年比較差の分布状況から「株価と年利益金額の変動率はいずれも大きいが，各年ごとに対比した場合には両者の変動率の較差は大きく，したがって両者の変動には相関性が認められない」とした。さらに「配当金額及び純資産価額の変動率はいずれも小さいが，株価との較差を各年ごとに対比した場合にはやはり較差はかなり大きく，し

第7章　企業価値連動給与と類似業種比準方式による株価算定の問題点　　185

たがって株価とこの両者の変動にも相関性が認められない(川崎[2006, pp. 6-7])」という。加えて「評価会社の3要素には何ら変動がなくても，評価会社の株価が上昇又は下降を繰り返すというほぼ同様の状況が現実に発生している(川崎[2006, p. 8])」と言う。

　類似業種比準方式による評価会社の株価は国税側が提供する類似業種の株価と三要素によって決定するため，仮に川崎[2006]が指摘するように国税側が提供する類似業種の株価と三要素の間に有意な関係性が認められないのであれば，評価会社の株価推計は正確性に欠けることになる。本章においては業績連動給与を中堅企業に適用できるように新たに企業価値連動給与を提唱し，さらに企業価値算定に際して財評通180を活用するべきと考える。このため評価会社の株価算定上，類似業種の株価と三要素の関係性について検証を行う必要がある。つまり三要素から類似業種の株価が合理的に推計されないのであれば，本研究が提唱する企業価値連動給与なる新たな税制適格役員給与は計算方法に潜在する欠陥により無意味な試論となる。しかもそればかりか，これまで行われてきた評価会社の株価推計さえも不正確であったとの批判にさらされる可能性がある。

　3つ目に類似業種比準方式に内在する問題として中小法人の株式を評価するといえども，極小規模の中小法人に対する適用には看過ならない問題が潜むという点が挙げられる。結論からすれば高橋[1994, p. 267]が指摘する通り，「会社の規模が一定規模以上でない時は，(類似業種比準方式によって算定された－引用者注)その値に対する信頼度は極めて小さい」と言わざるを得ない。なぜなら極小規模の中小法人では「経営者の性格によって，配当金の多寡，役員報酬の多寡，交際費の支出額，親族等の報酬額はかなり差が出る」ため，類似業種比準方式を用いたとしても評価会社の株価は「必ずしも組織体としての企業の価値を反映した金額というよりも，経営者の個性を強く反映した数値(高橋[1994, p. 269])」となる。つまり比準要素数1の会社への特例適用に至らないまでも，配当をゼロにして役員報酬をより多く支給するという裁量行動を採用しやすい。

　尤も中小法人においては無配が珍しいわけでもなく，実質的に比準要素は

利益金額と純資産価額の2つでも計算式は破綻しないように工夫されている。さらに本研究で企業価値連動給与の導入を検討するのは第6章で分析対象としたような極小規模の中小法人ではない。本章において同給与の導入を検討する中堅企業の企業規模についてM＆Aの対象となる場合を例として考えてみる。するとM＆Aを実施した場合の一部では「買収後には上場もしくは店頭登録へ進む可能性があるので，その評価に当たっては，類似業種(会社)比準価額が最も重要な評価方法の一つ」とされている。このように類似業種比準方式は中堅企業の株価算定において妥当性の高い方法である。さらに中堅企業が分類される企業規模クラスは「組織体としての企業，継続企業としての企業の実態が強いので，仮に解散したとしたらいくらかという計算をしてみても，数百人の従業員(中略−引用者)を解雇できるはずもなく，仮定の計算自体の意味が薄れてくる(高橋[1994, p. 270])」という特性が少なからず認められるので，一株当たり純資産価格方式を用いるに比べ，合理的である。

4. 類似業種比準方式の実証的検証

4-1. 分析対象データの再編成

　画一的に過ぎるとの批判もあるが，公平課税の実現には非上場株式の株価算定のみならず，役員給与の損金不算入限度額算定や推計課税など，第3章で言及した通り，課税上は類似企業の選定作業が避けがたい重要な行程となっている。課税の類型化は類似企業の選定において課税側が用いる倍半基準によってサンプル集積した結果もたらされるが，本書においてこれまで言及してきた通り，サンプルサイズが小さいことを理由として算定される損金算入限度額の水準に納得ができない納税者も多い。そこで，まず本章における検討項目として財評通180に規定する株価算定構造についても課税の類型化がいかに表れるか検証を試みる。

　データとして用いるのは平成12年から平成25年まで14カ年間の「類似業種比準価格計算上の業種目及び業種目別株価等[28]」である。そして当該

第7章　企業価値連動給与と類似業種比準方式による株価算定の問題点　　187

期間において比較可能な大分類7業種目（鉱業・建設業・卸売業・小売業・不動産業・運輸倉庫業・サービス業）と製造業のうち中分類6業種目（化学工業・窯業土石製品・鉄鋼・非鉄金属・金属製品・電気機械器具）の併せて13業種の株価と三要素を分析対象とした。この結果，株価と三要素のデータの組み合わせは14年間に毎年13業種存在するため，182組確保することができる。

　一般的には実証分析における業種分類に関し，次のような問題もある。例えば泉田[2003, p.98]によれば「農林水産，金融および金融関連サービス業，電力・ガス・放送通信・運輸などの公益産業をサンプルから取り除いて」分析する場合である。その理由として「日本において農林水産業および公益産業はきわめて規制が強いため，経営者の報酬に関して経済学が想定している様な動機付けがなされているかどうかが疑問」となるからである。本章における検証では分析対象に泉田[2003]が問題視した業種は含まれていないが，それぞれの業種において発生する特殊な傾向が株価算定上に影響を及ぼす可能性を疑い，類似業種比準価格算定上の問題点を検証する。

　なお，平成21年以降には製造業の中分類業種目に変更が生じたため，全ての中分類業種目による比較ができないことを付言しておく。また分析対象は先行研究との対応から概ね川崎[2006]と重複するように設定している。

4-2. 分析モデルの検討

　本節以下では類似業種の株価と三要素の関係性について，業種とデータ収集年を固定因子とした共分散分析を実施し，三要素から類似業種の株価を推計する場合にいかなる変動が生じるのか検証を試みたい。この分析では類似業種比準方式による評価会社の株価推計が業種のみならず年による固有の変動をいかなる程度反映させるのかを明らかにする。本章では評価会社の株価は業種や景気の浮沈による影響を受けると考え，これらを固定効果として推定する。このような背景から算出される評価会社の株価が納税者にとって受け入れ難く，川崎[2006]は評価会社の株価と三要素の間に「相関性が認められない」と指摘している。なお，川崎[2006]の類似業種比準方式に対する批

判は統計的分析手法を用いておらず，格差比較によって導出されている。この点，川崎[2006]の分析結果について統計的に再検討を試みる意義は決して小さくはない。そこで上記の疑問や意義に基づき分析を試みてみよう。

　前節において構成した182組のデータを2つの観点から再編成する。1つには業種という固定因子によって実際の株価が類型化される傾向を検証する。この観点は公開会社であれば景気敏感株やディフェンシブ銘柄として業種固有の株価の値動きが認められるだろうとの着想による。いま1つには，各年における株価の騰落が財評通180に規定する株価算定に及ぼす影響を観察する。この観点はかねてより「取引所相場のない株式については，将来会社から支払をうける利益配当・財余（原文ママ－引用者注）財産分配の期待以外に，価格形成の要素はありえない（江頭[1983, p. 460]）」とされるところ，相続税における非上場株式の算定に各年ごとの景気の浮沈が影響を与える不合理な実態を確認するために検討される。つまり将来性やオフバランスとなる無形資産の存在など，個別事情を一切排除して非上場株式を評価するのが課税側の原則的立場だが，非上場株式の算定のために上場株式の騰落を反映させる現行規定について，これを問題なしとはしていない。

　そこで(1)財評通180に規定する株価算定における業種ごとの類型化を観察するためにデータを業種ごとに分類し，さらにその各業種の配下に平成12年から同25年のデータを入れ子構造とした。逆に(2)財評通180に規定する株価算定における年ごとの類型化を観察するためにデータを年ごとに分類し，さらにその各年の配下に鉱業から金属製品製造業までの13業種目のデータを入れ子構造とした。その上で(1)のデータ検証のためにmodel. 1を定立し，他方，(2)の検証のためにmodel. 2を定立した共分散分析を実施する。なお，Yは株価であり，β_1は配当金額，β_2は利益金額，β_3は簿価純資産価格の係数を表しており，三要素から株価を推計するモデルとなっている。またmodel. 1におけるα_iは固定因子としての各業種による株価変動をコントロールしており，model. 2におけるα_tは固定因子としての各年による株価変動をコントロールしている。各変数の添え字iは産業別を表し，tはデータの収集年別である。

第7章 企業価値連動給与と類似業種比準方式による株価算定の問題点 189

model. 1: $Y_{i,t} = \alpha + \alpha_i + \beta_1 X_{1\,i,t} + \beta_2 X_{2\,i,t} + \beta_3 X_{3\,i,t} + \varepsilon_{i,t}$

model. 2: $Y_{t,i} = \alpha + \alpha_t + \beta_1 X_{1\,t,i} + \beta_2 X_{2\,t,i} + \beta_3 X_{3\,t,i} + \varepsilon_{t,i}$

このモデルは共分散分析によるため，固定因子(業種と年)と共変量(配当金額・利益金額・簿価純資産価額)の間に交互作用を認めない前提である。つまり本章においては固定因子の各水準を model. 1 では業種，model. 2 ではデータの収集年の違いと設定するので，特定の業種や年において共変量とした三要素のいずれかが強く作用しないことが交互作用を認めないことと同義になる。そのようにして交互作用を認めない場合に，係数の傾きは互いに等しいという平行性の仮定が成立し，共分散分析が可能となる。このような分析上の制約から平行性の検定を実施した結果，model. 1 においては共変量のうち簿価純資産価額が平行性を満たさないことが明らかとなった[29] が，他方 model. 2 においては平行性の仮定が満たされている[30]。そのため model. 1 は次のように model. 1. 1 として改め，分析を試みた。

model. 1. 1: $Y_{i,t} = \alpha + \alpha_i + \beta_1 X_{1\,i,t} + \beta_2 X_{2\,i,t} + \varepsilon_{i,t}$

4-3. 分析結果とその解釈

本章では中堅企業において新たな税制適格役員給与の1つとして企業価値連動給与の導入に注目したのであり，財評通 180 に規定する株価算定の方法を援用するとすれば，当該株価算定の構造にいかなる類型化を認めるのかを明らかにしようとした。つまり財評通 180 に規定される株価算定構造は評価会社の株価推計において業種別偏りという類型化を招くかという問題意識から model. 1. 1 による検証を試みたところ，(図表 7-1)に示す通り建設業が最も低く算定される傾向があり，次いで鉄鋼業，窯業・土石製品製造業，運輸・倉庫の順に株価が高く算定される傾向が判明した。

仮に企業価値連動給与が実施されるならば算定された株価の対前年での変動差なり，変動率を指標として新たな役員給与が支給される仕組みとなれば納税者の不満は緩和されるかもしれない。したがって企業価値連動給与を導

(図表7-1)　財評通180に規定する株価推計に見る固定効果

model. 1.1					model. 2			
従属変数：年平均株価	係数	t値	有意確率		従属変数：年平均株価	係数	t値	有意確率
切片	239.011	6.199	0.000		切片	47.165	1.174	0.242
配当金額	−16.872	−1.783	0.076		配当金額	−1.841	−0.171	0.864
利益金額	5.785	4.459	0.000		利益金額	6.329	5.138	0.000
−					簿価純資産価額	0.289	2.098	0.037
固定因子　鉱業	77.722	1.924	0.056	固定因子　平成12年	125.575	3.235	0.001
建設業	−135.514	−3.366	0.001	平成13年	43.906	1.114	0.267
卸売業	−87.756	−2.149	0.033	平成14年	−26.264	−0.648	0.518
小売業	3.926	0.092	0.927	平成15年	10.173	0.261	0.794
不動産業	5.312	0.116	0.908	平成16年	117.651	3.011	0.003
運輸・倉庫業	−93.982	−2.330	0.021	平成17年	156.681	3.971	0.000
サービス業	91.264	2.171	0.031	平成18年	24.272	0.602	0.548
化学工業	9.645	0.230	0.818	平成19年	41.362	1.020	0.309
窯業・土石製品	−97.070	−2.420	0.017	平成20年	−26.231	−0.656	0.513
鉄鋼業	−118.566	−2.956	0.004	平成21年	−107.237	−2.728	0.007
非鉄金属	−83.812	−2.069	0.040	平成22年	−9.106	−0.230	0.818
金属製品	−67.531	−1.595	0.113	平成23年	−27.481	−0.701	0.484
電気機械器具	0			平成24年	−50.304	−1.303	0.195
				平成25年	0		
R2/AdjR2	0.450/0.404			R2/AdjR2	0.528/0.482		

入する場合に業種別による非上場株式の株価算定にバラツキがあること自体，重篤な問題ではない。むしろこの実証分析によって浮かび上がった問題とは，財評通180に規定する株価算定を行う限り，相続人が相続する会社の株価は業種別の類型化によって高い低いを招き，結果，相続する会社が属する業種によって相続税額の割高感・割安感を与えてしまう点であろう。

　さらに株価に与える配当金額の影響について，model. 1. 1においては10％水準有意に過ぎず，またmodel. 2においてはその有意性は認められないものの，いずれも符号が負となった点は注目すべきである。一般的に株価推計において三要素は重要であり，配当金額によって配当還元方式が，また利益金額によって収益還元方式が存在するが，それらに加えて簿価純資産価額によってネットアセット・アプローチの採用を企図したのが財評通180に

規定する株価推計である。しかし２つのインカム・アプローチと１つのネットアセット・アプローチにウェイト付けを行って類似業種比準方式というマーケット・アプローチによる株価推計へと至る財評通 180 は総花的混乱振りを呈している。

そもそも配当支出があればその分だけ企業価値が低下するのは株価分析においてはセオリーであり，これはクリーン・サープラス関係としても示されている。財評通 180 に関する問題について Ohlson モデルではクリーン・サープラス関係が成立するならば割引配当モデルと残余利益モデルは等しくなるため，(1)企業価値測定の際，配当金額をベースとしてのみ行うのか，あるいは純資産金額をベースとしてのみ行うのかという評価における二者択一の問題に拘泥することはない。加えて最良の方法とは言い難いが，(2)配当額を用いるよりも利益数値により株価を推計する方法が税法においては親和性が高い。反面，割引配当モデルにせよ残余利益モデルにせよ，厳密な企業価値推定にはそれぞれ配当と利益の将来数値を用いらねばならないが，税法規定に馴染まない。実際，浜田 [2004, p. 22] が指摘するように，公平課税の観点から株式評価において将来予想や個別事情を反映させるべきではない。本章における結論としては測定困難な要素は評価せず，最低限クリーン・サープラス関係を踏まえて企業価値を算定すればよいと考える。このように本章においては企業価値連動給与を提案するも，現行税法における非上場株式の評価規定に潜在する問題も避けがたい検討事項の１つと指摘しておく。

また model. 2 による分析では平成 17 年の株価は最も高く算出されると言え，次いで同 12 年，同 16 年と高いが，逆に同 21 年の株価は最も低いと (図表 7-1) によって示される。この結果について (図表 7-2) と対比しながら分析結果を見直してみるが，同図表は Yahoo! ファイナンスから日経平均株価の四本値を月次データによって取得し，作成した。(図表 7-2) は縦軸に日経平均株価を示し，横軸は分析対象となった平成 12 年から同 26 年までの期間を示している。

(図表 7-2) より平成 12 年 4 月には IT バブルによって高位に推移したが，その後は同バブルの崩壊によって株価は急速に下落している。また分析結果

(図表7-2) 日経平均の推移

より平成16年・同17年においても同12年同様,三要素によって推計される理論上の株価に比し算定される評価会社の株価が高いとされている。そのうち平成16年中の経済成長を振り返ると前半と後半で対照的であり,内閣府[2005a]によれば前半においては「消費や投資の民需が好調であったことに加え,外需がプラスの寄与を示したことから年率4％の高い成長が実現」したとする。他方,後半においては「IT関連部門における世界的な調整を反映して外需がマイナスの寄与となった一方,秋における気候の暖かさや台風の襲来などによって民需が一時的に悪影響を受けたことから,成長率はほぼゼロに大きく鈍化」したとする[31]。

平成16年後半から同17年前半におけるわが国経済成長について内閣府[2005b]による見解は,「世界的なIT関連分野の調整等により,輸出,生産を中心に弱い動きがみられ,景気は踊り場的状況となった」と指摘するも,平成17年なかばには「アジア向けを中心に輸出が持ち直し,生産についても情報化関連分野の在庫調整が一巡するなど改善の動きがみられ」,「景気は踊り場を脱却し,その後も緩やかな回復を続けている」と指摘している[32]。

逆に分析結果から最も低い株価が算定されるとした平成21年は前年に発

生したリーマン・ショックの影響を受けて年初から株価が低位に推移しており，平成21年全体を通して日経平均株価は10,000円を下回る時期が相対的に長かった。以上の通り，平成12年，同16年，同17年について株価が高く算定され，他方，同21年について低く算定されるという分析結果は（図表7-2）によっても裏付けができる。

但し，（図表7-2）より平成21年中は株価が低位に推移したが，これと同程度の水準と思われる平成14年・15年について，model. 2による分析から特別にそれら特定の2年において株価算定が低くなる傾向は認められない。つまり（図表7-2）を踏まえると（図表7-1）に示すmodel. 2による分析結果として，上記特定の3年が有意に負の関係性を示すことが期待されたが，予想を覆す結果である。また逆に平成18年・19年は（図表7-2）より株価が高位に推移したが，model. 2による分析から特別にそれら特定の2年が株価と有意に正の関係性を示すわけでもない。このように期待を覆す結果については「類似業種比準価格計算上の業種目及び業種目別株価等」によって提供される株価について，その算定過程で課税側が余りに低すぎる銘柄やその逆に高すぎる銘柄を排除して調整している可能性がある。

従来，「類似業種比準価格計算上の業種目及び業種目別株価等」の算定過程においてサンプルを構成した個別銘柄は明らかにされておらず，いかなる銘柄が高過ぎていかなる銘柄が低過ぎるのか，そしてそれらを含めたのか排除したのかわれわれは知り得ない。この点も一種のシークレット・コンパラブルであるため，公開しないことが批判の対象となるが，仮に公開すると株価や三要素を算定する上で，特定の銘柄についてなぜ含めたのか，あるいはなぜ排除したのかが問われる事態となり，さらなる批判を惹起する可能性がある。いわば一旦公開するとそれはパンドラの箱となり得るために課税側は算出過程やサンプルを構成する銘柄を明らかにできない状態にあるのだろう。

5. おわりに

本章では証券市場要因が欠落する中堅企業に対し，企業価値連動給与を導

入するための試論を展開した。本章における試論についてその着想は次のような指摘に基づいている。つまり「利益連動給与については，会社経営の活力を増大させるために，上場会社等に限定せず，すべての会社（法人）に適用できるように改めるべき（品川［2008b, p. 33]）」との見解である。そこで企業価値連動給与が導入される企業については1つの例として銀行によって支配証券と化した企業に注目するのも興味深い。手はじめに銀行が株式保有しているベンチャービジネス会社や事業再生会社に企業価値連動給与を導入するべきと考えるが，その理由としてこれら企業は利益獲得に強い動機付けが必要となる点を踏まえるからである。つまり前者は創業期にあって利益獲得が困難な状況にあると言え，後者は事業再生過程において徹底した銀行の管理下にあり，いずれも利益獲得に強い動機付けが必要である。したがって企業価値連動給与はこのような非公開会社に適用されることも想定されようが，これらのうちベンチャービジネス会社において資本金5億円以上とする条件を満たすのは困難な場合も予想され，企業価値連動給与の導入が中堅企業を対象とするとしても一律に資本金5億円以上とすべきではないかもしれない。

　従来，法人税法では損金算入可能な企業価値連動給与は有報作成会社に対し容認されるのみであり，中小法人に対してはその適用の途が今もなお閉ざされている。このため通常の利益率を上回ることが多いとされるヒット商品に恵まれた場合に，中小法人においては獲得した利益の役員への還元が適時に行いにくく，経営努力に対する報いが不十分である。平成29年度法人税法改正において利益連動給与から業績連動給与へと呼称変更した背景には，役員に対する中長期的なインセンティブ報酬を与える目的が存在したとされる[33]が，公開大会社であれ閉鎖した中小法人であれ，いずれもヒット商品が企業に活力をもたらすのは変わりがない。しかし税制面では前者に対し業績連動給与によって適時に損金算入される役員給与支給が可能であるものの他方，後者においてはヒット商品の売上後，暫くしてから定期同額給与や事前確定届出給与支給の改訂によって初めて努力に対する報いを得られる点に依然として差異が存在する。このように見てくると，中堅企業においても何らかの損金算入可能な業績連動給与が認められるべきと考えられる。また中

第7章 企業価値連動給与と類似業種比準方式による株価算定の問題点 195

堅企業は資本市場を通じて評価されないために算出される利益への客観性確
保は残された問題となるが，問題解決の一方途として会計参与の設置によっ
て克服を試みるべきと提言した通りである。

　本章では中堅企業の企業価値を相続税法に規定する類似業種比準方式を用
いて算定する方途に言及し，問題点を検証したが，中小法人の株価算定にお
ける最大の欠陥として同業種の上場株式の騰落を反映させてしまう計算過程
を批判している。これまで資本市場における極端な値上がりをそのまま反映
した「類似業種比準価格計算上の業種目及び業種目別株価等」を課税庁が提
供しているようにも思えた反面，本章における分析結果の解釈から，一定程
度「丸めた柔らかい」数値を提供しているとも推察される。換言すれば納税
者の不満を緩和すように課税側が裁量を効かせて業種目別の株価や三要素を
「さじ加減」を効かせて突出した数値にならないようにしている可能性もあ
る。しかしながら行種目別株価や三要素の算出過程やそれらを算出するため
に構成された各銘柄が納税者に明らかにされない限りは，今後とも，これら
の公開が引き続き残された課題となるように思われる。

　先行研究では評価会社の三要素に変化がなくても同業種の上場株式の騰落
によって評価会社の株価に変化を及ぼすとしており，本章でも同様の分析結
果を導出している。本章においても概ね先行研究の結果を支持し，評価会社
の株価算定につき，業種という要素と景気の浮沈という評価時点の要素が影
響して非公開会社の株価が算定される現状を明らかにした。今後は国税側が
提供する類似業種の株価算定過程で用いられた各業種の構成銘柄について改
良が期待される。なぜなら中小法人の株価が景気の浮沈によって大きく変動
するとは考えにくいことからも一層ボラティリティが低い銘柄によってサン
プルが構成され，株価や三要素が提供されることが望ましいからである。つ
まり中堅企業の大半が同族会社と推察される中で，国税庁によって提供され
る業種目別株価等は，東証一部がユニバースとなる日経平均やTOPICに基
づいて算定されるべきではない。むしろ東証二部構成銘柄からボラティリ
ティの低い銘柄によって上記株価等を算定すべきと考える。このように一番
の関心は非公開会社の株価が経営者の努力や責任の範囲から離れた外生的要

196

因による評価を極力回避することにある。この点の改善が見られない限り，中堅企業への企業価値連動給与の導入どころか，従来行われてきた相続・贈与の際の評価会社の株価算定においても不正確な計算を繰り返し続けることになると主張しておきたい。

1）　http://www.mof.go.jp/tax_policy/tax_reform/outline/fy2016/20151224taikou.pdf
2）　平成 27 年 8 月 7 日　日本経済新聞　朝刊 1 頁。
3）　http://www.mof.go.jp/tax_policy/tax_reform/outline/fy2016/request/meti/28y_meti_k_03.pdf
4）　利益連動給与の中小法人への導入について公益財団法人全国法人会総連合は「平成 28 年度税制改正に関する提言」において「経営者の経営意欲を高め，企業に活力を与える観点から，同族会社における役員の利益連動給与についても，一定の要件のもと，損金処理を認めるべき」と下記ホームページにおいて主張している。この全国法人会総連合による主張は確認できる限り，平成 25 年度税制改正後，継続した提言となっている。http://www.zenkokuhojinkai.or.jp/activity/suggest.html
5）　本章において検討対象とする法人とは，例えば会社法第 2 条五・六によ規定するような株式の譲渡が制限された非公開会社であり，資本金額が五億円以上，負債二百億円以上の会社を含むということもできるであろう。
6）　本文中の「中堅企業」という文言は平成 28 年 3 月 17 日に日本税理士会連合会が公表した「中小法人の範囲と税制のあり方について――平成 27 年度諮問に対する答申――」の中で見つけることができる。この報告書は金子宏会長・品川芳宣会長代理を含む 21 名の特別委員によって構成された同連合会の税制審議会において検討されている。本章において関連する部分について引用すれば以下の通りである。
　　　「中小法人税制に関しては，いわゆる中堅企業に対する課税のあり方を検討する必要がある。現行の制度では，資本金が 1 億円を超え 10 億円程度までの中堅企業には中小法人税制が適用されず，大企業と比べて相対的に税負担が過重になる例が少なくない。このため，現行の税制が必ずしも企業の成長発展に寄与しているとはいえず，これらの中堅企業を大企業に成長させるという視点が欠落していると考えられる。
　　　したがって，法人の規模の区分では大法人に該当する場合であっても，事業の実態からみて一定規模以下の中堅企業については，大法人と異なる視点からの税制を検討し，その負担軽減に資する措置を講ずる必要がある。」（7 頁）
　　　本章では上記税制審議会が指摘する中堅企業における成長発展に寄与する目的で，これらの企業に業績連動給与を導入する一方途を検討するが，上記審議会の定義によれば中堅企業を資本金 1 億円超 10 億円程度としており，本章における中堅企業の定義も概ねこれに準ずることとする。

7) 古川[2005, p. 126]は当時の国税庁調査課・山川国際調査管理官の租研における講演内容に基づく引用と断った上で，次のようにも述べている。それによると「営業利益は，また，粗利益の場合と比較して，関連者間取引と独立企業間取引との間の機能差異に対して寛大」と指摘する。換言すれば「価格は製品の差異による影響を受ける傾向があり，粗利益は機能の差異による影響を受ける傾向があるが，営業利益はその様な差異によってそれほど有害な影響は受けない」ことを指摘している。

8) 平成27年8月7日　日本経済新聞　朝刊1頁。

9) 本研究は業績連動給与を検討対象とすることで税務会計研究領域におけるCGの検討も論点の1つになると考える。同様の分析視角から示唆に富む知見として鈴木[2015]を参照のこと。

10) 平成27年4月4日　日本経済新聞　朝刊13頁に始まる一連の東芝不適切会計の報道を参照。尤も東芝の不適切会計のみならず，広く一般に会計不正において債務不履行が疑われる会計士に対し，税理士資格も含む全ての免許剥奪など厳しい処分を行い，公認会計士の生え替わりが活性化されれば公益に資すると期待される。会計士業界に新たに算入する者(試験合格者)と退出する者(免許剥奪者)が淀みなく入れ替わることで会計士受験者数も上向くのではないか。

11) 日本税理士会連合会のホームページによると全国43の金融機関が会計参与設置会社を対象とした融資商品を取り扱うとしている(平成23年8月18日・日税連調べによる)。http://www.nichizeiren.or.jp/taxaccount/accounts.html

12) 平成18年5月施行の改正会社法より会計参与設置が制度化されたが，一年後の報道(平成19年6月21日　日本経済新聞　夕刊1頁)によると会計参与設置企業は1,000社規模とされており，その後も低位で推移したと言われる。また税理士会[2008]が実施したアンケート調査(複数回答可能)の結果から，会計参与が就任した企業のうち55.4%が資本金1,000万円以上3,000万円未満の階層となり，以下順に17.5%が3,000万円以上5,000万円未満の階層，そして13.4%が5,000万円以上1億円未満の階層として報告されている。このような偏りからすれば，中堅企業において会計参与が設置されるのにしばらく時間を要すると推察される点も，本文中に示した(1)を(2)によって実現する方法が限界であることを予見させる。

13) 会計参与設置企業の偏りに関する理由として一般的な見解は野口[2008, p. 181]が指摘する通りであろう。つまり会計参与が株主代表訴訟の対象となる点を踏まえ，「作成される計算書類の信頼性を確保する上で必要とされるものではあるが，期待できる報酬の金額とのバランスを考慮すれば，重すぎる」という見解である。同様に税理士は「就任先の会社との間で信頼関係の高い会社については会計参与に就任しているものの，リスク・責任と対価(報酬)の不均衡が就任を希望しない大きな理由」と指摘される(大久保[2010, pp. 98-99])。

14) 平成13年5月8日　日本経済新聞　夕刊17頁。

15) 平成15年8月1日　日本経済新聞　夕刊17頁。

16) 平成19年5月24日　日本経済新聞　朝刊39頁。

17) 平成 23 年 12 月 22 日　日本経済新聞　夕刊 16 頁。

18) 平成 25 年 6 月 28 日　日本経済新聞　朝刊 43 頁。

19) 平成 24 年 10 月 11 日　日本経済新聞　朝刊 13 頁。

20) 平成 27 年 3 月 28 日　日本経済新聞　朝刊 3 頁。

21) 平成 29 年 4 月 27 日　日本経済新聞　朝刊 13 頁。

22) 平成 29 年 6 月 28 日　日本経済新聞　朝刊 2 頁。

23) 平成 29 年 7 月 11 日　日本経済新聞　朝刊 5 頁。

24) 中小法人に対する優遇税制について以下の 5 つを掲げておく。(1)法法 57 条 11 項や法法 66 条 1 項，措法 42 条の 3 の 2 が規定する法人税の軽減税率の適用，(2)法法 57 条 11 項，58 条 6 項が規定する欠損金の繰越控除，(3)措法 42 条の 4 や措法 67 の 8 に規定する少額減価償却資産の一括償却，(4)措法 42 条の 6 が規定する特別償却または税額控除，(5)地方税法 72 条の 2 が規定する法人事業税の外形標準課税。

25) 平成 28 年 7 月 25 日　日本経済新聞　朝刊 15 頁。当該報道によると平成 28 年 6 月 27 日時点の調査で監査役会設置会社が 3,021 社，指名委員会等設置会社が 69 社，監査等委員会設置会社が 414 社存在するという。

26) 平成 27 年度法人税法改正附則第 27 条によれば 65％制限は事業年度開始日が平成 27 年 4 月 1 日から平成 28 年 3 月 31 日まで，また同様に 60％制限は平成 28 年 4 月 1 日から平成 29 年 3 月 31 日まで，55％制限は平成 29 年 4 月 1 日から平成 30 年 3 月 31 日まで，50％制限は平成 30 年 4 月 1 日以降に適用される。

27) 類似業種比準方式の合理性が認められた裁判例として〈第一審〉平成 1 年 3 月 22 日名古屋地裁民事第 9 部判決・昭和 45 年(行ウ)48 号，〈控訴審〉平成 4 年 2 月 27 日名古屋高等裁判所民事第 1 部判決・平成 1 年(行コ)6 号〈上告審〉平成 4 年 12 月 4 日最高裁判所第二小法廷判決・平成 4 年(行ツ)95 号を参照。

28) 株価と三要素のデータは次の国税庁ホームページより入手した。https://www.nta.go.jp/shiraberu/zeiho-kaishaku/tsutatsu/kobetsu/hyoka/zaisan.htm

29) SPSS によって実施した検定結果によれば，各業種×配当金額の交互作用は 1.245（F 値）／0.249（有意確率）となり，以下同様に各業種×利益金額で 0.378／0.979，各業種×簿価純資産価額 2.674／0.002 である。

30) 前掲脚注同様に，各年×配当金額で 0.724／0.737 となり，各年×利益金額で 1.240／0.259，各年×簿価純資産価額 1.049／0.410 である。

31) 参考までに内閣府[2005a]によれば平成 16 年前半における高成長と同後半におけるゼロ成長を次のように解説している。まず高成長の要因として「①雇用リストラの一巡などを背景とする家計マインドの改善によって家計消費が着実に増加したこと，②IT 関連分野を中心として製造業の設備投資が増加したこと，③家電製品や鉄鋼や化学製品などの輸出が増加を続けプラスの外需寄与度が実現したこと」を挙げている。また他方，ゼロ成長の要因として「①電子部品・デバイスやデジタル家電など IT 関連の輸出の伸びがアジアやアメリカ向けを中心として減速したこと，② 2004 年秋には台風の襲来が相次ぎ家計消費や非製造業設備投資(特に不動産業等)

に悪影響を及ぼしたこと，③年末にかけて気温が高めで推移したことから冬物衣料や暖房器具などの消費が盛り上がりを欠いたこと」を挙げている。

32)　参考までに内閣府[2005b]によれば平成17年後半におけるわが国経済成長を次のように解説している。つまり「秋口以降は，国内年末商戦やアメリカのクリスマス商戦に向け，液晶素子を中心に電子部品等の生産指数は大幅に改善し」たとの見解や，「年半ば以降には，主力である一般機械（工作機械，半導体製造装置）や電気機器（半導体等電子部品）を中心に中国・アジア向けの輸出が持ち直している」との見解が示されている。

33)　例えば金本悠希稿「税制改正大綱－役員給与の見直し」大和総研，5頁。
http://www.dir.co.jp/research/report/law-research/tax/20161221_011535.pdf

第8章　資本剰余金配当に対する投資家の反応

1. は じ め に

　法人が行う株主への還元には増配のほかに特別配当，自己株式の取得，株式分割や企業分割などが挙げられる。Damodaran[1999, p. 389]によれば，これらペイアウトにはそれぞれに株主に対して異なるシグナリングを発するという。さらにこれら株主還元策によって発されるシグナリングを投資家がいかに受け止めるのかという疑問については，投資家がいかなる配当を選好するのかに由来するほか，投資家がいかなる課税状態におかれるのかによっても異なると指摘している[1]。この場合の投資家の課税状態とは，キャピタルゲインとインカムゲインにおける税負担の違いを前提としている（Damodaran[1999, pp. 363-368]）。つまりキャピタルゲイン課税とインカムゲイン課税における有利不利の狭間に投資家は右往左往するのであって，仮に配当に課税されないのであれば，投資家はそのような配当を強く選好すると考えられる。

　そこで本章では利益剰余金を原資とした配当(以下「利益剰余金配当」と略称)に比べて複雑であるが軽課される資本剰余金を原資とした配当(以下「資本剰余金配当」と略称)に注目し，その実施公表日をイベント日とする ES を実施する。そして投資家はいかなる反応を示すのかについて明らかにする。わが国における資本剰余金配当に対する課税制度は，資本剰余金配当が資本の払い戻しであるにもかかわらず，みなし配当課税・みなし譲渡課税が行われてい

る。しかしこの結果，資本剰余金配当を受け取る投資家側では，同額の利益剰余金配当を受ける場合の税負担に比し軽課となるが，これを奇貨として強い選好を示すのか否か疑問が残る[2]。このように資本剰余金配当と利益剰余金配当の間で異なる課税制度が採用されるため，資本剰余金配当が投資家に対していかなるシグナリングを発するのか，興味深い。なぜなら先述の通り，各種のペイアウトを契機として発せられるシグナリング効果は，異なる含意を投資家に伝えると考えられているからである。

　さて，そこで具体的な分析方法について言及すると，まず資本剰余金配当を実施した直近 32 事例に注目し，市場の反応を Fama & French[1992]による 3FM を用いて各銘柄の AR を算定する。そして資本剰余金配当を実施するとの公表日において分析対象法人の AR がランダムウォークに留まらず，統計的に異常な上昇または下降を示したのかを探り，投資家の反応を観察する。このように本章では配当シグナリングに対する投資家の反応を分析対象とするため，コーポレートファイナンス領域の分析視角を採用するといえ，また同領域においてはかねてより課題とされてきた課税による配当行動への影響についてその一部を解明する。とりわけ資本剰余金配当の実施表明が資本市場に与える影響について，投資家に生ずる課税要素も含めて ES が試みられた研究は今だに存在せず，研究上の空白領域とも言える。したがって本研究における分析結果から得られる知見は貴重である。

　さらに本研究成果に対する副次的な期待としては，資本剰余金配当の実施によって資本維持制度へ与える影響を投資家がいかに受け止めるかについて明らかにし，資本維持制度を検討する際の資料を提供することにある。資本剰余金配当が可能となったのは平成 13 年商法改正以降である。したがって現行会社法においても制度的に保証された配当手段であるが，資本剰余金配当が商法に導入される前後で，資本維持機能が低下するとの観点から，当該配当制度を問題なしとはしない諸学者の見解が多数示された。現在は資本剰余金配当が制度として定着したためか，規範論的分析視角による資本剰余金配当制度の見直し議論は小休止している。しかしながら資本剰余金配当制度について新聞報道では，「赤字会社が配当を維持するための手段」になり，

第8章　資本剰余金配当に対する投資家の反応　　203

「投資家の視線は厳しい」との指摘もあり，「投資家は配当の金額だけでなく，その原資をみる必要がある」と注意喚起している[3]。

　このような批判を再検討する意味でも，資本剰余金配当の実施が公表される場合の投資家の反応を観察する意義は大きい[4]。実際にこの検証が意義深い理由として次の野口[2004, p. 132]による所見から明らかである。つまり「払込資本と留保利益を区分する論拠について，理論的な考察を行った先行研究は少なくないので，今後は，それらの中に示されている仮説について，データに基づいて検証する作業を進める必要がある」と指摘する。そしてそのような観点から「まず，考えられるのが，イベント・スタディである。具体的には，取り崩される法定準備金が，資本準備金であるか，利益準備金であるかによって，証券市場の反応に違いが見られるか否か，あるいは，290条（利益の配当）として株主に払い戻される会社財産の財源が，未処分利益なのか，その他資本剰余金なのかによって，証券市場の反応に違いが見られるか否か，などについて確かめることになる」と指摘している。つまり本章における試論は一面において野口[2004]が指摘する通り，規範論研究の検証という期待を背負っている。このように見てくれば，資本維持機能の低下に関する議論が現在小休止しているのは，実証研究による検証待ちとも考えられ，実証的成果が次なる規範研究のための資料を提供し，資本維持論の再検討を刺激するかもしれない。

　最後に本章における分析結果を簡潔に述べておくと，4-4. において示した通り，投資家は資本剰余金配当のニュースに対してイベント日の翌日には10％水準有意でポジティブ反応することが AR の検証により明らかとなった。つまり資本剰余金配当の実施公表日に投資家は非常に強いわけではないものの歓迎を示すとの結論を導出した。またこれらポジティブ反応の反動で2営業日後に5％水準有意でネガティブ反応を示す実態も捕捉している。

2. 本章における基本的認識

2-1. 資本維持と資本剰余金配当，そして課税に関する論点

　平成10年の商法改正では資本準備金を原資とした自己株式消却の特例が導入され，この特例の導入が資本剰余金配当を可能とする平成13年商法改正の布石となったが，これらの改正に対し，わが国を代表する著名な会計学者や商法学者が資本維持制度の揺らぎを指摘した。自己株式の消却原資となった資本準備金の蓄積は頻繁に繰り返された時価発行増資に原因が求められるが，資本金額に迫る水準にまで資本準備金が計上された事例も存在したようである。したがってそのような背景から，資本剰余金配当が可能となった平成13年商法改正について，小林[2002, p. 32]は「余剰資金の返却を可能にする今回の法定準備金減少制度の設置自体は合理的」と評している[5]。

　しかしながら尾崎[2002, p. 36]によると，これら2つの商法改正以前は「配当可能利益の算出にあたっては，資本金以外にも，実質的資本である資本準備金や強制的内部留保利益である利益準備金が配当控除項目とされて，商法上は，会社債権者が厚く保護されてきた」と指摘する。したがって資本剰余金配当が制度として導入された平成13年商法改正に対しては，債権者保護思考の観点から問題を指摘する論者も少なくなかった。例えば森川[2002, p. 25]は「これまで配当規制規定の基礎をなした資本維持機能を支援する商法上の措置が相当程度毀損し，払込資本自体の維持さえ確保できなくなっている」と警鐘を鳴らしている。

　またこのようにわが国商法における資本維持制度が変容してゆく様子に早くから注目していた安藤[1998, pp. 4-5]は，その端緒を米国会計基準SFAC六号に見出している。振り返ってみればわが国商法が採用してきた資本主理論を背景とする資本概念が駆逐されていく遠因は，SFAC六号における持分概念導入にあったのかもしれない。持分概念と資本概念の乖離について安藤[1998, p. 13]は，「それ（持分－引用者注）を源泉別に区分することにSFACは明らかに積極的でない」とし，持分には「源泉別区分の必要性に対する疑問が

ある」と指摘している。そしてこのような事態を「資本概念の揺らぎ」と称し、その結果として「情報提供会計の独走」による「利害調整会計の終焉」を指摘した[6]。同様に利害調整機能の毀損を憂慮し、鈴木[2003, p. 59]は「払込資本の払戻と利益の配当を混同する」ことで「株主の出資義務や有限責任の範囲あるいは会社の過去の業績が不明確になってしま」うと指摘した。

このように利害調整機能に比し、情報提供機能を優先させた結果、資本剰余金配当が実施されるとの批判が多い中、野口[2004, p. 131]は次のように指摘し、資本剰余金配当の実施には情報提供機能の後退が見られると批判している。それによると平成13年商法改正以前は「配当可能限度額を留保利益に限定することによって、(中略-引用者)倒産に至るプロセスの早い段階で無配というシグナルが発せられることによって、利害関係者に対して注意喚起する効果」が存在したという。つまり「従来は配当可能限度額が留保利益に限定されていたため、遅くとも留保利益が枯渇した時点で無配という状況に陥ることになっていた」点を重視している。

次に資本剰余金配当に対する課税について概要を示し、本章における予備的考察としたい。平成18年度税制改正では、法人による剰余金の配当を配当原資によって資本の払い戻しと利益の配当に区分するようになった。租税特別措置法37の10-26では、資本の払戻等(資本剰余金配当)の実施によって個人投資家に発生するみなし譲渡所得の算定過程について規定している。同規定によれば資本剰余金配当が実施された場合、各々の投資家は、旧株の従前の取得価額の合計額に純資産減少割合(所得税法施行令第61条第2項第3号に規定する割合)を乗じ、取得価額を減額せねばならない。そしてこのときの減額分は、配当時の手取額のうち、みなし配当以外の収入(=譲渡所得計算における収入)と相殺し、みなし譲渡所得が認識される。

このようにして算出される投資家のみなし譲渡所得算定においては、後掲(図表8-1)に示す通り僅少な純資産減少割合によって示される通り、払い戻される資本剰余金は決して大きくはない。そして資本剰余金配当事例では同額の利益剰余金配当を実施する場合に比し、配当に対する課税が控えられ、これを奇貨として強い選好を投資家が示す可能性がある。なお、本章におけ

206

る分析対象事例でいかなる程度のみなし配当が発生するのかについては後掲（図表 8-1）に示す通りである。

2-2. 本章における仮説の設定

　本章では仮説定立に際し，2つの論点に注目している。1つ目は冒頭で引用した Damodaran［1999］が指摘した通り，投資家の課税状態によって投資家行動は変わるのか，という観点である。つまり資本剰余金配当は資本の払い戻しであると解されており，わが国所得税法によってみなし配当課税が課されるため，交付金銭に対する課税が限定される。この措置に対し投資家は好感を示すかもしれない[7]。但し，現下の配当課税制度で資本剰余金配当が投資家から歓迎されるとすれば，資本剰余金配当を活発化させる原因を課税側が提供することになりかねない。そのため資本剰余金配当がいかなる程度投資家に歓迎されているのかを見極める必要がある。つまり，資本剰余金配当の実施公表により，投資家が強いポジティブ反応を示すとすれば，事実上，大きな配当シグナリングが存在することを認めざるを得ない。そしてそのシグナリングは，新たに資本剰余金配当を実施する法人を増加させ，資本維持制度を揺るがす事態に繋がっていくかもしれない。

　このように資本剰余金配当に対する資本市場の反応を探る分析は，資本剰余金配当が脆弱な資本維持制度へと導く可能性が指摘され，さらにもう1つの興味深い論点を提供する。つまり資本概念の揺らぎを投資家はいかに受け止めるのかという論点である。但し，本章では資本維持制度を規範論的視座から直接的に論じることが目的ではなく，分析結果から資本維持制度を再検討する際の資料を提供するに過ぎない。この点は本研究成果に一定の限界があることをあらかじめ指摘しておく。

　さて，そこで資本維持制度の観点から資本流出となる資本剰余金配当に対し，投資家はいかなる反応を示すのか。Damodaran［1999, pp. 388-389］はシグナリング仮説によって（利益剰余金）配当実施法人に対し投資家がポジティブ反応を示すとしたが，同様の反応が資本剰余金配当実施法人に対しても認められるのか。もし資本剰余金配当に対しポジティブ反応が認められるとすれ

ば，投資家は自らの利益が増加したと考えることになる。また資本剰余金配当が投資家利益に貢献しないと考えれば無反応が予想される。最後に課税要因を含めて投資家利益を毀損すると考えれば，ネガティブ反応するであろう。そこで以上のような予備的考察から，本研究では次の仮説を定立した。

H_1：資本剰余金配当実施法人に対し，投資家がネガティブ反応するのは，みなし配当課税が投資家の利益を損なうと考えるためである。

H_2：資本剰余金配当実施法人に対し，投資家が無反応であるのは，みなし配当課税が投資家の利益に価値中立的と考えるためである。

H_3：資本剰余金配当実施法人に対し，投資家がポジティブ反応するのは，みなし配当課税が投資家の利益を増加させると考えるためである。

3．リサーチ・デザイン

3-1．3ファクターによる分析モデル

本章における検証も第2章同様 ES であるため，各銘柄について AR の算出が必要となる。そのために用いられる R_{it} と Rm_t は第2章における定義を踏襲するが，本章が採用する推計モデルは(8-1 式)として示す通り，3FM とする点で第2章における分析方法との間に相違がある。

$$R_{it} - Rf_t = a_i + b_i(Rm_t - Rf_t) + s_i SMB_t + h_i HML_t + e_{it} \qquad \text{(8-1 式)}$$

3FM によって導出される AR の計算過程は次の通りである。個別の各銘柄 i に関する t 日周辺における AR を求めるために，後述する推計期間内の $R_{it} - Rf_t$，$Rm_t - Rf_t$，SMB_t，HML_t のそれぞれの変量を(8-1 式)に投入し，a_i，b_i，s_i，h_i を事例別に求め，$\hat{a}_i$，$\hat{b}_i$，$\hat{s}_i$，$\hat{h}_i$ とする。このような計算過程を経て得られた係数 $\hat{a}_i$，$\hat{b}_i$，$\hat{s}_i$，$\hat{h}_i$ を用いて(8-2 式)により各事例ごとの AR を算出する。なお，推計期間をいかなる程度確保するかについては 3-3. において詳述するとおり，推計期間を 80 営業日とする点で第2章とは相違す

る。しかし本章における CAR や $\hat{\sigma}_i$, SAR や $SCAR$ については第 2 章における定義を踏襲する。

$$AR_{it} = R_{it} - Rf_t + \hat{a}_i - \hat{b}_i (Rm_t - Rf_t) - \hat{s}_i SMB_t - \hat{h}_i HML_t \qquad (\text{8-2 式})$$

ちなみに 3FM による AR 算定を試みる際に用いる Fama & French データは金融業を含むデータ(Inc Fin)と含まないデータ(Exc Fin)が入手可能である。この場合の金融業の定義は東証 33 業種における「銀行」,「証券」,「保険」,「その他金融」であり,該当業種をデータに含むか否かで 2 通りのデータセットを活用できる(金融データソリューションズ[2011, p. 2])。本章における分析では後掲する(図表 8-1)や(図表 9-1)において示す通り,あおぞら銀行や関西アーバン銀行,池田銀行がサンプルに含まれる。したがって本章における AR の算定過程において Inc Fin データを採用することとする。

3-2. 分析対象の絞り込み

本章では決算短信を通じた資本剰余金配当の実施発表に対し,投資家はいかなる反応を示すのかを ES によって検証する。AR を観察する上で特に注目するイベント日($t = 0$)は,決算短信を通じて資本剰余金配当の実施を公開した日である。本章における ES は第 2 章におけるそれに比し,イベント日がサンプルを構成する企業それぞれで区々となり,特定の同一日に集中しないため,撹乱的イベントの影響が少なくなるノイズ相殺型 ES となる。この点に関して第 2 章で試みた ES はイベント日を判決日として設定したため,サンプルを構成する全ての企業にとってイベント日は特定の同一日となる。したがって第 2 章で検討した SO 訴訟判決をイベント日とした ES は撹乱的イベントの影響を受けやすくなるノイズ反映型 ES と言える。

さて,具体的な分析対象の候補となるのは平成 21 年 4 月 1 日以降同 23 年 6 月 30 日までの間に権利確定日を迎える資本剰余金配当実施法人 52 事例であり,その一覧は(図表 8-1)のとおりである[8]。同図表によれば,8 法人が複数回の資本剰余金配当を実施しており,このためリストに掲載されている法人数は 40 となる[9]。

第 8 章　資本剰余金配当に対する投資家の反応　　209

　これら分析対象候補の中で平成 23 年 3 月 11 日の東日本大震災発生日周辺を推計期間に含む資本剰余金配当 13 事例，つまり（図表 8-1）の事例 No. 1〜13 は本章における検証においてはひとまず分析対象から除外する。その理由として地震発生日後 1・2 営業日（平成 23 年 3 月 14 日・同 15 日）に震災の影響を織り込む強いネガティブ反応が示されている。そしてさらにその反動で地震発生日後 5 営業日（同 18 日）には強いポジティブ反応が示される。したがってこれらの激変する株価を推計期間に含めることで，AR を算出するためのプライシングモデルの機能低下が危ぶまれ，（8-2 式）における $\hat{a}_i$，$\hat{b}_i$，$\hat{s}_i$，$\hat{h}_i$ の推計上，精度を欠く事態を懸念した。

　そこで東日本大震災後に資本剰余金配当を実施した事例を分析対象に含める検討は次章において試みることとし，本章では東日本大震災前に資本剰余金配当の実施を公表した事例に限定して分析する。なお，東日本大震災発生日以前に資本剰余金配当を実施している 39 事例のうち，推計期間において未上場のため株価が存在しない 4 事例，つまり（図表 8-1）の事例 No. 24，31，39，51 は分析対象から排除した。また当初（平成 21 年 8 月 13 日），利益剰余金配当と発表しながら後日（同 8 月 25 日）に資本剰余金配当と改めた No. 49 についていずれをイベント日とすべきか問題を残すため分析対象から排除し，ひとまず分析対象を「34」とした。

3-3.　推計期間の決定

　本研究において試みる ES では，推計期間決定の上で (1) 東日本大震災による資本市場への影響，(2) リーマン・ショックによる資本市場への影響，(3) 複数回連続して資本剰余金配当を実施する法人の存在という 3 つの制約条件を踏まえるべきである。そのうち (1) に関して 3-2. において検討済みである。つまり東日本大震災後に資本剰余金配当を実施した事例を分析対象から排除することで対処した。本章において検証する ES はノイズ相殺型であるため，例え東日本大震災の発生が攪乱的イベントであったとしても，相殺されると考える向きもあるかもしれない。しかし震災発生直後の 2 営業日間に Rm は 16.97 低下[10] した点を踏まえ，サンプルに含めないこととした。

210

（図表 8-1） 資本剰余金

事例No.	決算短信などによる情報公開日＝イベント日	効力発生日	権利確定日（基準日）	銘柄コード	銘柄名
1	20110808	20110929	20110630	2757	オストジャパングループ
2	20110630	20110826	20110531	4716	日本オラクル
3	20110513	20110629	20110331	5017	AOC HD
4	20110513	20110630	20110331	6629	テクノホライゾンHD
5	20110512	20110627	20110331	3708	特種東海製紙
6	20110512	20110627	20110331	9413	テレビ東京HD
7	20110511	20110623	20110331	3820	JBIS HD
8	20110511	20110629	20110331	1417	ミライトHD
9	20110510	20110610	20110331	8767	ウェブクルー
10	20110510	20110627	20110331	6707	サンケン電気
11	20110509	20110630	20110331	2479	ジェイテック
12	20110506	20110630	20110331	6815	ユニデン
13	20110428	20110627	20110331	3598	山喜
20110311					東日本大震災発生日
14	20110215	20110311	20101231	2330	フォーサイド・ドット・コム
15	20110215	20110328	20101231	8929	船井財産コンサルタンツ
16	20110214	20110331	20101231	3758	アエリア
17	20110207	20110328	20101231	6784	プラネックスホールディング
18	20110207	20110228	20101130	9972	アルテック
19	20101126	20101222	20100930	2388	ウェッジHD
20	20101112	20101224	20100930	8767	ウェブクルー
21	20101111	20101222	20100930	3715	ドワンゴ
22	20101109	20101209	20100930	3708	特種東海製紙
23	20101105	20101203	20100930	6707	サンケン電気
24	20100812	20100924	20100630	3154	協和医科HD
25	20100802	20100913	20100630	6784	プラネックスホールディング
26	20100514	20100614	20100331	6250	やまびこ
27	20100514	20100623	20100331	7769	リズム時計工業
28	20100514	20100625	20100331	3708	特種東海HD
29	20100514	20100628	20100331	2146	UT HD
30	20100514	20100628	20100331	4229	群栄化学工業
31	20100514	20100630	20100331	3156	UKC HD
32	20100514	20100630	20100331	8545	関西アーバン銀行
33	20100514	20100630	20100331	8705	岡藤HD
34	20100512	20100630	20100331	5930	文化シヤッター
35	20100510	20100628	20100331	2352	エイジア
36	20100507	20100610	20100331	8767	ウェブクルー
37	20100316	20100329	20091231	6784	プラネックスホールディング
38	20100315	20100428	20100131	4813	ACCESS
39	20100312	20100430	20100131	8718	JPN HD
40	20100217	20100326	20091231	2330	フォーサイド・ドット・コム
41	20100212	20100312	20091231	6679	サイレックス・テクノロジー
42	20100210	20100312	20091231	3775	ガイアックス
43	20100128	20100331	20091231	3758	アエリア
44	20091127	20091229	20090930	2388	ウェッジHD
45	20091113	20091221	20090930	8767	ウェブクルー
46	20091113	20091224	20090930	9470	学習研究社
47	20091112	20091218	20090930	3715	ドワンゴ
48	20091030	20091130	20090930	8134	ザ・トーカイ
49	20090813	20090928	20090630	3242	アーバネットコーポレーション
50	20090717	20090827	20090531	2168	パソナグループ
51	20090713	20090824	20090531	3148	クリエイトSD HD
52	20090605	20090727	20090430	3031	ラクーン
20080829					リーマン損失拡大懸念報道日＝わが国証券市場における

配当実施 52 事例の一覧

純資産減少割合	利益剰余金配当	資本剰余金配当	資本剰余金配当のうち		備考
			みなし配当単価	みなし譲渡単価	
0.037	0	1,000	0	1000	出来高ゼロ日有り
0.313	169	221	96.41	124.6	
0.009	0	6	0	6	
0.026	0	13	0	13	
0.007	0	2.5	1.441	1.059	
0.013	0	25	0	25	株価無し
0.013	0	7	0	7	
0.009	0	10	0	10	株価無し
0.012	0	1,500	0	1500	
0.012	0	3	0	3	資本剰余金配当の記載を後掲
0.005	0	100	0	100	
0.006	0	7.5	3.333	4.167	
0.003	0	2	0	2	
0.026	0	78	0	78	新社名：Smart Ebook.com
0.039	0	500	268.5	231.5	
0.018	0	2,200	230.9	1969	
0.016	0	670	0	670	
0.008	0	3	0	3	決算短信公表後に訂正により周知
0.007	0	100	0	100	
0.012	0	1,500	0	1500	
0.025	0	2,000	0	2000	
0.007	0	2.5	1.432	1.068	
0.011	0	3	0	3	
0.022	0	100	7.587	92.41	株価無し。新社名：メデイアスHD
0.028	0	1,200	0	1200	
0.015	0	30	3.759	26.24	
0.008	0	2	0.241	1.759	
0.007	0	2.5	1.426	1.074	
0.267	0	2,300	0	2300	
0.007	0	3	0.416	2.584	
0.016	0	35	0.543	34.46	株価無し
0.003	2.3	0.7	0.163	0.537	
0.004	0	5	0	5	
0.006	0	2	0	2	
0.014	0	750	0	750	
0.012	0	1,500	0	1500	
0.024	0	1,000	0	1000	
0.003	0	500	14.11	485.9	
0.02	0	20	0.021	19.98	株価無し
0.013	0	44	0	44	新社名：Smart Ebook.com
0.009	0	1,000	8.152	991.8	
0.191	0	10,000	0	10000	
0.018	0	2,200	207	1993	
0.007	0	100	0	100	決算短信公表後に訂正により周知
0.012	0	1,500	0	1500	
0.005	0	2	0.366	1.634	新社名：学研HD
0.027	0	2,000	0	2000	
0.016	0	4	0	4	2011年3月29日上場廃止。新会社TOKAI HD
0.048	0	2,000	0	2000	資本剰余金配当の記載を後掲
0.009	0	650	71.39	578.6	
0.036	0	40	0.246	39.75	株価無し
0.014	0	1,450	0	1450	

リーマン・ショック初日。なお影響は同年10月27日まで継続と判断。

次に (2)「リーマン・ショックによる資本市場への影響」を検討するが，その検討の必要性は前節と同様に，攪乱的イベントを推計期間から排除する目的による。つまり (8-2 式) における $\hat{a}_i$, $\hat{b}_i$, $\hat{s}_i$, $\hat{h}_i$ を精緻に推計する目的から，リーマン・ショックの影響を排除する必要がある。そこでリーマン・ショックによる資本市場の混乱がいつを始点として，いかなる程度まで継続したのかを明らかにし，リーマン・ショックの結果を踏まえて推計期間を決定すべきと考えた。しかしながら実際にその始点と終点の特定に対し，一意に決定することは困難である。そこで，わが国資本市場における平成 20 年 8 月 29 日以降に観察される株価の急速な萎縮[11] がどこまで続くのか注目すると，一応の目安として，TOPIX が年初来最安を示した平成 20 年 10 月 27 日までを区切りとみなす。つまり同日を底として以降 TOPIX が回復傾向に転ずることから，推計期間の設定上，本研究における利用可能な株価データを平成 20 年 10 月 27 日以降と判断した。

最後に推計期間設定の制約条件として，(3)「複数回連続して資本剰余金配当を実施する法人の存在」を検討する。(図表 8-1) において示される通り，8 法人が資本剰余金配当を複数回繰り返し実施しているが，資本剰余金配当の実施が周知されるのは決算短信によるため，半年または 1 年ごとに一定の間隔をおいて資本剰余金配当の実施が公表される。そのうち半年間隔で資本剰余金配当を繰り返すのが 4 法人，また 1 年間隔で繰り返すのが 4 法人存在した。そこで該当 8 法人について，資本剰余金配当の実施を周知する場合の規則性を踏まえると，ES で設定する推計期間は概ね半年分の営業日数に相当する 120 を超えてはならないことになる。なぜなら前回の資本剰余金配当の実施が織り込まれた株価を用いて今回の資本剰余金配当の実施公表日をイベント日とする AR 算定を行えば，推計モデルの機能低下が危ぶまれ，その結果，$\hat{a}_i$, $\hat{b}_i$, $\hat{s}_i$, $\hat{h}_i$ の算出が精度を欠いてしまうためである[12]。

そこで実際の資本剰余金配当の公表間隔について分析対象のうち，最短で当該配当を繰り返した事例 No. 25，37 を参照するとプラネックス HD（銘柄コード「6784」。以下同様）が平成 22 年 3 月 16 日における公表後，120 営業日を下回る 93 営業日目（同年 8 月 2 日）に再び資本剰余金配当の公表を行ってい

る。したがって当該事例を考慮し，推計期間として 80 日を確保することで 34 の資本剰余金配当事例を分析対象として確保した。

このように推計期間を 80 営業日（$-87 \leqq t \leqq -8$）としたが，このことが制約条件(2)と整合するのか再度の検討を要する。制約条件(2)は，リーマン・ショックによる資本市場への影響を排除するために平成 20 年 10 月 27 日より後の株価参照を求めている。そこで（図表8-1）において示した分析対象事例のうち，最もリーマン・ショックに近い時点で資本剰余金配当を実施した事例が推計期間 80 営業日を確保可能か否かを確認する。結果として検討しなければならないのは資本剰余金配当事例 No. 52 のラクーン（3031）であるが，同法人の資本剰余金配当が決算短信によって公表されるのが平成 21 年 6 月 5 日である。そこで同日をイベント日とし，イベント・ウィンドウを同 5 月 27 日から同 6 月 16 日の 15 営業日（$-7 \leqq t \leqq 7$）として確保する。その上で推計期間 80 営業日（$-87 \leqq t \leqq -8$）を確保するには平成 21 年 5 月 26 日から同 1 月 27 日まで遡る必要がある。したがってこの場合，リーマン・ショックによって TOPIX が年初来最低を示した平成 20 年 10 月 27 日より後の株価を参照するため，推計期間 80 営業日の決定に関して制約条件(2)と(3)は矛盾しないこととなる[13]。

4. 新たな論点の追加

4-1. 高率の純資産減少割合を伴う資本剰余金配当の実施事例

本節においては 3-2. で検討した 34 事例の中から，高率の純資産減少割合を伴う資本剰余金配当となった事例（以下「高率事例」と略称）を 2 つ検討する。資本剰余金配当に対する課税では利益剰余金配当に対する課税に比し，交付金銭に対する課税が軽課される。このため現下の配当課税制度では投資家は利益剰余金配当よりも資本剰余金配当を強く選好する動機が存在するかもしれない。そのような課税上の措置から，投資家にとっては価値中立的ではない資本剰余金配当を一般的に歓迎すると考えたが，サンプルの一部に株価が

大幅に下落する事例が存在したので注目してみよう。

資本剰余金配当のうち純資産減少割合が極端に高い事例[14] では，取得原価の大幅な下方修正を織り込むことになる。このようにして織り込まれた株価下落は，厳密には投資家のネガティブ反応と区別するべきである。なぜなら高率事例の株価下落は投資家に清算価値や利益に対する潜在的持分の修正を強く意識させるからである。そこで次節以下では，新たな分析視角として，資本剰余金配当事例の中でも高率事例において株価調整を織り込む資本市場の様子を観察することにしよう。

次節では(図表 8-1)に示した資本剰余金配当事例のうち，とりわけ高率事例として UT HD(2146)とガイアックス(3775)の 2 事例(以下「高率 2 事例」と略称)に注目し，その他の 32 事例の株価推移といかなる程度乖離するのか検証する。なお，東日本大震災後に高率事例となった日本オラクル(4716)については次章 3-3. において別途検討する。

4-2. 高率 2 事例を分析対象外とする妥当性について

(図表 8-1)によって明らかな通り，純資産減少割合は概ね 1～2％を中心として，多くても 5％未満となる事例で多数が占められる中，高率 2 事例の純資産減少割合がほかに比べて著しく高い。そこで(図表 8-2)において，これらの高率 2 事例の AR を算出してイベント・ウィンドウにおける推移を示してみよう。なお，(図表 8-2)における高率 2 事例の AR について，その算出は 3-1. に示した(8-2 式)を用い，そして 3-3. において言及した通り，推計期間 80 営業日に設定し，Inc Fin を用いた 3FM によっている。また(図表 8-2)以降で示す通り，本章ではイベントによる AR の変化を観察するイベント・ウィンドウは $-7 \leqq t \leqq 7$ として 15 営業日を確保する。

(図表 8-2)は高率 2 事例のイベント日後翌営業日において，資本剰余金配当の実施公表に対する取得価額の下方修正による株価下落を表している。この株価下落は投資家によるネガティブ反応というよりは，むしろ高率事例に対し取得価額調整を織り込んだ動きである。ちなみにこれら高率 2 事例は前年同期比の配当実績からすればともに復配を実現している。

(図表8-2) 高率2事例のAR

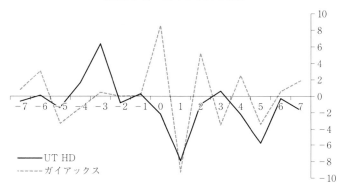

　このように高率事例では大幅な取得価格の引き下げ調整が行われるため,株価の下落が避けられない。このように考えれば,高率2事例において下落した株価の理由の全てが資本剰余金配当に対する投資家の失望を示すことにはならない。つまりこの高率2事例の株価下落には,高率の純資産減少割合による持分調整と,資本剰余金配当の実施自体に対する好意的な評価,さらには復配という要因も含まれている。したがって取得価額の大幅な調整を伴った高率2事例は本研究における分析対象においては特異な存在となるため,分析対象から排除し,分析対象事例を「32」とした。

4-3. 検定統計量 θ_1 と θ_2

　本節においては分析対象となる資本剰余金配当32事例について,配当実施の公表日における投資家の反応が異常な水準であったのか否かを統計的に明らかにする。32事例に見られる株価下落が,仮にランダムウォークの範囲内で異常でないとすれば投資家は無反応と言え,2-2.におけるH_2が採択される。しかし逆に異常な範囲であり,かつネガティブ反応であればH_1を,同様にポジティブ反応であればH_3を採択することになる。そこで本章においても第2章同様にCampbel et al. [1997, p. 162]や広瀬ら[2005, p. 7]が採用した検定統計量を採用するが,分析対象銘柄数を表すNは32である点と,推計期間を表すLが80となる点が第2章における検定統計量の算出に比し,相

(図表 8-3) 東日本大震災前の資本剰余金配当事例による θ_1

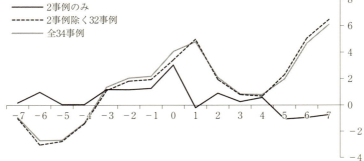

(図表 8-4) 東日本大震災前の資本剰余金配当事例による θ_2

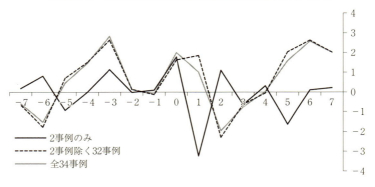

違することを付言しておく。

分析対象事例数を 32 とした背景は前節までに検討した通りだが，仮に高率 2 事例を分析対象に含めた結果は(図表 8-3)に示す通り，全体で見れば 32 事例を分析対象とした場合に比し大差ない。また θ_1 の推移については 32 事例・34 事例ともに 15 営業日を通じて全体的に上昇傾向にある。他方，高率 2 事例はイベント日を境に CAR を下げる傾向が認められた。

次に(図表 8-4)より 2 営業日前と 1 営業日前において θ_2 はゼロ周辺となっており，これは決算短信公表前に積極的な評価が控えられたと考えられる。そして 32 事例ではイベント日の翌営業日において 10%水準有意のポジティブに反応が観察されたに過ぎず，2 営業日目には一転 5%のネガティブ

（図表 8-5）　資本剰余金配当 32 事例による θ の有意水準

検定統計量

t	θ_1 from SCAR	有意水準	θ_2 from SAR	有意水準
-7	-1.008235		-0.66534	
-6	-3.025291	＊＊＊	-1.774749	
-5	-2.758919	＊＊	0.7054344	
-4	-1.412306		1.5004379	
-3	1.1036963		2.644236	＊＊＊
-2	1.8182325	＊	0.139248	
-1	1.934173	＊	-0.126955	
0	3.427121	＊＊＊	1.6191267	
1	4.9825432	＊＊＊	1.8452128	＊
2	1.9345306	＊＊	-2.292036	＊＊
3	0.7995862		-0.633094	
4	0.6812666		-0.048748	
5	2.3024863	＊＊	2.0382899	＊＊
6	5.0585522	＊＊＊	2.6373836	＊＊
7	6.4596092	＊＊＊	2.0200666	＊＊

＊＊＊で 1％，＊＊で 5％，＊で 10％の有意水準を表す。

反応となっている。これは資本剰余金配当に対するイベント日の期待がその
翌営業日の反応によって 3 分の 2 近くが消滅したことを表している。

　他方で高率 2 事例のみの推移を見ると，1 営業日後に有意水準 1％を凌駕
する異常収益率を示しており（$\theta_2 = -3.24063$），高率事例では取得価額調整
を原因とした顕著な株価下落が観察された。結論としては（図表 8-3）が示す
通り，全 34 事例の波形が 32 事例のそれに概ね近似することから，高率 2 事
例の影響は 32 事例に吸収されているが，（図表 8-4）によればイベント日翌
営業日において高率 2 事例による持分修正の影響が強く表れている。このた
め精緻な分析を試みる必要から本章においては高率 2 事例を排除した結果を
採用する。なお，これら（図表 8-3・8-4）に示された各日の検定統計量につ
いて有意水準を示したのが（図表 8-5）である。

5. 分析結果の解釈と残された課題

5-1. 32事例による分析結果の解釈

Pettit[1972]による分析以降，一般的に利益剰余金配当の実施に対して投資家はポジティブ反応するとの見解が定着している[15]。またDamodran[1999]が指摘するように投資家行動は課税状態に支配されるという。この2つの前提を踏まえた上で資本剰余金配当の実施公表が投資家にいかなる影響を及ぼすのかを明らかにする目的で本章における分析を開始した。分析結果は資本剰余金配当の公表に対して弱いポジティブ反応を示したことから，投資家は資本剰余金配当の実施を歓迎し，2-2.におけるH_3が採択された。

理論的検討によれば資本剰余金配当の実施によって配当権利落ち日に旧株式の持分が減少するので株価下落を引き起こすとされる。しかし本章における分析結果から示されたように資本剰余金配当の実施公表日後に高率事例では，大幅な持分減少による修正を理由とした株価下落を観察した。またこれとは別に本章において分析対象とした僅少な純資産減少割合を伴う資本剰余金配当32事例の場合，イベント日の翌営業日において投資家は弱いポジティブ反応を示すことが明らかとなった。

したがって特異な事例でない限り，一般的に資本剰余金配当の実施に関する情報は法人の株価をポジティブに再評価すると言える。この結果から大局的には資本剰余金による配当実施に際し，僅少な純資産減少割合を伴う場合であれば投資家から歓迎されることが明らかとなる。課税上は資本剰余金配当の手取額（交付金銭等）のうちみなし配当以外の金額は持分の減少になると解釈するが，これについて投資家は配当原資の違いについて拘りがあるとは考えられず，同額の利益剰余金配当を受けた場合に比し，非課税となることから投資家に強く歓迎されたとも考えられない。

従来，コーポレートファイナンス領域の課題として法人の配当政策が資本市場に与える影響を分析する研究が試みられてきたが，課税要因を積極的に取り込み，投資家の反応を観察した試みはこれまで決して多いとは言えな

かった。しかも資本剰余金配当事例に限定して投資家の反応を観察した ES
は管見の限りでは見当たらない。そのため本章の分析はこれまでは研究上の
空白領域とされており、野口[2004, p. 132]が指摘するように実証的に検証され
なければならない課題とされていた。そしてそのような期待を受けて本章で
は上述の通り新知見を獲得することができた。

5-2. 残された課題と限界

資本剰余金配当事例が豊富に存在するわけではないため、本章において導
出された分析結果は東日本大震災前の資本剰余金配当実施 32 事例に限定さ
れている。このように実証研究上のサンプル拡張には限界があるが、東日本
大震災後に資本剰余金配当を実施すると公表した 13 事例を分析対象に組み
入れ、再度の分析を試みる必要がある。

東日本大震災後の資本剰余金配当実施事例を本章では検討の埒外としたが、
同震災直後の荒れた株価は攪乱的イベントの影響を受けている。東日本大震
災後に資本剰余金配当の実施を公表したサンプルについて AR を推計する
のであれば、プライシングモデルを別途検討する必要があるだろう。さらに
改良されたモデルはその優位性を証明する必要もある。そこで次章では東日
本大震災後に資本剰余金配当の実施を公表した事例を追加して、再度、分析
を試みることとしよう。

また高率 2 事例について理論上の株価よりも下落率が高ければ失望を示す
ことになるし、その逆に存外に下落率が低ければ好感されたことを示すと考
えられる。この論点の検証は興味深いが分析対象となるサンプル数が現時点
で 2 事例と少ないため、一般的傾向を導出することは難しく、研究上の限界
と言える。

1) 本章で前提とする投資家は元来、個人・法人を問わずに包括的に取り上げ、検討
対象とすることが望ましいと考えたが、資本剰余金配当によって生ずる個人・法人
双方の課税関係を同時並行的に解説し、検討する作業が厳密には要求される。例え
ば個人株主に関する課税関係は小山[2002]に詳しく、また法人株主に関しては石田
[2009]に詳しい。課税関係が個人投資家に与える影響を観察する目的から、特に断

220

りのない限り便宜的に個人を前提として検討することを前置きしておく。

2) 資本剰余金配当によって生ずる投資家の課税関係について簡潔な例示が以下の国税庁ホームページ，とりわけ参照 pdf ファイル「別紙2 ケース1」において示されているので参照されたい。本章においてはこの引用例示を前提とすることで，本文における解説を割愛し，紙幅の制限に配慮した(最終アクセス日　平成24年3月28日)。http: //www. nta. go. jp/shiraberu/zeiho-kaishaku/joho-zeikaishaku/shotoku/joto-sanrin/070131/01.htm

3) 平成21年6月4日　日本経済新聞　朝刊12頁。

4) 本章に類似する分析視角によって ES を試みた研究として石川[2009]の成果がある。石川[2009]は記念配当に関する新聞報道に注目し，当該報道が資本市場に与えた影響を検証した。その結果，一度きりで継続性が保証されない記念配当の実施が公表されたとしても，投資家は普通配当の増配情報に対して反応するのと同様にポジティブ反応したことから記念配当にも「事前の期待を修正するに足る情報が含まれている」と解釈した(石川[2009, p. 268])。

5) 小林[2002]同様，尾崎[2002, pp. 40-41]も「企業会計がいう『剰余金区分』はきわめて重要である」としながらも，「その財源の性質が資本だからといって株主に返戻できないわけではない」と指摘し，改正商法を肯定的に評価している。これらの見解に関連して，仮に余剰資金が豊富な法人ほど法人の成熟段階を示すとすれば，資本剰余金配当の実施が投資家にある種のシグナルを発する可能性もある。例えば Grullon et al. [2002]は，増配を行う際に法人の成熟を表すシグナルを発すると指摘しており，資本剰余金配当の実施によって投資家に与えるメッセージが成熟を含意するのか，興味深い論点である。

6) このように情報提供会計が利害調整会計へ負荷をもたらす弊害として次の2つの事例が挙げられる。まずはじめに利害調整会計の1つである税務会計領域において生じる問題であるが，いかなる程度まで情報提供会計たる金商法会計や国際会計と調整すべきかという問題に通じる。これらの情報提供会計と税務会計の間の安易な調整や妥協は，税法独自の資本観なり会計観に歪みを与える可能性がある。さらに2つ目の問題として，「中小企業の会計に関する指針」において会計士団体が標榜するように，中小法人に複雑で厳密に過ぎる会計基準を精確だからといって導入を企てる動きに対しても警戒を要することになろう。

7) 本章における分析視角と類似する研究で原初的な論攷として Pettit[1972]が挙げられる。Pettit[1972]は初回の配当・無配・減配・現状維持・10%未満の増配など，数段階に配当政策を分類し，日次と月次のデータから ES を試みている。Pettit[1972]の目的は市場の効率性を確認することにあり，配当に関する情報提供が投資家に重要であるとの含意を示している。本章においては資本剰余金配当が投資家にいかに受け入れられたかを検証したが，資本剰余金配当が禁止されていた過去においては資本剰余金配当の実施を分析対象とすることが不可能であった。そのため本章は今日的な実証分析課題としての意義が認められる。その意味で本研究は Pettit

[1972]の分析視角の拡張であり，継承であるとも言え，Pettit[1972]は先行研究として示唆に富む。

8) （図表8-1）は，いちよし証券が平成23年8月31日に更新した「資本剰余金を原資とする配当の銘柄一覧」に基づき作成している。但し，各社の決算短信と比較して同資料の一部を修正している。なおデータの出所は以下の通り（最終アクセス日平成24年3月28日）。http://www.ichiyoshi.co.jp/info/pdf/20110901_shohon_m.pdf

9) （図表8-1）のうち次の8法人は資本剰余金配当を複数回実施している。なお，括弧内の数字は（図表8-1）における実施回数と半年ごとか1年ごとかの頻度を表している。ウェブクルー（4回・半年），特種東海製紙［特種東海HD］（3回・半年），プラネックスHD（3回・半年），アエリア（2回・1年），ウェッジHD（2回・1年），サンケン電気（2回・半年），ドワンゴ（2回・1年），フォーサイド・ドット・コム（2回・1年）となる。

10) 震災後の異常と思われる Rm_t を示すと，-7.411863%（平成23年3月14日），-9.553472%（同15日），6.930241%（同16日）となる。なお，これら数値はいずれも「日本上場株式　久保田・竹原Fama-French関連データ」の金融業を加味したデータ（Inc Fin）による。

11) リーマン・ショックが市場を混乱させた様子については第11章を参照のこと。第11章では外国子会社からの受取配当について親会社で益金不算入とする税制改正案（「我が国企業の海外利益の資金還流について」）が発表された日の翌営業日（平成20年8月25日）をイベント日とするESを試み，税制改正に対する投資家の反応を観察した。分析の結果，イベント・ウィンドウ内において当該税制改革案に対する資本市場の好感が有意水準10％で証明されたが，この発見のほかに副次的にリーマンの損失拡大懸念報道（平成20年8月29日）が当該税制改正の好材料を飲み込み，資本市場が失望に満たされる様子を観察している。

12) 推計期間の決定において複数回資本剰余金配当を繰り返す銘柄の扱いが慎重になるのは，市場が効率的であるとの前提に立ち，前回の資本剰余金配当の情報が瞬時に適正に株価に織り込まれると考えるからである。同様に効率的市場仮説に基づいた検証の1つとしてPettit[1972, pp. 994-995]を参照のこと。なお推計期間を1年として確保すれば，櫻田・大沼[2010]において設定した247営業日やBrown and Warner[1985]による244営業日が一応の目安となるが，本章では80営業日を設定している。

13) なお検定統計量 θ の算出は後掲4-3.において言及するが，Cambel et al. [1997, p. 161]によって推計期間は $(L)>30$ との条件が課せられている。したがって80営業日の確保は，この統計処理上の条件をも十分に満たすことを付言しておく。

14) 第9章において取り上げる日本オラクルも本文中の2事例同様，高率事例である。このような特殊な資本剰余金配当の実施によって生じる課税関係の詳細については日本オラクルのIR情報に詳しいので以下のHPアドレスを参照されることで，本章における例示・解説を割愛する（最終アクセス日　平成24年3月28日）。http:

//www.oracle.com/jp/corporate/investor-relations/faq/stock-faq-1404121-ja.html

15) Miiller and Modgiliani[1961]が提唱した配当無関連命題によれば，配当政策に関するニュースに投資家は反応せず，企業価値に影響はないとしている。砂川ら[2010, p.257]によればMM理論の「配当関連命題が成り立つ場合，増配や減配のニュースによって株価が変動する現象を説明することは難しい」とし，その理由を「配当政策が追加的な情報を伝える役割をもつことが，（配当無関連命題には−引用者注）考慮されていないから」としている。実際にはPettit[1972]にはじまってDamodaran[1999]，石川[2009]，そして本章における検討結果などが示す通り，配当情報の公表によって投資家は「事前の期待を修正するに足る新情報が含まれている」(石川[2009, p.268])とする成果が多数導出されている。

第9章　資本剰余金配当に対する課税が資本維持に果たす役割

1.　は じ め に

　前章の分析結果から，資本剰余金配当に対して投資家はポジティブ反応を示すと結論した。資本剰余金配当は資本維持機能を低下させると一部の識者から指摘されながらも，投資家は資本維持論者や報道による批判の意に介せず，資本剰余金配当を歓迎する実態が明らかになった。その理由として，そもそも資本維持制度は債権者保護による会社法の制度であり，会社利益に対する請求権をめぐって投資家と債権者はトレードオフの関係にある。したがって資本剰余金配当で資本が毀損される事態であると資本維持論者によって懸念が表明されても，投資家は利益を獲得する新たな機会が増えたに過ぎないと考え，資本市場における反応は好意的となったのであろう。

　前章までの検証によって次のことが明らかになりつつある。(1)資本剰余金配当を投資家が歓迎する実態は，現下の配当課税制度によって支えられている可能性があること。(2)先行研究の成果により利益剰余金による配当の実施に対してポジティブ反応する点を踏まえると，資本市場は資本剰余金配当に対しても同様にポジティブ反応を示したことから，これら2つの配当は原資が異なるとしても投資家にとって同質と捉えられている可能性があること。(3)高率な純資産減少割合を伴う資本剰余金配当が実施されると公表された場合，その公表直後に持分修正による株価下落が観察されていること。

　これらのことを踏まえると，仮に利益剰余金から多額の配当を行う事例が

あった場合も持分割合の減少と投資家が認識し，大幅な株価の下方修正が起きることが当然に推察される。この新たな仮説について本書では紙幅の都合もあり残された課題とするが，本章では改めて(2)と(3)について再度の検証を行った上で資本剰余金配当には投資家にとって課税の有利不利が認識されているのか，つまり(1)を見直してみたいと考えている。

　資本剰余金配当におけるみなし配当課税は交付金銭の一部に留まるため，現状では資本剰余金配当の実施は軽課をもたらすと投資家に認識されているのかもしれない。このような予想と整合するように前章の分析結果から，東日本大震災前に資本剰余金配当を実施すると表明した32事例に対して資本市場はポジティブ反応を示した。しかしその反応は10％の有意水準という弱さであった。そこで本章では東日本大震災後に資本剰余金配当を実施したサンプルを追加し，いかなる程度反応が改善するのか明らかにする。

　本章におけるサンプル拡張のための試行は，まずは分析モデルの改良，つまり改良3FMの検討によって開始される。東日本大震災直後の荒れた株価を参照しても分析対象事例のARやCARの算定をより合理的に実現する分析モデルを2. において提示する。そして改良3FMを用いることで，東日本大震災後に資本剰余金配当の実施を表明した事例に対しても投資家は歓迎するのかを3. において明らかにする。

2.　資本の払戻しと課税

2-1.　資本剰余金配当に関する課税制度

　平成13年の商法改正により剰余金概念が導入されると初めて資本剰余金配当が可能となったが，法人課税においては旧法基通3-1-7の5における規定に見られる通り，利益の配当とその他資本剰余金による配当がその原資の別を度外視して並列して全額受取配当金とされていた。そして当初，法法23条の益金不算入規定が資本剰余金配当にも適用され，配当の受け取りが個人の場合は所24①により配当所得として処理されていた。このため「そ

の他資本剰余金を原資とする配当のすべてを利益剰余金の配当と同一視することは問題（黒田［2009, p. 7］）」とされた。なぜなら受取配当の益金不算入規定はそもそも二重課税排除を目的とするが，その他資本剰余金は法人課税の洗礼を受けていないため，益金不算入とする理由がないからである。

　平成 18 年度の会社法施行により，配当財源が利益・資本を問わず「剰余金の配当」と一本化されたが，これを受けた平成 18 年度税制改正より利益剰余金配当に対する課税と資本剰余金配当に対する課税は明確に区別された。つまり法人が資本剰余金配当を行う場合の課税の取り扱いとして資本の払い戻しと考えられる部分と，それ以外の部分としてみなし配当を認識する計算（以下「プロラタ計算」と略称）を行い，みなし配当部分についてのみ源泉徴収の対象とした。

　尤も資本剰余金配当が全額資本の払い戻しであると考えれば，資本金等の額を減額するのみで課税関係が存在しないとする考えもあり得る。例えば毎月分配型投資信託の特別分配金は非課税であり，資本剰余金からの配当も資本の払い戻し的性質を有する点は同じである。したがって毎月分配型投資信託の特別分配金がプロラタ計算を経ずに非課税とするならば，同様の論拠で資本剰余金配当もプロラタ計算を経ずに非課税とする方途も容認されるべきである。しかし資本剰余金配当は非課税とはならず，プロラタ計算により，みなし配当及を認識する複雑な課税が行われている。プロラタ計算を採用する資本剰余金配当や自己株式の取得では，それらの実施によって会社の一部を解散したとみなす思考が税法の基底に存在するため，資本剰余金配当や自己株式の取得によって利益剰余金配当も同時に生じるとみなしている。

　しかし仮に資本剰余金配当や自己株式の取得について課税関係なしとすれば，それらに課される税優遇が投資家への新たなシグナルとなり，それを奇貨として安易に資本剰余金配当を実施する法人が数多く現れるかもしれない。そこでみなし配当課税を実施し，完全な非課税としないことで当該配当を実施させる誘因を過度に高めない目的があるのかもしれない。

2-2. 資本剰余金配当に対する投資家による評価

　資本剰余金配当は拠出資本の払い戻しとも解されるため，蛸配当的性格を有し，その意味では投資家に対してネガティブな印象を与えるかもしれない。しかし斎藤[2012, p. 19]によれば，「株式の時価は，その配当が会社純財産のどの部分から払われているかとは関係がない」とされ，「拠出資本が原資なら株価が下がり，留保利益が原資なら株価に影響しないということにはならない」とされる。実際，前章における分析結果によれば，概ね斎藤[2012]の指摘と矛盾しない投資家の反応が観察されている。ただ資本剰余金配当に対する投資家の反応を正確に記述すれば，原資が拠出資本であろうが留保利益であろうが，いずれも配当実施の公表によって株価は上昇するが，高率事例においては持分修正によって公表直後，直ちに株価は下降することになる。

　確かに分配可能額の枠内である限り配当原資として利益剰余金と資本剰余金の区別がない現行制度の下では，配当は源泉が利益に限定されるという旧来の思考と決別している。そうであれば資本剰余金配当によって投資家がネガティブ反応するとは限らず，前章の分析結果の通り，大半の資本剰余金配当の実施例で投資家は好感を示すことになる。つまり低率事例については利益剰余金配当やその他のペイアウトと同じと投資家がみなし，反応している可能性が強い。

　他方，資本市場において自己株式の実施公表が統計的に有意なポジティブ反応を引き起こすことを広瀬ら[2005]や島田[2013]が明らかにしているが，ROE を意識した配当政策として「現実には留保利益額を残し，配当や自己株式取得・消却で拠出資本を先に減らす企業がある（石川[2011, p. 100]）」との指摘もある。これに関連して自己株式消却の実施法人には潤沢な利益積立金が存在する場合も多いと考えられるが，他方，資本剰余金配当を実施する法人は赤字法人が多い可能性がある。

　以上を踏まえれば投資家が自己株式消却の公表に対して強いポジティブ反応を示したのに比し，資本剰余金配当の実施に対して有意水準 10％の弱いポジティブ反応を示す点は合理的かもしれない。尤も資本剰余金配当と自己

株式消却のそれぞれに対する投資家反応について，上述したような相違が発見されたとしても，厳密には自己株式消却と資本剰余金配当のそれぞれの実施規模がポジティブ反応の大きさの原因となることや自己株式の取得においては発行済株式総数の減少という要因が非常に強く作用する点も含みおかねばならない。加えて資本剰余金配当では，そもそも留保利益が存在しない場合も少なくないと考えられる。

2-3. 税収としてのみなし配当課税

現状では税法が厳格に資本と利益を区分しているため利益剰余金配当を実施した場合に比し，資本剰余金配当を実施した場合において課税上の優遇が存在すると投資家に認識され，その結果，資本剰余金配当の実施を奇貨として歓迎するかのような反応が予想された。実際，前章までの投資家の反応を観察する限り過剰な投資家の期待は認められないものの，資本剰余金配当の実施法人のうち利益剰余金がゼロであればみなし配当が生じないので，みなし配当課税すら生じず，これを課税上の優遇と認識する投資家は本当に存在するかもしれない。

資本剰余金配当によるみなし配当課税では利益積立金がいかなる程度存在するかによって交付金銭におけるみなし配当の割合が決定する。したがって交付金銭のうちみなし配当となる部分が多いということは利益積立金が多いということだが，実態としては資本剰余金配当を実施する法人の一般的傾向として野間[2012a, p.42]が指摘するように利益積立金が枯渇している可能性が高い。本当に利益積立金が枯渇した事例が多いとすれば，資本剰余金配当による課税では交付金銭のすべてが非課税となる。つまり利益積立金の枯渇から交付金銭にみなし配当が含まれない事例が一般的と考えられ，資本剰余金配当におけるみなし配当課税が税収として貢献していないと推察される。

課税理論は資本剰余金配当による交付金銭に関して資本と利益の区分を厳格に維持する思考を崩さないため，みなし配当課税を存続させる。しかし当該課税は株主の計算を煩わしくさせる一方，税収上の十分な実益がないとも考えられる。さらに自己株式に課せられるみなし配当課税についても「金融

商品取引所の開設する市場において株式等を譲渡する場合には，その取得者が株主等の発行者であるか否かがわからないため，この規定は適用されない（金子[2013, p. 202]）」と考えられ，相対取引・公開買付等に限定してみなし配当課税が行われるとされる。このように見てくると実施されるみなし配当課税による税収は想像以上に少ないと推察され，みなし配当課税の意義のみならず，その実益さえも疑われかねない。

2-4. 自己株式消却に対するみなし配当課税との関係

資本の払い戻しとしては資本剰余金配当とともに双璧をなす自己株式については平成6年商法改正において取得が緩和されている。当時は自己株式取得は配当可能利益から利益消却を行う措置（商法二一二条ノ二）として開始され，株主総会決議を経ることで自己株式取得そのものを容認するが，消却財源は利益剰余金を充てていた。その後の平成9年に制定された「株式の消却の手続きに関する商法の特例に関する法律」では公開会社は定款を以て取締役会の決議により利益消却を可能とし，手続き上の緩和が促進された。そして平成10年には前示特例法の改正により2年間の時限措置として消却原資を資本準備金とし，翌11年には「土地の再評価に関する法律」の改正によって事業用土地の再評価差額金からも株式消却可能とした。再評価差額金を自己株式取得の原資とした点について，当該差額金が固定資産の評価差益として発生し，それが資本剰余金であることから消却原資としている。そして自己株式取得について「単に持合い解消に伴う株価下落に対応するといった目先の対応のためだけではなく，企業の資本効率を向上させて市場の信認を高めるために，今後株式消却を機動的，弾力的に行っていく必要性が高い（川村[2000, p. 28]）」と指摘されていた。

資本剰余金配当のみならず自己株式消却に対してもみなし配当が認識されるが，資本剰余金配当を種類株において実施し，かつ高率事例としながら当該配当を繰り返した場合は，株主持分と消滅する資本の関係で自己株式消却と類似する効果を発生させる。つまり種類株を発行した上で当該株式の取得価格がゼロに至るまで数次にわたる資本剰余金配当を実施する場合と，一度

に発行済株式を消滅させる場合について，ともに持分の減少が引き起こす課税は同等の効果が発現するように現行法では措置されている。したがって前章において示した分析結果のように資本剰余金配当の実施によっても株価が10％水準有意で弱くポジティブ反応したに過ぎないとしたが，仮に種類株によって発行済株式全体のうち一部においてのみ資本剰余金配当を実施し，且つ数次にわたる当該配当実施を経て消滅させた場合，株主数が減少するために今より投資家によるポジティブ反応が強まる可能性がある。この点，資本剰余金配当の実施からより効果的なシグナリングを発生させたい経営者にとって魅力的なペイアウトになるはずである。

　また野間[2012a]によれば資本剰余金配当の実施法人における財務状態として大半の法人で利益剰余金が枯渇しており，資本剰余金配当は利益剰余金配当が不可能な法人において実施される一般的傾向が認められている。そうであれば実際の法制も利益剰余金ゼロが資本剰余金配当の実施要件とすべきであろうが，現状では会社法において準備金の取り崩し順序を廃止しているため，利益剰余金の存否にかかわらず資本剰余金配当の実施が可能となる点は問題かもしれない。このように資本の減少という観点から資本剰余金配当と自己株式の取得は類似の現象として課税も制度化されているが，実際に両者は経営者の異なる動機によって実施されていると思われる。

3. 分析対象の拡大

3-1. 分析対象拡大の意義

　東日本大震災後の資本剰余金配当事例を分析対象とするための予備的考察を本節以下において行う。前章では32事例を対象として分析結果を導出した。そこで本章では東日本大震災以後に資本剰余金配当を実施すると公表した事例を分析対象に加え，それでもなお前章の分析結果である資本剰余金配当に対する投資家のポジティブ反応が確認されるのかを明らかにする。そもそもこのように分析対象を追加するのは，サンプルを拡大して分析してもな

お，前章で得られた知見を継承可能かを明らかにする目的があり，結局のところ前章における分析結果の頑健性確保を目指している。

追加される分析対象候補を再度確認しておくと，（図表8-1）に掲げる No. 1〜13 までの事例である。但し，テレビ東京 HD（9413）とミライト HD（1417）は推計期間内に未上場期間があり，推計期間 80 営業日の株価データを確保できない。このためこれらは分析対象から排除する。またオストジャパングループ（2757）は出来高ゼロ日があり，値を付けない日が存在することを理由にこちらも分析対象から排除する。この結果，追加される分析対象候補 13 事例のうち 3 事例が排除され，（図表8-1）における No. 2〜5，No. 7，No. 9〜13 までの 10 事例（以下，単に「10 事例」と略称）が追加サンプルの候補となる。さらにそのうち純資産減少割合が高く，また同時に大幅な減配を実施した資本剰余金配当事例として日本オラクル（4716）を分析対象とすべきか否かは 3-3. において別途検討する。その前に次節では，日本オラクルを含む上記 10 事例において適用される分析モデルを検討し，具体的にこれら 10 事例の AR を算定するための方法を模索する。

3-2. 改良 3 ファクター・モデルの定立

本節では攪乱的イベントである東日本大震災が発生した後の資本剰余金配当事例を分析対象に追加することから，分析モデルの改良を検討する。本節以降において採用が検討されるのは改良 3FM である。同モデルの定立後，日本オラクルを含めた資本剰余金配当 10 事例に改良 3FM を採用し，実際に AR を算出する。そこでそのような作業の前に東日本大震災後に 10 事例が示した AR を見てみることにする。そして東日本大震災を攪乱的イベントとしたが，実際にはいつの株価によって攪乱が発生しているのか，ピンポイントで異常な AR を発生させた特定日を見定める。10 事例の株価を用いて東日本大震災発生日の平成 23 年 3 月 11 日[1] をイベント日（$t=0$）とする ES を簡便的に SFM[2] により行う。すると 10 事例の平均 AR は（図表9-1）の通りとなる。

（図表9-1）が示す通り，イベント・ウィンドウは主に東日本大震災発生後

（図表9-1）　追加サンプル10事例による東日本大震災発生日周辺のAR

の株価推移を観察するために$-14 \leq t \leq 30$と長目に設定し，推計期間は前章で試みたESにおいて採用した80営業日とした。この結果よりARについて±4％を超える3営業日が存在することが明らかとなった。この3営業日のARが東日本大震災を攪乱的イベントとする直接的な理由である。東日本大震災の影響を強く受けたネガティブ反応は震災発生日後1・2営業日（平成23年3月14日・同15日）において観察され，逆にポジティブ反応は震災発生日後5営業日（同18日）に観察されることがわかる[3]。そこでこれらの異常日における$R_{i,t}$やRm_tを推計期間において参照しないように，つまりノイズを反映させないように，これら震災発生日後1・2営業日と同5営業日に2種類の震災ダミー変数（Disaster Dummy：D1, D2-Dummy）を与え，(9-1式)を分析モデルとする。

$$R_{i,t} - Rf_t = a_i + b_i(Rm_t - Rf_t) + s_i SMB_t + h_i HML_t + D1Dummy + D2Dummy + e_{i,t} \qquad (9\text{-}1\,式)$$

既に前章3-1．の(8-2式)において3FMによるAR算定式を掲げているが，(8-2式)の基礎となった(8-1式)についてダミー変数を追加することで改良する。改良によって分析モデルの精度が向上すると考えられるが，実際にいかなる程度の精度向上が観察されたかは本章3-4．において言及する。当該

2つの震災ダミーのうち1つは，東日本大震災直後に異常なネガティブ反応を示した営業日，つまり3月14日と同15日の両日（$t=1$, 2）に $D1dummy$ として1を与え，それ以外の営業日に0を与えるダミー変数である。また逆に同震災直後にネガティブ反応の反動として生ずる異常なポジティブ反応を示した営業日，つまり同18日（$t=5$）に $D2dummy$ として1を与え，それ以外の営業日に0を与えるダミー変数も追加する。これらの検討の結果，東日本大震災直後の荒れた株価を用いても撹乱的イベントによる影響が緩和され，資本剰余金配当の実施に関する報道に対し，投資家の反応をより精緻に捕捉可能となることが期待される。

3-3. 日本オラクルを分析対象外とする妥当性について

本節においては東日本大震災後における資本剰余金配当の実施事例のうち，まず日本オラクルに関するイベント日の AR を次の（9-2式）を用いて算出し，θ_1 と θ_2 をそれぞれ（図表9-2・9-3）に描出した。その上で同社を分析対象に含めるか否かを検討する。なお，同社は高率な純資産減少割合を伴う資本剰余金配当の実施を公表したが，同時に大幅な減配も発表している。これらの情報公表日後に現れた急激な株価下落は，（前章4-2. において検討した2事例同様，）調整後取得価額を織り込む動きを基礎として，減配に対する失望が加圧されて一層の株価下落を招来したと考えられる。ちなみに前章4-2. において言及した高率2事例はともに復配を実現しており，持分減少と復配の相反する評価の差分が AR に反映されたと解すべきとした。

$$AR_{it} = R_{it} - Rf_t + \hat{a}_i - \hat{b}_i(Rm_t - Rf_t) - \hat{s}_i SMB_t - \hat{h}_i HML_t$$
$$- D1Dummy - D2Dummy \qquad (9\text{-}2\ 式)$$

日本オラクルに関する資本剰余金配当の実施報道については，平成23年6月30日に決算短信によって公表されている[4] ことから，同日をイベント日（$t=0$）と設定した。また翌7月1日には「親会社の米オラクルに支払うロイヤリティー料が上がり採算が悪化した」と報じられており[5]，これに関連して同社は翌期（平成24年5月期）の予想として「年間配当72円（前の期

第 9 章　資本剰余金配当に対する課税が資本維持に果たす役割　233

(図表 9-2)　東日本大震災後の資本剰余金配当 10 事例の θ_1

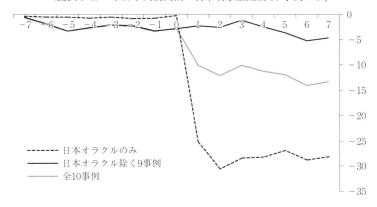

(図表 9-3)　東日本大震災後の資本剰余金配当 10 事例の θ_2

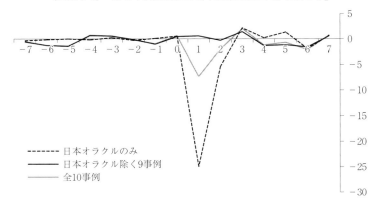

は特別配当含め 460 円)にすると発表し，失望売りを浴びた」とされる[6]。そこで前章 4-3. で試みたように(図表 8-3・8-4)に倣い，以下に(図表 9-2・9-3)を作成し，日本オラクルによる資本剰余金配当の実施公表日周辺における θ の推移を見てみることにしよう。その際，CAR の算定，θ_1 と θ_2 の算定過程については第 2 章で言及した通りであり，ここでは記述の重複を避け，解説を割愛する。

(図表 9-2・9-3)ともに日本オラクルのネガティブ反応が突出する様子が確認された。図表を見た上で視覚的にも日本オラクルの特異さが目立つが，

234

議論に慎重を期すために統計的にいかなる程度異常な株価変動かを検討する。そこで(図表9-2)におけるイベントウィンドウ内の15日分の検定統計量のうち,「日本オラクル除く9事例」と「全10事例」のそれぞれ2つのθ_1について,一対の標本による平均の差の検定(t検定)を実施した。その結果,(図表9-2)に示されるこれら2つのθ_1の間には,1%の有意水準で帰無仮説が棄却され,2つのθ_1は平均値に差があるとの結果を導出した(P値= 0.00324993)。したがって統計的にも本研究における分析対象事例として日本オラクルは特異と断じてよい[7]。

以上の検討結果から,高率な純資産減少割合を伴うことの影響のみならず,減配による影響も含んで異常なネガティブ反応を示した日本オラクルについて,本章における分析対象から排除する。この結果,追加する分析対象は10事例から日本オラクルを除いた9事例となり,これによって前章において分析対象とした32事例と併せて最終的な分析対象事例を「41」とする。

3-4. 改良3ファクター・モデルの当てはまりについて

本章では資本剰余金配当の実施公表日周辺における異常収益を,当該公表日前の株価推移から予想するESを採用して投資家の反応を観察しようとしている。その際,ベーシックな方法としてはBrown and Waner[1985]によって解説されるようなSFMや,その発展型であるFama and French[1992]による3FMがあることは本書第1章において既に言及した。とりわけ3FMの万能性については久保田・竹原[2007, p.16]が指摘する通りであり,一般的には3FMは最強のプライシングモデルとされるが,攪乱的イベントである東日本大震災の発生日周辺で妥当なプライシングモデルが別個に存在するとも考えられ,本章では改良3FMを提案し,新たな分析ツールとした。

そこで本章における分析対象でもある東日本大震災後に資本剰余金配当を実施した10事例について,SFM・3FM・改良3FMのそれぞれによって,モデルの当てはまりにいかなる程度の差異が観察されるかを(図表9-4)で示した。条件は前章や本章において一貫して採用している推計期間80営業日($-87 \leqq t \leqq -8$)であり,Fama & FrenchデータとしてInc Finの採用を共通

第9章 資本剰余金配当に対する課税が資本維持に果たす役割　235

(**図表9-4**)　分析モデルによる当てはまりの違い

事例No.	決算短信などによる情報公開日＝イベント日	銘柄コード	銘柄名	Adjusted R2		
				シングルファクターモデル	3ファクターモデル	改良3ファクターモデル
2	20110630	4716	日本オラクル	0.7964	0.815	0.8189
3	20110513	5017	AOCHD	0.4073	0.4009	0.3967
4	20110513	6629	テクノホライゾンHD	0.1812	0.1932	0.2041
5	20110512	3708	特種東海製紙	0.7258	0.7782	0.7847
7	20110511	3820	JBISHD	0.5926	0.6531	0.7887
9	20110510	8767	ウェブクルー	0.2968	0.363	0.3851
10	20110510	6707	サンケン電気	0.4985	0.497	0.4838
11	20110509	2479	ジェイテック	0.0823	0.1068	0.1293
12	20110506	6815	ユニデン	0.430	0.4398	0.4415
13	20110428	3598	山喜	0.5347	0.6008	0.5957

　のプラットホームとしている。3FM との対比の結果，改良3FM の調整済み決定係数（adjusted R^2）がほかを上回る事例は10事例中7事例あり，SFM との対比では8事例存在した。このように本章において採用した改良3FM の優位性が確認されたことにより，最良の分析ツールとして同モデルを採用したことの妥当性が示された[8]。

4.　本章のまとめ

4-1.　分析対象事例拡張後の分析結果

　本章におけるここまでの検討によって東日本大震災の前後で実施された資本剰余金配当事例のうち，分析対象と認められる事例は41を確保した。そこで41事例による資本剰余金配当の実施公表日における市場の反応を示すと（図表9-5・9-6）となる。なお以下に示す（図表9-5・9-6）は，32事例の検定統計量を描出した前出の（図表8-3・8-4）を踏まえ，それらと比較できるようにしている。

（図表 9-5） 資本剰余金配当を実施した 41 事例による θ_1

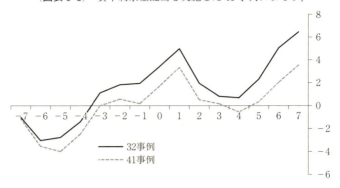

（図表 9-6） 資本剰余金配当を実施した 41 事例による θ_2

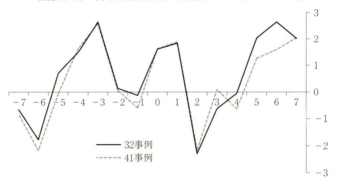

　さて，(図表 9-5)による 32 事例のパフォーマンスに比し，41 事例のそれは全体として低く推移している。結果として 32 事例に 9 事例を追加すると，イベントウィンドウ全体では反応が鈍化する。これは追加した 9 事例それぞれの株価変動について，全体的にプラス方向の反応が鈍かったことが起因しており，そのような 9 事例に 32 事例を合計することによって全体が下方修正されたことを表している。つまり 9 事例に限って言えば改良 3FM を採用することで撹乱的イベントを象徴する 3 営業日分のノイズを排除したものの，それでも東日本大震災後の株価の萎縮が反映してしまったと考えられる。しかし，それにもかかわらず本章の分析結果としては，震災の前後で資本剰余金配当に関するニュースリリースは総じて投資家にポジティブ反応をもたら

第9章　資本剰余金配当に対する課税が資本維持に果たす役割　237

(図表9-7)　資本剰余金配当41事例における検定統計量の有意水準

t	41事例		32事例		9事例		t
	θ_1	θ_2	θ_1	θ_2	θ_1	θ_2	
−7	−1.14657	−0.84364	−1.00823	−0.66534	−0.54607	−0.54607	−7
−6	−3.53235 ***	−2.17171 **	−3.02529 ***	−1.77475	−1.83482 *	−1.28875	−6
−5	−3.98124 ***	−0.061	−2.75892 ***	0.705434	−3.29519 ***	−1.46037	−5
−4	−2.47511 **	1.642031	−1.41231	1.500438	−2.61974 ***	0.675456	−4
−3	−0.00952	2.578877 ***	1.103696	2.644236 ***	−2.10147 **	0.518271	−3
−2	0.561228	0.062507	1.818233 *	0.139248	−2.23062 **	−0.12916	−2
−1	0.17597	−0.59984	1.934173 *	−0.12695	−3.27153 ***	−1.04091	−1
0	1.702071 *	1.637573	3.427121 ***	1.619127	−2.82938 ***	0.442141	0
1	3.336437 ***	1.890383 *	4.982543 ***	1.845213 *	−2.27397 **	0.555419	1
2	0.507047	−2.16152 **	1.934531 *	−2.29204 **	−2.56556 **	−0.29159	2
3	0.157807	0.094121	0.799586	−0.63309	−1.1709	1.394662	3
4	−0.55726	−0.6536	0.681267	−0.04875	−2.47401 **	−1.30311	4
5	0.334542	1.260261	2.302486 **	2.03829 **	−3.62757 ***	−1.15357	5
6	2.029327 **	1.589935	5.058552 ***	2.637384 ***	−5.20715 ***	−1.57958	6
7	3.534797 ***	2.052336 **	6.459609 ***	2.020067 **	−4.63577 ***	0.571379	7

す追加的な情報を与えることが明らかになった。

　また(図表9-6)によれば概ねイベント日前後で41事例と32事例の反応は近似する傾向にある。(図表9-7)によって示される通り，θ_2はイベント日の翌営業日で10%の有意水準でポジティブ反応を示し，2営業日後において5%の有意水準でネガティブ反応を示すことが明らかとなった。このように本章では東日本大震災後に資本剰余金配当を実施した9事例に改良3FMを採用してARを算出し，全41事例とした上でイベント日における投資家の反応が有意にポジティブであることを追認した。

　これらを踏まえると，イベント日翌営業日($t=1$)におけるポジティブ反応が10%の有意水準を示すことやそのさらに翌営業日($t=2$)において前日のポジティブ反応を相殺するかのような5%水準有意のネガティブ反応が示されることから，資本剰余金配当は投資家に熱烈な歓迎を受けたとは言えないようである。この結果をいかに解釈すべきかについては次章において再度検討する必要がある。つまり本章の分析結果から資本剰余金配当の実施直後のポジティブ反応が検出されたことは重要ではあるが，それと同じくらいに当該ポジティブ反応を帳消しにする直後の5%水準有意のネガティブ反応が再び観察されるのかにも注目し，検証を試みる必要がある。

4-2. 分析結果の解釈

本章においては前章における分析結果を追認する整合的な分析結果が導出された。それによって資本剰余金配当に対して弱いながらも投資家はポジティブ反応するという主張が一貫し，頑健性が付与された。そこでこれらの分析結果を踏まえて，資本剰余金配当によって随伴する課税関係について若干の検討を行う。

資本剰余金配当によって引き起こされるみなし配当課税は，投資家行動に極端な偏りを引き起こさないように周到に調整されていると解釈できるであろう。仮に資本剰余金配当についてみなし配当を認識せず，資本等取引であるから完全な非課税として措置すれば，投資家は資本剰余金配当を実施する銘柄をより高く評価するであろう。そしてそのような配当シグナリング効果が確立し定着すれば，資本剰余金配当を実施して企業価値を高めようとする安易な法人が一斉に出現する。したがって安易な資本剰余金配当の実施を制限するため，資本剰余金配当においてみなし配当を認識し，課税する意義があるかもしれない。資本維持制度を崩壊させない範囲で資本剰余金配当制度が運用されねばならず，反面，制度として空文化しないためにも余剰資金の返却の途を確保し，資本剰余金配当の実施法人が実際に存在しなければならない。そのためには資本剰余金配当において投資家に課税上の動機付けを与えないように中立でなければならない。

実態としては利益積立金が枯渇している企業が資本剰余金配当を実施している事例も多いとされており，交付金銭が丸々非課税となる事例が多数存在する。これは資本の払い戻しだから良いとしても，2-3. において言及した通り，みなし配当課税という複雑な課税制度を維持する積極的な理由に乏しいと思われる。そのためには利益剰余金を有しない法人においてのみ資本剰余金配当を可能とする要件が検討されるべきではないか。旧商法時代の資本維持概念を今日的意義から譲歩し，資本剰余金配当の実施が可能となったが，配当原資の取り崩し順位に関する規定が維持されていれば，みなし配当課税は回避されるとも考えられる。尤もその場合，完全な非課税となるため資本

剰余金配当の実施によるシグナリングは一層大きくなる可能性があり，課税の中立性から問題が生じるのかもしれない。

　資本剰余金配当制度の導入に際しては，小林[2002, p.32]が指摘する通り，法人内に蓄積された余剰資金を効率的に返却する方途を確保しておく政策的配慮が存在した。このため実際に資本剰余金配当の実施法人が存在しなければ，資本剰余金配当を解禁した会社法が空文化する。しかしながら安藤[1998]や森川[2002]が指摘する通り，資本維持制度を揺るがしかねず，「赤字会社が配当を維持するための手段[9]」という社会的な批判から，容易に資本剰余金配当が実施されてはならない。いわばこの板挟みの中で資本剰余金配当制度が維持されなければならない。会社法は資本剰余金配当を許容するのみであるが，税法は実質的に経済的利益の発生額を詳細に決定し，経済的動機付けを配当を享受する株主と，配当を実施する法人経営者に付与する。

　利益剰余金を配当原資とする場合に比し，資本剰余金配当は非課税部分が存在するため，IPO 以来株式を保有しているわけでもない投資家にとっては，一定程度が非課税として処理される配当に注目し，強い選好を示す可能性がある。このように課税の条件含みで従来のペイアウトと異なった配当シグナリング効果を認識する可能性から本研究では，資本剰余金配当に非常に強い選好が示されると疑った。しかし本章や前章における分析結果から，10％水準有意の弱い反応に過ぎない。しかも一般的に投資家は配当原資が利益に由来するか，資本に由来するかについては無頓着な反応を見せているようにも思える。このような投資家の反応は何を原因としているのか。1 つの仮説としては資本剰余金配当の実施は利益剰余金の枯渇を想起させるが，それは業績不振に由来していることを，投資家は織り込んでいるために弱い反応に留まった可能性がある。そのため軽課という優遇が過小評価されているのかもしれない。

　さらにもう 1 つ興味深い分析結果として高率事例において持分の減少を表す株価の下方修正を織り込む現象にも注目すべきである。資本剰余金配当の実施事例の中に存在する低率事例と高率事例は，ポジティブ反応とネガティブ反応の境目がどこにあるかという新たな問題を導き出す。換言すれば，低

240

率事例と高率事例の境目が明確に存在するならば，その境目によって利益の配当と資本の払い戻しに区分し，課税のあり方を変化させるべきとの新たな論点が提供される。つまり投資家がいかなる程度の純資産減少割合であれば利益の配当と受け止め，また逆に資本減少とみなすかという，投資家のペイアウトに対する反応を見極めた上で課税上の区別を行うこともできる。ポジティブに反応を引き起こす資本剰余金配当に対する課税は全額を配当課税と考え，ネガティブ反応を引き起こす場合，資本の払い戻しとして全額を非課税とする方途も存在する。資本剰余金配当の際，投資家反応によってポジティブ反応もネガティブ反応も起きない均衡する純資産現象割合が一般的傾向として明らかにすることができれば，その水準を境に配当課税と資本の払い戻しによる非課税に区分することが理論的想定として可能である。

4-3. 残された課題

本章では ES によってイベント日周辺における投資家の反応を検証した。資本剰余金配当に対する投資家による一般的な反応を捕捉したが，本章の成果を導出する過程で算出された 41 事例分のイベント日周辺の CAR_i を用いて，投資家の挙動を解明するためのさらに踏み込んだ検討課題が残されている。残された課題は次章において取り組むとするが，それらについて若干言及しておくとすれば，例えば複数回資本剰余金配当を実施する法人に対する評価や新興銘柄が資本剰余金配当を実施した場合の評価について，配当条件と CAR_i の関係性を解明する意義は深い。また資本剰余金配当を実施する法人の財務数値と CAR_i の関係性を探るなど，興味深い論点が未検証のままである。このように資本剰余金配当の実施に対し，いかなる情報に投資家が価値付けを行うのかを解明するために，CAR_i を非説明変数とする重回帰分析を行うことで新たな知見を獲得することが可能である。

上に示した分析視角は実は既に Grullon et al.[2002]や Cavusoglu et al.[2004]，Ghosh et al.[2010]，そして櫻田・大沼[2012]によっても採用され，それぞれにインプリケーションに富んだ分析結果を導出している。これらの分析によれば，資本市場に投下されるある種の情報に対する期待が，サンプル法人の

個々の CAR_i の多寡として反映されると考えている。したがって CAR_i を被説明変数とする重回帰分析を試みることで，投資家がいかなる情報を取り込むのかについて系統的な分析が可能となる。

1) 東日本大震災は平成 23 年 3 月 11 日金曜 14 時 46 分に発生しており，この影響を同日中の資本市場に反映させるには大引前に約 14 分の猶予があった。しかしながら実際のところ投資家は大震災による被害状況の把握に手間取り，当該影響を同日中に反映させることは不可能であったと思われる。その結果，震災の影響が資本市場に反映されたのは週明け月曜の 3 月 14 日 ($t=1$)，同 15 日 ($t=2$) となる。なお，TOPIX が地震発生直後に最安値 766.73 を記録するのが 15 日である。また東日本大震災の発生時刻に関するデータの出所は以下の通り（最終アクセス日　平成 24 年 3 月 28 日）。http://www.seisvol.kishou.go.jp/eq/gaikyo/monthly201103/20110311_tohoku_1.pdf

2) SFM による ES 研究の類例として広瀬ら[2005]，山崎・井上[2005]，石川[2009]，櫻田・大沼[2010] を参照のこと。なお，用いられるマーケットモデルについては Cambel[1997, p. 155] 参照のこと。また SFM における AR の計算は Brown and Warner[1985] に準拠している。

3) 参考までに TOPIX のリターン Rm_t によると震災後 1・2 営業日に強いネガティブな反応があるのは（図表 9-1）と同じだが，3 営業日後にその反動となる強いポジティブ反応が認められた点は（図表 9-1）と異なると付言しておく。

4) IR 情報として高率事例であることを正式発表したのは 7 月 22 日 ($t=15$) であるが，実際同日付近で目立った AR の変化は観察されない。その理由として挙げられるのは 6 月 30 日に公表された決算短信において純資産配当率 (68.7) が公表されており，この逆数から投資家は純資産減少割合を算出し，調整後の取得価額を算出したと思われ，投資家の迅速で正確な分析能力が裏付けされたといえる。

5) 平成 23 年 7 月 1 日　日本経済新聞　朝刊 17 頁。

6) 平成 23 年 7 月 2 日　日本経済新聞　朝刊 14 頁。

7) ちなみに（図表 8-2）について 2 つの θ_1（9 事例と 10 事例の平均値）の間に等分散の検定（f 検定）を試みた結果，帰無仮説を棄却し（P 値 = 0.002669581），両者の分散にも差があるとの結果が導出された。

8) なお，3 種の推計モデルの当てはまりを比較する目的で調整済み R2 を対応のある 2 群として t 検定（両側）を実施した。その結果，SFM と 3FM の R2 は 1% 水準で有意に異なる（P 値 = 0.0083，以下同様）。また SFM と改良 3FM の R2 は 5% 水準で有意に異なる (0.0344) ものの，3FM と改良 3FM の R2 には有意な違いは検出されなかった (0.2150)。

9) 平成 21 年 6 月 4 日　日本経済新聞　朝刊 12 頁。

第10章　資本剰余金配当の実施を歓迎する
投資家の着眼点と当該配当実施企業の財務的特性

1. はじめに

1-1. 問題の所在

　本章では資本剰余金配当を実施する企業群に注目し，(1)当該配当に対する投資家の反応についての再検証と，(2)資本剰余金配当を実施する企業群の財務的特性を明らかにした。そして(3)資本剰余金配当の実施企業の自己株式計上実態について，新興市場上場銘柄と非新興市場上場銘柄(以下それぞれ「新興銘柄」・「非新興銘柄」と略称)の間の有意な差を発見している。

　本章ではまず(1)について資本剰余金配当を実施する企業の株価は資本市場において弱いながらも歓迎されるとの本書第8章並びに第9章における研究成果を再検証する。前章までの検証によって投資家は利益を原資とした配当に反応するのと同様に，資本剰余金配当の実施に対してもポジティブ反応を示すことをESによって明らかにしている。その上で後掲(図表10-1)において示すサンプルに依っても，同様の成果が得られるのか明らかにした。結果的に分析対象を入れ替えてもなお，投資家は資本剰余金配当の実施を強く歓迎する実態が明らかになった。

　次に(2)については資本剰余金配当を実施する企業の財務体質の一部を明らかにするが，資本剰余金配当の実施企業のいかなる財務的特性に注目して投資家が反応を示すのかを解明することで，一般的な投資家行動を浮かび上がらせる。この点における本章の検証結果として赤字に陥っているときや自

己資本成長率が改善するときに実施される資本剰余金配当に投資家は歓迎を示す傾向を捕捉している。

これに関連して資本剰余金配当の実施企業について財務体質を解明した数少ない論攷によれば、資本剰余金配当の実施企業は「業績が悪く利益剰余金がマイナスで従来の配当規制の下では配当を支払うことができなかった企業（野間[2012a, p. 42]）」とされる。また「負債比率が低い企業ほど、その他資本剰余金配当から配当を行う傾向にある」とされ、「債権者の監視の目が弱い企業において配当の継続を目的としてその他資本剰余金が活用されている（河内山[2014, p. 15]）」現状にある。これらを踏まえて本章では野間[2012a]や河内山[2014]による知見との整合性を検証する。

そして(3)についてであるが、自己株式保有に際し、新興銘柄と非新興銘柄は異なる傾向を有し、新興銘柄は非新興銘柄に比べ、自己株式をより多く保有しがちであることを明らかにしている。これによって企業の成長段階に位置すると考えられる新興銘柄が、資本剰余金配当や自己株式取得による会社財産の払い戻しを行うことの問題点を主張する。

資本剰余金配当についてはこれまで制度論を中心とした規範的分析手法による検討が繰り返されてきた。しかし本章が目指す資本剰余金配当に関する実証研究はわが国において僅かに上記の先行研究が存在するのみで、依然として当該配当の実態が十分に解明されたとは言い難い。しかし資本剰余金配当制度の導入後10年以上が経過し、実際に資本剰余金配当を実施した事例が次第に蓄積されるにつけ、実証的分析手法による検証を試みる好機を迎えていると考える。そこで本章ではこれまで実証分析の対象として見過ごされてきた資本剰余金配当制度について検証を試みることとする。

1-2. 基本的認識と問題意識

これまでの資本剰余金配当制度に関する規範研究成果を概観すると、資本維持制度の観点から批判的に論じられており、隣接する検討領域としては剰余金の区分表示の意義や欠損填補時の取崩順序規定削除・最低資本金規制の廃止に対する批判、そして配当課税の是非など多岐にわたる。その中でも資

本剰余金配当を解禁した平成13年商法改正について，資本維持の観点から
当該配当制度の導入に対する否定的な見解も少なくない。例えば壹岐[2007.
p.31]によれば「期間損益算定上の基礎数値としての期末元入資本，しかも，
その中核である払込資本自体の社外流出を比較的自由に認めるというのは，
如何なものであろうか」とし，「払込資本の維持を通じた企業の維持という
考え方は大きく後退」したと平成13年商法改正を批判している[1]。

　このように平成13年商法改正について資本維持を中心に資本剰余金配当
制度導入の適否をめぐる検討が行われたが，資本剰余金と利益剰余金の区別
が，会社法の定める剰余金分配に係る規制にいかなる含意を有するのかにつ
いて次のような見解を示すことができる。それによれば「会社法では，情報
の提供を目的とする計算書類については資産や負債の評価基準などが企業会
計に委ねられる一方で，分配可能額の計算については会社法固有の領域とさ
れ，必要な計数は会社法の範疇で規定する原則が明確に示された」という
(田宮[2007.p.41])。つまり表示の問題と分配の計算はそれぞれ別々に根拠を
求めることとなったが，純資産の部における剰余金区分の強制に会社法が期
待したのは，「投資家への情報提供機能だけ」(尾崎[2007.p.38])とされ，この
ような会社法現代化に伴う解釈論に比し，そもそもの資本維持論との間に大
きな隔たりを残している。

　他方，改正会社法の施行後，現実には資本剰余金配当や自己株式の取得を
含め，これら剰余金の分配によって資本維持機能が低下し，多くの倒産企業
が発生したなどの制度上の欠陥が指摘される論攷や新聞報道は見当たらない。
例えば会社法第449条が定めるように資本金等の減少に際して債権者が異議
を述べることが可能となっており，資本剰余金配当が実施される前に配当原
資の発生段階で債権者保護手続きが確立されている。このように資本剰余金
配当の実施で危惧された資本維持機能の低下に対し，債権者保護手続きを確
保しながら，資本維持制度の緩和も達成するように調整が施されている。

　したがって今のところ資本剰余金配当制度はバランスを維持して運用され
ている感があるが，実際には資本剰余金配当制度が投資家にいかに受容され
ているのかについて十分に解明されたとは言えない。この新たな疑問の解明

のためには，資本剰余金配当制度の下で配当を享受する投資家による評価と
配当を実施する企業の財務的特性について，それら両面を結びつける検証を
行う必要があろう。しかしながら冒頭で述べた通り，資本剰余金配当制度を
分析対象とした事後的検証，とりわけ実証分析による成果の蓄積は十分とは
言えない。そこで本章では資本剰余金配当研究の問題意識をさらに掘り下げ，
資本剰余金配当を実施するとの情報が市場に投入された際，投資家がいかな
る情報に注目して当該配当を評価するのかについて明らかにする。また資本
剰余金配当が新興銘柄において少なくない実施例が認められるが，そのよう
な実態についても本章後段において追加検証を実施する。

2. 資本剰余金配当に対する投資家の反応

2-1. 資本減少の周知とその意義

資本剰余金配当が商法に導入された平成13年改正について，当該配当は
資本維持を脆弱化させるとの問題提起があったが，この問題と相似形を成す
のが投資信託の分配金に取り崩した投資元本の一部，つまり特別分配金につ
いて資本の払い戻しである旨の説明が不十分であった問題[2]である。特別分
配金が元本の払い戻しであると周知することの重要性[3]は，資本剰余金配当
の実施においても重要な問題であるとされ，実際に決算短信において純資産
減少割合が公表されている。このように現下の会社法においては剰余金の分
配時期が制限されなくなったため，配当に関する情報を決算短信により適時
に開示している。

資本の払い戻しを周知する趣旨から資本剰余金配当では純資産減少割合が
公表されるが，利益を原資とする通常の配当では純資産減少割合は認識され
ず，当然周知もされない。にもかかわらず実態としては配当原資が資本剰余
金配当であろうが利益剰余金であろうが純資産は減少する。したがって資本
剰余金配当において純資産減少割合を公表することの重要性は実のところ，
いかなる含意を認め得るのか疑問が残る。なぜなら配当原資が元本か利益か

について投資家が拘らないのであれば，会社法上の資本金等の減少を周知する意義はそもそも生じないとも考えられ，純資産減少割合の情報価値が存在しない可能性がある。

　尤もこの疑問に対しては，純資産減少割合が公表される最大の理由として，投資家が資本剰余金配当を受け取った際の納税額算定のためと言うことができる。つまり当該割合が公表されなければ投資家は納税額が計算できないため，純資産減少割合の公表は課税上の要請である。このように納税額計算のために純資産減少割合が公表されるのは，（例えば受取配当の益金不算入処理にも見られるように，）資本等取引に対する非課税措置を課税理論が徹底する結果である。したがって成道[2007, p. 56]が指摘するように「税法における資本積立金と利益積立金の区分の厳格さは，まさに会計以上といっても過言ではない」となる。

　しかし上述した通り，純資産減少割合は単に課税上必要とされる計数に過ぎず，本当にそれ以上の情報価値が存在しないのであろうか。むしろ投資家にとって純資産減少割合は，資本剰余金配当の実施によって資本維持機能の脆弱化を表すシグナルとなるのではないか。もしもそのような仮説が正しければ，純資産減少割合の多寡によって AR に影響が投影されるであろう。そして成道[2007, p. 52]によって指摘されるように，「配当としては不相当に高額である場合には，資本の払い戻しと見る方が妥当と思われる場合」も存在し，第8章で言及した UT HD やガイアックス，そして第9章で言及した日本オラクルの例のように実際に高率事例が存在している。この場合，より重要なことは，財源が資本剰余金であるか利益剰余金であるかを問わず，減少する純資産が大きくなれば持分修正を試みる株価の下落が生じる。その意味で配当原資を資本と利益に区別することが投資行動の観点からも重視されていないことを示す分析結果が前章までに導出されている。

　高率事例の一部について前章までに3事例[4]を取り上げたが，これらが実証分析の対象となるほどの潤沢な事例数を確保できない限界がある。そこで本章においてもっぱら通常実施される低率事例を分析対象とした検証を引き続き試みる。

2-2. リサーチ・デザイン

　資本剰余金配当の実施公表日（決算短信公表日）をイベント日とした ES を第8章・第9章において試みた結果，投資家は資本剰余金配当を実施する企業を高評価する傾向を観察した。但し，この分析結果は資本剰余金配当の実施事例を平成 21 年 6 月以降の 2 年間で採集し，42 件を対象とした結果に過ぎない。サンプルとして資本剰余金配当の実施企業を収集する上では，平成 19 年度以降は決算短信によって資本剰余金配当の実施が公表され，周知されるようになっている。そこで本章では分析対象とする資本剰余金配当事例を平成 19 年 4 月から同 25 年末までに拡張し，再検証を試みる。

　さらに前章における分析上の問題として 2 つ目に挙げられるのは，サンプルを構成する個々の資本剰余金配当事例には，決算期の短信公表日において当該配当を実施すると公表した事例と，それ以外の短信公表日において実施を公表した事例が混在している点である。つまり通常，第 1〜第 3 四半期の短信で公表される資本剰余金配当の実施と，決算期の短信で公表される当該配当の実施では，公表される利益情報量に差異が生じる。具体的には期末の決算短信では利益率や予測配当性向，そして個別業績（経営成績・財政状態）の概要が公表されるが，第 1〜第 3 四半期の決算短信ではそれらは公表されない。このように市場に投下される情報の質・量がともに異なれば，投資家の反応にもそれらの差が投影され得ると考える。そこで本章では決算期における短信公表日において資本剰余金配当の実施を公表した事例に限定してサンプルを再構成し，他方，第 1〜第 3 四半期において資本剰余金配当の実施公表を行った事例を排除した。

　このようなサンプリングによって投資家の資本剰余金配当の実施に対する反応は，決算短信の内容，とりわけ利益関連数値に左右されるか否かを検証することが可能となる。つまり前章までで明らかにした資本剰余金配当実施 42 事例に対する投資家のポジティブ反応が，実際のところ良好な利益関連数値にいかなる程度の関係性を有するのかを解明することができる。そこで次節においてはこれら 2 つの問題点を検証するために分析対象を確定する。

2-3. 分析対象となる資本剰余金配当76事例

本章における分析対象は(図表10-1)の通り,平成19年4月から同25年末までの6年超の期間にわたり,それらサンプルの中に前章において分析対象とした20事例が重複している。実際には当該期間における資本剰余金配当事例は173件を捕捉しているが,結果的に絞り込んだ76事例は全て期末の決算短信公表日において当該配当の実施を公表している。逆に今回は分析対象とならなかった97事例には,(1)第1~第3四半期における決算短信において資本剰余金配当を実施した事例や(2)分析対象となる決算短信データに欠損が認められるため,本章3-1.に示す分析モデルによる検証が行えず,サンプルから排除した事例も存在する。なお(図表10-1)中,連結配当性向の予想値はそもそも%表示により短信において開示されていたが,当該数値の分散が大きいため,自然対数による変換を施したことを付言しておく。また同表中の「決算短信情報」のうち,*Black. 1~6*は投資家が最も注目すると考えられる利益情報であり,8項目を占めている。

ところで正司[2012]が示した資本剰余金配当の類型分類によると,本章における分析対象の多くは組織再編(株式移転・株式交換)による事例と安定配当による事例によって占められると推察される。そのうち安定配当の観点から黒字・赤字が資本剰余金配当を実施させる動機に影響を及ぼすのかを検討する。とはいえ,資本剰余金配当の実施について,連結・単体の情報と黒字・赤字のそれぞれによって4通りの組み合わせが存在し,当該配当の実施に影響を及ぼすかもしれない。また関連して,より直接的な要因は親会社に留保利益が存在するか否かにあるとも考えられる。したがって赤字企業であっても資本由来の留保利益を有すれば,資本剰余金配当が実施されても全く不思議ではない。

しかしながら利益由来の留保利益の存在は毎期の黒字の積み重ねであるため,現在の親会社の黒字は将来も含めた配当実施の判断材料として投資家にとってはとりわけ重要であろう。また子会社の黒字は親会社にとって受取配当として還流し,この資金が親会社の配当財源として活用される事例も考え

(図表10-1) 期末短信において資本剰余金配当の実施を公表した76事例

事例No.	イベント日	銘柄コード	資本剰余金配当実施銘柄	CAR(0, 1) [%]	連結黒字で1 /Black1	個別黒字で1 /Black2	連結・個別純利益の交差項 /Black3	自己資本当期純利益率[%] /Black4	総資産経常利益率[%] /Black5	売上高営業利益率[%] /Black6	純資産減少割合 /DRNAW	配当性向(連結)予想[%] /logpDPR	複数回資本剰余金余実施 /TMTD	上場廃止ダミー /DD	新興銘柄ダミー /EMD	営業利益成長率[%] /GROI	自己資本成長率[%] /EGR
1	20131114	3715	ドワンゴ	22.77	1	1	1	11.7	8.6	5.9	0.015	2.923	1	0	0	-19	-6
2	20131108	8767	ウェアバリュー	-0.01	1	-	1	20.4	13.8	8.8	0.036	3.622	0	0	0	52.5	25.6
3	20131031	8889	アパマンショップHD	1.00	1	1	1	28.2	2.7	6.3	0.024	2.282	0	0	1	5.89	1.41
4	20130712	7725	インターアクション	15.22	1	1	1	26	12.9	19.5	0.02	2.197	0	0	1	-603	94.3
5	20130615	8304	あおぞら銀行	-4.41	1	1	1	9.6	0.8	34.8	0.029	3.726	0	0	0	427	7.5
6	20130514	3708	特種東海製紙	-1.56	1	1	1	4.3	3.5	5.5	0.007	3.934	1	0	0	-15	-4.7
7	20130514	6791	日本コロムビア	-11.28	1	1	1	12.7	6.9	3.7	0.046	3.035	1	0	0	-42	20.9
8	20130513	8545	関西アーバン銀行	-6.58	1	0	0	-4.4	0.1	4.9	0.008	3.182	1	0	1	70.4	3.52
9	20130510	9478	SB HD・アンド・インキュベーションズ	5.10	0	0	0	-15	-0.3	0.9	0.008	3.203	0	0	0	49.1	-3.4
10	20130510	6707	サンケン電気	9.05	1	1	1	6.3	2.8	3.7	0.013	2.741	0	0	0	-34	-0.7
11	20130509	5955	ヤマシナ	-4.22	1	1	1	1.7	1.5	3.1	0.015	4.519	0	0	0	-6.7	2.92
12	20130509	6989	北陸電気工業	3.40	1	1	0	4.6	1.7	1.9	0.018	3.584	0	0	0	-109	-13
13	20130507	2479	ジェイテック	7.80	1	1	1	10.1	6.8	2.4	0.017	2.833	1	0	1	-168	8.17
14	20130115	9972	アルテック	-0.65	0	0	0	0.3	1.3	1.2	0.008	4.048	1	0	0	-19	-2.8
15	20121114	3715	ドワンゴ	14.42	0	0	0	-2.7	5	3.7	0.024	2.851	0	0	1	-12	26.1
16	20121109	8767	ウェアバリュー	0.44	-	-	-	26.1	20.1	10.9	0.039	3.273	0	0	0	59.2	-9.1
17	20121010	7513	コジマ	11.71	0	0	0	-30	-1.8	-2.4	0.004	3.854	0	0	1	-69	0.29
18	20120912	6669	シーシーエス	35.77	0	0	0	-5.8	3.6	5.1	0.011	2.688	0	0	1	-195	117
19	20120514	3708	特種東海製紙	-4.98	1	1	1	0.1	3.2	4.2	0.007	3.484	0	0	0	-11	-0.5
20	20120511	6989	北陸電気工業	-0.40	1	1	1	-11	-1.5	-0.5	0.019	3.793	0	0	0	576	21.4
21	20120509	6707	サンケン電気	-8.89	1	1	1	1.3	2.2	3.1	0.013	3.127	0	0	0	-212	-11
22	20120507	2479	ジェイテック	-11.76	1	1	1	8	6.1	1.8	0.01	2.313	1	0	1	-69	26
23	20120501	8143	ラピーヌ	-4.68	1	1	1	2.5	1.9	2.4	0.007	3.453	1	0	0	-120	-0.4
24	20120427	3598	山喜	-1.06	1	1	0	0.6	0.6	0.7	0.003	4.164	1	0	1	99.4	1.14
25	20120215	4840	トライアイズ	-2.25	1	1	1	0.4	0.4	0.2	0.015	5.011	0	0	1	32.3	-15
26	20120116	9972	アルテック	2.68	1	1	1	0.6	0.2	1.5	0.008	2.66	0	0	0	-40	-3.8
27	20120113	6664	オプトエレクトロニクス	14.93	1	1	1	10	3.2	6.8	0.01	2.104	1	0	1	-246	-0.2
28	20111115	8767	ウェアバリュー	1.89	1	0	0	0.2	15.3	10.3	0.022	2.981	0	0	0	40.8	3.18
29	20110808	2757	オストジャパングループ	-6.88	1	1	1	28.1	9.8	3.7	0.037	1.758	0	0	1	-78	-37
30	20110518	6707	サンケン電気	1.27	1	1	1	-2.6	3.8	4.2	0.012	3.371	0	0	0	12.1	-35
31	20110513	5017	AOC HD	-9.05	1	1	1	4.4	4.4	2.9	0.009	3.011	0	0	0	-86	-16
32	20110512	3708	特種東海製紙	-2.16	1	1	1	1.4	2.4	4.8	0.007	4.041	1	0	0	589	2.56
33	20110509	2479	ジェイテック	-0.56	1	1	1	9.4	4.6	-2.9	0.005	1.589	1	0	1	-69	26
34	20110428	3598	山喜	-5.10	1	1	1	1.2	0.6	1.2	0.003	3.469	1	0	0	-163	1.5
35	20110215	8929	船井財産コンサルタンツ	2.19	1	1	1	6.8	2.9	3.8	0.039	3.343	0	0	1	-306	-80

第 10 章　資本剰余金配当の実施を歓迎する投資家の着眼点と当該配当実施企業の財務的特性

36	20110210	6784	プラネックスホールディング	-3.90	1	1	16.2	10.1	15.5	0.016	2.041	1	0	1	-31	20.1
37	20101112	8767	ウェブクルー	5.70	1	0	9.1	11.4	8	0.012	3.035	1	0	1	7.05	-16
38	20101112	2388	ウェッジHD	-14.77	1	1	11.2	8.5	21.7	0.007	1.841	1	0	1	120	86.1
39	20101111	3715	ドワンゴ	-6.96	1	1	9.5	9.5	6.3	0.025	3.339	1	0	0	378	6.78
40	20100520	8275	フォーバル	-4.61	0	1	10.9	3.1	1.6	0.016	4.034	1	0	1	-112	-40
41	20100514	2147	フジスタッフHD	-8.93	0	0	18.8	10.1	3.1	0.028	3.472	1	1	1	-50	-7
42	20100514	8705	岡藤HD	-2.94	1	1	-11	-2.7	-14	0.004	4.349	0	0	0	125	-35
43	20100514	7769	リズム時計工業	0.88	0	0	3.3	3.6	4	0.008	3.231	1	0	0	91.5	-9.4
44	20100514	3708	特種東海HD	2.33	0	0	-5	-1	5.5	0.007	3.972	0	0	0	43.3	-5.9
45	20100514	8545	関西アーバン銀行	-1.13	0	0	-31	-4.3	-40	0.003	6.332	1	0	1	-301	-12
46	20100512	5930	文化シヤッター	11.60	1	1	-30	12.4	-3.4	0.006	3.049	1	0	0	-112	-9.2
47	20100316	6784	プラネックスホールディング	2.01	1	0	22.2	2.6	17	0.024	2.104	1	0	1	-920	18
48	20100217	2330	フォーサイド・ドット・コム	0.17	0	0	5	-13	0.8	0.013	3.211	0	0	0	-72	-8.8
49	20100212	6679	サイレックス・テクノロジー	-9.69	0	1	-42	6.2	-23	0.009	7.034	1	1	0	-86	-33
50	20091113	8798	アドバンスクリエイト	4.98	0	0	9.1	7	12	0.047	4.413	1	0	1	-28	-28
51	20091113	8767	ウェブクルー	0.30	0	0			7	0.012	3.254	0	0	1		-40
52	20091113	9470	学習研究社	-1.55	0	0	-9.9	-4.2	-7.9	0.005	3.561	0	0	1	-77	-0.5
53	20091112	3715	ドワンゴ	6.11	0	1	-5	1.6	-1.5	0.027	4.421	1	0	0	378	6.78
54	20090825	3242	アーバネットコーポレーション	-2.40	-	0	-108	-14	-16	0.048	3.809	0	0	0	2.22	-63
55	20090520	8275	フォーバル	5.71	0	0	-36	0.1	0.3	0.031	5.148	0	0	1	-51	-13
56	20090520	4837	シダックス	-0.77	0	0	2.3	7.4	4	0.028	4.458	0	0	0	41.7	-23
57	20090515	9070	トナミHD	-0.57	1	1	0.5	0.9	0.5	0.007	3.45	0	0	0	-6.6	-5
58	20090514	8136	サンリオ	0.03	0	0	-5	7.1	9.4	0.033	3.006	1	0	0	6.31	-8.8
59	20090512	4568	第一三共	-6.42	1	0	-34	3.8	10.5	0.024	4.66	0	1	0	15	-2
60	20090508	8134	ザ・トーカイ	13.37	0	0	-17	-0.2	5	0.015	2.791	0	0	1	-20	-6.9
61	20081113	3715	ドワンゴ	0.85	0	0	-13	0.4	0.5	0.022	4.951	0	0	0	244	-15
62	20080526	9448	インボイス	-4.93	0	0	-101	0.7	1.9	0.031	0.833	0	0	0	-89	-31
63	20080523	7918	ヴィアHD	4.20	1	1	-25	1	1.2	0.019	3.689	0	0	0	43.5	5.82
64	20080516	8705	岡藤HD	2.85	0	0	0.2	-1.5	-9.5	0.004	4.129	0	0	1	12	-20
65	20080516	4837	シダックス	2.91	0	0	-37	9.3	5	0.025	2.667	0	0	0	24.4	3.5
66	20080516	9470	学習研究社	8.10	0	0	-15	-3.5	-2.7	0.01	2.092	0	1	0	-116	-18
67	20080516	8375	池田銀行	1.50	0	0	-62	-2.4	-73	0.001	2.741	0	0	0	14.5	10.2
68	20071217	7968	TASAKI	-1.51	0	0	-5.8	0.8	4.2	0.005	3.896	0	0	1	-10	-4.6
69	20071029	4835	インテックス	18.71	0	0	-24	2.4	0.2	0.005	3.054	0	0	0	-8.9	32.1
70	20070528	2538	ジャパン・フード&リカー・アライアンス	-0.27	0	0	-21	0.7	1.3	0.014	4.867	0	0	0	-70	44
71	20070522	4823	サイバー・FHD	4.47	0	0	-59	-7.5	3.3	0.003	2.175	0	0	1	-134	53.4
72	20070521	8230	はせがわ	-1.53	0	1	0.2	2.2	3.7	0.012	4.693	0	0	0	-42	-18
73	20070518	3577	東海染工	1.88	1	0	-14	-1.1	-0.2	0.013	3.859	0	1	0	-104	2.57
74	20070518	4623	アサヒペン	2.45	0	0	-21	0.7	2.8	0.025	3.875	0	0	0	-67	1.44
75	20070426	6702	富士通	1.22	1	0	10.9	3.8	3.6	0.006	2.803	0	0	0	13.3	7
76	20070410	8168	ケーヨー	8.21	1	-	8.9	3.6	2.3	0.011	2.526	0	0	0	-240	-22

得る。そのように見てくれば，本章において扱うデータ上に表れてくる子会社の黒字は，親会社の配当を可能とさせる有力な背景となる。なお，この問題意識に関連して本書第11章では海外子会社が本邦親会社へと配当を行い，利益の還流を試みる場面で，課税上の障害が消滅した平成21年度税制改正に対する評価を観察しているので併せて参照されたい。

2-4. 仮説と分析結果

前章による分析結果を再検証することが本章の1つ目の目的であるため，本章の分析結果が前章による分析結果と比較可能となるように3FMを用いたARや検定統計量θの算定過程を一致させる[5]。そして帰無仮説(H_1：投資家は資本剰余金配当の実施に対し反応しない)を検証する。

(図表10-2・10-3)はともに縦軸は検定統計量を，横軸はイベント日$t=0$としたイベント・ウィンドウを表す時間軸を示しており，単位は「営業日」である。また(図表10-4)はイベント・ウィンドウ各日におけるAR，CARの統計的有意性を表している。ESによる分析の結果，資本剰余金配当を実施すると公表した日周辺における投資家の反応は前章において示した結果に整合し，ポジティブ反応を示したため，上記帰無仮説を棄却する。しかしイベントに対する反応を示した直後に当該ポジティブ反応を相殺するような強いネガティブ反応は観察されない点や，イベント日におけるポジティブ反応が第8章・第9章による結果に比し，強く観察される点が本章における分析の特色である。本章の分析結果から資本剰余金配当に対する投資家の評価が当該配当の件数が多くなるにつれて好感されるようになったと考える。このことについて裏を返せば資本剰余金配当が実施された最初期においては投資家にとって馴染みがないため，当該配当実施公表日においてポジティブ反応を示した後，相殺する反応が直後に表れていたのではないかと考える。

但し，1％水準有意のポジティブ反応は3日前にも表れており，これが如何なる理由を背景としているのか明らかではない[6]。本章はイベント日が全ての事例で同一日とならず，故にクラスタリングが生じにくい検証，つまり攪乱的イベントの影響を受けないノイズ相殺型のESである。それにもかか

第10章 資本剰余金配当の実施を歓迎する投資家の着眼点と当該配当実施企業の財務的特性　253

（図表10-2）　資本剰余金配当実施76事例のθ_1

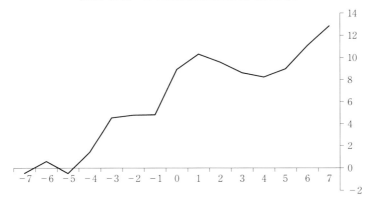

（図表10-3）　資本剰余金配当実施76事例のθ_2

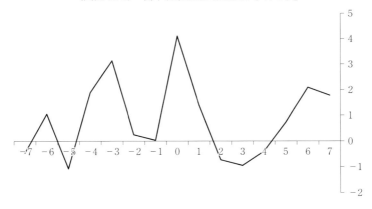

わらず資本剰余金配当を実施する事例において一般的傾向として3日前に一旦強いポジティブ反応を示す実態をいかに解釈すればよいのであろうか。6日前，3日前，そしてイベント日当日とリズムを刻み，徐々にポジティブ反応を強めてゆくさまは投資家の反応として正常の範囲であろうか。あるいは逆にインサイダーを含め，不正取引が表出したと考えるべきか[7]。本章は資本剰余金配当に対する投資家の反応が当該配当実施企業のいかなる配当要因，並びに財務的要因によって引き起こされるかを明らかにする目的があり，インサイダー情報漏洩の有無，情報伝達経路の解明を目的としていない。した

（図表 10-4） 資本剰余金配当 76 事例における
検定統計量の有意水準

t	検定統計量			
	θ_1 from SCAR	有意水準	θ_2 from SAR	有意水準
-7	-0.4523		-0.4523	
-6	0.5951		1.0474	
-5	-0.4739		-1.0691	
-4	1.4116		1.8855	＊
-3	4.5359	＊＊＊	3.1243	＊＊＊
-2	4.7836	＊＊＊	0.2477	
-1	4.8159	＊＊＊	0.0323	
0	8.9062	＊＊＊	4.0903	＊＊＊
1	10.2904	＊＊＊	1.3843	
2	9.5620	＊＊＊	-0.7284	
3	8.6135	＊＊＊	-0.9485	
4	8.2285	＊＊＊	-0.3851	
5	8.9654	＊＊＊	0.7369	
6	11.0512	＊＊＊	2.0858	＊＊
7	12.8283	＊＊＊	1.7770	＊

がって（図表 10-3）に描出された 3 日前の反応については推測の域を出ない
ため，今回は問題を指摘するに留めておく。

3. 資本剰余金配当を実施する企業の財務体質

3-1. 分析モデルの導出とデータの記述統計，相関係数表

本章前節までの検証によって資本剰余金配当の実施公表日，即ち決算短信
公表日において当該配当を実施する企業に対して投資家は統計的に有意なポ
ジティブ反応を示すことが再確認された。そこで本節以下では資本剰余金配
当の実施企業の CAR が，当該企業のいかなる決算短信情報・銘柄属性・有

第 10 章　資本剰余金配当の実施を歓迎する投資家の着眼点と当該配当実施企業の財務的特性　　255

報情報の影響を受けて投資家のポジティブ反応を引き起こすのかを明らかにする。本章では資本剰余金配当の実施に対する投資家の反応を検証するために，イベント日と翌日の AR の蓄積値，つまり $CAR(0,1)$ を算出し，これを被説明変数とした回帰モデルを検証する。検証のための回帰モデルは以下の通りとなる。

$$CAR_i(0,1) = \alpha + \beta_1\,Black_i + \beta_2\,DRNAW_i + \beta_3\,logDPR_i + \beta_4\,TMTD_i$$
$$+ \beta_5\,DD_i + \beta_6\,EMD_i + \beta_7\,GROI_i + \beta_8\,EGR_i + \varepsilon_i$$

当該回帰モデルにおける説明変数は大別すると次のように 3 分類される。3 群のデータについて次節以降で詳述するが，第 1 群として資本剰余金配当の実施を公表した際の「決算短信情報」を分析モデルに投入する。以下「同様に第 2 群として「銘柄属性」を，第 3 群として「1 年前の有報情報」を分析モデルの説明変数とした結果，説明変数は 3 群 13 変数となった。これらの数値に被説明変数を追加した 14 変数ついての記述統計量を（図表 10-5）として示し，それら 14 変数の相関係数表を（図表 10-6）に示した。重回帰分析を行う上で理想的な変量の分散は 1 であるが，（図表 10-5）より本章におけ

（図表 10-5）　被説明変数・説明変数の記述統計量

	記述統計量		N	平均値	標準偏差	第1四分位数	第2四分位数（中央値）	第3四分位数
		$CAR(0,1)$	76	1.327	8.060	-3.660	0.235	4.403
第1群	利益数値	連結黒字ダミー　　$Black1(Dummy)$	74	0.581	0.497	0	1	1
		個別黒字ダミー　　$Black2(Dummy)$	74	0.419	0.497	0	0	1
		連・個黒字ダミー　$Black3(Dummy)$	72	0.403	0.494	0	0	1
		自己資本当期純利益率　$Black4$	75	-5.572	24.662	-13.500	0.600	9.100
		総資産経常利益率　　$Black5$	76	2.980	5.554	0.400	2.500	6.175
		売上高営業利益率　　$Black6$	76	1.842	12.479	0.725	3.100	5.400
	その他	純資産減少割合　　$DRNAW$	76	0.016	0.011	0.007	0.013	0.024
		log配当性向予想値　$log DPR$	76	3.408	1.022	2.794	3.341	3.963
第2群	銘柄属性	複数回配当実施ダミー　$TMT\ Dummy$	76	0.579	0.497	0	1	1
		上場廃止ダミー　　$D\ Dummy$	76	0.053	0.225	0	0	0
		新興銘柄ダミー　　$EM\ Dummy$	76	0.434	0.499	0	0	1
第3群	1年前有報情報	営業利益成長率　　$GROI$	76	-31.837	195.603	-88.233	-19.570	30.310
		自己資本成長率　　EGR	76	-0.419	29.416	-13.273	-1.865	6.780

(図表 10-6)　説明変数の相関係数表

Pearsonの相関	CAR (0, 1)	Black1 Dummy	Black2 Dummy	Black3 Dummy	Black4	Black5	Black6	DRNAW	LogDPR	TMT Dummy	D Dummy	EM Dummy	GROI	EGR
CAR(0, 1)	1.000													
Black1 Dummy	−0.257	1.000												
Black2 Dummy	−0.166	0.674	1.000											
Black3 Dummy	−0.160	0.711	0.971	1.000										
Black4	−0.069	0.707	0.567	0.560	1.000									
Black5	0.024	0.471	0.369	0.343	0.561	1.000								
Black6	0.020	0.340	0.297	0.294	0.480	0.489	1.000							
DRNAW	−0.094	0.057	0.222	0.187	0.169	0.452	0.378	1.000						
LogDPR	−0.165	−0.217	−0.167	−0.197	−0.133	−0.423	−0.286	−0.088	1.000					
TMT Dummy	−0.139	0.224	0.006	−0.020	0.275	0.259	0.117	−0.189	−0.022	1.000				
D Dummy	−0.098	−0.162	−0.209	−0.203	−0.523	−0.131	−0.347	0.018	−0.260	−0.154	1.000			
EM Dummy	0.105	0.131	0.275	0.242	0.169	0.288	0.122	0.158	−0.162	0.038	0.046	1.000		
GROI	−0.191	−0.150	−0.139	−0.150	−0.097	−0.160	−0.050	−0.045	0.229	0.140	−0.040	−0.280	1.000	
EGR	0.317	−0.059	−0.022	0.002	0.058	0.194	0.200	−0.191	−0.328	−0.089	0.045	0.103	−0.097	1.000

る分析対象はサンプルサイズが小さいために，Black 4, 6, DD, GROI, EGR は分布が歪んでいることを指摘しておく必要がある。

さらに（図表10-6）は説明変数間の相関係数表を示したが，第1群の変数内において強い相関が数カ所示されている[8]。そこでこの結果を受けて第1群の変数は回帰モデルに交互に投入し，model. 1〜6 として検証を行うことが妥当との判断に至った。また多重共線性に関する詳細な分析結果[9] は次節以降において示すが，（図表10-6）の結果から CAR(0,1) との間で比較的強い関係性が期待されるのは，Black. 1 と EGR となろう。

3-2.　説明変数の意義

3-2-1.　株価に与える決算短信情報の影響——第1群変数の検討

前節に掲げた分析モデルにおける説明変数のうち，第1群のデータは決算短信より提供される情報である。この第1群の情報は，大きく分けて6つの利益情報と2つのその他の情報に区別される。まず最初に，これらの中で利益情報を回帰モデルにおける変数として投入する意義を述べる。

第1群のデータのうち，6つの利益数値とは，最終利益について(1)連結黒字か否か，(2)個別黒字か否か，(3)連結黒字と個別黒字の交差項[10]，さらに(4)自己資本当期純利益率，(5)総資産経常利益率，(6)売上高営業利益率

第10章　資本剰余金配当の実施を歓迎する投資家の着眼点と当該配当実施企業の財務的特性　257

である。これらの変数は本章における分析の便宜上，モデル式において順に説明変数・*Black. 1〜6* と呼称する。また(1)〜(3)は分析モデルにおける所謂ダミー変数であり，黒字の場合に1を与えている。

　このように本章では利益数値に対して重層的な分析を行うが，その理由として次の通りである。つまり野間[2012b]が明らかにした通り，赤字企業は配当を行わないのではなく，赤字企業であっても配当を行う傾向が認められるとの知見[11] を本章では踏まえ，黒字か赤字かが資本剰余金配当の実施に対する評価といかなる程度，結びつきがあるのかを明らかにする。さらに連結と個別，そしてその両方の最終利益が黒字か否かに注目するが，着眼点としては連結範囲が一定程度，親会社の意向によって確定するため，子会社からの配当を通じた利益還流によって，親会社における配当原資の確保に相当程度貢献し，そのことを投資家も注目すると考えたからである。

　このように単に黒字か赤字かという大雑把な情報も重要ではあるが，他方，損益計算書の段階的な利益のうち，いかなる利益に投資家は注目するのかについても明らかにしてみよう。検証する利益に関する変数 *Black. 1〜6* は全て決算短信によって提供されるため，決算短信情報のいかなる部分に投資家が注目するのかをも検証可能である。このように資本剰余金配当の実施公表は，同時に決算短信において公表される利益情報に強い正の影響を受けると推定するため，利益情報である *Black. 1〜6* と *CAR(0,1)* の間に正の関係性が認められることが期待される。

　このほか，決算短信情報のうち純資産に関連する情報として，純資産減少割合(*DRNAW*：*Decreasing rate of net asset worth*)にも注目する。*DRNAW* の情報取得によって投資家は資本剰余金配当のうち，取得価額の修正部分とみなし配当部分を算出する。このように *DRNAW* の情報価値とは最低限，納税手続きにおいて利用されるに過ぎないと考えるが，*DRNAW* に応じて持分が僅少であるが，実際に減少する点を本章では重視し，*CAR(0,1)* と当該指標の負の関係を期待している[12]。

　最後に配当性向(*DPR*：*Dividend payout ratio*)の予想値を取り上げる。*DPR* はサンプルを編成する過程で比較的多く欠損値が発生したものの，投

258

資家にとって株主還元の程度を表す貴重な決算短信情報であると考えた。しかし決算短信情報によって提供されるそのままの数値は標準偏差が大きいため，自然対数による変換を行い，加工している。当該指標と$CAR(0,1)$の関係について，予測符号は正を示すと期待される[13]。

3-2-2. 株価に与える銘柄特性の影響 〜第2群変数の検討〜

第2群のデータとして，資本剰余金配当を実施した企業の資本市場における銘柄特性に注目し，次の3つの指標を説明変数として投入する。1つ目は資本剰余金配当の複数回実施ダミー（$TMTD$；$Twice\ or\ More\ Times\ Dummy$）であり，当該配当を第1〜第3四半期も含め複数回実施した実績がある銘柄に1を与えている。前述の通り，資本剰余金配当は資本維持の観点から問題を指摘する識者も少なくなく，このような知見を踏まえれば，繰り返し資本剰余金配当を実施する企業に対し，投資家はいかなる反応を示すのか興味深い。したがって当該配当を繰り返し実施するとの情報は，企業自らが安定的に利益を計上できないことを伝えるシグナルとなるかもしれないため，$CAR(0,\ 1)$に対して$TMTD$の予測符号は負を示すと期待される。

銘柄属性について，2つ目に注目するのは上場廃止ダミー（DD；$Delisting\ dummy$）である。本章執筆時点で上場廃止となった銘柄に1を与えている。当該変数は今回の分析対象のうち，4件を数えるのみである。したがってDDは主要な検証変数というよりも，上場廃止の影響をコントロールする目的で投入するに過ぎないと付言しておく。

そして3つ目に新興市場において上場している銘柄（本章冒頭において「新興銘柄」と略称している用語である）を表すダミー（EMD；$Emerging\ market\ dummy$）を投入する。当該変数は新興銘柄に1を与えたが，分類はジャスダックや札幌アンビシャスなどの新興市場へ上場する企業とし，東証1部や同2部，地方上場する企業と区別している。このように新興銘柄か否かを説明変数として取り入れる理由は次の通りである。つまり，資本剰余金配当制度が導入された平成13年商法改正について，自己株式の取得や資本剰余金配当の実施を投資家への余剰資金の返還と捉えた論調も認められた（小林[2002]）。仮にそうであれば余剰資金が発生するのは成熟企業であって，

第10章　資本剰余金配当の実施を歓迎する投資家の着眼点と当該配当実施企業の財務的特性　259

新興銘柄がキャッシュリッチであるとしても配当還元のための余剰資金となるべきではなく，再投資資金とすべきであろう[14]。そのように考えれば新興銘柄の資本剰余金配当実施には，単なる株価維持を期待した配当実施の動機が潜んでいる可能性がある。

　この意味からすると新興銘柄の資本剰余金配当は本末転倒とも考えられるが，実際には（図表10-1）において示す通り，新興銘柄における資本剰余金配当の実施は活発である。そこで本章では新興銘柄と非新興銘柄の間における資本剰余金配当実施について，投資家の反応に差異が認められるのかを明らかにする。分析の結果を予想すると，$CAR(0,1)$ と EMD の間の関係性としてプラスとなれば新興銘柄の形振り構わぬ株価維持に投資家が好感していることを表し，逆にマイナスとなれば新興銘柄の資本剰余金配当実施に対して投資家は早すぎる配当還元や資本維持機能の低下も理由の１つとしてネガティブ反応を示すと考えることができる。

3-2-3.　株価に与える有報情報の影響　～第３群変数の検討～

　分析モデルにおける説明変数のうち，第３群のデータを投入する。第３群のデータは有報情報に由来する２つの指標である。有報と決算短信について，それぞれの公表の前後関係は，有報に先立って決算短信が公表される。このため資本剰余金配当の実施が公表される時点，つまり短信公表日における最新の有報は概ね１年前に公表されたもの以外に存在しない。したがって直前の有報といえども，投資家にとっては実質的に１年前のデータが資本剰余金配当の実施公表時点において入手可能となるに過ぎない。故にそのような比較的旧い情報が投資家行動に影響を及ぼすのかについても明らかにする。

　そこで今回は投資家の観点を重視する目的から財務数値の成長性に関する２指標について注目し，それぞれ損益計算書と貸借対照表由来の数値を説明変数として１つずつ投入する。その２変数のうち１つは営業利益成長率（$GROI$：$Growth\ rate\ of\ operating\ income$）であり，いま１つは自己資本成長率（$EGR$：$Equity\ growth\ rate$）である。前者について本章では多業種横断的に資本剰余金配当を実施する企業を分析対象とするため，財務活動の要素や特別損益項目の影響を排除する目的で当該変数を選択した。また後者は資本

剰余金配当が資本維持低下に繋がるとの観点から，自己資本比率の成長が投資家の興味の対象となるのかにも注目している。したがって $CAR(0,1)$ と上記2変数の関係性について予測符号はともに正を期待する。

3-3. 分析結果と解釈

3-3-1. 分析結果の概要と有意な変数

　資本剰余金配当の実施を公表した日（イベント日）において投資家は統計的に有意な水準で好感を示すことを前章並びに本章前段で明らかにした。そしてこれに続く分析，つまりイベント日における投資家の反応がいかなる理由に基づくのかを解明した結果は，（図表10-7）に示す通りである[15]。

　本章2-2. におけるリサーチ・デザインとして投資家の資本剰余金配当実施に対する反応は，実は決算短信の内容，とりわけ利益関連数値に左右される可能性があると指摘した。しかし分析結果は黒字によりポジティブ反応を示すとした予想を覆し，実態は赤字にポジティブ反応を示すことが明らかとなっている。このように意外な分析結果を導出したが，以下，分析モデルにおける有意な変数の出現順に3つにまとめて言及する。

　まず第1群の説明変数である利益数値について最も有意性が高い説明変数が model. 1 における連結黒字ダミーであり，1％水準で有意である。さらに model. 2, 3 では5％水準有意で個別黒字ダミーと連結・個別の黒字ダミーの交差項が有意である。しかしこれらの結果は予測符号に反して $CAR(0,1)$ との間に負の関係性が認められる。分析結果を導出する前の考察では，連結最終利益が黒字か否かに反応する理由として利益を原資とした配当が可能か否かに投資家の強い関心が集中すると考えたため，正の関係性を認めると期待していた。しかし実際には負の関係性が発見され，資本剰余金配当の実施を公表した企業の最終利益が黒字のときに投資家反応が強いネガティブを示すとした。これは裏を返せば，赤字の場合に実施される資本剰余金配当について，投資家は歓迎を示すことになる。このような投資家による反応から分析対象の一般的傾向を類推すると，赤字企業が行う配当に対して投資家がサプライズと受け止めて反応するのであろう。このため本章冒頭では資本剰余

第10章　資本剰余金配当の実施を歓迎する投資家の着眼点と当該配当実施企業の財務的特性　261

(図表10-7)　資本剰余金配当に対するポジティブ反応の原因分析結果

	予測符号	model. 1				model. 2				model. 3			
		非標準化係数	t	有意確率	VIF	非標準化係数	t	有意確率	VIF	非標準化係数	t	有意確率	VIF
$Black1(Dummy)$	+	-5.375	-2.823	0.006	1.190								
$Black2(Dummy)$	+					-4.339	-2.219	0.030	1.194				
$Black3(Dummy)$	+									-4.683	-2.319	0.024	1.207
$DRNAW$	?	-52.618	-0.616	0.540	1.149	-52.054	-0.586	0.560	1.199	-50.405	-0.532	0.596	1.176
$log DPR$	+	-1.461	-1.483	0.143	1.369	-1.381	-1.383	0.171	1.353	-1.347	-1.319	0.192	1.380
$TMT Dummy$	−	-1.323	-0.697	0.488	1.184	-2.855	-1.496	0.140	1.146	-2.739	-1.399	0.167	1.157
$D Dummy$	−	-8.182	-1.995	0.050	1.160	-8.761	-2.048	0.045	1.200	-8.694	-2.011	0.049	1.207
$EM Dummy$	?	1.307	0.696	0.489	1.167	1.754	0.899	0.372	1.189	1.843	0.930	0.356	1.176
$GROI$	+	-0.006	-1.328	0.189	1.177	-0.006	-1.181	0.242	1.173	-0.005	-1.104	0.274	1.166
EGR	+	0.061	1.833	0.071	1.200	0.059	1.757	0.084	1.251	0.064	1.861	0.067	1.223
$Cons$		10.633	2.348	0.022		9.885	2.178	0.033		9.625	2.037	0.046	
AdjR2		0.167				0.134				0.136			
F値(有意確率)		2.828(0.009)				2.417(0.024)				2.396(0.025)			
obs		74				74				72			

	予測符号	model.4				model.5				model.6			
		非標準化係数	t	有意確率	VIF	非標準化係数	t	有意確率	VIF	非標準化係数	t	有意確率	VIF
$Black4$	+	-0.068	-1.560	0.123	1.436								
$Black5$	+					-0.115	-0.546	0.587	1.699				
$Black6$	+									-0.088	-0.954	0.343	1.664
$DRNAW$	?	-60.292	-0.707	0.482	1.196	-47.455	-0.505	0.615	1.431	-35.000	-0.380	0.705	1.385
$log DPR$	+	-1.236	-1.227	0.224	1.346	-1.111	-1.064	0.291	1.421	-1.260	-1.206	0.232	1.439
$TMT Dummy$	−	-2.036	-1.057	0.294	1.152	-2.175	-1.079	0.284	1.253	-2.294	-1.195	0.236	1.148
$D Dummy$	−	-9.657	-2.039	0.045	1.439	-6.616	-1.546	0.127	1.156	-8.160	-1.745	0.086	1.393
$EM Dummy$	?	1.103	0.563	0.575	1.192	1.127	0.575	0.567	1.194	0.975	0.503	0.617	1.181
$GROI$	+	-0.006	-1.143	0.257	1.176	-0.005	-1.057	0.294	1.173	-0.005	-1.018	0.312	1.169
EGR	+	0.071	2.073	0.042	1.266	0.067	1.915	0.060	1.333	0.071	2.034	0.046	1.314
$Cons$		7.169	1.661	0.101		7.193	1.642	0.105		7.548	1.725	0.089	
AdjR2		0.103				0.076				0.084			
F値(有意確率)		2.063(0.052)				1.767(0.099)				1.860(0.81)			
obs		75				76				76			

金配当実施企業に対する投資家のポジティブ反応が，実際のところ良好な利益関連数値に対する好意的評価とした仮説は支持されないことが明らかとなった。むしろ（図表10-1）に示す通り，連結企業74事例の資本剰余金配当のうち31事例（41.9%）を連結赤字が占めるとの実態や，「業績が悪く利益剰余金がマイナス」である企業が資本剰余金配当を実施するとの野間[2012a]の見解に整合すると言える。

　そして2つ目の発見として上場廃止ダミーの検証結果に注目する。それによれば model. 2, 3, 4 にて5%水準で，また model. 1, 6 において10%水準で負の関係性が有意である。この結果についてであるが，仮に今回の分析対象企業の中で上場廃止企業がより多ければ，投資家は資本剰余金配当を実施する企業のうち，いずれ上場廃止となる企業を見破り，ネガティブ反応する可能性を指摘できたと思われる。つまりこの興味深い結果について付言しておかねばならないのは，サンプル76事例のうち実際に上場廃止企業は4事例に留まるため，資本剰余金配当の実施事例における一般的な傾向を示したと断ずるには難しい。このためこの結果は内的妥当性を示したに過ぎず，上場廃止企業が過去に遡って実施していた資本剰余金配当について，投資家がネガティブ反応を示したのかについて今後も注意深い検証が必要であろう。

　最後に3つ目の発見として，1年前の自己資本成長率が上昇していれば資本剰余金配当の実施を評価する傾向を捕捉した点である。EGR は全てのモデルで横断的に5〜10%水準でプラスに有意であるものの，そもそも EGR の標準偏差が大きいことから自然対数変換にて処置する方途も考えられたが，それを行なわなかったため，結果はその分を割引して解釈せねばならない。しかし，それでも投資家が EGR に注目する理由に解釈を示しておくとすれば次の通りとなるであろう。その解釈とは資本剰余金配当は資本維持を損ねるので，EGR の改善を歓迎するとの仮説である。そしてこの仮説によれば，純資産の増加が資本剰余金配当を経営者に実施させる動機を与える可能性もあり，矛盾がない。

　このように $CAR(0,1)$ と $Black.\ 1〜3$ の間の負の関係性と $CAR(0,1)$ と EGR の間の正の関係性を併せて解釈すると，赤字で実施される株主還元を

第10章　資本剰余金配当の実施を歓迎する投資家の着眼点と当該配当実施企業の財務的特性　　263

好感するが，同時に自己資本の充実にも注意を払う投資家の着眼点が浮かび上がる。このことは投資家の着眼点の一部はあたかも債権者保護思考に沿うようにも見受けられる。

3-3-2. 有意とならなかった変数

　分析結果から有意とならなかった変数について以下に示す2点の発見がある。まず1つ目に純資産減少割合が $CAR(0,1)$ の多寡に影響を与えなかった。資本剰余金配当の実施公表によって投資家は資本維持機能の低下をネガティブに評価する可能性があるが，高率事例においては持分修正のための株価下落が瞬時に生じる。本章の問題意識としては資本剰余金配当の実施に際し，$DRNAW$ が資本維持の脆弱化を表す指標としての情報価値を有すると仮定した。しかしながら投資家反応を見る限り，彼らの投資判断に影響を与える情報価値を $DRNAW$ は有しないと考えるべきだろう。

　このように $DRNAW$ が投資家にとって情報価値が低い理由を考えると次の通りであろうか。つまり $DRNAW$ は「前期末純資産額」に占める「減少する資本剰余金額」の割合である。しかしながら投資家は当該計算要素のうち「減少する資本剰余金額」を単に「減少する剰余金額」と捉えているのではないか。つまり投資家にとって減少する剰余金が資本由来か利益由来かは重要ではない可能性があり，その証左として $DRNAW$ の多寡に応じた株価の下方修正が生じないのかもしれない。そのため剰余金の表示上の区分である配当財源の資本性の有無を投資家は重視しないと考えられる。

　さらに本章における分析モデルにおいて有意とならなかった変数のうち，2つ目の発見は新興銘柄ダミーである。3-2-2. で示した通り，企業の成長過程において成熟段階を迎えていない新興銘柄が資本剰余金配当を実施することを問題視すれば，投資家はネガティブ反応を示すと考えた。しかしながらそのような仮説を支持する分析結果は導出されない。この論点については次節において追加検証を試み，資本剰余金配当を実施する新興銘柄の純資産構成について，その一部を明らかにする。

4. 追 加 検 証——新興銘柄による資本剰余金配当の実施

4-1. 資本剰余金配当実施企業の純資産構成

　前節までの結果によれば，投資家は新興銘柄と非新興銘柄の違いから，資本剰余金配当実施に対する反応に差異を示さない。そこで本節においては資本剰余金配当の実施企業の当該配当実施公表時点における純資産構成を観察し，とりわけ新興銘柄の純資産構成と非新興銘柄のそれとの間にいかなる相違が認められるかを検証する。問題意識は上場後の企業維持が不安定に陥ることも少なくないと考えられる新興企業[16]において，払込資本を社外流出させる資本剰余金配当の実施や自己株式の取得の動機を検証することにある。

　企業の成長段階において離陸期から成長期に位置する新興銘柄は，会社財産の払い戻しよりも再投資のニーズが圧倒するはずである。これらの企業は不安定ながらも種々の利益率が時に高く推移し，次第に安定してゆく。したがってそのような離陸期から成長期にあるはずの新興銘柄が資本剰余金配当を実施するとなれば，投資対象を見失う場合や商製品やサービスの需要創出に失敗する等，事業上の根本的な問題を内包し，事業縮小に向けた転換期にさしかかった可能性が指摘できる。そしてその結果，これら企業の将来性が乏しいと投資家に評価されるかもしれない。仮にそうであれば次なる対策として資本剰余金配当の実施とともに自己株式の取得に傾注する企業が現れる可能性がある。つまり投資家に自社株が割安であるとのシグナルを発し，事業の閉塞をカムフラージュするかもしれない[17]。

　そこで本節では(図表 10-1)に掲載した通り，本章において分析対象となった 76 事例について，自己株式の取得の状況を(図表 10-8)によって示した。同表の数値計算に関して資本剰余金配当の実施 74 事例の連結貸借対照表と 2 事例の個別貸借対照表を有報から参照し，純資産の部に関するデータを収集した。そして企業ごとに純資産の部における各表示項目の百分比を算出した後，上場市場の違いにより 2 つに区分して(図表 10-8)を完成させている。これらの表から読み取れることは，新興銘柄が非新興銘柄に比してマ

第10章　資本剰余金配当の実施を歓迎する投資家の着眼点と当該配当実施企業の財務的特性　　265

(図表10-8)　資本剰余金配当を実施した企業
の株主資本構成

	新興企業	非新興企業
観測数	33	43
貸借対照表		
純資産の部		
株主資本		(単位：%)
資本金	23.22	19.45
資本剰余金	23.96	18.75
利益剰余金	− 2.04	3.11
自己株式	− 5.32	− 1.52
株主資本合計	39.82	39.80
純資産合計	41.35	40.78
負債純資産合計	100	100

イナスの利益剰余金の計上割合が大きく，且つ自己株式の保有割合も大きいということである。

4-2.　母平均の差の検定

前節において資本剰余金配当を実施する企業が自己株式を取得する動機を指摘した。資本剰余金配当の実施企業は結局のところ赤字企業であるか黒字との境目付近に位置することも少なくないと考えられ，そのような企業は市場での評価を維持するために自己株式の取得をも企てると考えた。このような因果連鎖を肯定するかのように(図表10-8)は資本剰余金配当を実施する企業の中でも，とりわけ新興銘柄において自己株式保有が顕著であることを示している。そこで(図表10-8)に示した結果について一層の頑健性を確保するために，新興銘柄群と非新興銘柄群の2群を対象とした母平均の差の検定を実施する。

本節で試みられる母平均の検定として Welch の方法による t 検定を実施し，帰無仮説(H_2：新興銘柄と非新興銘柄の自己株式保有割合について母平均は等しい)を検証する。この t 検定の結果，統計量：t は 1.6900 となり，P

値 0.0502 を得た。このことから多少残念ではあるが，限りなく5％水準有意に接近するものの，表現上は10％水準有意で2群の平均差が存在するという結果が導出されている。このことから新興銘柄と非新興銘柄の自己株式保有割合について母平均は等しくないと言える。つまり自己株式保有に際し，新興銘柄は非新興銘柄に比べ，自己株式をより多く保有しがちであることが明らかとなった[18]。なお参考までに等分散性の検定を実施した結果，統計量：Fは59.5687となり，P値0.0000を得た。このことから1％を遥かに凌駕する水準で帰無仮説(H3：新興銘柄と非新興銘柄の自己株式保有割合について母分散は等しい)を棄却している。

　自己株式取得の緩和は平成6年商法改正にはじまるが，従来より商法は資本準備金の使用を欠損填補と資本組み入れに限定していたものの，当時の「日本経済の深刻な低迷状況の中で，株価下落に歯止めをかけること，および，株価の大幅下落に伴う持合い構造の崩れる中で，持合い解消の一時的な受け皿を提供することを目的として緊急経済対策としてこのような株式消却の財源の拡大が図られた」経緯があると言う。したがって自己株式の実施企業に対する想定として「成熟企業や衰退企業の資本規模の適正化による利益率の向上や配当負担の軽減といった財務リストラに有益であるとみられていた(川村[2000, pp. 26-27])」のである。そのため当初は自己株式を取得する企業として新興銘柄の不適切性について十分な検討がされなかったと考えられ，このまま新興銘柄の自己株式取得を放置しておくべきかは疑問である。

5. おわりに

5-1. 資本剰余金配当制度に対する若干の示唆

　本章の成果として，まず1つ目に資本剰余金配当の実施公表日において投資家がポジティブ反応を示すとの先行研究の結論をより強く支持することで，一般的傾向として資本剰余金配当に対して投資家は好感を示すことを強い確証をもって明らかにした。このことから次のことが想像できる。つまり資本

剰余金配当に仮に資本維持機能の低下を含意するネガティブ評価が存在したとしても，それを上回る当該配当への歓迎が示されていると考えられる。

　しかしネガティブ評価を凌駕するポジティブ評価によって，その相殺値として CAR がプラスに表れたと考えるよりも，そもそも資本剰余金配当の実施に対する投資家の判断には，資本剰余金配当と利益剰余金配当を同質とみなしている可能性もある。そのように考えられるのは，例えば資本剰余金配当を実施する企業は組織再編を経た事例も少なくないとの所見に基づく。つまり「株式移転・株式交換後の親会社と株式移転・株式交換前の各会社とは，経済的に同一である」と言え，「組織再編により，従前の利益剰余金がその他資本剰余金になっていることから，(中略−引用者)その他資本剰余金を原資とする配当は，そのほとんどは，経済的実質としては利益剰余金からの配当（正司[2012, p.54]）」とみなすことが可能であるという。さらに正司[2012]によれば，資本剰余金配当実施の類型の中で，安定配当を志して資本剰余金配当を実施する企業の中には持株会社が散見されるため，従来利益剰余金とされていたにもかかわらず，組織再編を経てその他資本剰余金に振り返られ，配当財源となって資本剰余金配当に至った事例もあるとされる。したがって資本剰余金配当を実施しても，利益剰余金配当が実施されると同様，投資家がポジティブに反応する理由があるのかもしれない。

　次に本章3.で言及した通り資本剰余金配当に対する投資家のポジティブ反応の原因分析であるが，資本剰余金配当実施企業の最終利益が赤字である場合に投資家が好感を示す有意な関係を発見した。もちろん，債権者保護と投資家保護はトレード・オフの関係にあるから，片方が好ましいことは他方が割を喰うことになる。しかしながらそのような関係があったとしても従来，黒字企業の配当に対して示す投資家の好感は健全と考えられてきた。だが，本章による検証結果から赤字企業が実施する資本剰余金配当に対して投資家が示す好感は，健全性を欠いていると問題提起できるのではないか。仮に前述したような組織再編を経ていない企業が資本剰余金配当を実施した事例であればなおさらである。

　このような観点，つまり脆弱化する債権者保護の観点から，本章後段では

268

追加検証を試み，資本剰余金配当企業であり，かつ新興銘柄について自己株
式の保有割合を明らかにした。そして新興銘柄の一部が行う資本剰余金配当
と自己株式の保有について，株価維持のための手段となっていると本章では
指摘しておく。これら企業のライフサイクルにおいて，離陸期に位置するに
もかかわらず，早々に株主還元を行う妥当性を検討する必要があると考える。
つまり新興銘柄において実施される資本剰余金配当には，非新興銘柄におい
て実施される当該配当に比し株価維持を優先するために，債権者保護機能の
観点から適正性が疑われる事例が混在すると指摘しておきたい。

5-2. 本章の限界

　本章では，上場廃止となった企業が過去において資本剰余金配当を実施し
た際に，投資家はいかなる反応を示していたのかを検討した。換言すれば資
本剰余金配当を実施する企業が将来的に上場廃止へ至ることを投資家は予見
したのか否かを DD によって検証を試みたが，当該ダミー変数の適用事例
は４件に留まる。このため DD が説明変数として有意であるとしても，「コ
ントロール変数という分析モデルにおける役割において」という限定が付く。
したがって資本剰余金配当は資本の取り崩しによる社外流出であり，そのよ
うな配当の実施が遠因となって上場廃止へと至ることを投資家が予想したと
断言可能な実証レベルにはないと今は指摘するに留める。この点が本章にお
ける限界であるが，今後のサンプルの追加を待ち，資本剰余金配当を行った
企業で上場廃止となった企業についてより一層の事例収集を行い，再度の分
析が試みられるべきであろう[19]。

　また資本剰余金配当の実施企業を分析対象とした先行研究である野間
[2012a]や河内山[2014]はロジット回帰を採用することで，資本剰余金配当実
施企業のみならず，利益剰余金配当実施企業をも分析対象に取り込み，サン
プルサイズの拡大に成功しており，導出された結果は頑健性が高いと考えら
れる。片や本章のサンプルサイズはそれら先行研究に及ばないが，それでも
なお，比較的正規性が確保されたと考えられる説明変数，つまり $Black.$
1〜3 が負の関係性を示した結果を無視すべきではない。つまり資本剰余金

配当を実施する際，投資家は赤字企業に対し，強い歓迎を示すという事実は，荒唐無稽な検証結果ではない。尤もそのほかに有意な説明変数と判定された*EGR* は分散が大きい分，用心して検証結果を割り引き，解釈する必要がある。

　最後に本章のみならず資本剰余金配当を分析対象とした実証研究の役立ちとは，資本剰余金配当を可能とする現行会社法が規定する債権者保護機能に対し，検証作業としての貢献ができるかにある。野口[2009, p. 26]は資本剰余金配当を可能とさせた会社法には「払込資本と留保利益の区分を当事者間の合意に優先させるべき」との思考がその基底に存在するとして，「債権者保護という目的を達成する上で，その方が優れているという証拠を示す必要がある」と問題提起している[20]。このことから資本剰余金配当の実施企業を分析対象とした実証研究には，当該配当を実施しても債権者保護が損なわれないという証拠，またはその反証の一部を示す役割が期待される。

　しかし本章においてかかる問題意識の全てに答えることはできない。資本剰余金配当の妥当性に関する検討は，会社法の分配規定そのものの検証を行う必要があるほか，加えて払込資本と留保利益の区分についてもその意義を再考せねばならない。この問題は複雑な構造を抱えているにもかかわらず，本書では資本剰余金配当における投資家行動の一部を解明したに過ぎない。このため多くの研究者による成果の蓄積を待たねばならない。

5-3．残された課題

　本章においては残された課題が2つある。1つ目として，（図表10-1）において示すように低率事例をもっぱら分析対象とし，他方，高率事例は分析の埒外に置いた点である。高率事例は前章においてその一部を検証しているが，まだ多くの高率事例が潜在し，将来的にも出現すると思われる。これら高率事例の性質として「配当としては不相当に高額」であり，「資本の払い戻しと見る方が妥当（成道[2007, p. 52]）」と指摘されるが，実は規範研究上も実証研究上も高率事例と低率事例の境目を明らかにできていない。強いて区分するとすれば，本章における分析結果が示すように資本剰余金配当の実施が表

明されて株価が上昇する事例が低率事例と言え，他方，第8章や第9章にお
いて示すような株主持分の減少を契機とする株価の下方修正が表れる事例を
高率事例と区別することが可能であろう。そのため本章においてもこれら双
方の定義が曖昧なままに分析を進めたが，今後，追加の検証が行われ，2つ
の事例の境界が明らかにされるかもしれない。そしてその境目の確定によっ
てみなし配当課税のあり方にも影響が出てくるかもしれない。

　2つ目に掲げる今後取り組むべき課題としては，資本剰余金配当を実施す
る企業におけるCG構造の解明であろう。本章では新興銘柄が自己株式の取
得を比較的熱心に行うと指摘した。これら企業の最終利益が赤字であるにも
かかわらず，単に多額の現金保有という背景から資本剰余金配当の実施と自
己株式の取得が一般化されるとすれば，そのような判断を行う企業のCGと
は，いかなる特性があるのか解明する必要がある。例えば本章成果から新た
に導出される問題意識として，(1)社外取締役数や社外監査役数の多寡が資
本剰余金配当の実施を牽制する働きの有無や，また(2)資本剰余金配当の実
施は機関投資家の存在感，つまり彼らの持株比率の多寡に影響を受けるか否
か，さらに(3)資本剰余金配当の実施と企業業績の関係等，新たな分析視角
による当該配当実施企業の実態解明の意義は大きく，引き続き対象を追加し，
これら残された課題に向けて取り組むべきであろう。

---

1)　同様の論調に安藤[2003, 2004]が挙げられるが，資本維持に関して『會計』第175
　　巻第1号，128-134. における円卓討論での富岡発言はより先鋭的である。それによ
　　ると資本剰余金配当の契機となった平成13年6月の商法改正について富岡幸雄名誉
　　教授は「議員立法によって破綻しかかった銀行を救済するために資本準備金の取り
　　崩しをし，配当原資に充てる緊急措置」であるとし，「産業経済政策的な臨時立法」
　　を会社法において恒久化したことを批判している。これに対して野口晃弘教授は
　　「会社法になったから，払込資本と留保利益の区別が崩されてしまい，日本の企業会
　　計が混乱したかというと，そのような事態は招かなかった」と応じている。
2)　日本経済新聞(平成25年6月23日「投資損益分かりやすく」朝刊3頁／平成25
　　年9月3日「元本，一部取り崩しも」朝刊5頁)参照のこと。
3)　日本経済新聞(平成24年5月2日「投信分配金　本当に得？」朝刊17頁／平成
　　25年2月13日「投信，分配金偏重の10年」朝刊21頁)の報道によると，「『分配金
　　が支払われた分だけ基準価格が下がる』ことを認識している人はわずか17%」とか，

第 10 章　資本剰余金配当の実施を歓迎する投資家の着眼点と当該配当実施企業の財務的特性　271

「3 割」という調査結果が示されている。

4)　日本オラクル（平成 23 年 6 月 30 日・0.313）・UTHD（同 22 年 5 月 14 日・0.267）・ガイアックス（同 22 年 2 月 10 日・0.191）が高率の純資産減少割合を伴い，資本剰余金配当を実施している。なお，括弧内は決算短信による情報公開日・純資産減少割合を示す。これに対して後掲（図表 9-5）が示す通り，低率事例における純資産減少割合の平均値は 0.016 となる。

5)　3FM による AR と検定統計量 θ の算出過程は，それぞれ本書第 8 章と第 9 章を参照のこと。また本章で試みた 3FM による推計で Fama and French データを使用しているが，本書第 8 章・第 9 章同様，Inc Fin を用いている。なお，本章における分析対象をより多く確保する観点から株価について出来高のない銘柄については前日株価を引き継ぐ方法を採用したが，この点が第 8 章・第 9 章と唯一異なるサンプリング方法となっている。また検定統計量の算定上，N は「76」となるが，推計期間 L は 80 営業日を踏襲した。

6)　移転価格税制に関する情報の資本市場への投入について ES を実施した第 12 章の分析結果からも移転価格税制報道日をイベント日とした上で，投資家の反応を検証しているが，こちらも資本市場への情報投入日 3 日前からネガティブ反応をすることを発見している。

7)　企業ホームページにおける情報公開前にサーバに不正アクセスし，公表数時間前に未公開情報を抜き取る犯罪が発生している（平成 25 年 3 月 14 日　日本経済新聞朝刊 43 頁「ネット準備の隙突く」参照）。この事件は情報の抜き取りが会社関係者や第一次情報受領者でなければインサイダー取引として規制対象にならず，不正アクセス禁止法が適用されるのみである。さらにこのような事態に対し今や会計士が資本市場の番人であるというには余りに力不足であり，事件の発生場所がサイバースペースへと移り変わる中，問題が複雑化し，対応が後手に回る傾向がある。今回の分析結果から，もし仮に不正取引の結果が（図表 9-3）に表出しているとすれば，前提として未公開情報が 3 日前にサーバに格納され，それに対する不正アクセスが生じた結果の反応を疑うべきか，より古典的な会社関係者等によるインサイダー情報漏洩を疑うべきか。いずれにせよ興味は尽きないが，本章の目的から外れるため，ここまでの言及に留めておく。

8)　相関係数表から発見される多重共線性の惹起については 1 つの目安として「相関係数の絶対値が 0.5 を超える場合は，いずれかの変数を除外する（小野［1996, p. 184］）」との指摘を参考にすべきであろう。

9)　各説明変数の多重共線性については（図表 10-7）において VIF を示すことで明らかにするが，「一般的には VIF は 5 以上，あるいは 10 以上のとき，重大な多重共線性が存在する（石川［2009, p. 183］）」との知見を本章においても踏まえることとする。

10)　近時のわが国において，配当と株価の関係を解明する代表的研究として石川［2009, pp. 154-160］が挙げられる。当該研究では 6 月末時点の株価を基礎とした時価総額を被説明変数とする一方，説明変数の 1 つに連結・個別の黒字・赤字を採用し

272

た回帰モデルによって検証している。石川[2009]の1万社を超えるサンプルサイズは信頼性の高い分析結果を導出している。他方，本章は資本剰余金配当の実施が公表された日周辺の*AR*を日次ベースの株価を蓄積させて被説明変数とし，資本剰余金配当の実施事例に限定して当該配当が行われる背景を解明しようとしている。このように被説明変数の違いや，そもそもの研究目的の違いから石川[2009]の研究手法やその成果の全てが本章において継承可能ではないが，それでもなお石川[2009]は本章にとって重大な示唆をもたらす先行研究と言える。とりわけ本章後段において言及するが，黒字でない場合，つまり赤字である場合に資本剰余金配当を実施する企業の*CAR*が高まるとの本研究成果は，石川[2009, p.158]による「市場が単独黒字ではなく連結赤字に着目(いずれも傍点－引用者)」するとの指摘に整合し，興味深い。

11) 野間[2012b, pp.6-7]の試論では赤字企業で配当が実施される現象には「経営者および金融機関による株式保有が多い」ことを突き止めているが，「損失を計上していても配当を支払う可能性が高い論理」について今後の検討課題とある。また同様の問題意識から河内山[2014, p.15]は「その他利益剰余金が無い場合に配当を実施した企業は，倒産可能性および負債比率が低く，また役員持株比率が高い傾向にある」としている。これら2つの先行研究を踏まえ，本章では赤字企業による資本剰余金配当実施の背景に踏み込んだ。

12) なお，前章において示した高率3事例では投資家持分の修正による株価下落が反映されている。この高率3事例は*DRNAW*が著しく高い事例である反面，本章における分析対象76事例はもっぱら低率事例である。したがって*CAR*(0, 1)と*DRNAW*の間に明確な負の関係が見い出せないかもしれないが，当該指標が僅少であったとしても，理論的には*CAR*(0, 1)との間に負の関係が予想されるはずである。

13) *DPR*はいわゆる経営者予想値であるが，当該数値が本章の回帰モデルに投入される意義について次の所見を根拠としている。それによると，「経営者予想は，自社の情報に最も熟知している経営者自身による次期の見通しであり，投資者の投資判断に重要な影響を与える(石川[2010, p.8])」としている。

14) 新興銘柄について再投資のニーズが圧倒する根拠について砂川ら[2010, p.265]によれば，「ライフサイクル初期の成長段階にある企業は，豊富な投資機会をもつが資金源に乏しい。成長企業は，事業活動から生み出されるキャッシュフローの殆ど全てを有益な投資機会に投下する。それでも投資資金が不足することが多い。株主への配当は行わない。配当より再投資した方が高いリターンをもたらすからである」と指摘している。同様の指摘は石川[2010, p.9]にも見られる。さらに配当のライフサイクル仮説について，これまでマイクロソフト社は成長企業として無配でも株価上昇を続けてきたが，配当を開始するとの情報に対し，投資家はネガティブ反応を示している。この件の解説について例えば石川[2010, p.137]を参照のこと。

15) (図表10-7)における変数・*Cons*は回帰モデルの定数項であることを付言してお

第 10 章　資本剰余金配当の実施を歓迎する投資家の着眼点と当該配当実施企業の財務的特性　　273

く。また次のようなデータ収集上の理由から，重回帰分析における分析対象が減少した。つまり ES を行うべく株価が収集された事例は 76 であるが，当該 76 事例の株価反応の原因を明らかにする重回帰分析を行うべく決算短信情報を収集した結果，欠損値が見つかった。その内訳についてであるが，（図表 10-1）における事例 No. 54 のアーバネットコーポレーションと同 76 のケーヨーは連結企業ではないため，個別業績の公表に限られ，連結の最終利益についてのデータは存在しない。次に事例 No. 2・同 16 のウェブクルーは連結企業であるにもかかわらず，決算短信において個別業績を公表していない。このため観測数は model. 1, 2 でそれぞれ 74 事例となり，交差項を投入した model. 3 でサンプルが 72 事例と縮小する。最後に事例 No. 51 のウェブクルーは自己資本当期純利益率のみ欠損しているため，model. 4 で 75 事例が分析対象となった。以上から全てのデータがそろった分析は model. 4, 5 において実現し，対象が 76 事例となる。

16)　新興企業は株式時価総額や総資産額が成熟企業に比し小さいため，買収の危機にさらされる。この点について福田[2008, p. 48]は，「該当企業（「1991 年 1 月から 1996 年 12 月までに JASDAQ に店頭登録された企業で，JASDAQ 市場統計年報に基づいた」企業－引用者注）で 1 年目に収集された企業数は 518 社であったが，合併吸収等の理由で，廃止される企業が増加してゆくため 9 年目にはサンプルの企業数は 326 社まで減少している」と報告している。また胥[2006, p. 6]によれば「高収益の投資機会に恵まれる成長企業において，潤沢なキャッシュ・フローが必要不可欠」と指摘し，その上で買収されやすい企業には，「フリー・キャッシュ・フローが高く，負債比率が低く，株式持合比率が低い（胥[2006, p. 15]）」という特徴を挙げている。このことから，新興企業の多くが成長企業であるとすれば，それらは現金保有が大きいと仮定でき，故に買収の危機にさらされ，潜在的に株価維持の動機が強くなることが推察される。したがってそのような切迫した事情から安直に資本剰余金配当の実施へと至る企業もあるのではないか。このように新興企業が買収の脅威にさらされているという背景から，株価を維持せねばならない強い動機付けが生じると考えられる。なお，再投資のために保有される現金は，経営者の自由裁量を増加させ，agency 問題を生じさせると考えられるが，資本剰余金配当を実施する新興企業が agency 問題の解決のために資本剰余金配当を行うのかもしれない。

17)　自己株式の取得について，取締役会決議日をイベント日とした ES において投資家の強いポジティブ反応を明らかにした研究として，広瀬ら[2005]がある。

18)　なお，本文中の P 値は片側検定の結果を参照しているが，自己株式の保有が純資産の部において計上されるとき，全て負の数値で表されることを根拠としている。また利益剰余金の計上割合についても新興銘柄と非新興銘柄の間で母平均の差の検定を実施したが，こちらは両側検定によって分散・平均ともに帰無仮説を棄却できなかったことを付言しておく。

19)　尤も上場廃止が倒産に直接的に結びつくわけではないが，それでも上場廃止と倒産の関係について若干の解説を試みる必要がある。本章の分析対象の中で上場廃止

となった企業はフジスタッフHD(TOB), インボイス(MBO), 池田銀行(経営統合),サイバードHD(MBO)である(本書刊行時点でさらにTASAKI(MBO)も追加されている)。フジスタッフHDは人材派遣業界の再編を理由とした買収であり、また池田銀行は池田泉州HDとして経営が引き継がれたが、データ分類上はともに上場廃止である。他方、インボイスとサイバードHDはMBOによる上場廃止であるが、MBO実施例の中には放漫経営によって資本市場から退出したカラカミ観光の例や、MBO買い取り価格におけるプレミアム算定に関して情報操作を駆使した結果、株主との間で訴訟に発展したレックスHDやサイバードHDの例がある。このようにMBO実施に至るまでにこれらの企業には、経営成績の悪化による大幅な株価の下落やガバナンスの低下が背景にあるが、それらMBO実施の前駆症状の一つとして資本剰余金配当の実施が関連付けられるのか、その関係性について本章で問題を提起することができたのも研究上の貢献の1つと考える。

20) 同様の指摘について、『會計』第175巻第1号, p.132における円卓討論での野口発言として、「払込資本と留保利益の区分に関連して分配規制の話をするのであれば、債権者保護に役に立つか、役に立たないかの証拠が要ります。十分な実証研究の蓄積なしに、払込資本と留保利益の区分を分配規制に採用しなければならないとは、私は主張できません」とある。本章の成果は、ここで求められている実証研究の蓄積の一つとして貢献する目的と意義がある。

第11章 外国子会社利益の国内還流に関する 税制改正と市場の反応

1. はじめに

平成21年度税制改正より前において、わが国法人税法では国境を跨いだ配当の授受に関し、わが国親会社へ配当を支払う外国子会社には外国法人税が課されると同時に、配当支払時の源泉所得税も課されていた。他方、配当を受けるわが国親会社に対しては当該受取配当を益金算入とし、外国税額控除(間接税額控除)を行っていた。しかしながら国内の子会社からの受取配当に対しては益金不算入規定が適用される一方で、外国子会社の場合には上述した通り、二重課税排除の方法が異なり、課税のあり方が不均衡のままであった。そこで平成21年度税制改正において法法23の2が新設され、親会社が外国子会社から受け取る配当について、親会社で益金不算入とする制度、つまり外国子会社配当益金不算入制度が導入された。尤もこの制度は、外国子会社に蓄積する利益を本国親会社に還流させることを意図して経済産業省が税制改正を求めたことに端を発しており、国際課税における二重課税解消という目的よりも、産業政策的な意味合いが強い[1]。

外国子会社配当益金不算入制度の導入時、先導した経済産業省が案じたのは、「海外利益が長期に亘って過度に海外に留保されると、コストセンターであると同時に我が国の成長の源泉である研究開発や雇用が国外に流出してしまう(経産省[2008, p.1])」事態である。また経済産業省は、係る制度導入によっても大幅な税収減とならないことを財務省に証明し、説得する必要があ

り，省益を侵さないことが制度導入の条件になっていたと思われる。しかしながら，各省間の調整を終えてもなお問題となるのが，外国子会社配当益金不算入制度の導入後に本当に海外からの資金還流が起きるのかについてである。この点に関連して Hines and Hubbard[1990, p. 177]が指摘するように，米国企業の外国子会社の経済活動が活発化しているにもかかわらず，外国子会社からの資金還流をめぐる米国多国籍企業の意思決定は未知の研究領域となっていた[2]。

そこで本研究では，このような Hines and Hubbard[1990]の問題意識をヒントに，子会社からの資金還流をめぐる意思決定が税制改正によって影響を受けると考え，その予想される期待を測定する一方途として外国子会社配当益金不算入制度の導入に関するニュース・リリース直後の株価を観察する。つまり当該制度導入の基底に存するのは資金還流の結果，研究開発を促進するという目的であり，そのための手段として外国子会社からの資金還流を促す政策税制が導入されている。このように踏まえた上で外国子会社配当益金不算入制度に対して資本市場は好意的評価を示したのか，あるいは逆に失望を示したのかについて ES によって市場参加者の期待を観察し，当該制度の実効性を予測してみることとしよう。本章において実施される ES について，そもそもの着想には国際課税が多国籍企業の経済行動に及ぼす影響，つまり外国子会社から本国親会社への資金還流について本国の資本市場参加者があらかじめ影響を期待していたのかについて解明を試みる。

2. 研究の背景

2-1. 国際的二重課税排除の方法とその変遷

わが国法人は国内源泉所得に対し法人等の居住地で課税がなされるが，法人が本店登記を行った居住地において行われる課税を居住地国課税(source jurisdiction)という。また子会社が海外進出を果たした際，進出先における国外源泉所得に対して源泉地国課税(residence jurisdiction)が行われ，国際

的二重課税が生じる。居住地国課税によれば全世界所得方式により外国税額控除方式が採用され，実際，わが国において平成21年度税制改正前には，外国子会社による受取配当に対し，外国税額控除方式としての間接税額控除（旧法法69⑧）が行われていた。しかしこの方法によれば外国子会社による受取配当を益金算入とするため課税を嫌い，進出先の外国子会社において利益が留保され続け，本国親会社への資金還流が滞る事態を招いた。そこでこの点を問題視した結果，平成21年度税制改正によって持株割合25％以上で且つその保有期間が6カ月以上である外国子会社より受け取る配当について配当等の額に係る費用に相当する額を控除した金額を益金不算入とする制度（法法23の2）が導入される一方，当該受取配当等に係る外国源泉税等は損金不算入（法法39の2）となった。

　わが国における国際的二重課税の排除方式は，総合課税方式により本店所在地国で生じた国内源泉所得と国外源泉所得を合算して全世界所得とし，全世界所得に対する税額から国外源泉所得に対する税額を控除する外国税額控除方式を採用していた。しかし平成21年度税制改正後は，外国子会社配当益金不算入制度の導入により，国外所得免除方式が一部，導入されている。国外所得免除方式とは国内源泉所得に対して国内の法人税率を適用する一方，国外源泉所得に対して外国の法人税率を適用することで課税関係を終了させる二重課税排除の方法である。なお，国際的二重課税排除には前示の外国税額控除方式と国外所得免除方式のほか，外国税額損金算入方式が存在する。

　わが国では昭和28年締結の日米租税条約において外国税額控除方式が採用されていたが，昭和37年度の税制改正によって間接税額控除制度が導入された。同年の税制改正では控除対象外国税が地方税にも拡大適用し，国別限度方式と一括限度方式を選択適用可能としており，わが国法人の海外進出を支援する趣旨が看取される。翌昭和38年の税制改正においては前示の国別限度方式は廃止され，一括限度方式へ統一されたが，外国税額控除余裕枠とその超過額について繰越制度を導入している。そして昭和58年には一括限度方式について欠損国と黒字国における控除限度額の通算制度を導入している。しかし昭和63年度税制改正では，これまで緩和基調にあった国際的

278

二重課税排除制度は反転し，外国税の税率50％以上については税額控除対象から除外され，また全世界所得金額における国外源泉所得金額の割合について90％を上限とする規定が導入された。それ以後，外国子会社からの配当還流が滞る問題に直面し，再び緩和へと傾斜してゆく。平成4年税制改正においては間接税額控除の対象を外国子会社から外国孫会社まで拡充しており，平成21年には外国子会社配当益金不算入制度が導入され，間接税額控除は廃止されている。

2-2. 外国子会社配当に対する課税制度のわが国と米国における違い

外国子会社配当という本国への資金還流とそれに伴う課税という観点から，わが国と米国には次の共通した特色，問題点が認められる。それは(1)製造業における高度な技術力を有する先進国であるとともに，(2)世界的な資本輸出国であり，(3)外国子会社による本国親会社への配当にインセンティブを付与する問題に直面しつつ，(4)これまで国際的二重課税の排除は外国税額控除制度に依拠してきたという点である。そこで本節では，外国子会社利益を米国親会社へ資金還流させる税制として導入された米国雇用創出法（American Job Creation Act of 2004）の実施前後の議論に注目する。そしてこれらの議論が，わが国における外国子会社配当益金不算入制度の導入に対して与える示唆を検討し，本章における予備的考察としてみよう。

米国では2004年の雇用創出法により，米国内で再投資することを条件に，企業が選択する2004年か2005年のいずれの年の1年に限り，海外から送金された配当への税率を35％から5.25％に引き下げた。この制度導入の結果，海外から送金された配当は，2004年の500億ドルから2005年には2,440億ドルと約5倍に増加したと言われている（Mullins[2006, p. 13]）。他方，わが国においては，米国が採用したように時限立法ではなく，恒久的措置として外国子会社配当益金不算入制度を平成21年度税制改正において導入した点に大きな違いがある。

また二重課税の排除方法としては世界を二分する外国税額控除制度と国外所得免除制度であるが，後者の導入を日英に先立ち，時限立法ではあったも

のの米国が導入した経緯について、青山[2009, p. 50]は次のように解説している。それによると「国際的な構図とすれば、外国税額控除方式の米・英・日3カ国対国外所得免除の欧州・カナダが対峙する関係が定着していたとも言えるが、検討が先行していた米国は、国外所得免除国の動向と合わせ英・日の出方を見る余裕があった」と言う。このような指摘から看取されるのは、高率の法人税を課すことによる国際課税の競争力低下であるが、全世界所得課税方式から国外所得免除方式への移行が、このような税制の歪みを低減させると言われている。

　米国における法人税収は1960年においてはGDP比で4.2%であったが2004年には1.6%に減少している。この間、所得税収は7.9%から7.0%に低下したに過ぎない。同様に米国全ての税収に占める法人税の割合は1960年においては23.2%であったが2004年には10.1%に減少し、この44年間、所得税は40%台で推移している（Fichtner[2005, p. 6]）。このような法人税による税収減が原因で法人税率を高位に設定する拘りとなって現れているようであるが、実際に「高い税率は国内事業や経済成長への投資のための課税後のキャッシュフローを減少させる」点や「外国企業による米国内の製造拠点設立を妨げ、米国企業は低税率国へ異動する」点が憂慮される。そして「税が競争的であるために法人税率の20%までの削減が適切」と指摘している（Fichtner[2005, pp. 13-14]）。

　高い法人税率により世界的には競争劣位に陥った米国法人税制についてU.S. Department[2004, pp. 46-47]は次のように分析している。それによれば「米国企業の競争相手となる企業は所得ではなく消費に対して課税傾向が強い国々に所在しており、売上に課税し、域外への輸出の際に課税する」現状があるという。そして他方で「米国の税制は所得よりも消費に対して傾斜して課税する国との間で（米国企業が）同等に扱われるような調整の手段を持たない」という[3]。

　高い米国法人税率が引き起こす弊害は概観した通りであるが、わが国法人税率も同様に高いことから、わが国においても米国が直面する問題に取り組まなければならない状況は同じである。しかし米国企業の海外子会社による

配当還流を企図する税制改正について，これを時限的措置として行った理由
は概ね次の通り，「海外からの配当還流に対して恒久的な税負担軽減とする
税制改正を行えば，成長企業による海外への投資を増加させる」との見解
(Brumbaugh[2003, p. 7])が強く支持された結果である。また Brumbaugh[2003,
p. 8]は「海外からの配当還流によるキャッシュフローの増加は国内投資によ
る利益を変化させたわけでもなく，また株主が請求権を有する利益でもない
ため，国内投資を刺激しそうにもない」と経済効果へ懐疑的であった。

　このような Brumbaugh[2003]の指摘を踏まえれば，わが国が平成21年度
税制改正時に導入した外国子会社配当益金不算入制度によって，実際に資金
還流が発生したとしても，わが国経済を刺激するには至らないかもしれない。
そして経済産業省が当初目論んだ国内における研究開発促進が達成されない
どころか，恒久法として海外からの配当に対して課税を免除することになれ
ば，さらなる海外投資や海外への技術移転を許してしまいかねない。そこで
本章では外国子会社配当益金不算入制度の導入に関するニュース・リリース
直後，資本市場の参加者はいかなる反応を示したのかについて，ES を行う
ことで資金還流に対する資本市場の期待を観察する。とりわけ観察対象とす
るのはわが国企業のうち，外国子会社が多い海外進出企業である。

3. リサーチ・デザイン

3-1. イベント日の決定

　外国子会社配当益金不算入制度の導入に関するニュース・リリース直後の
資本市場において，投資家がいかに反応したのかを明らかにするために ES
による検証を行い，分析の結果，当該制度の導入に対する資本市場の期待を
検証する。具体的な観察対象となるのは，わが国企業のうち海外の現地法人
を多数擁する多国籍企業の株価である。分析を行うに当たり，まずイベント
日を決定するが，本章で試みる ES はイベント日が暦年上の特定日となるた
め，ノイズ反映型の ES となり，AR の統計的有意性の検出は困難となるか

第 11 章　外国子会社利益の国内還流に関する税制改正と市場の反応　　281

(図表 11-1)　外国子会社配当益金不算入制度の導入に至るまでの流れ

発生日	イベント
平成20年5月9日	経産相税制改正発言
平成20年6月27日	「経済財政改革の基本方針2008について」公表
平成20年8月13日	わが国所得黒字0.8％増加報道
平成20年8月18日	リーマン，業績悪化の報道
平成20年8月22日	「中間論点整理」公表
平成20年8月29日	リーマン，損失拡大懸念の報道
平成20年9月15日	リーマン，連邦破産法申請
平成20年9月16日	経団連「平成21年度税制改正に関する提言」公表
平成20年10月1日	第170回衆議院本会議麻生首相「税制改正(細田議員質問)」発言
平成20年11月28日	税制調査会「平成21年度の税制改正に関する答申」公表
平成20年12月12日	与党(自民党・公明党)「平成21年度税制改正大綱」公表
平成20年12月19日	財務省「平成21年度税制改正の大綱」公表
平成21年1月23日	「平成21年度税制改正の要綱」閣議決定
平成21年3月27日	平成21年度税制改正法案成立

もしれない。そこで平成21年度の外国子会社配当益金不算入制度の導入を
控えた前年度(平成20年度)におけるイベント日の候補について(図表11-1)
を参考にしながら検討してみる。

　(図表11-1)から外国子会社配当益金不算入制度の導入に向けた重要度の
高いニュース・リリースについて出現順に若干の解説を行う。とりわけ ES
を行う上で見過ごすわけにいかないのが，平成20年9月15日にリーマン・
ブラザーズが連邦破産法 Chapter 11 の適用を連邦裁判所に申請した事件で
ある。当該事件は ES において攪乱的イベントと言え，その申請前から資本
市場では株価が下落する前駆症状が観察されるが，この事件前後の資本市場
に与えたネガティブな影響はやはり甚大である。このため外国子会社配当益
金不算入制度に関するニュース・リリースがいかにして株価に織り込まれた
のかを解明する上で，リーマン破綻が分析上の障害になると考えている[4]。
そこでリーマン破綻と外国子会社配当益金不算入制度の導入に関するニュー
ス・リリースが交錯する関係についても留意しておこう。

平成 20 年 5 月 9 日には甘利経済産業省大臣による閣議後大臣記者会見で，外国子会社の利益を国内の親会社に戻すことが可能となるように，現行の外国税額控除方式から国外所得免除方式へ移行する税制改革の検討について発言があった[5]。そして同 6 月 27 日には「経済財政改革の基本方針 2008 について」が閣議決定された。それによると「我が国企業が強みをいかして海外市場で獲得する利益が過度に海外に留保され，競争力の源泉である研究開発や雇用等が国外流出しないよう，当該利益の国内還流に資する環境整備に取り組む」と盛り込まれている (同基本方針 p. 7)。

これを受けて国際租税小委員会[6] が組織され，4 度の委員会開催を経て「我が国企業の海外利益の資金還流について」が同 8 月 22 日に公表された。この報告書は同委員会の中間論点整理 (以下「中間論点整理」と略称) という位置づけである。中間論点整理の目的は，外国子会社利益の国内還流に際して税制上の障害を取り除き，企業が海外に留保した利益を国内に還流させ，研究開発など国内での投資を促進する税制改正を提案することにある。

その後，同 11 月 28 日には政府税制調査会が答申 (以下「政府税調答申」と略称) をまとめている。それによれば「国内に還流する利益が，設備投資，研究開発，雇用等幅広く多様な分野で我が国経済の活力向上のために用いられる」ことを目的として，「外国子会社からの配当について親会社の益金不算入とする制度を導入することが適当」との見解を示している[7]。

以上の通り，外国子会社配当益金不算入制度の導入に関する重要なニュース・リリースは 4 回を数えるが，ES では推定期間内におけるリーマン・ショックの影響を排除することが分析上の制約となっている。このような条件から，リーマン・ショック報道が活発化する前の中間論点整理公表日 (平成 20 年 8 月 22 日金曜) をイベント日とすべきであろう。但し，同論点整理の新聞報道は翌日 23 日土曜である[8] ため，株価への反映は週明け 25 日月曜に織り込まれると考え，イベント日を 8 月 25 日とした[9]。また本研究の主たる目的ではないが，資本市場に与えたリーマン・ショックの影響を捕捉するため，イベント・ウィンドウ内にリーマンが破産法申請した平成 20 年 9 月 15 日を含めている。この結果イベント・ウィンドウは，イベント日を平

成 20 年 8 月 25 日とした上で，イベント日前は 14 営業日を，イベント日後は 16 営業日をそれぞれ確保した。したがってイベント・ウィンドウは平成 20 年 8 月 5 日〜同 9 月 17 日の合計 31 営業日となる。

3-2. 仮説の導出

本研究は外国子会社配当益金不算入制度の導入が資本市場に与えた影響を明らかにする目的がある。しかしながら前節で検討した通り，リーマン・ショックによる株価への影響が甚大であるため，この影響を避ける必要があり，イベント日を中間論点整理の公表日とした。本節では中間論点整理におけるニュース・リリースを受けて，市場参加者がいかに反応したのかについて仮説を導出し，検証することにする。外国子会社配当益金不算入制度の導入に際し経済産業省は，わが国親会社へ還流する外国子会社利益が親会社の設備投資や研究開発に充てられると予測している。したがって税制改正の背景にこのような政策見通しがあることを，市場参加者はいかに受け止めたのかを次の 3 つの類型に分類し，仮説とした。

まずはじめに第一の仮説(H_1：外国子会社配当益金不算入制度の導入によって市場参加者はポジティブに反応する)は，中間論点整理や政府税調答申が描くように，当該制度の導入によって外国子会社による親会社への資金還流が現実となる可能性が高いとの見通しから，市場参加者が歓迎を示す場合である。但し，市場参加者が外国子会社配当益金不算入制度を歓迎する理由として背景に潜む 2 つの思惑が挙げられる。1 つ目の思惑は中間論点整理や政府税調答申が推定するように研究開発が活発化し，雇用促進などの国内投資が盛んになると予想し，海外の現地法人を数多く擁する多国籍企業の株価がポジティブに評価されるというやや長期的な見通しである。他方，2 つ目の思惑として，外国子会社配当益金不算入制度が研究開発の活発化を前提としているものの，還流した資金の使途に制限を設けていないため，経営者の裁量による増配の実施を市場参加者が期待する短期的な見通しである[10]。仮に ES によってイベント日(中間論点整理公表日)に市場がポジティブに反応したことを証明したとしても，その理由が上記の 2 つのうち，いずれが有

力であるのか検討する必要がある。

　仮に資金還流から研究開発などの国内投資が活発化し，雇用促進にも結びついて株価を押し上げると市場参加者が見立てているならば，その実現までの期間が相当長期に及ぶと言うことができ，投資対象として魅力的だとは思えない。つまり，そのような長期見通しに対して市場が瞬時にポジティブ評価したと考えるよりはむしろ，短期的な増配に対する期待によって株価はポジティブに評価したと考えるべきであろう。したがって類推的ではあるが，中間論点整理のニュース・リリースによって市場がポジティブに評価したとすれば，市場参加者の増配期待に基づく短期的な投資活動と考えるのが穏当であろう。また逆に長期的観点からの株価上昇期待として評価された場合，その反応は強くは表れない可能性が高い。

　次に第二の仮説（H2：外国子会社配当益金不算入制度の導入による市場参加者の反応は認められない）は，外国子会社配当益金不算入制度の導入によっても資金還流に関する企業行動は従前と同じで，変化が期待できないという市場参加者の見通しに基づく。そもそも外国子会社配当益金不算入制度はわが国企業の配当政策に対して税制の中立性を維持[11]しながら，外国子会社からの資金還流を円滑に行うための環境を整備する目的で創設されている。平成21年度税制改正が検討されたこの時期，為替相場が円高傾向を強めていた。このような背景により外国子会社からの資金還流の呼び水となる外国子会社配当益金不算入制度の導入が，投資家の目に如何なる程度魅力的に映ったのかはわからない。円高において海外ドルを円交換することを躊躇うと考えれば，外国子会社の配当による資金還流の実現は，結局のところ自国の親会社の資金需要をより強く反映するという単純な動機が最優先されると思われ，外国子会社配当益金不算入制度の導入に関するニュース・リリースに対し，市場参加者の有意な反応を示さないかもしれない。

　最後に第三の仮説（H3：外国子会社配当益金不算入制度の導入によって市場参加者はネガティブに反応する）では，中間論点整理の公表に対し投資家がネガティブに反応する場合を推定する。その理由は，市場参加者が親会社への資金還流を望んでいないということになる。つまりフリー・キャッ

シュ・フロー仮説が予定するように，多額の内部留保を有しながら有益な投
資機会に恵まれない場合に，資金使途の裁量権を有する経営者のモラル・ハ
ザードによって，企業価値を毀損するリスクの高い投資を選択する事態を市
場参加者が危惧する例を想定してみるべきであろう。また還流した資金が高
額な役員報酬に充てられると判断すれば，市場参加者は強い失望を示すであ
ろう。したがって市場参加者の反応が中間論点整理の公表によってネガティ
ブに反応したとすれば，外国子会社による資金還流を促進する税制が親会社
に無駄遣いの誘因を与えることに対する懸念の表明と解することができよう。

3-3. データとサンプル構成の変更

　本章の礎となった櫻田・中西[2011]における分析では SFM を用いており，
金融企業を含んだ市場のリターン(Rm_t)を唯一のファクターとして AR を算
出している。しかし本章では第8章から第10章同様，3FM によって AR 算
定を試みることから，AR 算出のために金融業を含むデータ(Inc Fin)と含ま
ないデータ(Exc Fin)のいずれを選択すべきかの問題に直面する。そこで本
章では採用する Fama and French データとして Inc Fin データと Exc Fin
データの両方によってひとまず分析を試みることとし，採用するプライシン
グモデルの変化によって導出される AR にいかなる程度の変化が表れるの
かを観察することも併せて行ってみる。

　本章における分析対象は(図表11-2)に示す通り，分析対象候補62社のう
ち銀行・証券・その他金融企業3社(三井住友銀行・オリックス・野村 HD)
を含んでいる。換言すればこれらがサンプルの過半となるわけでもないため，
サンプル全体を概ね非金融企業とみなすことも可能ではある。つまり62社
のサンプルに僅か3社の金融系企業が包摂されることから当該3社の要因を
配慮して Inc Fin を用いて AR を算出することが大袈裟と考えられなくもな
い。しかしこの点，Inc Fin データを採用すれば，なぜ Exe Fin データを採
用しなかったかと疑問が呈され，また逆に Exc Fin データを採用すれば，な
ぜ Inc Fin データを採用しなかったかと問われるであろう。このように見て
くればいずれのデータも採用して推計することが求められ，またそのことに

(図表 11-2) 本研究におけるサンプル法人

順位	企業名	業種	現地法人数	順位	企業名	業種	現地法人数
1	豊田通商	商社	358	32	横河電機	電気機器	58
2	住友商事	商社	324	33	日本通運	陸運	58
3	三菱商事	商社	282	34	三菱重工業	機械	57
4	丸紅	商社	267		伊藤忠丸紅鉄鋼	非上場	57
5	伊藤忠商事	商社	263	35	スズキ	自動車	56
6	パナソニック	電気機器	206	36	住友化学	化学	53
7	三井物産	商社	183	37	パナソニック電工	電気機器	53
8	双日	商社	171	38	川崎汽船	海運	53
9	ホンダ	自動車	137		住友電装	上場廃止	51
10	東芝	電気機器	96	39	トヨタ紡織	繊維	51
11	オリンパス	精密機器	95	40	シャープ	電気機器	50
12	デンソー	電気機器	93	41	ブラザー工業	電気機器	49
13	ソニー	電気機器	92	42	パイオニア	電気機器	48
14	日本郵船	海運	89		日本ビクター	上場廃止	48
15	三菱電機	電気機器	87	43	商船三井	海運	48
16	トヨタ自動車	自動車	87	44	稲畑産業	卸売	48
17	オムロン	電気機器	86	45	東洋インキ製造	化学	47
18	DIC	化学	75	46	花王	化学	46
19	キヤノン	電気機器	73	47	ヤマハ発動機	自動車	46
20	HOYA	精密機器	73	48	リコー	電気機器	45
	YKK	非上場	72		三井住友海上火災保険	上場廃止	45
	メタルワン	非上場	71	49	味の素	食品	44
21	東レ	繊維	67	50	セイコーエプソン	電気機器	44
22	ジェイテクト	機械	65	51	豊田合成	自動車	44
23	日立製作所	電気機器	64	52	ヤマハ	その他製造	44
24	住友電気工業	非鉄金属	63	53	近鉄エクスプレス	倉庫	44
	矢崎総業	非上場	63	54	三井住友銀行	銀行	44
25	ダイキン工業	機械	62	55	オリックス	その他金融	43
26	NEC	電気機器	61	56	野村HD	証券	42
27	三洋電機	電気機器	61	57	積水化学工業	化学	41
28	コマツ	機械	60	58	SMC	機械	41
29	富士通	電気機器	60	59	マキタ	電気機器	41
30	ブリヂストン	ゴム製品	59	60	長瀬産業	商社	41
31	電通	サービス	59	61	富士フィルムHD	化学	40
	JTB	非上場	59	62	NTN	機械	40

よって Fama and French データについて Inc Fin データと Exc Fin データの性質の違いを把握することも可能となる。そこで本章の ES では両方のデータを投入し，2種の *AR* を算出することとしよう。

なお，Exc Fin データを用いる場合はサンプルに含まれる上記金融業に属する3法人を排除することを付言しておく。また本章において導出される2種の *AR* のうち本研究目的から採択する分析結果は Exc Fin データに由来する結果とするが，その理由については分析結果を示す過程で言及する。

さて，本研究における分析対象法人として外国子会社が多い企業をサンプリングするために東洋経済新報社『海外進出企業総覧』2009年版を参照した。上述した通りの目的意識から，わが国企業の現地法人数ランキングにおいて海外現地法人を44社以上擁する法人のうち上場企業53社を取り上げ，本章における分析対象とする。(図表11-2)は『海外進出企業総覧』より抜粋した現地法人数が多い企業の一覧であるが，ひとまず40社以上の現地法人を擁する70企業を掲げている[12]。この70企業のうち，本章における検証においては(1)非上場企業と，(2)上場廃止企業を排除する。そしてその上で(3)銀行・証券・その他金融企業3社(三井住友銀行・オリックス・野村HD)を含めたサンプルとして62社を編成し，これらに対して Inc Fin データにより *AR* を算出する。そして他方，金融系企業が含まれないように構成したサンプルとして現地法人数53位(近鉄エクスプレス)までの企業群を分析対象とし，これらに対して Exc Fin データにより *AR* を算出する。

なお全ての分析対象企業は推定期間内の各日において出来高のない日は存在しない。また株価データについては Yahoo Finance から各日の調整後終値を利用している。

4. 分析方法とその結果

4-1. イベント・スタディの分析モデルと分析結果

ES による分析では，まず各銘柄の *AR* の算出に必要となる期待収益率を

推計するが,本書第8章から第10章同様に3FMを採用し,イベント日は中間論点整理の公表日の翌営業日となる平成20年8月25日に設定した。推計期間は15営業日前から214営業日前と設定し,200営業日を確保した[13]。本章においても第2章や第8章から第10章同様,ARが有意に「異常な」収益率であるか否かを判定するためにCampbel and MacKinlay[1997, p.162]や広瀬ら[2005, p.7]が採用した検定統計量を算出する。そして,その計算過程において用いられる標準化したAR算出のために,推計期間における誤差の標準偏差を用いる点についても,本書におけるこれまでの計算過程を踏襲した。さらにθ_1とθ_2がそれぞれCARとARに基づく検定統計量となる点もこれまでの表記と整合させるが,これらを算出する際,本章ではL(推計期間)=200とし,N=62並びに53とした点が異なることを付言する。

さて,(図表11-3)ではCARを基とした検定統計量θ_1を3種描出しているが,これら3つのθ_1のうち(1)SFMによる分析では60社(櫻田・中西[2011, p.245])を,(2)Inc Fin データを用いた3FMによる分析では櫻田・中西[2011]の60社に欠落データ2社(パイオニア・稲畑産業)を追加し62社を,(3)Exc Fin データを用いた3FMによる分析では上記62社から非金融業のみ上位53社を分析対象としている。そして(図表11-3)に示す通り,3FM

(図表11-3) 中間論点整理公表日周辺におけるθ_1の推移

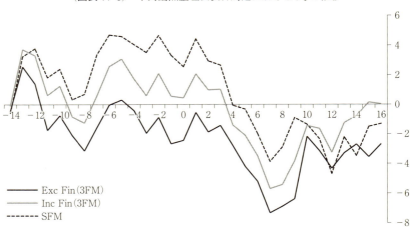

第 11 章　外国子会社利益の国内還流に関する税制改正と市場の反応　289

（図表 11-4）　中間論点整理公表日周辺における θ_2 の推移

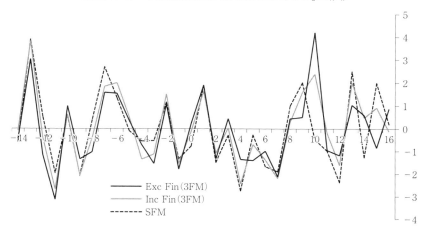

による θ_1 の推計値は SFM によるそれに比し，全体的に抑制されることがわかる。SFM と Inc Fin データを用いた 3FM による分析結果の差異は，新たにサンプルが 2 企業追加されたとはいえ，ファクターが 1 つなのか，3 つなのかの違い，換言すれば 3FM において SMB と HML が投入された違いが現れたと言え，プライシングモデルの相違を反映している。また 3FM における SMB, HML のデータは Rm も含め，東証一部並びに二部上場銘柄をユニバースとして算出されている一方，櫻田・中西［2011］において採用した Rm は TOPIX に由来するため，東証一部上場銘柄が前提となる点が結果に作用したかもしれない。これに対して Inc Fin データを用いた 3FM と Exc Fin データを用いたそれによる分析結果の差異は，検定統計量算出の上で後者が前者に比し分析対象企業 9 社の減少が一定程度反映されたと考えられるが，それでも主に金融株による影響の有無が差異となって現れている。

　また（図表 11-4）によって明らかなように，中間論点整理公表日の翌営業日（$t=0$）周辺の核心部分においては概ね SFM と 2 種の 3FM における推定値について説明に窮する程の深刻な差異は見当たらない。しかし金融企業による影響を反映させた SFM によれば，イベント日後 4 営業日目（$t=4$）に顕著なネガティブ反応が示されるが，逆に金融系企業の要素を排除した 3FM

290

による推計では 10 営業日目 ($t=10$) におけるポジティブ反応が 1% を遙かに凌駕する水準で示されている。これらの 2 点については次節において解釈を行うこととする。

4-2. 分析結果の解釈

本章において設定したイベント日である 8 月 25 日に有意でポジティブな反応は観察されなかったが,SFM による分析同様,本章における検証からイベント翌営業日 ($t=1$) に 10% 水準有意の反応を示している。この点から分析方法を変えても同一の結果を導出することができたもの,平成 21 年度税制改正における外国子会社配当益金不算入制度の導入に対し,投資家が示した反応は非常に強いとは言えない。これは 3FM と SFM というプライシングモデルの相違が原因と考えるより,本章において試みられた ES がノイズ反映型であるため,攪乱的イベントによる影響を強く受けた可能性についても検証が必要と考えられる。そこでそれら攪乱的イベントについての出現順に若干の解説を試みることとする。

まず 8 月 14 日 ($t=-7$) にはわが国の所得黒字が 0.8% 増加した報道[14] (以下「先行報道」と略称) を受けて SFM による分析から θ_2 は 1% 水準有意のポジティブ反応を示し,θ_1 は 3 営業日後 ($t=3$) までの 11 営業日にわたって 1% 水準有意の反応を維持したが,Inc Fin データを用いた 3FM による分析では同一期間の一部にポジティブ反応が散見されるが,Exc Fin データによる分析ではそのような反応は全く認められない。当該報道では外国子会社による内部留保の増加を指摘されていたにもかかわらず,分析対象 53 社に対して投資家はグッド・ニュースとみなしておらず,他方,金融系企業を含むサンプルに対して好意的な評価が示されたことになる。

次に 8 月 18 日 ($t=-5$) にリーマンの業績悪化に関する最初の報道がされたが,当日のみならず翌営業日も含めて 3 つの θ_2 は無反応である。しかし 8 月 29 日 ($t=4$) に 2 度目のリーマンの損失拡大に対する懸念が報道される[15] と,金融企業によるデータを含んだ分析,つまり SFM と Inc Fin データによる 3FM 分析から導出された θ_2 にはネガティブで統計的に有意な強い反

応が示された。他方，Exc Fin データによる 3FM 分析からは同日において統計的有意性は検出されない。しかしながら 8 月 29 日から 9 月 17 日 ($4 \leqq t \leqq 16$)の間において Exc Fin データによる θ_1 が最も低調に推移したが，その他の 2 つの θ_1 も 8 月 29 日におけるリーマンの身売り話が影響し，外国子会社配当益金不算入制度の導入による市場参加者の期待をかき消すように働いたようである。

さらに 9 月 8 日となる 10 営業日後($t=10$)では米国住宅公社に対する救済策の発表に対して 3FM による θ_2 が統計的に有意なポジティブ反応を示すが，SFM による分析では有意な反応は認められない。そして注目すべきはリーマンが連邦破産法の申請を行ったと報じられた 9 月 15 日の翌営業日($t=15$)には全ての θ_2 には目立った下落は確認できず，SFM による推計では 5% 水準有意のポジティブ反応を示している。つまりリーマン破綻のわが国資本市場への影響は，米国連邦破産法 Chapter11 の適用申請をした 9 月 15 日に先立つこと 11 営業日前の 8 月 29 日($t=4$)に既に始まっていたと言え，外国子会社配当益金不算入制度の導入というわが国資本市場における好材料を飲み込み，本研究の目的を達成する上で分析を困難にしたと評することができる。

さて，本章では外国子会社配当益金不算入制度の導入に関する税制改正の情報が資本市場へ投入され，それに対する投資家の反応を観察する目的で研究が着手された。しかし分析対象期間が前年の米国発のサブプライム危機から 1 年程度が経過した時点に相当し，しかもリーマン・ショック発生の予兆の中で税制改正に対する投資家の反応を観察しようとした点も分析結果に影響を及ぼしている。イベント・ウィンドウを設定した 31 営業日の概ね全てにわたって米国の景気動向に株価が左右される経済環境[16] の中でイベントに対する反応は翌営業日に 10% 水準有意として検出され，ES による分析としては最低限度の有意性を認めたに過ぎない。

実際，イベント日におけるより強い反応を検出するために本研究の試行段階では当初の SFM による分析対象 60 企業を上回るサンプルを確保しようとした。しかし新たに追加される分析対象企業は海外の現地法人数が減少す

（図表11-5）中間論点整理公表日周辺における資本市場の反応

日付 平成20年	t	θ1						θ2						ニュース・リリース
		Exc Fin 3FM	有意水準	Inc Fin 3FM	有意水準	SFM（櫻田・中西[2011]）	有意水準	Exc Fin 3FM	有意水準	Inc Fin 3FM	有意水準	SFM（櫻田・中西[2011]）	有意水準	
8月5日	-14	-0.465		-0.100		-0.602		-0.465		-0.100		-0.607		
8月6日	-13	2.565	**	3.721	***	3.250	**	3.029	***	3.821	***	3.885	***	前日ダウ4営業日振りの急反発
8月7日	-12	1.403		3.316	***	3.784	***	-1.162		-0.405		0.538		
8月8日	-11	-1.749	*	0.625		1.834	*	-3.152	***	-2.691	***	-1.966	**	前日ダウ急反落・グルジア紛争勃発
8月11日	-10	-0.751		1.254		2.403	**	0.998		0.629		0.573		
8月12日	-9	-2.106	**	-0.835		0.334		-1.355		-2.089	**	-2.086	**	わが国所得収支黒字0.8%増加報道（夕刊）
8月13日	-8	-3.146	***	-1.252		0.701		-1.040		-0.416		0.370		
8月14日	-7	-1.569		0.586		3.365	***	1.577		1.838	*	2.687	***	
8月15日	-6	-0.034		2.583	***	4.701	***	1.536		1.996	**	1.346		リーマン業績悪化報道
8月18日	-5	0.308		3.082	***	4.602	***	0.341		0.500		-0.100		
8月19日	-4	-0.417		1.724	*	4.048	***	-0.725		-1.358		-0.558		
8月20日	-3	-1.965	**	0.589		3.517	***	-1.547		-1.135		-0.536		
8月21日	-2	-0.879		2.100	**	4.663	***	1.085		1.511		1.156		
8月22日	-1	-2.676	***	0.557		3.332	***	-1.797	*	-1.543		-1.343		
8月25日	0	-2.444	**	0.443		2.561	***	0.232		-0.114		-0.777		中間論点整理公表後翌営業日
8月26日	1	-0.543		2.076	**	4.436	***	1.901	*	1.633		1.891	*	
8月27日	2	-1.876	*	0.985		2.954	***	-1.334		-1.091		-1.495		
8月28日	3	-1.431		1.028		2.669	***	0.445		0.043		-0.287		
8月29日	4	-2.795	***	-1.405		-0.055		-1.364		-2.433	**	-2.747	***	リーマン損失拡大懸念報道
9月1日	5	-4.205	***	-2.104	**	-0.323		-1.410		-0.699		-0.270		
9月2日	6	-5.204	***	-3.490	***	-1.988	**	-0.999		-1.385		-1.678	*	福田康夫首相退陣表明（夕刊）
9月3日	7	-7.326	***	-5.693	***	-3.872	***	-2.122	**	-2.203	**	-1.900	*	
9月4日	8	-6.886	***	-5.415	***	-2.890	***	0.440		0.277		0.990		タイ非常事態宣言
9月5日	9	-6.384	***	-3.828	***	-0.899		0.503		1.587		2.008	**	米国住宅公社救済策発表
9月8日	10	-2.181	**	-1.443		-1.356		4.202	***	2.384	***	-0.461		
9月9日	11	-3.141	***	-1.640	*	-2.340	**	-0.959		-0.197		-0.992		
9月10日	12	-4.329	***	-3.256	***	-4.687	***	-1.188		-1.616		-2.368	**	
9月11日	13	-3.291	***	-1.248		-2.216	**	1.038		2.008	**	2.492	**	
9月12日	14	-2.701	***	-0.770		-3.476	***	0.590		0.479		-1.271		
9月16日	15	-3.549	***	0.151		-0.197		-0.848		0.921		1.988	**	リーマン破産法申請
9月17日	16	-2.675	***	0.030		-0.171		0.874		-0.121		0.201		経団連税制改正提言公表

第11章　外国子会社利益の国内還流に関する税制改正と市場の反応　293

る一方であり，外国子会社配当益金不算入制度の導入に対するポジティブ反応への期待が弱い法人が相対的にサンプル全体に増加していくだけであった。そのため本章におけるサンプルサイズを逆に53と減らし，イベントに対して敏感に反応した分析対象に絞った経緯がある。

　それでも本章における検証によって得られた知見として次の点を挙げておくべきであろう。まず外国子会社配当益金不算入制度の導入に関するニュース・リリースに対し，市場参加者が示した好感は，辛うじて統計的に有意という点である。したがって市場参加者が示した外国子会社配当益金不算入制度の導入を歓迎する動機は，類推的に彼らが抱くわが国多国籍企業による増配期待という短期的な見通しを強く示したと断ずるのは難しいかもしれない。むしろ長期的な見通しとして経済産業省が描いた筋書きの通り，外国子会社配当益金不算入制度の導入によって国内親会社に資金還流し，当該資金によって研究開発が活発化することで国内投資の拡大を長期的に期待する投資家の反応の可能性もある。

5.　追　加　検　証

5-1.　分析対象期間の特徴と新たな課題

　イベント・ウィンドウとして設定した31営業日間において株価にネガティブな反応を引き起こした撹乱的イベントの出現順に言及し，本章における分析結果を振り返ってみよう。まずは8月8日($t=-11$)にはグルジア紛争[17]を受けてダウが急反落する中で北京オリンピックが開催され，同29日($t=4$)にはリーマンの損失拡大懸念が報道され，9月3日($t=7$)には前日夕刊における福田康夫首相の退陣表明[18]を受けた株価下落が観察された。この中で最も強いネガティブ反応を示したのはグルジア紛争である。

　他方，同じく31営業日間において株価にポジティブな反応を引き起こした撹乱的イベントの出現順に，8月6日($t=-13$)に原油価格の下落をきっかけとしたダウの急反発[19]が生じており，同14日($t=-7$)には前日のわが

294

国の所得黒字の増加の報道がされ，9月8日（$t=10$）には米国住宅公社に対する救済策の発表[20]から株価が反発している。この中で最も強いポジティブ反応を示したのは米国住宅公社への救済策である。

　これらの波乱材料が分析対象法人の株価に影響を及ぼしたが，第1章で述べた通り，本章における分析はノイズ反映型の ES である。この点を踏まえると本章において導出された分析結果が10%水準有意の反応に留まった理由も首肯できるが，それでも一応研究目的を達成したと考えるべきであろう。尤も本章同様に第2章においてもノイズ反映型の ES を試みているが，第2章では1%～5%水準有意の反応を検出している。これは偶然にも SO 訴訟判決日周辺における攪乱的イベントが相対的に少なく，ノイズの発生が最小限に抑えられている点を幸いと考えるべきであろう。また第2章で採用したプライシングモデルである SFM と本章で採用した 3FM の違いにも原因が求められるかもしれない。つまり SFM はノイズ含みで AR を高く算出してしまう可能性がある。加えて一般的に租税訴訟では類似の判決が繰り返し発生することで，資本市場に投入される情報も次第に新鮮味に欠けていき，このため後発の判決になれば資本市場における反応が弱まることが想像される。したがってより新規性や意外性を印象付けることになる初期の判決に注目し，イベント日の設定を行うべきであるが，この点において第2章におけるイベント日の設定は同一日に複数の SO 訴訟案件に対する判決が公表されていることからも，資本市場に対する影響力は大きかったと推測する。総じて「法制の変化をイベント・スタディによって分析する場合は内側に解決困難な問題を孕んでいる」と Lamdim[2001, p. 172]が指摘する通り，十分な統計的有意性を伴った反応の検出は困難であると一般的に言われている。

　また第8章から第10章においては資本剰余金配当の実施公表に対する ES を三度試みたが，こちらはノイズ相殺型の ES であるものの，サンプルの規模を二度にわたって拡大し，漸く（図表10-4）が示す通りの1%水準有意の反応を検出することができた。その意味からすると本章で試みる ES について，1つはノイズ反映型であること，いま1つはサンプルサイズが第10章の検証に比し比して小さいことによって（図表11-5）が示す通り，統計的有意性

第11章　外国子会社利益の国内還流に関する税制改正と市場の反応　　295

が相当程度低い結果の原因となっているのかもしれない。

　そこで本節以下では（図表11-2）に示した外国子会社配当益金不算入制度
によって恩恵を受けると考えられる53社に比し，そのような恩恵とは概ね
無関係の業種に注目し，当該税制改正に関する情報に他業種はいかに反応し
たのかについてその一面を明らかにする。着眼点はイベント日周辺において
外国子会社配当益金不算入制度の導入に対して無反応を示す業種として内需
関連等の銘柄に注目してみよう。

　前節までの分析ではサンプル企業53社は外国子会社配当益金不算入制度
の導入によって影響を受けると予想したが，結果は弱いポジティブ反応で
あった。この芳しくない結果の理由として攪乱的イベントの存在を指摘した
ばかりであるが，その他に同様の環境下で他業種の企業群も分析結果と同じ
弱いポジティブ反応を示すのかを明らかにする。仮に他業種もイベント日で
同程度の反応を示せば，本章において分析対象とした62社や53社のみなら
ず，その他の企業に対しても共通した未知のイベントが作用している可能性
が疑われる。そしてまた当該未知のイベントによる影響を受けているのであ
れば，海外子会社配当益金不算入制度が海外現地法人を多数擁する上場企業
の株価に与えた影響を検出する本研究の目的が破綻する。そこで次節以降の
検証では10%水準有意の弱い反応が偶然の産物なのかを明らかにするため
に，分析対象53社のほかに2つの異なる企業群を編成し，それらがイベン
ト日においていかなる反応を示したのか検証を試みる。この分析によって期
待される結果は，他業種の企業群には本章分析対象62社や53社に比し，イ
ベント日周辺において無反応が検出されることである。

5-2.　コントロール・グループの選定と分析結果

　本研究において外国子会社配当益金不算入制度の導入によって投資家から
好意的評価を受ける企業が存在した反面，当該税制改正の恩恵を受けない企
業群も存在したと考えられる。そこで53社と恩恵を受けない企業群との対
比をもって分析結果の頑健性を補強すべきと考えた。つまりイベント日周辺
は前示の通り米国の経済要因や地政学的リスクによってあらゆる銘柄の株価

が荒れており，これを与件とすれば 10% 水準有意の反応しか検出できなかったと解するべきである。しかしより一層踏み込んで外国子会社配当益金不算入制度の導入によっても反応を示さない企業群をコントロール・グループとして編成し，対比することで外国子会社配当益金不算入制度の導入に対する期待について差が存在することを明らかにしたい。このように本章で得られた分析結果の頑健性を確保するために注目するのが公益産業である電気ガス業 18 社[21] と地銀 63 行[22] である。これらの企業群は海外現地法人の設置は稀と考えられ，外国子会社配当益金不算入制度の導入に対し，無反応が期待される。

　なお，分析対象 53 社のほかに上記 2 業種の θ 算出について適正比較を確保するために AR 算定における推計期間，イベント・ウィンドウの設定期間，3FM の採用等，(図表 11-3) から (図表 11-5) を導出した手順を本節以下においても踏襲する。また電気ガス 18 社の検定統計量の算出において使用した Fama and French データは Exc Fin であり，地方銀行 63 行は Inc Fin に基づくことを付言しておく。

　分析結果は (図表 11-6)・(図表 11-7) に示す通りであり，θ_1 で見ると分析対象 53 社に比し，電気ガス 18 社と地銀 63 行はマイナス方向に推移し，乖離していく。われわれが観察している 31 営業日間はリーマン・ショック発生の周辺時点であるため，本章におけるそもそもの目的であった税制改正と資本市場の関係を明らかにすると同時に株価を揺さぶる様々な要因を見てゆくことにしよう。

　このように (図表 11-6) が示す通り，外国子会社配当益金不算入制度の導入が電気ガス 18 社と地銀 63 行に及ぼした影響について，イベント日周辺における顕著な傾向は認められない。むしろより注目すべきは (図表 11-7) のうちイベント日とその翌営業日の 2 営業日間における AR の蓄積値，つまり $CAR(0,1)$ であろう。そこで $CAR(0,1)$ について分析対象 53 社と電気ガス 18 社の平均差の検定を実施する。また同様に分析対象 53 社と地銀 63 行の $CAR(0,1)$ についても平均差の検定を行うこととしよう。

　まず分析対象 53 社と電気ガス 18 社の間について Welch の方法による t

第11章 外国子会社利益の国内還流に関する税制改正と市場の反応　297

（図表11-6）　分析対象53社と電気ガス・地銀の θ_1

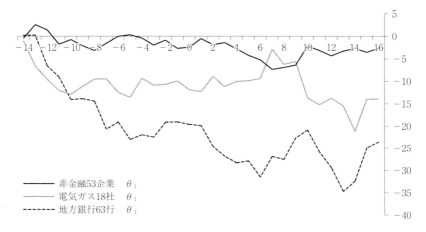

（図表11-7）　分析対象53社と電気ガス・地銀の θ_2

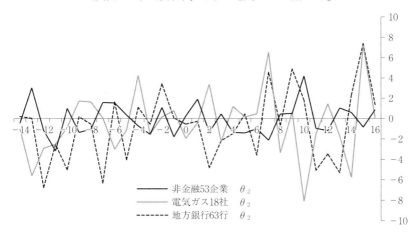

検定を実施すると統計量 t は 2.3378 を示し，これに対する両側 P 値として 0.0261 を得たため，5％水準有意で両群の $CAR(0,1)$ は等しくない。つまり分析対象 53 社と電気ガス 18 社についてそれらの $CAR(0,1)$ を計算すると，資本市場では互いに異なる投資家の期待が示されていたことが統計的有意性を伴って明らかとなった。このことは外国子会社配当益金不算入制度の導入

に対して投資家は，本章において分析対象とした海外現地法人を多数擁する上場企業53社にはポジティブに反応したものの他方，当該制度によって恩恵を受けない電気ガスには反応を示さないことが明らかとなった。なお参考までに両群について等分散の検定を実施すると統計量Fは1.0848を示し，これに対するP値として0.8920を得た。このことより両群の分散が等しいという帰無仮説を棄却することができず，2群は等分散ということになる。

同様に分析対象53社と地銀63行の間についてもWelchの方法によるt検定を実施すると統計量tは2.7689を示し，これに対する両側P値として0.0066を得たため，1%水準有意で両群の$CAR(0,1)$は等しくない。つまり分析対象53社と地銀63行についてもそれらの$CAR(0,1)$を計算すると，資本市場では互いに異なる投資家の期待が示されていたことが統計的有意性を伴って明らかとなった。なお参考までに両群について等分散の検定を実施すると統計量Fは1.1307を示し，これに対するP値として0.6311を得たため，こちらも両群が等分散であるという帰無仮説を棄却できず，2群は等分散ということになる。

以上より分析対象53社が示したイベント日翌営業日における10%水準有意という弱い反応ではあったが，この反応は他業種には認められない反応であったと言うことができる。したがって分析対象53社に表れたイベント日翌営業日における反応が偶然の産物ではないとの見解をサポートする結果を獲得することができた。

最後に本来の研究目的からは外れるが，副次的に得られた知見について述べておく。公益産業である電気ガス業によってコントロール・グループを編成したが，イベント・ウィンドウ内に地政学的リスクや経済危機が数多く出現しているので，これらに対するディフェンシブ性が如何に観察されたのかについて（図表11-8）の結果を概観する。イベントの出現順に$t = -5$には最初のリーマン業績悪化報道が発表されたが，翌営業日において公益産業である電気ガス18社の株価は上昇している。そして$t = 6$における福田首相退陣表明の翌営業日においては公益産業株と地銀株はリスク回避の買いに支えられたが，$t = 10$における米国住宅公社救済の報道を受けて公益産業には戻

第11章 外国子会社利益の国内還流に関する税制改正と市場の反応　　299

（図表11-8）　電気ガス18社と地銀63行のイベント日周辺の反応

日付 平成20年	t	θ_2 ExcFin 3FM 53社	有意水準	電気ガス18社	有意水準	地銀63行	有意水準	ニュース・リリース
8月5日	−14	−0.465		−1.015		0.202		
8月6日	−13	3.029	＊＊＊	−5.591	＊＊＊	0.034		前日ダウ4営業日振りの急反発
8月7日	−12	−1.162		−2.908	＊＊＊	−6.742	＊＊＊	
8月8日	−11	−3.152	＊＊＊	−2.496	＊＊	−2.520	＊＊	前日ダウ急反落・グルジア紛争勃発
8月11日	−10	0.998		−0.847		−5.005	＊＊＊	
8月12日	−9	−1.355		1.728	＊	0.177		
8月13日	−8	−1.040		1.624		−0.547		わが国所得黒字0.8%増加報道
8月14日	−7	1.577		0.061		−6.299	＊＊＊	
8月15日	−6	1.536		−3.007	＊＊＊	1.631		
8月18日	−5	0.341		−1.108		−4.022	＊＊＊	リーマン業績悪化報道
8月19日	−4	−0.725		4.251	＊＊＊	1.101		
8月20日	−3	−1.547		−1.535		−0.552		
8月21日	−2	1.085		0.164		3.423	＊＊＊	
8月22日	−1	−1.797	＊	0.760		0.058		
8月25日	0	0.232		−1.953	＊	−0.547		中間論点整理公表後翌営業日
8月26日	1	1.901	＊	−0.401		−0.272		
8月27日	2	−1.334		3.375	＊＊＊	−4.808	＊＊＊	
8月28日	3	0.445		−2.280	＊＊	−2.178	＊＊	
8月29日	4	−1.364		1.177		−1.467		リーマン損失拡大懸念報道
9月1日	5	−1.410		0.162		0.443		
9月2日	6	−0.999		0.453		−3.579	＊＊＊	福田康夫首相退陣表明(夕刊)
9月3日	7	−2.122	＊＊	6.537	＊＊＊	4.582	＊＊＊	
9月4日	8	0.440		−3.355	＊＊＊	−0.681		タイ非常事態宣言
9月5日	9	0.503		0.632		4.901	＊＊＊	
9月8日	10	4.202	＊＊＊	−8.103	＊＊＊	1.806	＊	米国住宅公社救済策発表
9月9日	11	−0.959		−1.517		−5.063	＊＊＊	
9月10日	12	−1.188		1.445		−3.461	＊＊＊	
9月11日	13	1.038		−1.690	＊	−5.304	＊＊＊	
9月12日	14	0.590		−5.766	＊＊＊	2.303	＊＊	
9月16日	15	−0.848		7.231	＊＊＊	7.406	＊＊＊	リーマン破産法申請
9月17日	16	0.874		0.062		1.370		経団連税制改正提言公表

300

り売りが見られる。最後に $t=15$ においてリーマン破産法申請報道が公表されると公益産業株と地銀株はそろって上昇している。なお公益産業が $t=-13$ におけるダウ急反発によって下降するならば，$t=-11$ におけるダウ反落において反発するのがセオリーかと思われるが，実は同日，非常に強い攪乱的イベントであるグルジア紛争が勃発したことが原因となる下落が全ての企業群で示されている。このように本研究において試みた ES は様々な攪乱的イベントの影響を受ける中で平成 21 年度税制改正案の微かな動きを分析対象 53 社の中に検出することに成功したと言うべきであろう。

6. 本研究の貢献と残された課題

以上のように本章冒頭で Hines and Hubbard[1990, p.177]が指摘した通り，外国子会社からの資金還流をめぐる多国籍企業の意思決定についてその一部を課税要因の観点から検証した。分析結果より子会社からの資金還流をめぐる意思決定が税制改正などの租税関連事象によって影響を受けることから，租税関連情報の重要性が明らかにされた。

さて，残された研究課題として次の 3 点を指摘しておきたい。1 つ目は，本研究では同一企業グループ内での支払いに関して受取配当を免税とする外国子会社配当益金不算入制度を分析の対象としたが，今後は利子や使用料についての税制上の扱いが優遇される可能性があり，それらが新たな分析対象となりうる点である。わが国法人税法における国際課税問題として，浅妻[2009, p.110]が指摘するように，「基本的に配当のみが免税とされるので，（法人所得計算において－引用者注）所得分類問題が激化する」こと，すなわち，利子や使用料という所得形態ではなく配当という所得形態を取り，親会社へ資金還流するスキームへ偏ることも考えられ，税制中立の問題を示唆しているように思える。その中でも使用料については次章において移転価格税制適用企業を対象とした ES を試みるので参照して頂きたい。

2 つ目に，外国子会社配当が還流される条件として為替要因が考えられるが，本研究における問題意識から外れるため，今回は検討の埒外においた。

しかしながら，そもそも移転価格やコーポレート・インバージョンをはじめとするわが国輸出関連企業による海外への資本流出懸念は，当時の円高が背景となる点にも留意すべきである。そして円高は外国子会社からの資金還流を不活性化させる。一般的にはBrumbaugh[2003, p.9]が指摘するように，親会社への資金還流を刺激するいくつかの要因は，実質輸出額を減少させる為替変動率(為替レートの上昇)により減殺される。

　最後に，こちらも検討の埒外においたが，平成23年3月11日に起きた東日本大震災によって打撃を受けたわが国親会社が，復旧資金確保のために外国子会社からの資金還流を加速させ，円高に拍車をかけており，為替相場への国際的な協調介入を招いた。通常円高状況下においては見送られがちな外国子会社からの資金還流であるが，図らずも東日本大震災発生直後の資金還流に外国子会社配当益金不算入制度が貢献した可能性がある。しかしながら震災の被害状況と円高を天秤にかけて外国子会社からの資金還流に踏み切った企業の意思決定過程を考えれば，今後は国際的な資本移動に対する課税の中立性確保を徹底すべきであろうし，振り返ってみると外国子会社配当益金不算入制度の導入が遅きに失したとも思えてくる。

1)　新制度の目的は，①配当政策に対する税制の中立性改善，②適切な二重課税排除の維持，③制度の簡素化の3点にあるという(財務省主税局参事官補佐・河西修・灘野正規氏「平成21年度税制改正について」p.424)。また産業界からは当時「薄型テレビの生産拠点を国内に置くシャープは，海外市場で獲得した資金を国内での再投資に振り向けるため，『世界市場で対等に戦える競争環境を整えてほしい』と訴える」とあり(平成20年5月4日 読売新聞朝刊7頁)，新制度導入の要望は多方面にわたって強かったと言ってよい。

2)　外国子会社利益の親会社への還流について，わが国の実態に関する貴重な実証研究成果は，田近・布袋[2009]に詳しい。田近・布袋[2009]の実証分析結果では，親会社の配当原資が不足するときに100%出資の外国子会社は配当送金を柔軟に増加させる実態が明らかにされている。但し当該研究は「新制度」導入以前のデータをもとに分析を行っている点で，本論文とは分析時点が異なることにも併せて注目されたい。

3)　参考までにMullins[2006, p.24]によれば，源泉地主義への移行によって税負担額の最終的な決定が源泉地国の税率に依拠してしまう。このことから租税競争による

税率の軽減が先進国より開発途上国に影響を与え，税率の大幅な低下による租税歳入の減少は開発途上国および，税の競争における勝者と敗者を発生させるとしている。

4) 参考までにリーマン・ショックの影響について，平成20年中のダイワ上場投信日経225（大証1320）の終値推移を時系列で見てみることにしよう。14,890円（1月4日＝大発会）→12,920円（9月1日）→11,720円（9月16日＝リーマン・ショック後初日）→7,270円（10月27日＝年初来安値）→8,920円（12月30日＝大納会）という経過をたどっている。

5) 甘利経済産業省大臣の発言は衆議院分館ロビーにおいて，9：20から9：25の間に行われ，次のように述べている。「成長戦略の一環として，海外子会社利益の国内還流促進のための税制改革の検討を進めるように，事務方に指示をいたしました。世界における我が国経済の規模が相対的に低下する中での成長戦略として，『海外市場の獲得と国内のイノベーション促進の好循環』を構築することが必要です。そのために，海外子会社の利益を必要な時期に必要な金額だけ，国内の本社に戻すことが可能になるように，現行の外国税額控除方式から国外所得免除方式への税制改革を検討いたします。」http://www.meti.go.jp/speeches/data_ed/ed080509j.html また平成20年5月9日日本経済新聞（夕刊1頁）を参照のこと。

6) 経済産業省　貿易経済協力局　貿易振興課を事務局として組織され，座長は青山慶二筑波大学大学院教授が担当。

7) 平成20年11月，「平成21年度の税制改正に関する答申」税制調査会　p.7。

8) なお，中間論点整理発表翌日となる平成20年8月23日には新聞各紙に次のように記事が掲載されている。「海外子会社は非課税　経産省の改正案骨子」（朝日新聞朝刊7頁）・「経産省：企業の海外利益，国内還流を促進―税制改正案」（毎日新聞朝刊7頁）・「日本企業の海外所得還流促す税制案／経産省」（読売新聞　朝刊9頁）・「海外利益還流の税制改正要望案発表　経産省」（日本経済新聞　朝刊5頁）。

9) Ball and Brown[1968, p. 176]によれば，ニューヨーク証券取引市場の上場企業について年間利益が正と負の両方に変化する2群を形成し，それら2群の株価は年次報告書が公表される1年前から織り込まれる実態を明らかにしている。その理由として「年次利益報告書はもはや適時な媒体と言えないのは，年次報告書の85％から90％もの内容がより適時に提供される中間報告などの媒体によって把握される」点を挙げる。この研究成果が示す通り，情報の株価への織り込みは半年程度遡ることが珍しくないと考えれば，本章において試みるESについて設定するイベント日（8月25日）を牽強付会と断ずることはできないであろう。なお本章では平成21年度税制改正についてESによる分析を試みたが，全く同じ研究目的でBradley et al. [2014, p. 49]がESを試みており，イベント日を平成20年8月18日に設定しているので参照されたい。

10) 中間論点整理【別紙2】によれば，46社に行ったアンケートで，新制度によって還流した資金の使途について，設備投資・研究開発へ充当するとした法人は21社で

第 11 章　外国子会社利益の国内還流に関する税制改正と市場の反応　　303

あり，株主への配当のために充当するとの法人は 14 社と報告されている。このこと
から増配を期待する市場参加者の存在は無視できないと思われる。

11)　なお，新制度導入について浅妻[2009, p. 111]によれば，「効率性の観点からは，域
内課税制度と同様，資金を国内に還流する際の阻害要因が除去され，投資先選択に
ついても中立的になる」としており，どこの国に外国子会社を設立しても配当に関
しては資本中立的となることの重要性を指摘している。

12)　外国子会社の業種別内部留保残高については経産省海外事業活動基本調査のデー
タから入手が可能だが，外国子会社の内部留保に関連して次の報道がされている。
「2005 年度時点で海外に滞留した 12 兆円は，海外での売上高比率が高い業種に集中
している。商社を含む卸売業が 4 兆 3,000 億円と全体の 3 分の 1 を占め，自動車な
どの輸送機械も 5 分の 1 に相当する 2 兆 5,000 億円に達した。経産省によると，外
国子会社 1 社あたりの年間滞留額は，05 年度は平均約 2 億円で，輸送機械(5.5 億
円)，鉄鋼(4 億円)，化学(3.4 億円)などが多かった。海外での生産・販売の比率が
高く，高い技術力で国際競争を生き残ってきた製造業にとって，税制改正への期待
は切実だ。」(平成 20 年 5 月 4 日　読売新聞朝刊 7 頁)。

13)　本研究においては推計期間を 200 日に設定したが，参考までに櫻田・大沼[2010]
においては一年分の営業日を 247 日として推計期間を設定している。また Brown
and Warner[1985]では，244 日を同期間として設定している。

14)　平成 20 年 8 月 13 日　朝日新聞　夕刊 2 頁・同　日本経済新聞　夕刊　3 頁。

15)　平成 20 年 8 月 29 日　朝日新聞　朝刊 1 頁では，リーマンの上場来初めての赤字
転落から同社の身売り話が報じられているほか，9 月中旬に発表する予定の 6〜8 月
期決算で最大 40 億ドルの評価損を新たに計上する可能性を指摘している。なお，同
社に対する 1 度目の Bad News となった 8 月 18 日・毎日新聞・東京夕刊による業績
悪化報道に対して，(図表 11-4)からも確認される通り，市場のネガティブな反応は
観察されない。

16)　平成 20 年 8 月 8 日　日本経済新聞　夕刊 6 頁によれば，米国では仕組み債
(ARS)の顧客に対する説明不足を司法により指摘され，ARS の買い戻しを決定した
という。このようなコンプライアンスの欠如から金融株に対する売りが殺到したと
いう。

17)　平成 20 年 8 月 8 日　日本経済新聞　夕刊 2 頁。

18)　平成 20 年 9 月 3 日　日本経済新聞　23 頁。

19)　平成 20 年 8 月 6 日　日本経済新聞　18 頁。

20)　平成 20 年 9 月 8 日　日本経済新聞　夕刊 1 頁。

21)　電気ガス業の分析対象 18 社は東京電力 HD・中部電力・関西電力・中国電力・北
陸電力・東北電力・四国電力・九州電力・北海道電力・沖縄電力・電源開発・
ファーストエスコ・東京ガス・大阪ガス・東邦ガス・北海道ガス・西部ガス・静岡
ガスによって構成される。

22)　銀行業の分析対象 63 行は第四銀行・北越銀行・西日本シティ銀行・千葉銀行・常

陽銀行・群馬銀行・武蔵野銀行・千葉興業銀行・筑波銀行・七十七銀行・青森銀
行・秋田銀行・山形銀行・岩手銀行・東邦銀行・東北銀行・みちのく銀行・ふくお
かフィナンシャルグループ・静岡銀行・十六銀行・スルガ銀行・八十二銀行・山梨
中央銀行・大垣共立銀行・福井銀行・北國銀行・清水銀行・滋賀銀行・南都銀行・
百五銀行・京都銀行・三重銀行・ほくほくフィナンシャルグループ・広島銀行・山
陰合同銀行・中国銀行・伊予銀行・百十四銀行・四国銀行・阿波銀行・大分銀行・
宮崎銀行・佐賀銀行・十八銀行・沖縄銀行・琉球銀行・高知銀行・山口フィナン
シャルグループ・長野銀行・名古屋銀行・愛知銀行・第三銀行・中京銀行・愛媛銀
行・トマト銀行・みなと銀行・京葉銀行・関西アーバン銀行・栃木銀行・北日本銀
行・東和銀行・福島銀行・大東銀行によって構成される。

第12章　移転価格税制適用企業の企業統治構造に関する実証研究

1.　は じ め に

　移転価格税制の適用に関する情報が新聞報道によって資本市場に投入された際，投資家はイベント日周辺で失望を示すとしている(大沼ら[2012])。さらにその結果を踏まえ，AR を累積させた CAR を重回帰分析における被説明変数とし，イベント日周辺における当該 CAR の多寡が，いかなる要因によってもたらされたかを明らかにすると，無形資産や実効税率がこれらの反応と有意に関係するとの知見が得られている(加藤ら[2015])。

　本章は上記先行研究・加藤ら[2015]と同様の分析視角により，移転価格税制適用法人について移転価格税制適用の公表日周辺の CAR を被説明変数とした重回帰分析を試みるが，CAR の多寡をもたらした要因についてこれまで検討されていない新たな説明変数を投入し，再考を試みる。その新たな説明変数として最も注目するのが CG 変数である。CG 変数については後掲する 3-2-2. において改めて言及するが，社外取締役採用の有無や外国人持株比率，ウェブサイトの充実度を指しており，CG のあり方を計量化した変数である。本研究ではこれらの CG 変数が，移転価格税制適用報道に接した投資家の反応に及ぼした影響を明らかにすることで，CG の巧拙が移転価格税制適用に対する投資家の失望にいかなる程度の安心感を与えうるのか，換言すれば株価下落のブレーキとして機能するのかを解明する。

　さて，先学によって CG の巧拙が企業価値を向上させるのか否かという諸

研究において多くの有益な知見が導出されているが，それらの分析手法は企業不祥事などが発生していない時点における企業価値を測定し，当該企業価値の変化をもたらした要因として CG 変数を用いて説明を試みる研究が大半である。それら先行研究の一例を挙げると，例えば Yermack[1996, p. 195]は1984 年から 1991 年の会計年度末における分析対象企業のトービン Q を算出し，これらを重回帰分析上の被説明変数として検証を行っている。同様に入江・野間[2008, p. 43]も 2007 年 3 月末時点で算出される株式時価総額を用いてトービン Q を算出し，被説明変数としている。さらに宮島・小川[2012, pp. 19-21]においては年度末ベースの産業調整済み ROA を被説明変数とする一方，社外取締役の導入ダミーや人数，比率を説明変数として回帰を試みている。これら先行研究はいずれも企業価値を不祥事などが起きていない一定時点の株価や財務数値から推計し，その上で社外取締役の多寡，導入の有無が企業価値にいかなる影響を及ぼしたのかを検討する所謂財務パフォーマンス・スタディを試みている。

　それに対して本章では上記先行研究の分析視角から離れ，企業不祥事とも言える移転価格税制適用時点に注目し，企業価値の下落と CG 変数の関係を検討するために ES を行う[1]。そして資本市場における移転価格税制適用法人に対する投資家による評価を CAR として計量化し，当該変数に多寡をもたらした原因について，主に CG 変数による説明を試みる。このような分析視角は次の問題意識に由来している。つまり成熟した CG 構成であれば移転価格税制適用においてさえも，投資家が狼狽売りを思い留まり，移転価格税制適用を受容可能なリスクと認識すると考えている。このことは裏を返せば稚拙な CG 下で移転価格税制が適用されれば，投資家が示す失望はより強くなると類推しているのである。

　移転価格税制を含めた租税関連事象はその性質上，情報の非対称性が強いため，agency 問題をも検討の範疇に置かざるを得ず，このような観点は本研究の独創的分析視角であると強調しておきたい。本章における先行研究と位置付けられる宮島ら[2003, p. 170]では，「非対称情報の程度が深刻であると想定される研究開発(R & D)投資に注目」しているが，R & D は「長期的

な経営資源や人的資源の蓄積により構成され」ることから「外部の投資家から投資の必要性や将来的な収益・リスクの判断が困難」と評されている。このためR＆D投資は「経営者に実物投資に比べてより大きな裁量の余地を与える」ため，「株主と経営者の間のエイジェンシー問題が相対的に深刻」になると捉え，「積極的な情報公開が経営者と株主の間の非対称情報の削減を介して，企業パフォーマンスを改善する」との推論を示した。このように見てくると，本研究において注目する移転価格税制適用法人は，宮島ら[2003]が注目したR＆D比率の高い企業と類似した情報非対称性を有し，そしてagency問題を抱える点が類似する。また移転価格税制適用法人はR＆D比率の高い企業同様，CG構成の巧拙や企業パフォーマンス改善のための情報公開が重要になると思われる。

他方，移転価格税制適用事例の研究は従来，移転価格を判定するための独立企業間価格の算定方法や移転価格税制適用に関する法解釈・判例研究，課税主権をめぐる関係当事国間の調整問題，そしてその調整過程における手続きに関する研究などについて成果が蓄積されている。しかし本研究は移転価格税制をagency問題が生ずる事例として注目し，資本市場への情報投入と投資家の反応を観察することによって，移転価格税制研究に関する実証的新知見の獲得を目的としている。

2. 先行研究と予備的考察

2-1. 分析対象事例と最近の移転価格税制適用の傾向

大沼ら[2012]においては平成2年6月15日から同22年6月18日までの移転価格税制適用46事例を分析対象とし，加藤ら[2015]においては平成2年6月15日から同24年2月23日までの移転価格税制適用51事例を分析対象とし，それぞれ移転価格税制適用が資本市場に及ぼした影響をESで検証している。本研究においては（図表12-1）に示す通り，わが国最初期の事例を排除し，平成17年5月3日の日本金銭機械に対する移転価格税制更正事

（図表12-1）　移転価格税制適用60事例

No.	新聞報道日	企業名	更正所得金額 (単位：億円)	更正／還付税額	対象取引等	更正／還付
1	平成17年5月3日	日本金銭機械	34	17	紙幣識別機	更正
2	平成17年6月30日	ソニー	214	45	CD，DVDロイヤルティ	更正
3	平成17年6月30日	TDK	213	120	電子部品	更正
4	平成18年1月26日	浜松ホトニクス	14	7	光電子部品	更正
5	平成18年3月24日	ワコール	14	5	商標権使用量	更正
6	平成18年4月1日	カプコン	51	17	ロイヤルティ	更正
7	平成18年5月30日	リンナイ	4	1	技術援助料	更正
8	平成18年6月29日	武田薬品工業	1,223	570	医薬品	更正
9	平成18年6月30日	ソニーコンピューターエンターテインメント	744	279	ゲーム機	更正
10	平成18年7月1日	マツダ	181	76	自動車	更正
11	平成18年7月1日	三井物産	49	25	役務提供，合弁会社へのノウハウ	更正
12	平成18年7月1日	三菱商事	50	22	役務提供，合弁会社へのノウハウ	更正
13	平成18年10月20日	京セラ	43		電子部品	還付
14	平成18年10月27日	任天堂	380	170	携帯ゲーム機，ゲームソフト	還付
15	平成18年12月28日	日本電産	69	33	HD駆動装置	更正
16	平成19年5月16日	アイホン	3	1	インターホン	更正
17	平成19年6月30日	三井物産	82	39	LNG事業のノウハウ	更正
18	平成19年6月30日	三菱商事	89	36	LNG事業のノウハウ	更正
19	平成19年7月27日	TDK	30	16	30億を取消で16億還付	還付
20	平成19年12月13日	京セラ	24		電子部品	還付
21	平成20年2月2日	信越化学工業	233	66	技術料	更正
22	平成20年4月4日	高島屋	3	1	シンガポール子会社商標使用料	更正
23	平成20年4月25日	本田技研工業	1,400	600	中国四輪技術パテント料	更正
24	平成20年5月15日	日本金銭機械			製品販売　日独取引	還付
25	平成20年6月27日	ダイキン工業	78	35	中国への特許使用料	更正
26	平成20年7月1日	三井物産	100	47	合弁会社への情報提供経営指導料	更正
27	平成20年7月1日	三菱商事	116	48	合弁会社への情報提供経営指導料	更正
28	平成20年7月1日	デンソー	155	73	自動車部品	更正
29	平成20年10月23日	日本金銭機械			製品販売　日米取引	還付
30	平成20年12月4日	三井物産	－		LNG事業追徴税額の減額通知（還付）（豪との2カ国間協議）	還付
31	平成20年12月4日	三菱商事	－		LNG事業追徴税額の減額通知（還付）（豪との2カ国間協議）	還付
32	平成21年8月8日	アシックス	40	19	商標使用許諾料	更正
33	平成21年10月3日	カプコン	－		日米相互協議により二重税分還付	還付
34	平成22年2月23日	TDK	94		2005年6月213億円追徴につき不服審判所裁定により141億処分取消	還付
35	平成22年3月11日	日本電産			HD駆動装置	還付
36	平成22年3月11日	コマツ	174		子会社間取引・適時開示資料無く，朝日報道のみ	更正
37	平成22年4月22日	東レ	－	52	炭素繊維	更正
38	平成22年4月28日	京セラ	50	27	電子部品売買取引	更正
39	平成22年6月11日	信越化学工業	119		2008年2月233億追徴につき日米相互協議により所得減額二重課税分還付	還付
40	平成22年6月18日	商船三井	105	53	米国子会社に支払った荷役料金の一部，寄付金と認定	更正
41	平成22年7月1日	イビデン	49	15	電子セラミック部品	更正
42	平成22年9月1日	ダイセル化学工業	34	16	エアバッグ製品輸出，医薬品原料	更正
43	平成23年6月30日	メック	6	2	台湾子会社の薬品	更正
44	平成23年8月4日	島津製作所	44	17	シンガポールの子会社への計測機器販売取引	更正
45	平成24年2月23日	東洋炭素	12	4	特殊炭素素材の販売取引	更正
46	平成24年4月7日	武田薬品工業	977	571		還付
47	平成24年5月9日	日本ガイシ	160	80	自動車排ガス浄化装置の部品製造における技術料	更正
48	平成24年6月30日	クボタ	48	23	トラクター	更正
49	平成24年7月5日	東京エレクトロン	143	67	半導体製造装置部品	更正
50	平成24年9月11日	ホクト	10	3	貸付金利	更正
51	平成25年2月6日	商船三井				更正
52	平成25年2月9日	デンソー	73	14		還付
53	平成25年3月1日	アシックス				還付
54	平成25年3月26日	武田薬品工業			4月の取り消しは8割。今回は残りの2割取り消し。	還付
55	平成25年5月16日	エフ・シー・シー	34	12		還付
56	平成25年5月22日	ダイキン工業	35	18		還付
57	平成25年5月28日	島津製作所	17	12		還付
58	平成25年6月27日	HOYA	200	33	エレクトロニクス製品	更正
59	平成25年8月22日	オリンパス	103	49	内視鏡	更正
60	平成25年12月10日	ローム	120	19	完成品	更正

例から同 25 年 12 月 10 日のロームに適用された合計 60 事例[2] を分析対象として ES を実施する[3]。この場合の ES は各事例のイベントが暦年上，特定の同一日に集中せず，したがって攪乱的イベントが各事例で相殺し合うノイズ相殺型の ES となる。なお，（図表 12-1）における「網掛け」は還付 20 事例を示している。

　60 事例の特徴としては商製品の海外移転のみならず，特許権や商標権使用に関連するロイヤリティや技術援助料，ノウハウ料の未徴収から移転価格税制適用に至る事例が多く，無形資産の保有が争点の 1 つとなっている。平成 18 年以降，年中行事的に三井物産と三菱商事に毎年適用された移転価格税制は，経営指導によって生じた超過利益に対する課税の是非を争点にしている。中里［2011, p. 40］によれば「日本法人が外国子会社等に対して指示を与える際に，その様な指示の結果として外国子会社の利益が増大した場合，当該指示が株主としての投資を守るための行為ならば，手数料は無料で良いと考えられ（中略－引用者），親会社に対する寄付金課税や移転価格課税を行うことは困難」とする。この知見を踏まえると親子会社間の投資の関係に対して移転価格税制をして新たに課税を行う理由はないと理解されるが，親会社による投資（出資）に対するリターン（配当）が国内に完全に還流してくる場合には説得的な見解ではある。

　しかしこの点に関連して前章にて外国子会社配当益金不算入制度が平成 21 年から適用された税制改正に言及してきたが，海外子会社に蓄積した利益は長らく本邦親会社へ還流しなかった[4]という。仮にわが国親会社に対して外国子会社が完全な配当を行うのであれば移転価格税制など必要なくなる可能性もあるが，現実には外国子会社がわが国親会社に対して投資の対価として配当を実施しない企業が多いとされる。そこで経営指導に関する手数料の支払いも行わない事態を課税庁は問題視し，移転価格税制適用に至っている。この状況を「株主（親会社）としての投資の延長としての行為ではなく，それを超えた経営指導ならば，子会社は親会社に対して手数料を支払うべきであるし，またそれが無形資産の取引ならば，子会社は親会社に対して対価を支払うべき」とし，「役務の提供なのか無形資産の取引なのかという問題

310

が生じうる(中里[2011, p. 40])」と指摘される。このように近時移転価格税制適用の背景に法人が保有する無形資産の存在が無視できなくなっている。

さらに(図表12-1)から平成18年中において2件であった還付事例はその後,平成24年まで低位に推移するが,平成25年中に7件と急激に増加する傾向が認められた。尤もこの結果は新聞各紙の記事検索エンジンにおいて検索可能な事例を列挙したに過ぎず,非上場企業の移転価格税制適用事例や上場企業でも報道に至らない事例が潜在する可能性は否めない。それでも近時,移転価格税制の適用が覆り,還付が比較的多く発生する趨勢にある。

さて,移転価格税制の適用報道を資本市場におけるイベントとして捉えた場合,租税負担は強制的・不可避的であるため企業にとっては不祥事といえ,先験的に移転価格税制適用法人の株価は下落すると考えられる。この観点からESを実施した大沼ら[2012]や加藤ら[2015]では期待通りの株価の下落が観察された。しかしイベント日当日や翌営業日にネガティブ反応が表れるのではなく,いずれも3営業日前から株価が下落する傾向をつかんでいる。このように移転価格税制適用がイベント日前に織り込まれ,以後数日にわたって株価に影響を与え続ける様子は本研究においても再確認できるであろうか。あるいは移転価格税制適用の情報がイベント日やその翌日に限定的・先鋭的に表れるのか。そしてネガティブ評価が数日続くとすれば,当該評価が終了するのはいつ頃になるのか。まずは本章前段においてこれらの疑問を解明してみることとしよう。

2-2. 更正事例と還付事例の株価反応

大沼ら[2012]や加藤ら[2015]は本研究と同様の分析視角を有することから先行研究と位置付けるが,それら2つの先行研究において試みられたESでは,更正と還付のそれぞれの事例を区別せずに分析対象としている。本研究ではこの点について再検討を行う必要性を感じている。なぜなら更正事例については資本市場がネガティブに反応することが先験的に予想される反面,国庫から納税額が返還される還付事例が増えたサンプルでは,相対的に投資家がポジティブ反応するかもしれない。仮に還付事例で投資家がポジティブ

(**図表12-2**)　更正40事例・還付20事例の CAR に基づく θ_1 の推移

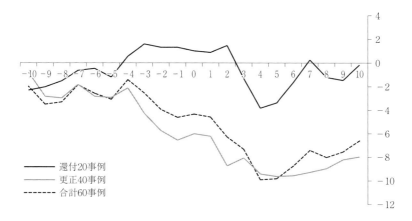

評価を示すとなれば，更正事例と還付事例はそれぞれ2群に区別して株価への反応を別々に観察すべきである。そしてそのような分析対象に関する新たな問題提起は本章のみならず，先行研究となる大沼ら[2012]や加藤ら[2015]におけるリサーチ・デザインにも見直しを迫ることになる。

従来，大沼ら[2012]や加藤ら[2015]では還付事例が少な過ぎたために還付事例を更正事例から分離し，それらが投資家によるポジティブかネガティブかの反応を検証せずに現在に至っていたが，平成25年中に7件もの還付が発生し，本研究において捕捉した還付事例が20件に達した。そこで本節において移転価格税制適用事例を更正事例と還付事例に分類して3FMによるESを実施し，CARベースの検定統計量 θ_1[5] の推移を示すと(図表12-2)の通りとなった。なお，(図表12-2)は縦軸に θ_1 を示しており，また横軸中央をイベント日($t=0$)とした上で前後10営業日を設定し，合計21営業日のイベント・ウィンドウを確保している。

(図表12-2)に示す通り，一見すると更正40事例と還付20事例の CAR の推移は $t=-3$ 以降，互いに乖離して推移する傾向が認められる。当該2群の θ_1 の推移が，推計期間($-180<t<-31$)の株価収益率に比していかなる程度の統計的異常性を認めるのかを示したのが(図表12-3)である。同表に

312

（**図表** 12-3）　更正 40 事例・還付 20 事例の CAR に関する θ_1 の有意性

検定統計量

t	還付20事例		更正40事例		合計60事例	
-10	-2.3179336	＊＊	-0.8051751		-1.9956823	＊＊
-9	-2.0405175	＊＊	-2.837135	＊＊＊	-3.4946044	＊＊＊
-8	-1.5252967		-2.9721295	＊＊＊	-3.307364	＊＊＊
-7	-0.6319027		-1.8372237	＊	-1.8649161	＊
-6	-0.4689067		-2.837922	＊＊＊	-2.587877	＊＊＊
-5	-1.1966064		-2.9378034	＊＊＊	-3.0895675	＊＊＊
-4	0.55511399		-2.1327759	＊＊	-1.420909	
-3	1.59506652		-4.2623816	＊＊＊	-2.5593079	＊＊
-2	1.31509461		-5.7499532	＊＊＊	-3.9355469	＊＊＊
-1	1.31732582		-6.5756108	＊＊＊	-4.6084053	＊＊＊
0	1.01375254		-6.0215391	＊＊＊	-4.3312758	＊＊＊
1	0.88679543		-6.2370746	＊＊＊	-4.5805585	＊＊＊
2	1.47038255		-8.7519998	＊＊＊	-6.2970522	＊＊＊
3	-1.2963601		-8.0782931	＊＊＊	-7.3443525	＊＊＊
4	-3.8268486	＊＊＊	-9.4200711	＊＊＊	-9.900888	＊＊＊
5	-3.3787409	＊＊＊	-9.6288433	＊＊＊	-9.8126346	＊＊＊
6	-1.6486674	＊	-9.5662977	＊＊＊	-8.7627079	＊＊＊
7	0.25746177		-9.2884657	＊＊＊	-7.4353549	＊＊＊
8	-1.215554		-8.9780837	＊＊＊	-8.032375	＊＊＊
9	-1.4628406		-8.2254264	＊＊＊	-7.5606039	＊＊＊
10	-0.1647898		-7.9882984	＊＊＊	-6.6175598	＊＊＊

よれば更正 40 事例は $t=-10$ を除くイベント・ウィンドウ全域にわたって統計的有意性を伴い，投資家が示すネガティブ反応が明らかである。他方，還付 20 事例は $t=-8$ 以降 $t=3$ までランダム・ウォークの範囲内，つまり統計的に異常な反応は観察されず，漸く $t=4\sim6$ において有意なネガティブ反応を示すのみである。このように見てくれば，還付事例であることを理由に投資家がポジティブ評価を示すとは限らないことが判明した。

　以上から移転価格税制適用事例においては更正事例で強いネガティブ反応

を観察し，とりわけ $t = -3$ から顕著な θ_1 の下降が認められたが，他方，還付事例では無反応からややネガティブ反応を観察したとみなすべきであろう。（図表 12-2）に示す通り，イベント・ウィンドウにおける更正 40 事例と還付 20 事例の 2 群の θ_1 が乖離して推移したかのように見えるが，その平均の差は統計的な有意性を伴っているのであろうか。このような問題意識からさらに踏み込んだ検証を次節において行うこととする。

2-3. 更正事例と還付事例に関する平均の差の検定

更正事例と還付事例について，それぞれの平均の差について有意性を検証する意義は，大沼ら[2012]や加藤ら[2015]の分析の枠組みについて頑健性を付与することにある。つまりこれら先行研究は更正事例と還付事例を混ぜて一体として分析対象と捉え，移転価格税制適用に対する投資家の反応を分析したが，その分析枠組みの妥当性を再検証する。そして先行研究におけるサンプル構成の妥当性を検証した後，本研究における分析対象を決定することにしよう。つまり投資家が更正事例と還付事例の 2 群について，それぞれ別々の反応を引き起こすような，性質の異なるサンプルとして捉えるべきなのか，あるいはその逆に当該 2 群は移転価格税制の更正・還付の報道に対して同質の反応を示すとみなすべきなのかを前節に続き再検証する。

更正事例と還付事例を 2 群として捉え，これらに Welch の方法による t 検定を実施した結果が（図表 12-4）に示す通りである。それによれば $t = -10$ を蓄積の起点とし，イベント期間の各日における CAR について 2 群の平均値に差を検出しようとしたが，認められなかった。この分析結果を踏まえると，更正 40 事例と還付 20 事例の 2 群は別個のグループとみなすには無理があるだろう。したがって大沼ら[2012]や加藤ら[2015]がそうしてきたように，分析対象に最新事例を追加した本章の場合も更正事例と還付事例を同一グループとしてサンプル構成することには大きな問題はないと考えた[6]。

本節における検討をまとめると以下の通りとなる。先験的に移転価格税制適用という不祥事における株価の下落は予想の範囲内であったが，他方，一旦国庫に納まった納税額の還付に関して投資家はポジティブ反応を示すとの

(図表12-4)　2群の CAR に関する平均の差の検定結果

蓄積期間	等分散性の検定 （P値）		t検定（両側）： Welchの方法
$CAR(-10, -10)$	0.0005	＊＊＊	0.2526
$CAR(-10, -9)$	0.0005	＊＊＊	0.6913
$CAR(-10, -8)$	0.0565	＊	0.8762
$CAR(-10, -7)$	0.1469		0.8658
$CAR(-10, -6)$	0.1750		0.6903
$CAR(-10, -5)$	1.0088		0.6836
$CAR(-10, -4)$	0.5556		0.2737
$CAR(-10, -3)$	0.2318		0.1261
$CAR(-10, -2)$	0.3727		0.1381
$CAR(-10, -1)$	0.3938		0.2039
$CAR(-10, 0)$	0.3335		0.3184
$CAR(-10, 1)$	0.2002		0.3834
$CAR(-10, 2)$	0.3823		0.1361
$CAR(-10, 3)$	0.1523		0.3059
$CAR(-10, 4)$	0.0886		0.3852
$CAR(-10, 5)$	0.2309		0.2484
$CAR(-10, 6)$	0.2046		0.1805
$CAR(-10, 7)$	0.1363		0.1081
$CAR(-10, 8)$	0.2017		0.1281
$CAR(-10, 9)$	0.7288		0.1323
$CAR(-10, 10)$	0.6351		0.1074

予想は誤りであり，実際には還付報道に対してポジティブ反応を示す事実は確認できない。このような発見により，新たな疑問が浮かんでくる。実際のところ投資家は更正・還付の移転価格税制関連報道に対して，いかなる要因に触発されて反応を起こすのかという疑問である。この疑問を検討するために次節以降では移転価格税制適用に対する市場反応について，その原因を明らかにしてみることとしよう。

3. 移転価格税制適用に対する市場反応の原因分析

3-1. リサーチ・デザインと分析対象事例

　前節における問題提起を受け，移転価格税制適用によって投資家がいかなる企業属性に注目して資本市場における反応を示すのかを明らかにする。この研究目的達成のために前節までに移転価格税制適用報道日をイベント日とする ES を実施することで CAR を算出し，予備的検討とした。本節以降においては当該 CAR を被説明変数とする一方，CG 変数と財務数値を説明変数とし，重回帰分析を試みる。

　CG 変数に注目する理由として移転価格税制の強制適用という不祥事を招いたのは未成熟な CG 構造が原因であると投資家がみなし，ネガティブ評価を与えたと考えるためである。また逆に移転価格税制適用を受けたとしても，CG 構造が投資家の信頼を得るほどに成熟していれば，彼らによる資本市場における評価も極端な失望を示さないと考える。つまり移転価格税制適用に見舞われた際の投資家の不安は，CG 構造の巧拙によって異なると考える。

　そこで本節以降で分析対象とする移転価格税制適用事例であるが，（図表12-1）において示す事例のうち，平成 18 年 5 月（リンナイ）以降同 25 年 12 月（ローム）までの 54 事例に注目し，これらの中から重回帰分析上の説明変数に関して欠損値が存在しない 48 事例を分析対象とした[7]。

3-2. 分析モデルにおける変数について

3-2-1. 被説明変数に関する検討

　CG の巧拙が企業パフォーマンスに与える影響を分析する場合，本章冒頭において述べた通り，財務パフォーマンス・スタディを行う研究が散見されるが，その主な理由として CG 改革が企業価値に好ましい影響を与えるのに比較的長い時間を要すると研究者らが考えるからであろう。そのために企業価値を ROE や ROA，トービン Q など資本効率を表す指標に求め，これらを回帰分析上の被説明変数として設定し，当該変数に影響を及ぼすファク

ターを探し当てるという分析アプローチが定石であった。その意味で短期の株価収益率やその蓄積値はCG改革を測定する指標としては不向きと考えられているようである。例えば三隅[2006]は企業価値を株価収益率に求めているが、日次ベースではなく月次ベースで収益率を求めることで、長期効果を捕捉しようとしている。このように見てくると、多くの研究者はCGの改革効果を短期の株価リターンによって捕捉する方法など成立し得ないと考えているのかもしれない。

しかし本研究では21営業日をイベント・ウィンドウとして設定して短期の株価リターンからCGの巧拙を評価しようと試みる。分析の方法はCG改革によって長い時間をかけて築き上げた企業価値を直接測定するのではなく、移転価格税制適用という不祥事によって一瞬にして崩壊する企業価値がCGの巧拙と如何なる関係性を有するのかに注目した。とりわけ本研究によって注目する移転価格税制は興味深い分析対象である。なぜなら移転価格税制の適用事例はそもそも発生件数が少なく、その上、租税関連事象であることから情報の非対称性が高くなる傾向を有する。さらに適用企業は海外進出を果たした巨大企業が中心となる[8]ために、内部構成が複雑と推察される。

このような移転価格税制適用事例に注目した先行研究として加藤ら[2015]にも注目してみると、$-3 \leqq t \leqq 10$ の間でネガティブ反応が継続する。これに対して本章2-2.における検証結果では $-3 \leqq t \leqq 4$ となる8営業日間で CAR が下降し、以後、上昇に転ずる。このように見てくると投資家による移転価格税制適用のネガティブ評価はとりわけ上記8営業日間において行われたと解釈できる。

以上の検討から $CAR(-3, 4)$ を算定し、これを投資家の移転価格税制適用に対して示した評価の合計と考えた。そこで $CAR(-3, 4)$ を被説明変数の有力候補と考えるが、他方においてイベント日を境にして前日と翌日の3営業日間、つまり $CAR(-1, 1)$ や、イベント日とその翌営業日の2日間の蓄積値である $CAR(0, 1)$ についても注目し、これらが投資家による瞬間的な反応を示すと考え、分析モデルに被説明変数として追加採用することにした。なぜなら移転価格税制の適用報道のみならず、一般的にその他の不祥事

に対しても，投資家の反応が先鋭的に表れるのは，より短期間であると考えられるからである。

3-2-2. CGに関する説明変数の検討

　移転価格税制適用に対する投資家反応の原因を明らかにするため，CG変数に注目する。この観点から最も重要と考えられるのは社外取締役が取締役会に占める割合である。近時，会社法改正において社外取締役の設置義務化が検討されるものの，実務界の反対を受けて法制化には至っていない。しかし「資本市場が社外取締役に強い選好を持つ(宮島・小川[2012, p. 4])」と指摘する通り，わが国企業へ投資する外国人が投資の判断基準として社外取締役の比率に拘る可能性があり，わが国のCGに内在する国際的な相違を問題視するかもしれない。そこで社外取締役比率($Shagai$：後掲モデル式における変数名。以下同様)に注目するが，実際の社外取締役比率は後掲(図表12-5)に示す通り，標準偏差が大きい。そこで社外取締役を採用したか否かを示すダミー変数を説明変数として投入することとした。

　移転価格税制適用を企業不祥事と捉える本章では前示の通り，社外取締役の採用は当該不祥事防止のために重要と考える。例えば社外取締役の設置を拒み続けてきたキヤノンが社外取締役を招聘する理由として，移転価格税制の適用回避に向けた対策としている[9]。当該事例の含意とは，今や社外取締役は株主の代理として経営不正の未然防止に貢献するための限定された役割[10] に留まらず，複雑化する国際取引に随伴して生じる移転価格税制適用回避のために，一種のデューディリジェンスを社外取締役に託されていると言ってもよい。このように見てくると，高度な税制選択やその適用回避はCGの影響を受ける可能性がある。そこで社外取締役採用の有無が移転価格税制適用報道における投資家の反応に有意な影響を及ぼすのか否かを明らかにしてみよう。上述の通り，移転価格税制適用を回避するために社外取締役を配置する可能性があるとの前提を踏まえると，社外取締役を配置した企業が実際に移転価格税制適用を受けた場合，期待に対する裏切りと捉え，投資家による強い失望を示すと考えるため，予測符号は負となる。

　また次に注目するCG変数として外国人投資家比率($Gaikoku$)を挙げる。

外国人投資家にはホームバイアス[11]が存在するため，わが国企業への投資に対して参入障壁があると考えられる。しかし宮島・新田[2011, p. 107]は外国人投資家比率の上昇が「企業規模や海外市場での知名度，業績，信用度，取締役会の構成などで決定される」と指摘する。そしてまた「海外投資家のモニタリングが経営の効率化に寄与」すると指摘し，外国人投資家の「モニタリング行動によって投資先企業の業績を引き上げた」と解釈している。このようにCG構造が卓越した企業を外国人投資家が選好したにせよ，またその逆に外国人投資家による圧力が奏功して業績が改善されたにせよ，いずれにしても外国人投資家比率の多寡は，CGの巧拙を表す指標として活用することが可能であろう[12]。したがって外国人投資家比率の高い企業が実際に移転価格税制適用を受けた場合，前出の社外取締役比率との関係同様，強い失望が予想されるため，符号は負であると期待される。

　3つ目に情報開示に関する説明変数としてwebサイトの充実度を説明変数として投入する。会計情報の発信者たる企業経営者は「企業の資源を魅力的に装う目的があり，さらに当該資源の保持が適切で信頼性の高いことを訴えるために情報提供を心がけ，株価といった経済的指標に好ましい影響を与えようとする（Naser[1993, p. 15]）」と一般的に考えられる。また「情報開示を積極的に行い，透明性の高い企業ほど，外部のモニタリングによる規律づけが働く（内閣府[2004, p. 14]）」とも考えられている。そこで移転価格税制の適用に対する投資家の反応が移転価格税制適用法人の普段の情報公開のあり方に影響を受けていると考えた。

　そもそも移転価格税制適用は季節要因による年中行事としての反復性はなく突発的であり，企業の経済的価値を下落させる不祥事である。そして先述した通り，移転価格税制適用は過去に散見された商製品の価格移転のみならず，無形資産の保有を背景とした種々の手数料・使用料収入の不徴収を根拠として適用が広まっている。つまり近年においては移転価格税制適用は移転する資産の多様化を背景とし，比類無き個別化が進み，結果，課税の予測可能性を著しく低下させた。このため投資家にとって移転価格税制適用に関する直接的情報をIR情報から収集しなければならなくなるが，恐らくそれら

情報が潤沢に用意されているとは限らない。

　大沼ら[2012]や加藤ら[2015]の研究成果や(図表 12-2)においても示した通り，イベント日周辺で投資家によるネガティブ反応が数日間にわたって観測されることを踏まえると，移転価格税制適用がバッドニュースであるのは間違いないが，投資家にとって正確な評価が困難と推測される。したがって移転価格税制適用は投資家にとって前例に乏しい未知の課税事件と解することができ，それら報道に際し極度の情報不足に陥ると考えられる。そこで本章では不祥事である移転価格税制適用に際して投資家が情報収集に注力せざるを得ないと考えた。具体的には web における情報公開の程度が移転価格税制適用法人への評価に反映されると考え，web サイトの充実度を説明変数とした。予測符号は情報提供が普段より積極的に行われていたことにより，移転価格税制適用を受けた際に示す失望が緩和されると考えられるので，正を予想した。

3-2-3. 財務数値に関する説明変数の検討

　移転価格税制適用に際して市場における投資家の反応が，いかなる財務数値によって影響を受けるのかを検討するために，1 つ目の説明変数として無形資産に注目する。移転価格税制は強制適用により不可避的な追徴が課されるが，更正に対して不服申し立て，そして租税争訟への途を拓くことも可能ではある。しかし取引価格が移転価格ではなく，独立企業間価格の範疇にあることを証明するための事務的コストが小さくない。移転価格税制適用に備え，ドキュメンテーションという怪しげなサービスを提供し，高額な料金を徴収するコンサル会社も少なくない。そもそも移転価格税制適用は平成 2 年以降，日立・松下・東芝における VTR や半導体という工業製品の輸出事例にはじまるが，本章で注目する事例の中には平成 17 年のソニーにおけるロイヤリティ，翌年のワコールにおける商標権使用料，リンナイにおける技術援助料，三井物産・三菱商事における資源プラント設計の役務提供や合弁会社へのノウハウ提供と，無形資産に関連する事例が増加傾向にある。

　無形資産の計上が増加する背景として古賀[2012, p.24]が指摘する通り，「マクロ経済レベルでの背景」と「個別企業レベルでの背景」が存在する。

前者は「産業型経済（プロダクト型経済）から金融・サービス型経済（ナレッジ型経済）への経済基盤の重点移行」を内容とし，後者は「企業間競争の激化と企業の競争優位性の追求」を内容とする。このような変化する産業構造に関する分析観は移転価格税制適用事例の変遷についても明快な説明となる。つまり近時の移転価格税制適用が無形資産に傾斜するのはサービス型経済基盤への重点移行が背景にあると言え，他方，移転価格税制適用法人に至っては企業間競争の激化によって海外との子会社間取引を増加させ，価格移転が疑われる事態に至ったと説明可能である。

　また無形資産は企業独自の資産で換金性が低いため，これらの特殊な資産の計上額が大きければ大きいほど，移転価格税制適用に際して投資家はネガティブ評価をすると加藤ら[2015]が指摘した。さらに近時の移転価格税制適用においてトリガーとなる無形資産とは，「著作権，基本通達 20-1-21 に定める工業所有権等のほか，顧客リスト，販売網等の重要な価値のあるもの（措置法通達 66 の 4(3)-3)」とされており，無形資産の定義が曖昧なため課税側の裁量が大きい点にも注目すべきであろう。望月[2007, p. 471]も指摘する通り，「一般的な無形資産に含まれないものであっても，これにより超過利益（通常の事業活動から得られる利益を超える部分の利益）を生じさせるものがある場合があれば，これを移転価格税制上の無形資産とすべき」と課税側は判断している。

　加えて Grubert[1998. p. 280]によれば，「納税額の支払いの多寡は法人の過剰な貸し付けの有無に依存する」特徴を挙げ，「無形資産を海外に移転させ，多額のロイヤリティを受け取る法人は過剰な貸し付けは行わない」と分析している。その理由として「親会社居住地ではロイヤリティに対して課税上，控除可能である」ことから，税制によって親会社への資金還流が如何に行われるのかが左右され，同時に無形資産はロイヤリティを発生させるため，無視できない要素と考えられる。

　このほか，親会社においてオンバランスされる法的所有権として特許権などが挙げられるが，それが存在するということは，潜在的に親会社のみならず子会社においてさえもオンバランスされない無形資産が潜在する可能性を

投資家に予想させるであろう。そしてその結果，投資家の不安を惹起するか，または逆に超過収益力の源泉として評価するかもしれない。このため移転価格税制適用時の CAR と無形資産の多寡の関係性から予測符号は正負のいずれもあり得ると予想した。

　次に財務数値として注目する変数は当座比率である。流動性資産保有の動機に関する一般的説明としては「成長性の高い企業等が，将来に直面する可能性のある資金調達制約を緩和する手段」と解釈される(堀ら[2009, p.2])。この点を踏まえて(図表 12-1)に掲げる分析対象企業を眺めると，それらは総資産が大きい企業が中心であり，成長企業と成熟企業の間を行き来する性質があると思われる。そして分析対象企業の多くは企業のライフサイクルを逆行して若返りを試みた結果，海外進出を果たし，移転価格税制適用法人になったと考える。さらに Pinkowitz and Williamson[2002, p.21]は「財務的な窮地に追い込まれている企業は株主と債権者の間の agency コストのために流動資産の評価は低くなる」との仮説を検証し，証明したが，その理由は「現金保有は財務的窮地にある企業の株主に利益をもたらさない」ためとしている。したがって移転価格税制適用はキャッシュ・アウト・フローを引き起こすため，深刻ではないにしても一種の財務的困窮状態を招くと考えられ，これらが保有する現金に対して過小評価されると考える。しかし本章の眼目は「財務的窮地にある企業」の分析ではなく，移転価格税制適用法人が保有する現金を投資家が如何に評価するのかの解明にもあるため，Pinkowitz and Williamson[2002]の研究成果を直接的に再検証するわけではない。しかしながら移転価格税制適用によって財務的窮地を連想され，過小評価された現金を多く保有すれば投資家の反応はネガティブに傾斜すると予想し，予測符号は負となる。

　このほか，企業のライフサイクルと現金保有の関係から見ると，一般的には成長性の高い企業として想起されるのは新興企業であり，それらの特性として時価総額・総資産の小ささや買収対象企業となりうる可能性[13] などが挙げられる。しかしそれらの特性は本章における分析対象である移転価格税制適用法人の特性と一致するわけでもないが，新興企業も本章における分析

322

対象企業も高収益となる投資機会を強く求める点で共通項を有すると考えるべきであろう。つまり互いに当座比率が高く，積極的に投資機会を探求する企業像が浮かび上がる。そこで移転価格税制が適用された本章の分析対象企業に対し，投資家は企業内の現金が取り返し困難な国庫へ納められる危機を察知し，強い失望を示すと考える。よって CAR と当座比率の多寡との間に改めて負の関係性が発見されると期待する。

3-3. 分析モデルと基本統計量，相関係数表

これまでの検討の結果，被説明変数として 3 変数を準備し，これに対する説明変数として 2 種 5 変数を投入した分析モデルは次の式のように表すことになる。さらに変数の説明と基本統計量を（図表 12-5）の通りに作成したが，それによれば被説明変数の CAR はいずれも平均値が負値であることから，イベント日周辺における資本市場では，移転価格税制関連報道に関して一般的にネガティブ反応を投資家が示すと言え，CAR の蓄積期間が長くなるに従い標準偏差が大きくなる。また 5 つの説明変数の中から有意な変数と期待されるものの，（図表 12-5）より連続数値による 4 変数はいずれも標準偏差が大きいことを配慮し，これらを自然対数変換した数値を分析モデルに投入することとした。

$$CAR_i(t_1, t_2) = \alpha + \beta_1\, Shagai\, Dummy_i + \beta_2\, LNGaikoku_i + \beta_3\, LNWeb_i$$
$$+ \beta_4\, LNIntangible_i + \beta_5\, LNCurrentRate_i + \varepsilon_i$$

次に（図表 12-6）より変数間の相関について検討する。同表は左下半分が Pearson の相関係数であり，右上半分が Speaman の相関係数である。また同表中，各セル内の上段が相関係数であり，下段が両側有意確率である。3 つの被説明変数の相関について CAR(-1, 1) と CAR(0, 1) の間で最も強い相関（0.916）が示され，次いで CAR(-3, 4) と CAR(-1, 1) の間の相関（0.661），最後に CAR(-3, 4) と CAR(0, 1) の間の相関（0.573）の順に低下する。

ところで説明変数間における興味深い相関の実態について 2 点言及してお

（図表12-5）　変数の説明と基本統計量

	変数	計算式	N	平均値	標準偏差	最小値	最大値	第1四分位数	第2四分位数（中央値）	第3四分位数
被説明変数	CAR(−3, 4)	Fama and French[1992]を参考とした3ファクター・モデルを用いて、推計期間を31日前から180日前に設定して算出	54	−1.278	5.577	−20.080	13.606	−3.302	−0.766	0.515
	CAR(−1, 1)			−0.206	4.319	−12.987	9.114	−2.461	−0.451	1.931
	CAR(0, 1)			−0.124	3.072	−7.141	7.758	−2.017	−0.435	1.949
CG変数	Shagai Dummy	社外取締役採用企業に1, 不採用企業に0	54	0.630	0.487	0	1	0	1	1
	LNGaikoku	Gaikokuの自然対数変換値	54	3.357	0.435	1.956	3.985	3.235	3.481	3.608
	LNWeb	Webの自然対数変換値	54	4.124	0.166	3.813	4.433	3.961	4.121	4.239
財務数値	Intangible	無形固定資産合計／前期末総資産	50	2.604	4.566	0	14.232	0.010	0.022	6.155
	LNCurrentRate	Current Rateの自然対数変換値	53	4.956	0.664	3.627	6.306	4.552	4.880	5.442
参考	Shagai	社外取締役比率。(社外取締役人数／取締役会人数)×100	54	18.395	19.035	0	85.714	0	19.091	30
	Gaikoku	外国人持株(保有)比率[有価証券記載数値]	54	30.961	10.413	7.070	53.810	25.402	32.480	36.892
	Web	ウェブサイトの充実度。日興アイアール社算出のウェブサイトの分かりやすさと使いやすさ。情報の多さを評価して算出された偏差値	54	62.654	10.319	45.300	84.200	52.500	61.600	69.325
	CurrentRate	当期当座比率。当座資産／前期末総資産	53	177.245	128.107	37.600	548.120	94.805	131.660	231.465

324

(図表 12-6) 変数間の相関

		CAR (−3, 4)	CAR (−1, 1)	CAR (0, 1)	Shagai Dummy	LN Gaikoku	LN Web	LN Intangible	LN Current Rate
被説明変数	CAR (−3, 4)	1.000	0.522 0.000	0.529 0.000	−0.017 0.902	−0.003 0.984	−0.215 0.119	0.032 0.829	−0.213 0.125
	CAR (−1, 1)	0.661 0.000	1.000	0.916 0.000	−0.125 0.366	0.024 0.861	−0.108 0.435	0.029 0.844	−0.182 0.193
	CAR (0, 1)	0.573 0.000	0.913 0.000	1.000	−0.239 0.082	0.072 0.604	−0.178 0.197	−0.044 0.765	−0.088 0.530
CG変数	Shagai Dummy	−0.046 0.741	−0.063 0.652	−0.246 0.074	1.000	0.293 0.032	0.367 0.006	0.139 0.339	−0.305 0.026
	LN Gaikoku	−0.053 0.706	0.050 0.718	0.034 0.810	0.370 0.006	1.000	0.225 0.101	−0.091 0.536	−0.038 0.789
	LN Web	−0.189 0.170	−0.053 0.704	−0.168 0.225	0.380 0.005	0.316 0.020	1.000	0.088 0.546	−0.353 0.010
財務数値	LN Intangible	0.202 0.163	0.094 0.519	0.035 0.811	0.171 0.241	−0.025 0.867	0.011 0.938	1.000	0.140 0.344
	LNCurrent Rate	−0.235 0.091	−0.228 0.101	−0.110 0.435	−0.298 0.030	−0.215 0.122	−0.345 0.011	0.135 0.360	1.000

く[14]。1つ目に「フリーキャッシュフローが多いことは経営者の自由裁量が大きく，株主の資源が浪費される可能性が高いことを意味しており，この結果，経営者による資源浪費の可能性が高い企業ほど社外取締役の導入が遅い(齋藤[2011, p. 200])」との所見に注目する。本章ではフリーキャッシュフローの代替として当座比率(*LNCurrentRate*)を説明変数として投入しているが，当該比率と社外取締役の採用(*ShagaiDummy*)の関係について(図表 12-6)より負の相関(−0.305)を示しており，齋藤[2011]の知見と整合する点は興味深い。

注目すべきいま1つの説明変数間の相関として，社外取締役の採用と外国人持株比率の間における正の相関関係(0.370)を指摘しておくべきであろう。先行研究によれば「外国人株主の所有比率の高い企業はいち早く社外取締役を導入している」とされ，「外国人株主は社外取締役を導入している企業に投資するのみならず，彼らの存在が導入していない企業にとって導入する圧力となっている(齋藤[2011, p. 200])」と指摘される。その結果，外国人持株比

率と社外取締役の採用の間に正の相関が認められるであろう。

4. 分析結果

4-1. 分析結果と解釈

4-1-1. CGの有意性について

　本章では移転価格税制適用に関する報道に際し，投資家反応としての株価
騰落の原因を明らかにする目的があり，とりわけCG変数に強い関心を示し
てきた。分析結果は（図表12-7）に示す通りであるが，AdjR2が最大を誇る
model. 3においてCG変数の中からウェブサイトの充実度が，そして財務数
値の中から当座比率がそれぞれ有意な説明変数であることが明らかとなった
ものの，model. 2と3のAdjR2は相対的に高いとは言えない。model. 2は
AdjR2が最も低く，model. 3はmodel. 1に比し有意な説明変数が多いが，
AdjR2が低いため，分析結果は限定的に解釈されるのが穏当であろう。実
際，本章における分析はSPSSを用いているが，実装されているステップワ
イズ法によれば，model. 3において有意な説明変数はShagai Dummyが示
されるのみであった。48事例によって構成されるサンプルサイズからして
も，今後サンプルを追加して再検証が必要と思われる。それでも移転価格税

（図表12-7）　分析結果の概要

説明変数		予測符号	model. 1 CAR(−3, 4)			model. 2 CAR(−1, 1)			model. 3 CAR(0, 1)			VIF
			係数	t値	有意確率	係数	t値	有意確率	係数	t値	有意確率	
CG変数	*Shagai Dummy*	−	−0.941	−0.704	0.485	−1.519	−1.223	0.228	−2.154	−2.367	0.023	1.227
	LNGaikoku	−	2.674	1.379	0.175	3.650	2.023	0.050	2.960	2.240	0.030	1.146
	LNWeb	−	−13.702	−3.455	0.001	−6.4058	−1.736	0.090	−4.819	−1.783	0.082	1.220
財務数値	*LNIntangible*	−	0.440	2.214	0.032	0.252	1.364	0.180	0.133	0.984	0.331	1.079
	LNCurrentRate	−	−3.666	−3.611	0.001	−2.440	−2.583	0.013	−1.470	−2.125	0.039	1.155
定数項			65.994	3.757	0.001	27.395	1.676	0.101	18.561	1.551	0.128	
AdjR2/F値（有意確率）			0.283/4.713(0.002)			0.115/2.221(0.070)			0.163/2.829(0.027)			
N			48									

制適用報道というイベントに対して短期的には社外取締役採用の有無が株価反応に影響を与える可能性を否定できないわけであり，この結果の含意とは，社外取締役を採用してもなお，移転価格税制が適用されたことへの投資家の強い失望が短期間に表れていると言える。

また2つ目に理論的想定として外国人持株比率が多いほど移転価格税制適用に対して強い失望を示すと予想したが，存外にも model. 2 と 3 で同比率と CAR の間には有意な正の関係性を認めている。この結果の解釈については model の AdjR2 が低いこともあり，次のように説明可能と指摘するに留めておく。つまり移転価格税制適用によって惹起される不安に対して外国人持株比率が高い企業はストレス耐性が強い可能性がある。このように移転価格税制適用報道という不祥事に見舞われても外国人持株比率の高い銘柄の CAR が下降しない理由として，外国人投資家によるこれまでの投資経験から多くの移転価格税制適用事例で還付や更正税額の減額を予想し，織り込んだ可能性が考えられる。しかし反面，移転価格税制適用法人に対する外国人投資家の反応がホームバイアスを背景としているのであれば，移転価格税制適用事例の詳細に付き，外国人投資家による分析・評価の遅れから株価に反応が即時に反映されない可能性も指摘される。

最後にウェブ充実度について解釈すると，当該変数は model. 1 においてのみ 1% 水準有意であり，その他の model では有意ではない。model. 1 は AR の蓄積期間が最長の 8 営業日であり，時の経過とともに投資家による情報収集にインターネットが活用されるであろうことが想像される。係数符号は予測符号に反し，日頃のウェブ上における情報提供の充実度が高い企業は移転価格税制適用という不祥事に見舞われた際に，投資家による強い失望が示された。このことは移転価格税制適用報道に際し，従前，情報開示に前向きであることが仇となって投資家の強いネガティブ反応を引き起こす皮肉な結果と解釈可能でもある[15]が，その反面，提供される情報が市場に吸収されて株価に反映される様子は市場が効率的であることを示している。

但し，ウェブ充実度の有意性を解釈する際に留意すべきは，日頃の情報公開姿勢が熱心な企業といえども，実際の移転価格税制適用後には関連する有

益な新情報が数多く市場に投入されるわけではないという点である。1つの例に過ぎないが，更正税額の全額が還付された武田薬品工業の場合，更正通知の受領から全額還付までに7年弱を費やしている。同社の場合，当該7年間に投資家へ与えた適時開示情報は僅かに6件に過ぎず[16]，移転価格税制適用を契機とした情報開示の頻度と提供される情報の質と量について一般的に十分とは言えない。このことは非財務情報の開示のあり方を検討する際の論点提供として示唆に富むのかもしれない。

4-1-2. 財務数値の有意性について

移転価格税制適用報道における投資家の反応について，無形資産の有意性が加藤ら[2015]によって示されているが，本章と加藤ら[2015]の分析結果は整合しない。加藤ら[2015]によれば移転価格税制適用報道について，無形資産の保有額が多ければ投資家の失望が大きくなるとの知見が示されており，このような投資家反応の理由として「無形資産はその内容についての解釈が難しいために，結果として外部からの透明性が低くなる」ことを指摘している。これに対して本章による検証結果によれば model. 1 のみで CAR と無形資産の多寡は正の関係性が認められる。このように加藤ら[2015]と本研究による検証結果の比較から，変数符号が反転した原因として，2つの研究におけるサンプルの違いに注目している。つまり前示の通り加藤ら[2015]の分析対象は平成2年以降同24年までの移転価格税制適用51事例であるが，本章は平成17年以降同25年までの54事例であり，移転価格税制適用において最初期の事例は排除している。最初期の移転価格税制適用事例では今ほど無形資産は注目されておらず，プロダクト型経済の真っ只中での適用事例である。したがってサンプル構成の違いにより加藤ら[2015]の分析結果と異なる解釈を試みる必要があり，無形資産の潜在的利益獲得能力に対して投資家が好意的評価を示した結果を本章において捉えたと考えるのが妥当であろう。なお会計処理が変化していく背景もあり，無形資産の保有については後発のサンプルほど多額の計上を行う傾向が見られた。また $Shagai\ Dummy$ を除く4つの説明変数に対して規模調整のために自然対数による変換を施したが，無形資産の標準偏差が著しく改善することはなかったことを付言しておく。

次に当座比率の有意性について注目するが，当該変数はいずれの model においても有意性を示しており，その結果は同じく当座比率を説明変数とした加藤ら[2015]による分析結果に整合する。もっとも加藤ら[2015]と本章の分析の間には，当該変数について本章では自然対数変換後の数値を用いたが，加藤ら[2015]は変換していない点が相違している。いずれにせよ移転価格税制の適用報道が資本市場に投入されれば，投資家は当座比率の高い企業の移転価格税制適用について強い失望を示す現象に確証を得たと言える。このような投資家の反応が引き起こされる理由が以下の通り考えられる。つまり一般的に株主還元に資することが明確でないキャッシュの大量保有は，agency 問題を引き起こすと市場で認識される。そのような背景から移転価格税制適用報道がトリガーとなって高い当座比率を誇る企業に投資家は強いネガティブ反応を示したと考える。つまり経営者の業務対価に見合わない高額報酬の支給が行われれば投資家が失望するのと同様に，課税庁によって強制的に徴収される更正税額も投資家にとっては自らの懐を潤すことのない無駄な支出である。このように見てくると移転価格税制適用により遅かれ早かれ遺失するであろう現金に対する失望の多寡が表れたとの見立ては，結局はPinkowitz and Williamson[2002, p. 21]の解釈に整合することになる。

4-2. 本章の貢献と残された課題

本章の成果から，移転価格税制適用による資本市場の反応は CG 構造が背景となる事実が判明した。とりわけ $CAR(-3, 4)$ の検証においては，情報開示を積極的に行い，ウェブ上の情報公開が充実していた企業で当座比率の高い企業について，移転価格税制適用報道が市場へ投入されると投資家は強い失望を示すことが明らかとなった。また外国人持株比率が高い場合には移転価格税制適用によっても株価は上昇する現象が model. 2, 3 で明らかとなったが，model. 1 においては支持されない。しかし本章における分析結果から移転価格税制適用のみならず，そのほかに企業価値を毀損させる不祥事に対する資本市場の反応において CG の巧拙による影響を受けて投資家が評価する可能性が疑われる。

さて従来，CG の巧拙と企業価値を結びつけた実証研究は財務パフォーマンス・スタディが中心であり，「社外取締役の導入や人数・比率上昇が有意なパフォーマンス効果を持たない（宮島・小川［2012, p. 20］）」などの所見が示され[17]，CG の向上とパフォーマンスの向上について，わが国においては有意な関係性を有しないとの結論も少なくない。そこで本章では財務パフォーマンス・スタディに代えて ES を試みることで短期株価のパフォーマンスから検討を行った。しかも社外取締役が選任された時点をイベント日とするのではなく，むしろ企業にとって CG の巧拙が露呈する不祥事の発生，とりわけ移転価格税制適用の公表日に注目している。

　社外取締役の機能を踏まえれば，その起用の効果が企業価値に表れるには長期パフォーマンスを計量化して捕捉するのが定石とされてきたために分析手法としては財務パフォーマンス・スタディの採用が優先される傾向があった。尤も三隅［2006］が試みたように月次データによる長期株価のパフォーマンスを被説明変数とする回帰分析を試みた研究も存在するが，その場合は多くのノイズやバイアスをかき集める可能性を警戒せねばならない。そこで本章では従来の分析アプローチに拘泥されず，発想を逆転し，移転価格税制という企業不祥事によって企業価値が崩壊する様子を 21 営業日のイベント・ウィンドウを確保し，検証した。このように短期株価のパフォーマンスを検証した結果，移転価格税制適用に対する失望が観察されたが，CG 変数の中では情報公開に強く反応することが明らかとなったほかに，社外取締役採用に対する期待と裏切り，そして失望が観察されている。このように本章では社外取締役導入などの CG の向上によってもたらされる企業価値の増加を直接検証したわけではないが，間接的に CG 構成に寄せる投資家の期待の大きさを検証した点は貢献の１つと考える。

　わが国における移転価格税制適用法人の現状として，かつての商製品による国際的価格移転取引の活用が相対的に減少し，平成 10 年代中葉からロイヤリティ収入の未徴収など，知的財産の存在を背景とした租税負担削減手法が現れてくる。これに呼応して国税側では新たな独立企業間価格の算定方法を模索し，加えて移転価格税制適用による係争を事前に緩和する制度の浸透

を試みている。そしてそれとほぼ同時に還付事例が発生し，勢いづいた移転価格税制適用が失速する側面も見受けられた。

加藤ら[2015]においては平成2年を起点として移転価格税制の適用51事例を収集したが，他方，本研究は平成17年以降の48事例によってサンプルを構成した違いがある。結果的にこの差が投資家による無形資産に対する評価の差となって表れた可能性がある。つまり移転価格税制適用に際し，当初は無形資産の保有は資産の不明確さを表し，投資家による不安を惹起させたが，次第に無形資産に対する評価が変わり，多くの無形資産の保有は超過収益力の源泉と考えるようになったのではないか。この現象は古賀教授が指摘するプロダクト型経済からナレッジ型経済への移行を指摘する見解によって説明可能であり，同時に本章における無形資産に関する分析結果は古賀教授の知見に頑健性を付与している。また移転価格税制適用は思いがけず投資家にとってはこれまで潜在していた無形資産の発見となったかもしれない。そのように見てくると加藤ら[2015]と本研究における分析結果の相違が無理なく説明できる。

残された課題としては外国人投資家の持分比率とホームバイアスの関係について移転価格税制適用後，外国人投資家が事態の解析を終えて次第に彼らによる持株比率が下降した可能性もある。言い換えればホームバイアスの緩やかな解消が起きたのかについても検証の余地が残る。また本章においてはひとまず埒外においたが，SO制度採用の有無がCG変数として検証されるべきであったかもしれない。なぜならSOの導入が費用のかかるモニタリング・コストの節約に貢献したとするとしたGhosh et al.[2010]の成果を検証する意義がある。これらの点については今後の検討であることを付言しておく。

1) 分析手法として財務パフォーマンス・スタディに比し，本研究において採用するESが優越する点として，「短期間をイベント期間として取り扱う場合には，株価変動に影響を及ぼし得るノイズやバイアスの影響を受けることが少なく，より信頼性の高い結果を得ることができるというメリット（島田[2013, p. 19]）」があるとの指摘がある。
2) 本章における移転価格税制適用60事例の確定に際しては日経テレコン（日本経済

新聞社)に加えて，補助的に聞蔵Ⅱ(朝日新聞社)，毎索(毎日新聞社)，ヨミダス歴史館(読売新聞社)による新聞記事検索を用いた。当該検索エンジンにおいて検索ワードを「移転価格税制」として検索した結果から個別事例 60 件を収集し，(図表12-1)を作成している。この検索作業の結果，新聞報道日をイベント日としたが，これに先んじて移転価格税制適用企業が IR 情報として適時開示資料を公表している場合には，公表日をイベント日とした。なお，各事例の詳細についてはプロネクサス社が提供する企業情報データベースサービス・eol によって適時開示資料を検索し，照合を行った。また更正・還付事例の分類について，平成 18 年 10 月 27 日の日本経済新聞(夕刊 22 頁)による報道では，任天堂の携帯ゲーム機・ゲームソフトの取引に関する案件は，その報道内容から更正通知の受領ではなく，事前確認制度を利用した修正申告を行うことで還付されているため，この案件を還付事例に分類している。

3) *AR* や *CAR* の算出過程は Fama and French[1992]を参考にしたが，詳細は第 8章を参照のこと。

4) Grubert[1998, p. 269]によれば，米国企業の租税負担は外国子会社から米国親会社への資金還流の方法(使用料・配当・利子・留保利益の分配等)に影響を及ぼし，租税負担の増大と子会社からの使用料，配当などの資金還流は逆相関する。したがって外国子会社における留保利益の増加は外国子会社から米国親会社への配当等に対する課税が原因と指摘している。

5) 本章(図表 12-3)に示した検定統計量は Campbel et al. [1997, pp. 160-162]に示すJ2 の算出過程をもとに導出している。検定統計量の算出についてその概要は本書第2 章に準ずるが，各銘柄ごとに算出した $SCAR_i$ を単純平均する際の N は更正事例で「40」，還付事例で「20」となる。また本節における分析対象となる更正 40 事例と還付 20 事例の *CAR* 算出においてイベント日を $t=0$ とした場合，推計期間を $-150 \leq t \leq -31$(150 営業日)に設定することで大沼ら[2012]や加藤ら[2015]における分析と計算プラットホームを共有し，比較可能性を確保していることを付言しておく。

6) このように更正事例と還付事例を同一のサンプルとして編成することの妥当性を確認したことは少なからず本章における新知見であるが，他方，分析対象とした移転価格税制適用事例が 60 件に限られる点を見過ごすべきではないかもしれない。つまり今後の移転価格税制適用事例や還付事例の増加によって 2 群の平均に差が認められる可能性を完全に否定することもできず，差し当たり現状確保されるサンプルにおいて更正事例と還付事例を同一サンプルとすることが許されるということである。

7) このように本節以降の分析対象を平成 18 年度以降の移転価格税制適用事例とした理由であるが，本章で入手済みの CG データ(Cges)が平成 18 年度以降となり，実質的にサンプルサイズを制約する一要因となった。ちなみに平成 16 年 3 月決算期から「コーポレートガバナンスの状況」が有価証券報告書総覧に盛り込まれるため，

それより前の Cges データは提供されていない。なお Cges とはデータのベンダーである日本経済新聞デジタルメディア社の NEEDS 事業部が提供する「CG 評価システム NEEDS-Cges」のことである。

8) 移転価格税制適用企業とは即ち海外進出企業であるが，その海外進出企業における実際の CG と法制度としての CG の関係について，市古・津田[2010, p. 52]の指摘は興味深い。それによれば「人材，資金面で余裕がある企業で，かつ，海外展開を伴っている企業の方が（法制度としての CG に比べて－引用者）先取り的に対応している傾向が見られる」という。つまり実務において存在する CG に対し，法制度として整備された CG との間に見出される乖離について次のように述べている。それによれば彼らの調査結果から「法律を後追い的なものとみる傾向も確認され」るが，それは「企業側がたえず，コーポレート・ガバナンスを改善し続けている限りにおいては，法制度はそれをオーソライズし，概念あるいは用語のレベルで整理してくれ，企業内制度をリフレッシュする」と指摘している。このような指摘を踏まえると，本章において分析対象とした移転価格税制適用企業の中には，その回避を期待して CG の見直しを試みた企業が存在するかもしれない。

9) 平成 26 年 3 月 10 日　日本経済新聞　朝刊 16 頁。

10) 社外取締役導入は，「内部者によるモニタリングを外部者の客観的な視点から補強する」目的があり，「社外取締役を導入している企業ほど，モニタリング強化を志向している」と言える（青木・宮島[2011, p. 274]）。

11) ホームバイアスの説明について宮島・新田[2011, p. 132]によれば，一般的に「国際分散投資において，自国資産への投資配分を他国資産への配分と比べて合理的に説明できない水準にまで高める傾向を指す」とする。この理由について Leuz et al. [2009, p. 3247]は「投資家にとって外国企業がその国の政治といかなる関係を有するのかとか，企業と銀行の関係，経営者家族の社会的地位についての複雑な知識を有しない」からと指摘している。

12) 企業価値と CG 変数の関係について検討したという意味では本研究の先行研究とも位置づけられる佐々木・米澤[2000, p. 37]も，外国人持株比率を説明変数として投入している。それによれば当該変数について「外国人投資家は，企業金融理論で想定される機関投資家の役割に近いガバナンス効果を持つ」とみなしている。

13) この点について当座比率に注目する本章の着眼点に関連して，参考までに「フリー・キャッシュ・フローが高く，負債比率が低く，株式持合比率が低い企業」が買収企業の選好材料として注目されるという（胥[2006, p. 15]）。

14) 本章では両社の関係性が強く示されなかったが，無形資産（比率）と CG について宮島・小川[2012, pp. 11-14]は「無形資産の比重が高いほど，社外取締役の導入確率，あるいは，社外取締役の比率が高い」と指摘する。その理由として「社外取締役が，アドバイス或いはモニタリングを実施する際の情報獲得の困難さを示す」指標となるので，「情報獲得が困難な企業ほど社外取締役比率が高い（宮島・小川[2012, p. 14]）」と言う。

15) 関連する指摘に三隅[2006, p. 34]がある。それによると「IR 体制および適時情報
開示体制が整備されているという意味でガバナンスに優れている企業は，そうでな
い企業に比べて有意に株式リターンが低い」とか，「企業経営の成果をより正確に開
示・伝達しようとしている企業ほど，株式リターンが低くなっている」と指摘して
いる。但しこの結果に対して三隅[2006, p. 34]による解釈によれば「情報開示の進展
は，企業情報に対する不確実性の低下をもたらす」ため，「超過収益率算出の際のベ
ンチマークとなる均衡収益率の低下をもたらす可能性」を指摘する。しかしそれに
もかかわらず 3FM ではなく CAPM を用いて超過収益率を算定した場合，「本来よ
り高いベンチマークが用いられている可能性がある」という。本章は 3FM を用い
て *CAR* を算出していることから，三隅[2006, p. 35]が指摘した通り，「3 ファク
ター・モデルなど，より多様なリスク要因を考慮したうえで算出した超過収益率に
基づいて，パフォーマンス評価を行うことが必要」と指摘している。本書は第 2 章
を除いて 3FM を採用しているが，三隅[2006]の見解を踏まえても SFM や CAPM
ではなく，3FM を採用した点で合理的であると言える。

16) 更正税額の全額が還付された武田薬品工業に対する移転価格税制適用案件につい
て，その適用後の適時開示情報の公表の経緯を出現順に列挙しておく。当該事例で
は移転価格税制適用情報は平成 18 年 6 月 28 日付けで適時開示され，翌日に新聞報
道されたが，同社が相互協議申請をするのは 2 年後(適時資料「移転価格税制に基づ
く更正処分にかかる相互協議申請について(平成 20 年 7 月 8 日)」)であり，当該相互
協議が不成立で終了し，異議申し立てを行うとの情報が提供されるのはさらに 3 年
後(同「移転価格税制に基づく更正処分にかかる相互協議の終了と異議申し立て手続
きの再開について(平成 23 年 11 月 4 日)」)であった。結果的に本件は翌年春(同「移
転価格税制に基づく更正処分にかかる異議決定について(平成 24 年 4 月 6 日)」)に一
部が還付決定された後，全額の取り消しを求めて同社が審査請求を行った(同「移転
価格税制に基づく更正処分にかかる審査請求について(平成 24 年 5 月 7 日)」)。全額
の還付が認められたのは最初の更正通知を受領してから 7 年弱(同「移転価格課税に
関する国税不服審判所長の裁決書受領について(平成 25 年 3 月 25 日)」)を要する長
丁場となった。

17) 宮島ら[2003, p. 173]によっても同様の目的で分析が行われているが，その結果は
「Q，ROA を被説明変数としたいずれの場合においても，社外取締役導入自体とパ
フォーマンスとの間には有意な関係は認められなかった」としている。さらに関連
して，三隅[2006]はわが国における有力な機関投資家である企業年金連合会に注目
し，当該機関による株主アクティビズム効果がわが国企業の CG 体制や経営パ
フォーマンスに与えた影響を分析した。分析方法は企業年金連合会により編成され
た「コーポレート・ガバナンスファンドは，長期的な株主利益を目指したものであ
ることを考慮し」，「長期効果の存在を分析対象」とすべく，月次ベースの株式超過
収益率を CAPM を踏まえて算出し，検証している(三隅[2006, p. 24])。分析結果は
ガバナンスファンドとして組み入れた銘柄について「株式パフォーマンスがすぐれ

ているということは確認されなかった」とあり，「ガバナンスファンドの創設意図は
必ずしも実現されてはいない」と結論している（三隅[2006, pp. 34-35]）。

第13章　本書課題に関連するその他の研究成果

1. 役員給与課税と税務行動

1-1. 役員給与支給と課税

　本書では一貫して租税関連事象における納税者の行動を観察してきたが，第2章から第7章においては役員給与に対する課税を分析対象とした。そのうち第2章は分析対象をSO採用企業とした上で，SO訴訟判決に対する資本市場の反応を観察した。このため第2章の分析対象は公開会社であるが，他方，第3章から第6章までは役員給与課税によって影響が及ぶ中小法人を分析対象として役員給与の支給行動を観察対象とした。さらに第7章では非公開大法人において業績連動給与の支給を可能とするための試論を展開しながら，非上場株式の評価に表れる問題を検討した。したがって第2章から第7章では分析対象法人の規模は異なるが，いずれも役員給与課税に関する検証として共通した問題意識を有している。

　その中で第2章の分析に関して実は続編があり，櫻田・大沼[2012]において追加検証が試みられている。紙幅の都合から詳述は避けるが，その概要を示すと次の通りである。SO訴訟判決はSO採用企業の株価を上下させたが，当該株価の騰落はSOの交付条件（行使期間・発行数・行使価格・対象人数）のうち，行使期間と行使価格によって影響を受ける興味深い実態が明らかになった。つまりSO訴訟において投資家は一時所得判決が示されると経営者

らの獲得する SO 行使益に対する軽課を歓迎するが，この場合，行使期間が短くなればなるほど，また行使価格が高くなればなるほど AR が上昇することが明らかになった。他方，SO 行使益に対して重課となる給与所得判決では行使期間が長くなればなるほど AR が上昇したものの，行使価格との関係で見れば一時所得判決同様，AR と行使価格は正の関係性を認めている。この投資家行動を解釈すると一時所得判決を歓迎したのは比較的短期目的の投資家であることが推測されるが，当該分析モデルにおいて一部説明変数間の相関が高いことや，分析対象事例数が少ない点で若干の課題を残している。

　また第3章から第6章までは中小法人を分析対象として役員給与の支給行動についてその一般的傾向を観察したが，該当章における検証は中小法人における役員給与支給データである実業出版データを基にしており，公開会社を対象として得られるデータに比し，その質・量ともにやや見劣りがする点は否めない。しかしそれでも従来，中小法人における役員給与の支給行動に関する分析がデータの不在によって一切明らかにされてこなかった点を踏まえると，本書において得られた新知見には重要な意義が存在する。つまり株主と経営者が分離しない中小法人においては公開会社とは異なり，経営者によるエントレンチメント問題の発生は深刻だと一般的に指摘されるが，分析の結果，極端に小規模な法人を除けば中小法人においては一般的に憂慮する状況にないという結論に至っている。中小法人には証券市場要因が欠落するために公開会社において成立する agency 関係が期待できず，経営成績と役員給与支給額を連動させるための効果的な仕組みを構築することが難しいとされている。したがって中小法人には業績連動給与(法法34①三)の適用が認められておらず，ややもすると中小法人においては固定的な役員給与支給が繰り返されるだけと考えられていたようにも思われる。

　しかし中小法人において支給される役員報酬が増額される要因として黒字や年商が重視される点は本書における分析結果から明らかにされており，一昔前の公開会社における役員報酬の支給事情と相似形を成していると考えられる。このように中小法人における役員報酬額が利益や売上によって決定さ

第 13 章　本書課題に関連するその他の研究成果　337

れるという実態は中小法人の役員給与課税をめぐる主要な判決が長い時間を
かけて規律を与えてきた結果と言える。また同様に単に創業者であることや
年齢，在任年数が役員報酬額の多寡に統計的に影響を及ぼさず，予想外にお
手盛りが排除されているという実態も，幾多の判決を踏まえてもたらされた
と言うことができ，一般的に中小法人では年功序列による役員報酬のお手盛
り支給が存外にも少ないことが明らかになった。

　このように中小法人の税務行動は租税争訟判決や税制改正によって規律付
けられると考えるが，その規律付けに対する納税者の不満が存在するのもま
た事実である。本書第 3 章から第 6 章では役員給与課税を題材とし，納税者
行動に影響を及ぼす判例や税制改正とそれに対する反作用，つまり納税者の
税務行動に注目している。とりわけ納税者の先鋭的な税務行動として訴訟の
提起にも注目する必要から，第 3 章を中心に判例研究という法学領域におけ
る規範的観点による検証も試みている。つまり経済学領域における実証分析
結果を規範的観点から見直すことで納税者による税務行動について全体像の
解明を試みた。例えば上場企業における役員報酬の支給行動を検証すると，
多くの実証研究者が売上高と支給される役員報酬額の間に正の関係性を発見
するが，同様の現象が中小法人を分析対象とした場合にも観察されることは
本書第 4 章において言及している。しかしなぜ証券市場要因が欠落した中小
法人においても役員報酬の支給額が売上高と正の関係性を有するのか，また
いかなる経過からそれら正の関係性が妥当と考えられるに至り，定着したの
かは判例研究を行わないと解明されない。つまり本書第 3 章から第 6 章にお
ける試みの通り，経済学的な分析結果に法学的な検証を追加することで納税
者の税務行動に関して全体像を理解する必要がある。

1-2.　役員報酬額と売上高の関係性

　役員報酬額と売上高の関係性について平成 9 年・同 10 年の東証 1 部製造
業 935 社を分析対象とした場合，「経営者報酬は会計利益に，そして企業規
模に間接的ではあるが関連している」実態が星野[2003, p. 172]によって明らか
にされている。現在は会社法と税法が業績連動給与を規定しているため，当

時の星野[2003]による分析結果から一定程度，異なる結果が示される可能性はある。また本書第6章において言及した通り，星野[2003]以外の先行研究によっても公開会社の役員報酬額は売上高と正の関係性を有するとされる。そして本書第4章では中小法人においても役員報酬額は売上高と正の関係性を有する実態を明らかにしている。

ところで役員報酬額と売上高の間に正の関係性がもたらされることによる利点とその意味を考えてみよう。公開会社に認められる役員報酬額と売上高の正の関係性は，資本市場における投資家を説得するために合理的と考えられるが，他方，中小法人における役員報酬額と売上高の正の関係性は，もっぱら法人税法規定による影響が及んだ結果という点で異なる。中小法人における役員報酬の支給行動に対する直接的な制約となる法人税法規定は法令70一によってその内容が示されている。法令70一では役員報酬の損金算入限度額を算定するに当たり，比較法人を同種の事業に限定し，事業規模の類似性を売上高をはじめとする規模変数を基準として抽出するため，結果として役員報酬は売上高との間に正の関係性を有しながら算定される。

しかし法人税法は中小法人のみならず，公開会社においても適用されるものの，法令70一が公開会社における役員報酬の支給行動を制約するとは考えられていない。なぜなら公開会社の経営者にとって役員報酬の損金不算入額は税痛とはならないためである。それにもかかわらず，企業規模や会社の公開・非公開を問わず，結果的に役員報酬額と売上高の間の正の相関が見出される実態にある。公開会社では資本市場における投資家に対する説得のために役員報酬額と売上高の間に正の関係性が認められる状態が好ましい。

他方，中小法人においては所有と経営が未分離であるため資本市場の投資家が存在せず，放置しておけば中小法人の経営者は役員報酬額と売上高に正の関係性を維持する動機付けがされない。つまり中小法人では支給される役員報酬額について，資本市場における投資家に対する説得という場面に遭遇しないため，本来，中小法人の経営者は売上高と正の関係性を保ちながら適正額を決定する必要性を感じない。そこで法令70一によって役員報酬の損金算入限度額計算が売上高との間に正の関係性を規定することで，結果とし

て中小法人は公開会社における役員報酬の支給行動と同様に，概ね売上高との間に正の関係性を保つに至っている。

このような役員報酬額と売上高の間の正の関係性について次のような利点を指摘することができる。つまり公開会社といえどもそもそもは中小法人として設立されており，非公開時代においては役員報酬の損金算入限度額水準の決定が売上高との間に正の関係性を有するように法人税法によって規律付けられてきた過去を等しく有している。そのような過去を継承して公開会社の現在があるとすれば，非公開会社が公開会社になって一転，役員報酬の支給水準が売上高のような企業規模とは無関係に決定されるのでは過去との連続性が保たれない。したがって公開会社においても役員報酬の決定要因が概ね売上高の多寡と正の関係性を有することとなり，この点について経営者や投資家，そして課税庁も認識を共有している。但し前述した通り，公開会社において役員報酬額と売上高との間に正の関係性を有するのは，第一義的には資本市場における投資家を説得する目的を有するからであり，課税上の要請に基づくわけではない。

以上見てきたように役員報酬の決定要因を解明する先行研究の中では企業規模，とりわけ売上高が及ぼす影響が実証研究上も認められ，そしてその関係を租税争訟の場では支持する見解が有力である。しかし，これに対し泉田[2003]のように役員報酬額を決定付ける真の要因は売上高ではないとの指摘もある。つまり未知の真の変数の代理変数である売上高が役員報酬と正の関係性を成すに過ぎないという批判的見解がそれである。実際に泉田[2003, p. 105]によれば役員報酬の多寡を決定付ける要因として役員1人当たり付加価値や従業員1人当たり調整済み賃金という新たな説明変数の発掘に成功している。

しかし泉田[2003]が発掘した2つの説明変数によって明らかにされる実態が現実に存在するとしても，法人税法では法制として売上高に正の関係性を認め課税する簡便性を踏まえると，やはり役員報酬額を最終的に決定付ける要因は売上高と断ずることになるのであろう。つまり中小法人における税務行動をコントロールする際，泉田[2003]が発見した通り役員報酬が役員1人

当たり付加価値や従業員1人当たり調整済み賃金の多寡とともに正の関係性を維持すべしと，あえて複雑な指標をもって課税庁が規律を与えることはないと考える。役員給与課税において中小法人と課税側のいずれにとっても作成が簡便で入手が容易な経営・財務数値によって規律付けされるならば，それに越したことはない。そのため役員報酬額の多寡が売上高によって決定されるという簡便さは今のところ，公開会社と中小法人のいずれにも受け入れられ，浸透している。なお，本質論として売上高とは何かという問いに対し，泉田[2003]が指摘するように売上高とは役員一人当たり付加価値であり，従業員1人当たり調整済み賃金と見ることが可能という論点提供としては，重要な研究成果であることに変わりはない。

そして最新の研究では Jackson and Milhaupt[2014]や乙政[2016]が模索するように役員報酬の多寡が CG から影響を受けているのではないかという仮説の検証が，より重要な検討課題となりつつある。それらの検証によれば「監査役設置会社と指名委員会等設置会社では，指名委員会等設置会社のほうが経営者の報酬レベルが高く，業績連動報酬の割合が高かった」としながらも，この成果は「企業業績，すなわち会計情報とどの程度関係しているかに触れてこなかった(乙政[2016, pp. 38-39])」と慎重な見解が示されている。

1-3. 残波事件判決による示唆と倍半基準

残波事件における控訴人主張では倍半基準に対する批判として「最近の研究では売上高と役員給与額との間には何らの相関関係もないことが明らか」と指摘している。この点は本書において言及した先行研究の成果のみならず，本書における検証，そして法人税法規定や判例によっても役員報酬は法人規模を表す売上高と正の関係性が認められるとする現状認識と対立する。したがって残波事件における原告主張は役員報酬と売上高の間に認められる正の関係性という調和に対する挑戦でもあるが，それでも当該事件の判決が残した示唆は豊富である。その中でも役員報酬の損金算入限度額計算において活用される倍半基準が有害であるという指摘について言及しておく。

倍半基準はそもそも推計課税において類似法人を収集するための手法とし

て定着してきており，その推計課税は帳簿を備え付けず，納税に対して非協力的な者（以下「非協力者」と略称）に適用されている。非協力者に対する課税に際し，事業実態を把握するために売上高の確定が最優先となるが，課税側は調査員を派遣し，時に非協力者の客になりすまし，商製品やサービスを購入することもあろう。そこから客単価を計算し，1日の客数を把握して1日の売上高を推計し，営業日数を積算して年間の売上高を確定するだろう。常日頃，このようにして非協力者の所得を算定してきた課税庁は税額計算上，売上高に対する信仰が根強いと考えられる。そして売上高が確定すれば原価率は倍半基準によって収集された類似法人を参照することで非協力者の所得が合理的に算定されると考えられている。

　しかし問題点は品川［2016, p. 43］が指摘する通り，「役員給与が基本的に会社法の規定（同法361）によって自己規制が行われていること等を考慮すると，売上のみではなく，収益状況，内部留保等にも勘案して，数値的にも倍以上の法人に限定して選定するべき」とされる。そこで課税実務ではこのような指摘に応ずるかたちで例えば残波事件では役員報酬の損金算入限度額計算を決定するために改定利益金額（役員報酬を加算した経常利益）を目安とした倍半基準を用いて34法人を収集している。

　そこでなぜ推計課税において倍半基準の活用が合理的とされ，他方，役員報酬の損金算入限度額計算において不適切とされるのか検討してみる。推計課税においては非協力者の事業について一切の情報が提供されない状況下で所得を算定しなければならない。その際，同種の事業を営む法人でその事業規模が類似するサンプルから原価率を算定し，非協力者の所得を算定せざるを得ない。この場合，倍半基準を逸脱し，もしも売上高が非協力者の数倍となるサンプルから収集すると，非協力者の事業よりもスケール・メリットを効かせたサンプルが相対的に増えてしまい，結果，低い原価率，すなわち高い利益率を誤って算定しかねない。非協力者に対し誤って高く算定した利益率を適用すると非協力者の所得を過大に算定することになる。その場合，非協力者が帳簿を備え付けず，取引を正規の簿記の原則に従って記録しない落ち度があるとしても，課税庁が算定した過大な所得金額は益々受容できない

と思われる。このため推計課税では非協力者の所得推定において実態をかけ離れるほどの大規模事例の混入は禁忌とされ，謙抑的に倍半基準の範囲内に収められてきた。しかし他方，役員報酬の損金算入限度額計算においては残波事件がそうであるようにわざわざ極小規模の類似法人を収集する意味はなく，むしろ原告主張にある通り，「倍半基準によると，本来抽出されなければならない(中略)同業種法人の抽出漏れを招いてしまう」可能性がある。

　さて，実際に残波事件で原告はいかなる程度の役員報酬を損金経理していたのであろうか。そしてまた原処分において過大とされたものの第一審にて過大部分がないとされた役員退職金について功績倍率式から役員報酬月額が算定されるとすればいくらになるのか。われわれが入手可能な当該事件に関する判例資料では具体的な損金算入限度額や損金経理した役員報酬，役員退職金について明らかにされていない。このため問題とされた代表取締役を含む親族役員4人に対し4年間支給された基本報酬と退職金についてそれぞれ一部報道[1]を参照するよりほかなく，それによればそれぞれ12億7,000万円と6億7,000万円となる。このため基本報酬の1年当たりの平均額が7,937万円と推定される。また役員退職金については控訴審で全額が損金算入と判示されているが，その中で東京地裁判決から代表取締役に対する役員退職金について従事期間24年・功績倍率3倍が明らかにされている。したがって逆算すると退職時の報酬月額が930万円となり，年間役員報酬額は1億1,160万円となる。先程の話に戻って基本報酬の1年当たりの平均額が7,937万円であるから代表取締役に対してはこれより多く支給されると予想するが，過大とはされない役員退職金から推測した代表取締役に対して支給される年間報酬が1億1,160万円であるところ，それを下回る7,937万円が過大とされている。つまり役員退職金に過大部分が認められないのであれば役員報酬額1億1,160万円を下回る7,937万円にも過大部分がないと考えるべきであるが，判決には不可解な点が残る。

　これに関連して残波事件における裁判所の見解に対し，「役員報酬の適正額計算のロジックと，役員退職給与の適正額計算のロジックとは，全く別物で良いと判示した」との講評が存在[2]している。本書においては第4章にお

(図表 13-1) 上場酒造メーカーの連結売上高と基本報酬の関係

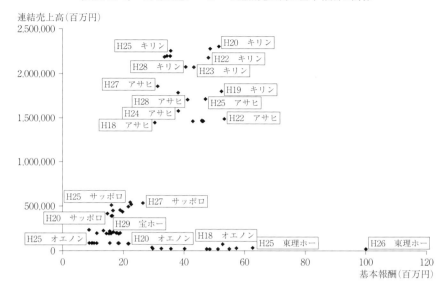

　いて中小法人における役員報酬の算定要因を，第5章において役員退職金の算定要因をそれぞれ明らかにしている。その結果，役員報酬と役員退職金の損金算入限度額算定に関し，影響を与える要因はそれぞれ別々に存在するとの知見を獲得しており，この分析結果と残波事件に対する講評は整合する。

　そこで参考までに原告が類似法人として想定したであろう「全国」の「酒類製造業」の中でも公開会社について6社(アサヒグループHD・オエノン・キリンHD・サッポロHD・宝HD・東理HD[3])に注目し，これらの平成18年から同29年までの連結売上高と役員1人当たり基本報酬の関係を散布図にプロットすると(図表13-1)の通りとなる。残波事件において課税庁が更正処分を下したのは原告の平成19年2月期から同22年2月期までにおいて支給した役員給与であるから，(図表13-1)における6社の2変量も上記期間を包摂している。残波事件においては過大部分が認められないとする役員退職金から推測した代表取締役に対する報酬額は1億1,160万円であるから，これが否認されないためには原告の売上高の水準は3兆円規模となる

ことが(図表13-1)より確認される。しかし残波事件では課税庁や裁判所は泡盛を製造する原告会社において支給される役員報酬がビール会社の役員報酬と単純に比較できないと考えているのであろう。その理由を推察すると焼酎の消費量に比し，ビールの消費量が圧倒的に多いと考えられ，そこからビール会社は薄利多売的な傾向を有し，結果，売上高が多いに過ぎない点，また連結数字を用いているため，酒類のみならずノンアルコール飲料も含めた売上高である点を踏まえなければならない。

1-4. 法人税法規定に見るコーポレート・ガバナンス

そもそも証券市場要因が欠落する中小法人において agency 関係を踏まえた役員報酬額の決定を検証する意義は乏しい。しかし本書が導出した分析結果によっても明らかな通り，存外にも中小法人における役員給与支給についてお手盛り支給が少ないと考えられるのは，中小法人において agency 関係が成立しているからではなく，税制によって納税者に与える制約が奏功した結果，agency 問題を解決したかのような状態が作出されているからである。この点を踏まえると法人税法規定には課税上好ましいと考えられる CG が含意されているということになり，その結果として中小法人の経営者に規律が提供されると言えるのである。

この見解についてさらに踏み込むとすれば，株主総会決議によって役員に対する報酬を決定しなければならないと定める会社法第361条の意義について込山[2014, pp.50-51]に依る税法規定が及ぼす作用について言及した次の所見は興味深い。つまり会社から受け取る報酬全てを株主総会決議としているが，「会社法361条の立法趣旨を踏まえるならば，お手盛り，闇取引の危険が想定される，退職慰労金の功労部分あるいは死亡弔慰金だけを株主総会決議というフィルターにかければ充分」と主張する。この結果，小規模閉鎖会社において「税務処理上，損金算入が認められる役員報酬までを総会決議という俎上に乗せることに何の意味があるのか」と疑問を呈している。込山[2014]は課税庁が損金算入を認める役員給与は課税目的による算定額として認識される以上に，既に会社法第361条に規定するお手盛り防止規定を踏ま

えていると指摘しているのである。

したがって中小法人における役員給与支給が法人税法規定のお陰で一般的にお手盛りで混乱しているわけでもないということができ，会社法第361条が直接的に作用して実現しているというよりも，役員給与課税に関するこれまでの税務行政と判決の蓄積による貢献が大きいとも言える。そのため本書第4章から第6章で試みたように実証分析によって中小法人における役員報酬の支給実態を把握し，その実態が判例研究の成果と対比しても齟齬が生じない実態を明らかにした意義は大きい。公開会社では業務対価に見合わない役員報酬の高額支給案に対し，株主総会における不支持によって無能な経営者に報いる方途が確立されているが，中小法人においてはそのような仕組みが期待できない以上，一般的には税法規定によって実際の役員給与支給額が過大とならないように規律付けが必要である。

1-5. コンサルタントが引き起こす問題

第7章では非公開大法人において企業価値連動給与の支給を可能にするための方途を模索しており，一種の政策提案という特殊な論点提供となっている。しかしその一方で同章では相続税における類似業種比準方式による株価算定の問題点にも言及し，単なる一時的な政策提言に留まらない検証も試みた。このように第7章は大まかに政策提言と類似業種比準方式の再検証に分かれるが，後者については中小企業庁が本書主張と同様の問題提起を行っており，本書において行う検証の意義は小さくないと考えている。つまり中小企業庁[2015, p. 18]は「上場企業の株価の上昇に伴い，中小企業の中には，業績に大きな変化のない状況下であっても，想定外に株価が高く評価されることにより，円滑な事業承継に影響を来す可能性が生じている」として三要素のあり方を問題視している。第7章では中小企業庁[2015]による指摘の正当性を実証的に示すべく試論を展開した。

平成18年度法人税制改革によって利益連動給与が導入され，平成28年度・平成29年度改正ではインセンティブ報酬として連動させる利益の範囲を拡張し，利益連動給与から業績連動給与へと呼称変更するに至った。この

一連の税制改正の流れは実務界におけるインセンティブ報酬の浸透を官界が支持した結果と言えるが，そもそもインセンティブ報酬に対して疑問を投げかける見解も少なからず存在する。例えば Phelan[2013, pp. 83-84]は「職務に金銭的価値を与えると無意識のうちにその職務には価値がないことを伝えてしまう」と指摘し，また Hoduk[2006]は「CEO までの上級幹部は株価の数年間の動きは通常，経営陣の成果と言うよりも外生的要因に依る」と言う。さらに業績に連動した報酬制度はマネジメントシステムと結びつけられ測定されるが，その手段としてのバランススコアカード（BSC：Balanced Scorecard）の実践に言及し，「見事な迷宮に迷い込んだ鼠」のようだと BSC によって評価を受ける役員を形容している。さらに Pink[2011, p. 56]によればある心理学実験が示した結果を引用し，「報酬によって動機付けられた被験者はそうでない被験者に比し成績が悪い理由として，報酬ばかりに気をとられて新しい解決策を思いつけないため」と指摘している。この心理学実験によれば「報酬はわれわれの思考の柔軟性に制約を与える」ことになり，また「より具体的な報酬によって動機付けられた者は思慮深さを欠いてしまい，近視眼的になる」という。このように見てくると残念ながらインセンティブ報酬は固定化した単なる信念体系に過ぎない可能性もある。

　自身がコンサルタントであった Phelan[2013]の告白によれば，上場企業においては上述の通り，BSC による評価をコンサルタントという「御用聞き」がしきりに勧める構図を指摘している。役員給与の支給行動の背景にコンサルタントの存在があるかないか，また仮に強力な影響力を奮うコンサルタントであった場合，役員給与の額は高額化する可能性もある。この点，中小法人においてはコンサルタントが組織をかき混ぜる事例は少ないと考えられ，同時に社外取締役や会計監査人も存在せず，機関設計も簡素である。したがって公開会社の役員報酬に多寡をもたらす要因の分析については今後，コンサルタントの存在のみならず，その中でも攻撃的な租税負担削減行動を提案するコンサルティングファームによる関与が認められるのか否かも含め，新たな説明変数による検証が必要であろうし，実態を解明する意義は小さくないと思われる。このような問題意識に基づく検証は本書では紙幅の都合も

あり試みられなかったが，今後の課題として指摘しておきたい。

2. 資本剰余金配当に関する税務行動と資本市場

本書の第8章から第10章までは資本剰余金配当の実施が適時開示資料によって公表された時点の資本市場の反応に注目し，投資家がいかなる観点から資本剰余金配当の実施を選好するのかを明らかにした。その際，重要な論点として資本剰余金配当に課せられるみなし配当課税に注目している。平成18年度以降の改正会社法では資本金と準備金を超過する部分を配当可能な剰余金としたが他方，法人税法上は従来より資本金に資本積立金を加えた資本金等の金額(法法2⑯)によって資本概念が構成されるため，税法上は資本剰余金配当は資本の払い戻しとなり，これに伴ってみなし配当課税が生じる場合がある。とはいえ，投資家にとっては利益剰余金に由来する配当に比し，軽課となる資本剰余金配当を奇貨として投資家がポジティブ反応を示すことが考えられた。しかし資本由来の剰余金配当が資本維持を脆弱化させるとして投資家がネガティブ反応を示すとも考えられる。上記問題意識に対する検証を行うためには野口[2004, p. 132]も指摘する通り，ESによる分析を実施するほかないわけであるが，実際には資本剰余金配当を解禁した直後は当該配当を実施する法人が少なく，実証分析の対象とするには実施事例の蓄積を待たねばならなかった。このような研究上の要請から櫻田[2012]は資本剰余金配当実施による資本市場の反応を明らかにし，投資家の選好にみなし配当課税の存在を指摘している。

自己株式の取得においてもみなし配当課税が生じる余地があるが，金子[2013, p. 202]が指摘する通り，自己株式の取得では多くの場合は相対取引とはならないために，みなし配当課税による配当シグナリングを観察することはできない[4]。したがって資本市場においてみなし配当課税によるシグナリングを観察しようとすれば，その分析対象は事実上，資本剰余金配当しか存在しないことになる。このような観点からも資本剰余金配当の実施公表に対するESには重大な研究上の意義が潜んでいた。既に第8章でも言及したが，

野口[2004]が指摘する通り，平成13年商法改正前の投資家は留保利益の枯渇を経過して無配を覚悟したが，資本剰余金配当の実施が可能となってからは留保利益の枯渇と配当の実施は必ずしも連動しない。それ故，資本剰余金配当の実施が表明されると投資家から歓迎される可能性も指摘され得る。

そして第10章では複数回の繰り返しを含む資本剰余金配当の実施76事例に注目し，いかなる財務的要因が資本剰余金配当を実施させるのかについて解明を試みている。そして当該76事例の中で上場廃止となった企業が4社存在した点にも注目している。4社は全体の割合からすれば僅少ではあるが，資本剰余金配当を実施する法人経営者の一部には上場廃止が視野に入っている事例も存在するのではないかと本書では疑っている。実際に当該76事例のうち TASAKI は，本書第10章の初出となった櫻田[2014]による分析結果が導出された後に MBO を実施する[5]とした事例であり，その意味では76事例のうち5社目の上場廃止である。

旧来の商法において資本剰余金配当は資本維持を脆弱化させると考えられていたため禁止されていたが，現在は法制上，容認されている。このため資本剰余金配当の実施は経営者判断に委ねられるが，その判断には経営者の資本維持観が反映すると思われる。さらに資本剰余金配当は利益剰余金配当に比し現行課税制度では軽課となるため，課税含みの配当シグナリングを活用しようとする経営者によって資本剰余金配当を活発化させるという特殊な動機が生じる可能性を本書では指摘している。

さて，一般的な資本剰余金配当である低率事例においては配当実施公表直後に投資家によるポジティブ反応が示されるが，逆に高率事例では投資家の持分割合減少に伴う調整によって株価が下落する現象を捉えている。このため第8章から第10章における残された課題としては低率事例と高率事例の境界がどこにあるのかについて一定程度の解を見つけ出すことになると指摘しておいた。純資産減少割合が高い高率事例においては，株価の下落は資本剰余金配当に対する失望によるネガティブ評価ではなく，持分調整であり，仮に原資が利益剰余金であっても同様の株価下落が発生すると思われる。したがって配当原資による違いを重視して投資家が反応するわけではないと考

えられるため，社外流出する剰余金額の多寡によって資本の払い戻しか配当かの峻別を行うというのも両者を区分する基準の1つになり得る。そして低率事例か高率事例かを区分する境目の確定によって，(1)資本の払い戻しとして非課税とするか，(2)資本剰余金配当であっても利益剰余金配当と同様に配当課税を行うかを決する方法も考えられる。

　しかしながら技術的な限界として低率事例と高率事例の峻別には高率事例の実施件数が現在までのところ圧倒的に少ないという問題が存在する。資本剰余金配当を実施して株価が下落する純資産減少割合がいかなる程度なのかについて，その水準を確定するためのサンプル規模が十分ではない。今回は資本剰余金配当の実施事例の中から高率事例を渉猟したが，3事例に留まった。また利益剰余金配当の実施においても多額の剰余金を原資として配当を実施し，株価が下落した事例を捕捉し，サンプルを集積して分析する必要があるが，この点についても今後に残された新たな研究課題と言える。

3. 多国籍企業に関する税務行動と資本市場

3-1. 外国子会社による配当還流に関する期待

3-1-1. 本書第11章に関する追加検証

　本書第11章・第12章は国際課税領域について検討を試みたが，そのうち第11章では外国子会社配当益金不算入制度が平成21年度に導入された影響をESによって観察している。親会社への資金還流を左右する新たな課税制度に注目しているが，当該制度は配当課税における問題でもあるため，第11章は本書構成上，第8章から第10章にも関連するとも言える。第11章はそもそもは櫻田・中西[2011]として完成している[6]が，(1)平易なAR推計モデルとしてSFMを採用した点や，紙幅の都合から(2)コントロールグループを用いた追加検証を省略した点を本書で見直している。その他，当該論文では分析対象企業の欠落が見つかるなど，第11章の初出である櫻田・中西[2011]には再検討の余地が認められるのも事実ではある。そこで本書の

上梓を契機として新たに第 11 章を執筆したが，分析結果は概ね櫻田・中西 [2011]を追認することとなった。ただ SFM に替えて 3FM による AR 推計を試みると，イベント日における反応が弱まる結果となり，このことが皮肉にも第 11 章における再考，つまり上記(2)の追加検証を試みる意義をより一層強めている。

さらに櫻田[2012b]では SFM による ES を実施した櫻田・中西[2011]による成果を踏まえ，残された課題を検証したが，櫻田[2012b]について紙幅の都合から本書掲載を見送っている。当該論文における検証の概要について若干言及しておくと，イベント日，つまり平成 21 年度税制改正で海外子会社から配当が還流した場合に益金不算入となる措置が公表された日周辺の CAR に多寡をもたらした原因を解明するため，株価変動の観測地点を二つ設定して分析を行った。その 2 時点とは平成 21 年度の税制改正に関する中間論点整理の公表時点(平成 20 年 8 月 22 日，$t = 0$)であり，いま 1 つはわが国の所得黒字が 0.8％増加したとの先行報道がされた日(同 13 日，$t = -8$)である。

この 2 時点の報道は先験的に現地法人数が多ければそれに応じて投資家の期待も大きくなると予想されるので類似報道と考えられる。そこでこれら 2 時点における投資家反応の違いをもたらした原因を解明した結果，先行報道日では海外に子会社を多数擁する法人の ROE や営業利益成長率の多寡が統計的有意性を伴い，$CAR(-8, -7)$ に対し正の関係性を有することが明らかとなった。つまり $t = -8$ の報道に対し CAR が上昇した理由は投資家が資本効率や成長性を重視した結果と言える。他方，中間論点整理公表日には分析対象企業の $CAR(0, 1)$ は統計的な有意性を伴い売上高当期純利益率と正の関係性を示したものの，自然対数変換後の現地法人数とは負の関係性を示している。つまり $t = 0$ の報道に対し CAR が上昇した理由として投資家は利益率を重視したものの，何故に CAR と現地法人数の間には負の関係性が認められたのか解釈に窮する結果を得た。ともあれ，このように類似の報道に対して $CAR(-8, -7)$ と $CAR(0, 1)$ はともにポジティブ反応しているが，その原因は異なるという発見は興味深い。

そこで本書ではこのような櫻田[2012b]の成果は櫻田・中西[2011]において

(図表 13-2)　旧分析と再分析の結果の比較

イベント日	平成20年8月13日/14日				平成20年8月25日/26日			
被説明変数	$CAR(-8, -7)$				$CAR(0, 1)$			
旧分析 櫻田[2012b]	model.1				model.2			
	推定値	t値	有意確率	VIF	推定値	t値	有意確率	VIF
切片	-0.061	-2.211	0.031		0.059	2.632	0.011	
ROE	0.001	2.346	0.023	1.023				
NSP					0.001	2.497	0.016	2.532
NOESP					-0.005	-1.919	0.060	2.540
ROPG	8.66E-05	2.249	0.029	1.017				
LogNOS	0.012	1.787	0.080	1.006	-0.013	-2.540	0.014	1.050
AdjR2	0.186				0.160			
F値/有意確率	5.405/0.002				4.632/0.006			
再分析	model.1.1				model.2.1			
	推定値	t値	有意確率	VIF	推定値	t値	有意確率	VIF
切片	0.655	0.299	0.766		1.407	0.741	0.462	
ROE	0.104	2.794	0.007	1.023				
NSP					0.126	3.399	0.001	3.760
NOESP					-1.066	-3.165	0.003	3.733
ROPG	0.005	1.779	0.081	1.018				
LogNOS	-0.308	-0.606	0.547	1.006	-0.227	-0.524	0.602	1.039
AdjR2	0.146				0.143			
F値/有意確率	4.193/0.010				4.125/0.011			

算出したSFMによって推計された*CAR*をそのまま採用して導出したことが原因であると疑った。第11章において櫻田・中西[2011]の*CAR*を3FMによって再計算した以上，櫻田[2012b]の成果も再検証し，重回帰モデルの被説明変数を3FMによる*CAR*に置き換え，見直しを試みるべきである。その再検証結果は(図表13-2)の下半分に示す通りである。なお*CAR*を算定するためのFama and FrenchデータはExc Finを用いたために金融系3社が分析対象から排除[7]され，57社による分析となっている。また回帰分析における5つの説明変数の表記は(1)自己資本当期純利益率(*ROE*：*Return on Equity*)，(2)売上高当期純利益率(*NSP*：*Netincome of Sales Percentage*)，(3)売上高金融費用比率(*NOESP*：*Non-Operating Expense, Foreign-Exchange Loss and Amortization of Premium on Bond of Sales Percentage*)，

(4)営業利益成長率（*ROPG*：*Rate of Operating Profit Growth*），(5)自然対数により変換した現地法人数（*logNOS*：*Number of Overseas Subsidiaries*）とした。

櫻田[2012b]における検討結果を「旧分析」と称し他方，本節における再検討結果を「再分析」とすると，再分析においては一部の有意な説明変数のt値が向上する傾向が看取されるものの，モデル式の当てはまりを示すAdjR2は再分析においていずれも下降している。にもかかわらず一部の説明変数に見られるt値の向上については*CAR*算出のための推計モデルをSFMから3FMへ変更したことによって旧分析の*CAR*に含有されるノイズを高度に排除した結果と考えた。また旧分析に比し新分析における AdjR2 低下の原因は旧分析の model. 1 において現地法人数の多寡（*logNOS*）に 10% 水準有意を認めていたが，再分析である model. 1.1 においては当該有意性が消失したことが原因の一つとなろう。加えて当該変数の符号は model. 1 と model. 1.1 において一貫しないことから，そもそも有意性に乏しい説明変数であったと考える。

外国子会社による配当送金を活発化させる目的で税制改正が行われようとするところ，model. 2 による分析では現地法人数が多い企業に対する投資家の失望が高まるとの旧分析結果には理解に窮する部分もあった。その意味では再分析を試みた model. 2.1 で *logNOS* について有意性を伴って正の関係性を認めることが期待されたが，結果的には当該変数に有意性は認められず，*CAR* の上昇と現地法人数の間には統計的な有意性はないとの結論に至っている。

本節では第 11 章に関する追加検証を試みたが，小規模なサンプルサイズであることが AdjR2 の低迷を招いたと考える。可能であれば分析対象事例を増やした再検討も考えたが，サンプルサイズを拡大しようとすると擁する現地法人数が減少したサンプルを追加せざるを得ず，このことが分析モデルの有意性を一層低下させることとなった。このような板挟みからサンプルサイズの安易な拡大には限界があり，よって有意とされる説明変数も model. 1.1 では *ROE* に，また model. 2.1 では *NSP* に限定して解釈すべきと考え

ている。したがって結論としては総じて投資家は現地法人数に対する興味は低いと結論するに至った。

3-1-2. 税制改正後の事後検証

　本書第 11 章においては外国子会社利益の親会社への還流について，税制改正前における投資家の期待を検証した。しかし平成 21 年度税制改正後，実際に外国子会社から本邦親会社への資金還流が生じたのかを明らかにしたわけではない。田近・布袋[2009]では税制改正前に海外子会社利益やその配当の実施状況について分析結果を導出したが，税制改正後の変化について明らかにするためには平成 21 年度以降，一定程度の時間が経過して海外子会社の配当行動に関するデータが蓄積され，初めて検証が可能となる。そのような観点からわが国においては長谷川・清田[2015]と高橋ら[2016]による検証が試みられている。これら二つの検証では経済産業省から『企業活動基本調査』や『海外事業活動基本調査』の提供を受けている。そこで本節では第 11 章に関連するこれらの研究成果について概要を述べておく。

　長谷川・清田[2015]では分析対象は平成 18 年から同 23 年までの間の 5 万 667 社を誇る。長谷川・清田[2015]は子会社のパネルデータを作成し，税制が改正された平成 21 年以後とそれより前に分け，「配当支払い能力の高い一部の子会社が，税制改正に強く反応して配当送金をさらに増加させた」ことを明らかにした。分析モデルは「企業の規模や円高による配当送額への影響を考慮するため，回帰分析における被説明変数として子会社の配当・売上高比率」を用いており，他方，「為替差益や現地の投資機会が配当送金に与える影響」を観察するために説明変数として為替レートや実質 GDP を，また「親会社の資金需要を考慮するため」に親会社の利益率や負債・総資産比率も説明変数に投入している（長谷川・清田[2015, p. 11]）。推定方法に Torbit と OLS を用いているが，とりわけ前者を用いる理由として「約 7 割の子会社が配当送金を行っておらず，被説明変数が左で打ち切られている (left-censored) とみなすことができる」からとする[8]。分析の結果として「前年度内部留保残高が十分に大きい子会社は，税制改正に他の子会社よりも強く反応し，配当送金（売上高比）を増加させた（長谷川・清田[2015, p. 18]）」とした。

また高橋ら[2016]によれば二つの分析モデルを税制改正前のデータ(平成19年度)と改正後(平成24年度)のデータによって検証を試みている。この分析では子会社のサンプルは最大で768社であり，最小で339社である。被説明変数は「外国子会社からの還流額，すなわち外国子会社の配当額を当該子会社の当期純利益で割ったREP(高橋ら[2016, p. 85])」を用いており，推定方法はOLSである。分析においては「親会社の実効税率と外国子会社の実効税率との差であるR_ETR」が説明変数として統計的に有意であり，税制改正前である平成19年度の「R_ETRの係数は統計的に有意なマイナスであるのに対し」，平成24年度の「係数は統計的に有意ではない」とした。つまり「改正前においては，親会社および外国子会社にそれぞれ適用される税率の差が大きいほど企業は利益還流に消極的であったが，改正後ではこうした傾向が見られない」という(高橋ら[2016, p. 89])。さらに高橋ら[2016]による分析対象について基本統計量に注目すると，税制改正前と後ではREPの最大値が増加しており，この傾向は長谷川・清田[2015, p. 18]が明らかにしたように海外子会社の全てではないが，一部が税制改正後に「他の子会社よりも強く反応し，配当送金(売上高比)を増加させた」との指摘に整合することが看取される。

　以上の通り，長谷川・清田[2015]と高橋ら[2016]の成果は互いに整合する分析結果を個別に導出しており，両研究成果によって相互補完的に実態が明らかにされている。そしてこれらの分析結果からさらに次の点にも注目しておくべきかもしれない。それは長谷川・清田[2015, p. 18]が明らかにした内部留保残高が十分に大きい子会社の配当送金増加という事実と，高橋ら[2016]が明らかにした「外国子会社の設立年数が5年以上であれば1」とするダミー変数がREPとの間で1%水準有意のポジティブな関係性を示す事実の整合性である。内部留保の蓄積には一定程度の設立年数の経過が必要と考えれば1つの目安として5年以上が求められるのであろう。

3-2. 移転価格税制適用企業に対する評価

第12章では移転価格税制の適用を受けた企業のCGに対し，投資家がいかなる評価を示したのかについて明らかにした。移転価格税制適用事例は投資家にとっては企業価値を毀損する不祥事であることから，従来試みられてきた法学的検証[9]のみならず，経済学的検証によっても解明が試みられるべき事例として重要である。そこで第12章は移転価格税制研究としては法学・経済学双方の関心に対応するべくリサーチ・デザインを構成したが，このように法学領域の研究成果を実証分析結果の解釈に活用する試みは第12章に限らず，本書全体を通じて行ってきている。昨今の研究潮流に鑑みても，実証分析を行いながらも法学的検証も同時に深化させて新たな成果を導出する研究が散見されており，このため本書による検討にも判例研究を一定程度，分析結果の解釈に役立てている。

本書では一貫して租税関連事象が納税者や投資家の行動へ及ぼす影響を観察しているが，第12章における検討では移転価格税制適用企業の株価を用いてESを実施し，不祥事の発生とCG構成の関係性を解明しようとした[10]。より具体的には移転価格税制が適用された企業に対して投資家は経営者が有する脱税をも辞さない冒険的野心を察知して警戒を示す可能性がある一方で，成熟したCGを採用していれば移転価格税制適用企業に対する失望も最小限に留められる可能性が看取されると考えていた。このように移転価格税制適用に対して2つの投資家行動のいずれが示されるのか検証した結果，彼らの評価はwebにおける情報公開の程度や社外取締役の採用，外国人株主による株式保有率によって影響を受ける実態が明らかとなった。つまり移転価格税制適用に際し，CGの巧拙は投資家による評価という観点から重視されると考える。

詳細は第12章において言及しているが，当該分析結果より注目すべきは企業不祥事とも言える移転価格税制適用にガバナンス変数が示した有意性である。つまり第12章の分析結果から社外取締役を擁する企業は移転価格税制適用時点の$CAR(0, 1)$を有意に押し下げ，移転価格税制適用回避に貢献

しなかった社外取締役に対し，失望を示したと解釈した。つまり不祥事は正常性バイアスによって惹起し，漫然としたリスク管理による油断から引き起こされることが多いが，移転価格税制適用も基本的にはこれと同じで経営者意識の低下が背景にあると投資家は評価するかもしれない。このため CG に貢献しない社外取締役の形式的な導入を投資家は忌避すると解釈した。また外国人持株比率が低い企業に移転価格税制が適用されると $CAR(0, 1)$ と $CAR(-1, 1)$ は有意に押し下げられるが，企業不祥事において外国人投資家による株式保有は投資家にとって不祥事における企業価値下落を緩和する「お守り」のように作用しているのかもしれない。

第 12 章における検証はそもそも櫻田・大沼[2016]において原初的な試みがされており，一旦成果が公表されている。そして当該論文において投入された多くの変数は共同研究におけるアイデアの数を反映したと考えれば好ましいことではあるが，当該論文における分析モデルはサンプルサイズに比して説明変数が多く，モデルが複雑に過ぎるという問題点を孕んでいた。そこでモデルの単純化という観点から見直しを行い，第 12 章では再分析を行っている。

4. 中長期的投資家行動

ES は短期的利益を追求する投資家の反応を観察するには適しており，その観点から第 2 章で SO 訴訟判決を，第 8 章から第 10 章で資本剰余金配当を，第 11 章で海外子会社配当の益金不算入制度導入を，第 12 章で移転価格税制適用を分析対象とした。ES による分析方法を採用した以上，イベント日において統計的に有意な投資家反応の検出が期待されるが，反応が確認されるということは短期的利益に傾斜した投資家行動が資本市場において相当程度浸透していることを表しており，一方で中長期的な観点からの投資が駆逐される危機感を抱く者も少なからず存在するようである。

例えば Ordonez et al.[2009, p. 7]によれば「経営者は問題が起きればその特殊性に注目するために多様な結果報告を得られなくなる」ため，そのような

経営者から指示を受け得た従業員は「短期的な利益に注力させられ，組織に及ぼす長期的な影響を経営者は見逃す」ことになる。このように短期的で近視眼的，そして偏狭な目標が経営者によって設定されると，企業の持続的な発展が阻害され，次第に企業価値を棄損してゆく可能性を危惧しなければならない。

　経営者が近視眼的観点から短期利益に取り憑かれてしまう理由は何に求められるのか。Cheng et al.[2007, p.20]の研究によれば原因の一つに機関投資家の存在を疑っており，「研究開発投資の水準は長期保有をするわけでもない一時的な機関投資家の株式保有割合とマイナスの関係にある」と考えた。そこでこの仮説を検証するために投資家向けの利益説明を頻回に行う企業がいかなる程度の研究開発を行うのかに注目している。分析結果によれば「収益報告を頻繁に実施する企業が，それ程頻繁ではない企業よりも，より多くの近視眼的行動を採用する証拠を得た」としており，「研究開発投資の頻度を押さえることでアナリストのコンセンサス予測を頻繁に満たすか，それを上回ったために(その副作用で−訳者注)長期的な ROA の成長が著しく低い(Cheng et al.[2007, p.35])」と指摘している。

　経営者行動の基底には企業業績をより良くみせたいという動機が存在していることは否めないとしても，そのような動機を一層強めてしまうのが一部の機関投資家の存在であるとすれば，経営者の裁量行動を惹起させないためにも機関投資家に何らかの行動規範が課されることが望ましい。このような観点からわが国においては平成26年2月にスチュワード・シップ・コード[11](SSC：Steward Ship Code)が日本版スチュワード・シップ・コードに関する有識者検討会によって策定され，金融庁によって公開された。平成28年12月27日現在までにSSCを「受入れ表明」した機関投資家は業態別に分類すれば次の通りであり，信託銀行等(7団体，以下同様に括弧内はSSC受入団体数を示す)，投信・投資顧問会社等(152)，生命保険会社(18)，損害保険会社(4)，年金基金等(26)，その他議決権行使助言会社(7)の合計214団体となっている。

　当然この受入れ表明のリストにアデランスなどの幾多の事例で企業価値を

著しく毀損し続け，濫用的買収者[12] と評されたスティール・パートナーズ[13]（以下「スティール」と略称）は含まれていないが，年金積立金管理運用独立行政法人（GPIF：Government Pension Investment Fund）による運用委託先[14] でもあり，友好的アクティビストとして知られるタイヨウ・パシフィック・パートナーズ[15] は含まれている。SSC について受入れの形骸化を回避するため，平成 29 年 5 月 29 日に SSC の改訂版が公表されている。初版の SSC から改訂版のそれに至るまで機関投資家に中長期的投資を促そうとする姿勢が強化されており，改訂版においては指針 4-2. が新設され，「より積極的に中長期的視点に立った対話や議決権行使に取り組むべき」としてエンゲージメントを推奨している。本書では数次にわたって ES による分析を試み，短期投資家の動向に注目してきたが，最後に本書では主たる分析対象とはみなされずにいた中長期的投資家についても言及しておく。

　上述の通り SSC においては中長期的視点による投資を推奨するが，GPIFはユニバーサル・オーナー[16] という立場からパッシブ運用に傾斜することになるため，長期志向による投資を目標とする。この長期投資を安定的に実現するために GPIF は環境問題や社会問題から企業が受ける影響を最小化することを期待し，長期のリターンを獲得しようとする。そのために環境（Environment）・社会（Social）・ガバナンス（Governance）に関連する評価から対象を選定する投資，つまり ESG 投資を推奨している。環境要因については地球温暖化や水資源，生物多様性などを内容とし，社会については女性の活躍や従業員の健康などを，ガバナンスについては取締役構成や公正な競争などを内容とする[17]。

　このように中長期的投資を採用する資本市場のプレイヤーは例えば本書で試みた ES における分析事象（SO 訴訟判決や資本剰余金配当の実施，海外子会社配当の益金不算入制度の改正，そして移転価格税制の適用）において，その姿を短期的投資家の陰に潜めているかもしれない。しかし中長期的投資家がパッシブ運用のみを行うわけではなく，例えば GPIF においても年金資金の運用委託先の一部にアクティブ運用が含まれている[18]。つまり短期投資家を中長期投資家が兼ねる場合も少なくなく，両者の区別には意味がないと

いうことになるのかもしれない。したがって ES による分析が投資家行動の表層のみを観察しているという批判は当たらないのかもしれない。

さて，リーマン・ショック前までは短期的投資への加熱が投資の総量を増やし，資本市場の活況を下支えした関係を監督官庁は歓迎していた印象がある。しかしリーマン・ショック後は短期的投資行動がシステマチックリスクを引き起こす原因の一つとして危険視されるに至り，投資総量に占める中長期的投資の割合を増やすべく政策を転換しようとしている。このような背景から SSC には中長期的に投資するプレイヤーの行動を律する規範として作用することが期待されている。そして平成 29 年 6 月 1 日に議決権行使原則[19] を制定した GPIF は，当該原則の中に SSC を反映させている。例えば議決権行使原則では年金資金の運用受託機関に対し，「長期的な株主利益の最大化に資する議決権行使方針，ガイドライン等を定め，判断の根拠が明確になるよう公表すること」や「ESG を考慮することは中長期的な企業価値向上のために重要であると認識した上で適切に議決権行使すること」を確認させている。これらの内容は法的拘束力を伴わないが，SSC における「原則 5」を踏まえていると思われ，少なくとも年金資金の運用を受託された機関投資家は SSC と GPIF によって重層的に行動が制約されることになる。以上から今後は投資家行動の背景にはこのような中長期的観点がより重視されるとの見通しを踏まえ，分析結果の解釈を行う必要があるかもしれない。

5. 統計分析に対する評価

5-1. 批判者が抱く疑念

本書の大部分にわたって実証分析を試みたが，筆者の経験上，一部の研究者の中には統計的分析手法を用いた成果について，いかなるインプリケーションも認めないとする者（以下「批判者」と略称）も存在する。このため実証研究成果そのものの意義以前に，批判者が実証成果を懐疑する理由の一部でも踏まえておく必要がある。そして本書に対して寄せられるかもしれない批

判に備えておこう。

　例えば本書第2章から第5章までの中小法人を分析対象とした研究では，役員報酬の支給2,409事例，また役員退職金の支給550事例を分析対象とした。しかしこのサンプルサイズでは母集団である全ての中小法人における役員給与支給の実態を推計することが不可能という批判が寄せられるかもしれない。そもそも中小法人に関するデータは非常に珍しく，実業出版データを基に上記の役員給与支給事例を実証分析した本書第3章から第6章の成果に筆者は十分な意義を認めるが，批判者は真逆に考えている。

　実業出版データはアンケート調査に基づいているが，批判者はそもそもアンケートに対して疑念を抱いている可能性がある。そこで実際のアンケート調査のいくつかを次々節で概観してみよう。批判者の主張は中小法人において役員給与を支給する事例は無限に存在し，その母集団に対する標本として2,409事例では少なすぎるという指摘になろうが，逆に彼らの批判に応じ，無限に標本数を増やしたとして，どこで彼らを満足させられるのかわからない。しかし批判者が抱くこのような素朴な疑念に対し，直接の回答を示すことは現状，困難とされる。そこで次節では推定誤差と信頼係数，そして標本数の関係を見ていくこととで批判者へ理解を促すべく次節にて説明を試みよう。

5-2. 推定誤差と信頼係数，そして標本数

　本節では標本数をいかなる程度確保すれば無作為抽出を達成したとみなされるのか，簡単な例を示し，批判者に対する回答としたい。例えば視聴率調査のようにあるテレビ番組を観たか否かを調べる場合で推定誤差が±5%以内に収まる確率を95%で達成したいとき，必要とされるサンプルサイズ n について（13-1式）の通り表現する。そして中心極限定理（13-2式）から（13-1式）は（13-3式）の通りとなる。

$$\Pr\left[\,\left[\,\overline{X_n}-p\leqq0.05\,\right]\,\right]\geqq0.95 \qquad (13\text{-}1\ \text{式})$$

$$Z_n=\frac{\overline{X_n}-p}{\sqrt{p(1-p)/n}} \quad Z\sim N(0,\ 1) \qquad (13\text{-}2\ \text{式})$$

$$\Pr\left[\,\left|\,\frac{\overline{X_n}-p}{\sqrt{p(1-p)/n}}\,\right|\leqq\frac{0.05}{\sqrt{p(1-p)/n}}\,\right]\geqq0.95 \qquad (13\text{-}3\ \text{式})$$

視聴率調査のように二者択一のアンケートの場合，p(1−p)は0.25を最大値とするため，(13-3式)は次の通りとなる。

$$\Pr\left[\,\left|\,\frac{\overline{X_n}-p}{\sqrt{p(1-p)/n}}\,\right|\leqq\frac{0.05}{\sqrt{0.25/n}}\,\right]\geqq0.95 \qquad (13\text{-}4\ \text{式})$$

他方，(13-5式)は標準正規分布に従うためE＝1.96となる。

$$\Pr\left[\,\left|\,\frac{\overline{X_n}-p}{\sqrt{p(1-p)/n}}\,\right|\leqq E\,\right]\geqq0.95 \qquad (13\text{-}5\ \text{式})$$

以上から(13-5式)を解くとnは384.16となる[20]。

$$\frac{0.05}{\sqrt{0.25/n}}=1.96$$

このように推定誤差と信頼係数を設定すると必要とされる標本数が一意に決定するが，実際のアンケート調査では一般的に384件の標本を得られれば推定誤差5％・信頼係数95％を達成可能かと言えばそうではない。なぜなら本書第3章(図表3-2)や(図表3-3)において示すように実業出版データをはじめ多くのアンケートでは調査項目が多岐にわたり，加えてその質問は二者択一ではない。それでは本書第3章から第6章で用いた中小法人における役員給与の支給事例に関するアンケートのように多岐にわたる質問項目によって構成された場合，母集団から無作為抽出とみなされる標本数はいかなる程度かと問われると，明確な答えがないとされている。

しかしこの点，アンケート調査を行う場合，標本数は500程度を目標とする慣習があるようにも思われる。例えば(図表13-3)におけるNo.6に注目す

362

ると，この研究では地域コミュニティにおけるソーシャル・キャピタルに関する調査を行う上で都内3つの区民を対象にwebアンケートを実施している。この論文では「各区について170名程度(合計500名が目標)を抽出する(57頁－傍点引用者)」とあり，1つの目安として二者択一の質問一つについて推定誤差5%・信頼係数95%とする場合の標本数384を超えようとするアンケートの実施者の意図が存在すると思われる。

5-3. アンケート調査の実態と標本数

(図表13-3)はグループ研究を含む個人によるアンケート調査15例を示しており，これらは「アンケート調査方法」という検索語を用いて平成29年11月1日に筆者が検索エンジンGoogle Scholarから収集した。いずれも収集時点でpdfファイル形式の原文が入手可能であり，医学系や理工系，人文社会系領域の個人またはグループによる調査研究を参照している[21]。以下これらのアンケート調査に関してその特色に言及する。

まずNo.2は幼児の口腔保健状態の実態把握のためにアンケートが実施されており，標本数を140や116としている。母集団は途方もなく大きいことを踏まえると，この研究領域ではこの標本数でも学術的な意義を認めているようである。

No.3は建設労働災害の実態把握のために富山と宮城両県に所在する建設業者にアンケートを実施した。(図表13-3)の中で括弧書きをしたアンケートでは回収率が高いが，これは調査対象をホームページから探し出し，回収したことに起因する。郵送調査は主位的な位置づけである一方，web調査は補足的な位置づけとしている。

No.4ではアンケート対象数が7,094と8,517を誇るが，これはアンケートを実施した店舗に来場した客数をやむを得ず対象数としたことによる。したがってこれらを母集団とすればアンケートを実施した結果の標本サイズは1〜2%程度となる。

No.8は(図表13-3)の中ではNo.7とともに社会科学系の論文であるが，対象3,209から605の回収に成功している。当該調査は中小企業における特

第13章　本書課題に関連するその他の研究成果　　363

（図表 13-3）　アンケート調査を行った研究例

No.	公表年	執筆者	論文名	雑誌名	巻号	掲載頁	アンケート対象数	回収数	有効回答数	アンケート方法
1	H29	朝廣和夫	平成24年7月九州北部豪雨における農地復旧等の災害ボランティアの動態と意識	ランドスケープ研究	Vol.80 No.5	683-688	個人897 団体 3	306		郵送
2	H28	渋谷莉加, 岡澤悠衣, 日野出大輔, 土井登紀子, 中江弘美, 玉谷香奈子, 吉岡昌美, 米津隆仁	幼児のフッ化物配合歯磨剤利用に関する口腔保健行動	口腔衛生学会雑誌	Vol.66 No.5	475-480	152 140	140 116		自記式
3	H28	伊藤和也, 吉川直孝, 菊池信夫	法面工事現場における安全管理法に関する実態調査—富山県・宮城県を対象地域としたアンケート調査	労働安全衛生総合研究所特別研究報告	No.46	135-142	1.000 750 (44) (72)	46 13 (30) (50)		機関誌に同封（HPより抽出）
4	H28	趙培江, 永野宏治, 鈴木昭徳, 佐藤和彦	スーパーマーケットにおけるカーボンフットプリントの認知度向上の取組とそれを支える計算機システムの導入	日本LCA学会誌	Vol.12 No.1	15-25	7.094 8.517	70-83 141-154		調査員・口頭
5	H28	鈴村源太郎	農業経営管理能力水準に応じた経営支援策に関する分析	農業経営研究	Vol.54 No.2	27-39	1.375		633	郵送
6	H28	中根雅夫, 杉野隆	社会関与によるコミュニティ再生の可能性に関する実証研究：地域知能を軸として	国士舘大学経営論叢	第5巻第1・2合併号	51-80			525	Web
7	H26	名取隆	中小企業のウェブマーケティングに関する研究	日本経営診断学会論集	Vol.14	117-123	198	56	53	Email
8	H26	後藤時政, 樋口武尚, 井上博進	わが国中小企業の知財マネジメント診断	日本経営診断学会論集	Vol.14	27-33	3.209	605		郵送
9	H25	木村優友, 江副真悠, 服部誠一朗, 吉本隆光, 八木善之, 大多喜重明, 福本晃造	兵庫県南東部の金環日食北限界線調査	神戸高専研究紀要	第51号	187-189			384	自記式
10	H24	浅田恭生, 鈴木昇一, 小林謙一, 加藤英幸, 五十嵐隆元, 塚本篤子, 坂本肇	X線診断時に患者が受ける線量の調査(2011)によるアンケート結果概要	日本放射線技術学会雑誌	Vol.68 No.9	1261-1268	3.000	741		郵送
11	H18	水谷傑, 井上隆, 小熊孝典	住宅内における用途別エネルギー消費と住まい方の実態に関する研究：アンケート調査に基づく分析	日本建築学会環境系論文集	第609号	117-124	7.040 6.922 3.954 3.340	3.746 4.097 3.380 2.677	3.211 3.639 3.067 2.346	質問郵送・回答Web
12	H16	上田聡子, 春戸山景子, 岡 聡江, 山本由香	女性麻酔科医の現況に関する調査研究：医業における男女差—女性麻酔科医331名へのアンケート結果から—	日本臨床麻酔学会誌	Vol.24 No.10	573-578	331	193		郵送
13	H11	成末雅恵, 松沢友紀, 加藤七枝, 福井和二	内水面漁業におけるカワウの食害アンケート調査	STRLX	Vol.17	133-145		227		
14	H11	川村次郎, 福井信佳, 中川正己, 藤下武, 青山孝, 古川宏	上肢切断者の現状と動向 近畿地区におけるアンケート調査から	リハビリテーション医学	Vol.36 No.6	384-389	1.103	427		郵送
15	S53	難波精一郎, 桑野園子, 中村敏枝, 加藤徹	近隣騒音問題に関するアンケート調査	日本音響学会誌	Vol.34 No.10	592-599	約1,000	808	790	留置法

許出願をめぐる環境について実態を把握するためにアンケートを実施しており，標本数 605 から母集団である中小企業のうち主に製造業の実態を推計するが，この発想は本書第 5 章や第 6 章で試みた分析に通じる点がある。尤も No. 8 の分析対象は特許出願を行う業種として製造業が中心になるが，他方，本書第 5 章や第 6 章では全業種における中小法人の役員給与支給を分析対象としている。したがって分析対象が特定業種に限定されるか否かの相違より，No. 8 に比し本書第 5 章や第 6 章の母集団はより大きいと考えるべきであろう。

　No. 9 は平成 24 年 5 月 21 日にわが国で観測された金環日食について部分日食が観測される北限界線を確定するために観測者にアンケートを実施している。この研究例では観測者の多様な観測地点から当該天文現象が金環日食として観測されたのか，あるいは部分日食として観測されたのかの判別のためにアンケートが実施されており，地図上に配置された観測者を座標平面に置き換えプロットし，単回帰分析から北限境界線を推定する。推定誤差を低減させながら信頼係数を向上させる条件として観測者数をより多く確保する必要がある。

　No. 11 は CO_2 削減を目標として住宅内エネルギー消費量の実態調査をアンケートによって行っている。当該調査では驚異的なアンケート回収率を誇るが，アンケートの実施方法として質問を郵送し，web による回答方法を採用している。(図表 13-3)においては最大の標本を収集したが，母集団がわが国全世帯 5,333 万 2,000 戸[22] から標本抽出を行う必要性がある。

　No. 12 と No. 14 はともに医学系の調査であり，アンケートの対象者はそれぞれ女性麻酔科医と上肢切断者とする特殊性が認められる。恐らく調査対象者が特殊に偏れば偏るほど，アンケート回収率が高くなるのであろう。前者は麻酔科における女性医師の労働実態を把握する目的を有し，後者は新たな義手開発のために上肢切断者の実態や義手に対するニーズを把握する目的を有している。

　最後に No. 15 は IT 技術が未発達であった昭和年間において実施された調査であるにもかかわらず，3 週間に満たない間に 790 件の有効回答数を得て

いる。現代は web や email による調査方法が浸透しつつあることを踏まえると，当時としては回収の成果を誇るべきかもしれない。調査の意義は音源や発生場所，発生時間帯も多岐にわたり，交通騒音や工場騒音に比し騒音レベルが低くとも問題化する上に近隣の人間関係にも影響する等という性質から，加害者と被害者の実態把握のために実施されている。この調査では効率的に回答を収集するために日本青年会議所環境問題委員会に協力を仰ぎ，質問用紙 1,000 部を配布し，留置法による調査方法を採用している。

　以上アンケート調査の実際を概観したが，（図表 13-3）に掲載した調査例が全てではなく，それこそ全てのアンケート調査を母集団としたときの偏りのない標本として同表が適切なのかわからない。それでも管見の限り，これらのアンケート調査と実業出版データを比べたとき，後者に偏りを認めるデータ構成であると断ずることはできない。ただ，アンケート調査そのものの結果を集計し，公表する限りでは研究上の評価を高めることは最早期待できない。つまり IT 技術が進歩した現在，アンケート調査の結果に何らかの多変量解析を試みないと含意を認めないという「別の」批判者が存在するようにも思える[23]。

5-4. 母集団がそもそも小さい場合

　本書では実証分析が可能な租税関連事象に注目して納税者の税務行動を解明しようと試みたが，資本剰余金配当を実施する法人数や海外子会社を多数擁する親会社数，また移転価格税制が適用される事例数に限りがあった。そのため，いずれもサンプルサイズが 100 を下回る。中でも 50 程度のサンプルサイズとなった第 11 章や第 12 章の重回帰分析では，モデル構築に制約が生じる。具体的には泉田[2003, p. 114]が指摘する通り「サンプル数に比べて不必要な説明変数の数が多すぎるために，自由度が小さくなり，推定の効率性が犠牲にな」る場合を憂慮すべきである。そして批判者も理論的考察の結果と言うよりは素肌感覚でそのような問題意識を有している。

　一例として泉田[2003]が検証した通り，標本数 21 のサンプルに対して 9 つの説明変数（うち 1 つは産業ダミー）を投入した実証分析結果について執筆

366

者自身が疑問を投げかけている。尤もこのような場合，「不必要な説明変数が多すぎることによって発生する問題を回避するために，ステップワイズ法による回帰分析を行う」ことで一定程度の信用に足る知見を獲得することが可能であり，本書における検討においても試行段階ではステップワイズ法による検証を経ている。

そして如何に分析対象数が少なくても，母集団に対する全数調査になっていれば導出される分析結果には一定程度の意義を認めるべきであるが，批判者はこのような場合においても実証結果における含意を頑なに認めないかもしれない。例えば検証時点で分析対象がやむを得ず少ないものの十分な意義が認められる研究例に言及しておく。井上・石川[2014, pp. 34-36]はIFRS採用企業の動機解明を目的として平成26年3月期までにIFRSを採用した27社から25社を分析対象としてプロビット分析を試みている。この場合，コントロール・グループを編成することで分析対象企業は2倍の50社となり，6つの説明変数（のれん比率・R＆D比率・海外売上高比率・外国法人等所有株式比率・負債比率・営業利益率）を投入している。分析結果の含意としては外国法人等所有株式比率と負債比率の上昇がIFRS適用の背景にあると結論している[24]。

5-5. 統計学研究の進展により変化する分析方法

本書では第3章・第5章・第9章から第12章にて平均差の検定を試みている。現在では平均差の検定を実施する際，F検定を実施した上でt検定を実施する手順（以下「2段階検定」と略称）を踏む必要が無いと考えられている。つまりF検定によって2群が等分散と判明した場合にStudentのt検定を行い，不等分散と判明の場合にWelchのt検定を実施する2段階検定の方法は現在採用されなくなっている。このことで本書第12章の初出となる櫻田・大沼[2016, p. 15]に掲載する（表3）に見直しが生じたため，本書掲載の（図表12-4）に示す通り改めている[25]。

ここで問題としている2段階検定について統計学者の間ではかねてより検討が試みられ，2000年代に一応の解決をみたようである。例えば

Zimmerman[2004, pp. 103-104]によれば2段階検定の予備的テストとしての等分散性の検定について現代の統計テキストでは推奨していないと指摘している。この問題は当然であるが，実証会計学者ではなく，もっぱら統計学者によって検証が行われ，その結果を受け，われわれ実証会計学の研究者は正しいとされる分析方法を採用することになる。統計処理を PC によって実践し，分析ツールと割り切るとしても，統計分析結果に関する解釈の変更をわれわれも適時に反映させなければならない。

　この点，本書における研究成果の一部を導出する上で活用した Microsoft Excel 2007 に実装されているデータ分析ツールにも言及しておく必要がある。Excel 2007 においては「t 検定：等分散を仮定した2標本による検定」や「t 検定：分散が等しくないと仮定した2標本による検定」が設定されている。このような計算方法のデフォルトに誘導され，さらにこれらツールを用いて2段階検定を推奨する指導書[26] に出会ったのも事実である。筆者の主たる研究分野は税務会計であることから適正な統計分析ツールの選択は統計学者とともに議論するには限界があり，統計を分析上のツールとする以上，彼らの多数派支持を踏まえざるを得ない。しかし反面，現在は採用されない2段階検定がまた将来，統計学研究者の検証によって復権する可能性もあり，このような問題は少なくないのではないかと考えられる。

1)　平成 26 年 11 月 2 日　朝日新聞　朝刊 29 頁。
2)　平成 28 年 11 月 14 日『税務通信』3433 号，大阪勉強会グループ（濱田康宏・岡野訓ほか）「実例から学ぶ税務の核心〈第 2 回〉役員退職金の最近の裁判例をどう位置づけるか①」より岡野氏の発言。
3)　参考までに東理 HD の祖業はダイカスト製造であり，金属製品製造業であったが，平成 17 年に酒販会社と酒造会社を子会社化し，平成 28 年株式会社東京理化工業所の株式を譲渡することで祖業から撤退している。したがって酒造メーカーとしては特殊なサンプルであるが，企業データベースの eol においてはライバル企業として上記 6 社が関連付けられていたことを付言しておく。なお同社の沿革については次の HP を参照した。http://www.tori-holdings.co.jp/company/index.html
4)　自己株式の取得によって生じる課税について金子[2013]は配当原資を資本か利益か実態を明らかにすることが困難であるため，やむを得ず資本の払い戻しに対する課税を断念せざるを得ないと指摘している。しかし他方，理論的には鈴木[2003, p.

61]が指摘する通り，支払原資と資本剰余金配当を受け取った側の会計処理が一貫しなければならないという主張もある。それによると「支払原資と受取側の会計処理の不連続は，経済活動における富の形成と移転過程を切断することになり，企業会計の利害調整機能に障害をもたらす」という。このような鈴木[2003]の見解に立脚するならば，理論と課税実践を一致させ，自己株式の取得においてもみなし配当課税を実施すべきということになる。

5) 平成29年3月24日　日本経済新聞　大阪夕刊1面。

6) 櫻田・中西[2011]は第20回租税資料館賞を頂いたが，当該論文は櫻田が共著者である院生向けに開講した講義内容に基づいており，講義において課題を共著者である院生に与え，分析結果の導出，論文執筆における作法を指導した教育上の成果という性質が強い。このため本書第11章に指摘する通り，櫻田・中西[2011]完成のために2点の課題を残したまま完成せざるを得なかった。

7) 排除された3社は金融業とその他の金融業に属する三井住友フィナンシャルグループ，野村HD，オリックスである。

8) これに対して被説明変数を税引き前利益・売上高比率に替えて試みた分析では「利益率は配当とは異なり0での打ち切りの問題はないため，すべての定式化において OLS 推定を行っている（長谷川・清田[2015, p. 16]）」という。

9) 参考までに法学的検証のうち移転価格税制の制度研究として田井[2010, pp. 73-134]や独立企業間価格の算定に関して今村[2009]による検証例がある。また本書第3章において言及した船舶製造業・移転価格税制適用事件については太田・手塚[2010]や太田・北村[2011]が今治造船事件として判例に対する講評を試みている。

10) 紙幅の都合から本書においては掲載を見送ったが，パチンコに夢中になった親がわが子を車内放置し，重度の熱中症を経て死亡させるという凄惨な事件（以下「車内放置事件」と略称）の発生をイベントとして ES を試みた櫻田[2016b]は第11章における分析視角に通底する。つまり車内放置事件に対し，資本市場がいかなる反応を示すのかを ES によって検証を試みると，パチンコ関連企業の株価が統計的有意性を伴って下落する。わが国においてはパチンコホール企業が上場できない現状であるため，分析対象はパチンコ関連企業となったが，そのパチンコ関連企業においてさえも当該事件発生によって投資家によるネガティブ反応が反映される実態を明らかにした。この事件に対する投資家行動についてその解釈は車内放置事件を契機として監督官庁がパチンコ業界へ監視を強化し，それによって引き起こされるであろう将来的な企業収益の悪化を投資家が忌避したという見立てになる。しかし関連企業に対するネガティブ評価が企業の社会的責任論をも含めて下される現在，車内放置事件の発生から持続的価値生産に対する期待を見限る投資家の判断は，結果的に車内放置事件の発生を減少させる効果も発生させると期待したい。

11) 平成26年2月26日　日本版スチュワードシップ・コードに関する有識者検討会「「責任ある機関投資家」の諸原則《日本版スチュワードシップ・コード》～投資と対話を通じて企業の持続的成長を促すために～」http://www.fsa.go.jp/news/25/

第 13 章　本書課題に関連するその他の研究成果　　369

singi/20140227-2/04.pdf 参照。

12)　〈控訴審〉平成 19 年 7 月 9 日東京高裁第 15 民事部決定・平成 19 年 (ラ) 917 号におけるスティールの敬称。

13)　スティールがわが国企業の価値を次々と毀損した事例には枚挙にいとまがないが，スティールが株式保有を断念し，手放した後に業績が回復した事例が散見されるとして日本経済新聞 (平成 27 年 2 月 27 日　朝刊 16 頁) が次のように報じている。それによるとハイレックスコーポレーションは「資金が潤沢な銘柄で知られ，それをどう生かすかがずっと問われてきた」が，リーマン・ショック後にスティールが投資を引き上げ，金融危機が収束すると「メキシコやインド，中国など新興国の生産拠点に投資」する積極策を採用し，収益性が向上した。また日清紡ホールディングスは「スティールに狙われた当時は豊富な金融資産を持つ一方，祖業の繊維などで不採算事業を抱えいていた」が，スティールが退散した後に事業再編を行い，子会社は最高益を記録している。このような事例を踏まえ「潜在的な価値を探し出すスティールの眼力は確かだったかも知れない」が，「挑んだ道が違った」と皮肉られている。この点，スティールを国内から追い出すことになったリーマン・ショックは獲物になった企業にとって窮地を救った「カミカゼ」だったと言える。

　　同じくスティールに経営を攪拌されたサッポロ HD の村上隆男社長は彼らの提案について「既に当社が実行・検討したものばかりで，参考になる案は全くなかったと断言できる (平成 23 年 2 月 10 日　日経 QUICK ニュース)」と切り捨てている。実はサッポロ HD がスティールと格闘している間に同業他社 (キリン HD やアサヒビール) の躍進が報じられ (平成 22 年 12 月 17 日　日本経済新聞　朝刊 11 頁)，それに対するサッポロ HD の低迷について「スティールとの攻防に経営陣が一定のエネルギーを費やさざるを得ない事情がマイナスに働いた」と指摘している。この点については本章 (図表 13-1) が示すようにサッポロ HD の連結売上高や 1 人当たりの基本役員報酬額が低位に推移していることがわかり，スティールの爪痕の深さが垣間見られる。

　　さらにスティールの珍妙な提案についてアデランス副社長・津村佳宏氏が次のように回想している。それによれば「スティール側には『欧米の会議ではチョコレートやアメを用意するのが普通だ』『チョコは (高級ブランドの) ゴディバを用意しろ』などと言われたこともあった。当時，数少ないプロパー役員として悔しい思いをした (平成 28 年 10 月 21 日　日本経済新聞　朝刊 15 頁)」と心境を吐露している。このような醜聞が蓄積されることでわが国資本市場においては有害なプレイヤーとしてスティールが認識され，選別されるに至っているが，このことは同時にスティールによる SSC の受入れ表明がないことに整合している。このように見てくると危険なアクティビスト・ファンドであることを周知するためのフラグとして SSC の不採用との情報は役立っている。

14)　http://www.gpif.go.jp/operation/state/ 参照。

15)　タイヨウ・パシフィック・パートナーズの友好的アクティビストとしての紹介と

して以下の通り。平成 19 年 6 月 26 日　日経金融新聞　9 頁や吉川[2014, p. 5]を参照。

16)　ユニバーサル・オーナーという概念については UNEP[2011, p. 8]において明らかにされている通り、「巨大な機関投資家は永続的なユニバーサル・オーナーという民間企業であり、長期の観点から多様な資産、多様な業種、地理的広がりを対象として分散投資している」と定義している。そして「ユニバーサル・オーナー仮説においては大規模に分散投資されたポートフォリオの成果と経済全体が明確に結びついているという考えに基づく」という。

17)　http://www.gpif.go.jp/operation/esg.html 参照。

18)　www.gpif.go.jp/operation/state/pdf/unyoujoukyou_h28_10.xls 参照。

19)　http://www.gpif.go.jp/operation/pdf/voting_rights_principle.pdf 参照。

20)　この関係は例えば宮川[2006, pp. 227-229]において解説されるように社会科学系学部における大学教育において統計学の入門段階の学習項目である。

21)　本文中の個人またはグループによる調査研究に対し、法人が行ったアンケート調査について参考までに以下の通り示す。なお野村総研のアンケート調査については本書第 5 章脚注にて言及している。

公表日	執筆者	報告書名	アンケート対象数	有効回答数	アンケート方法
平成28年1月28日	産労総合研究所	2015年　役員報酬の実態に関する調査	上場 1,500・未上場任意抽出　1,000	155	郵送
平成26年2月13日	同上	2013年　役員報酬の実態に関する調査	同上	144	
平成20年12月1日	野村総合研究所	NEWS RELEASE 「役員退職慰労金制度を持たない企業が約6割」	東証一部・二部上場　2,181	152	郵送
平成19年12月18日	同上	NEWS RELEASE 「役員退職慰労金制度を持たない企業が52.6%」	上記　2,150	190	同上
平成18年12月14日	同上	NEWS RELEASE 「役員処遇に関するアンケート調査2006」を実施	上記　2,159	256	同上
平成26年3月20日	労働政策研究・研修機構	従業員の採用と退職に関する実態調査――労働契約をめぐる実態に関する調査（Ⅰ）――	20,000	5,964	同上

22)　総務省統計局『日本の統計』より参照。http://www.stat.go.jp/data/nihon/02.htm

23)　アンケート調査に基づく研究ではデータ収集過程で多大な困難に直面するため、成果報告においてはそれらの骨折りを強調し、批判者からの共感を得るという方法もみられないわけでもないが、洗練されているとは言い難く、批判者を活気づけてしまう原因があると思える。また(図表 13-3)に掲載した調査事例は比較的回収率が

高いが，例えば平成 29 年 11 月における全上場企業 3,577 社，あるいは東証一部上場会社 2,034 社にアンケートを実施した場合，回収率 25％を想定すると 894 社，あるいは 509 社の標本数に達するが，驚くことにこれらの調査結果からいかなる含意も認めないという批判者がいないとも限らない。

24）　なお，分析対象数が極端に少ない場合は井上・石川[2014]が試みたようにプロビット分析や野間[2012a]が試みたようなロジスティック分析を採用するべきである。尤も野間[2012a]については検証グループが既に 98 事例と十分な規模と考えられるが，コントロールグループを編成することで分析対象数を 2 倍にし，分析結果の頑健性確保に成功している。このようにそもそも母集団が小さい場合の研究方法として無理矢理 OLS を試みるより良いのかもしれない。

25）　このほか，本書における構成上，初出となる論文で 2 段階検定の手順を執りながらも分析結果を修正する必要がなかったのは櫻田[2014]である。なお一対の標本をt 検定している第 9 章の初出である櫻田[2012d]は 2 段階検定の問題とは無関係と認識している。

26）　例えば荒木勉ほか著『統計解析』実教出版　平成 23 年。

参 考 文 献

[欧文文献]

Aboody, D. and R. Kasznik. 2000. CEO stock option awards and the timing of corporate voluntary disclosures, *Journal of Accounting and Economics*, 29(1): 73-100.

Aboody, D., Barth, M. and R. Kasznik. 2004. Firms' Voluntary Recognition of Stock-Based Compensation Expense, *Journal of Accounting Research*, 42(3): 123-150.

Armstrong, C., Barth, M., Jagolinzer, A. D. and E. Riedl. 2010. Market Reaction to the Adoption of IFRS in Europe, *The Accounting Review*, 85(1): 31-61.

Anthony, J. H. and K. Ramesh. 1992. Association between accounting performance measures and stock prices, *Journal of Accounting and Economics*, 15: 203-227.

Ball, R. 1978. Anomalies in relationships between securities' yields and yield-surrogates., *Journal of Financial Economics*, 6: 103-126.

Ball, R. and Brown, P. 1968. An Empirical Evaluation of Accounting Income Numbers, *Journal of Accounting Research*, 6(2): 159-178.

Bebchuk, L. A. 2003. The Case for Shareholder Access to the Ballot, *The Business Lawyer*, 59: 43-66.

Bebchuk, L. A. and J. M. Fried. 2004. *Pay without Performance: The Unfulfilled Promise of Executive Compensation*, Harvard University Press.(『業績連動報酬の虚実―アメリカの役員報酬とコーポレート・ガバナンス―』溝渕彰訳, 大学教育出版, 2013 年)

Bradley, S., Dauchyz, E. and M. Hasegawa. 2014. Investor Valuations of Japan's Adoption of a Territorial Tax Regime: Quantifying the Direct and Competitive Effects of International Tax Reform, *Center for Economic and Financial Research at New Economic School, Working Paper No. 201*.

Brick, Ivan E., Oded Palmon and John K. Wald. 2002. CEO Compensation, Director Compensation, and Firm Performance: Evidence of Cronyism. Working paper, Rutgers Business School.

Brown, F. 1994. *Capital Markets-Based Research in Accounting: An Introduction*, Coopers & Lybrand.(『資本市場理論に基づく会計学入門』山地秀俊・音川和久訳, 勁草書房, 1999 年)

Brown, S. J. and J. B. Warner. 1985. Using Daily Stock Returns. The Case of Event Studies. *Journal of Financial Economics*, 14: 3-31.

Brown, S., Lo, K. and T. Lys. 1999. Use of R2 in accounting research: measuring changes in value relevance over the last four decades, *Journal of Accounting and Economics*, 28: 83-115.

Brumbaugh, D. L. 2003. *Tax Exemption for Repatriated Foreign Earnings: Proposals and Analysis*, CRS Report for Congress.

Campbel, J., Lo, A. and A. C. MacKinlay. 1997. *The Econometrics of Financial Markets*, Princeton University Press.(『ファイナンスのための計量分析』祝迫得夫ほか訳，共立出版，2007 年)

Cavusoglu, H., B. Mishra, and S. Raghunathan, 2004. The Effect of Internet Security Breach Announcements on Market Value: Capital Market Reactions for Breached Firms and Internet Security Developers, *International Journal of Electronic Commerce*, 9(1): 69-104.

Chakraborty A., Sheikh S. and N. Subramanian. 2007. The relationship between incentive compensation and performance related CEO turnover, *Journal of Economics and Business*, 61(4): 295-311.

Chauvin, K. W. and C. Shenoy. 2001. Stock price decreases prior to executive stock option grants, *Journal of Corporate Finance*, 7(1): 53-76.

Cheng, M., Subramanyam, K. R. and Y. Zhang. 2007. Earnings Guidance and Managerial Myopia, *AAA 2006 Financial Accounting and Reporting Section (FARS) Meeting Paper*.

Chen, S., Chen, X., Cheng, Q., and T. Shevlin. 2010. "Are Family Firms More Tax Aggressive Than Non-Family Firms?", *Journal of Financial Economics*, 95(1): 41-61.

Cho, Myeong-Hyeon. 1998. Ownership structure, investment, and the corporate value: an empirical analysis, *Journal of Financial Economics*. 47: 103-121.

Clausing, K. A. 2004. *The American Jobs Creation Act of 2004: Creating Jobs for Accoutants and Lawyers*, Urban-Brookings Tax Policy center.

Damodaran, A. 1999. *Applied Corporate Finance: A User's Manual*, John Wiley & Sons, Inc.(『コーポレート・ファイナンス―戦略と応用―』兼広崇明ほか訳，東洋経済新報社，2001 年)

Dechow, P., Sloan, R. and A. Sweeney. 1995. Detecting earnings management, *The Accounting Review*, 70(2): 193-226.

Ehrhardt, M. C. 1994. *The Search for Value; Measuring the Company's Cost of Capital*, Harvard Business School Press.(『資本コストの理論と実務[新しい企業価値の探求]』真壁昭夫・鈴木毅彦訳，東洋経済新報社，2001 年)

Fama. E. F. 1980. Agency Probrems and the Theory of the Firm, *Journal of Political Economy*, 88(2): 288-307.

Fama, E. and K. R. French. 1992. The Cross-Section of Expected Stock Returns. *Journal of Finance*, 47(2): 427-465.

Fichtner, J. 2005. *Reforming the U. S. Corporate Tax System to Increase Tax Competitiveness*, United States Congress, Joint Economic Committee.

Gaertner, F. B. 2014. CEO After-Tax Compensation Incentives and Corporate Tax Avoidance, *Contemporary Accounting Research*, 31(4): 1077-1102.

Ghosh, C., Giambona, E., Harding, J., Sezer, O. and C. F. Sirmans. 2010. The Role of Managerial Stock Option Programs in Governance: Evidence from REIT Stock Repurchases, *Real Estate Economics*, 38(1): 31-55.

Grubert, H. 1998. Taxes and the division of foreign operating income among royalties, interest, dividends and retained earnings, *Journal of Public Economics*, 68: 269-290.

Grullon, G., Michaely, R. and B. Swaminathan. 2002. Are Dividend Changes a Sign of Firm Maturity?, *The Journal of Business*, 75(3): 387-424.

Guenther, David A. 2014. Measuring Corporate Tax Avoidance: Effective Tax Rates and Book-Tax Differences. http://papers.ssrn.com/sol3/papers.cfm?abstract_id=2478952

Hemphill, T. A. 2004. Corporate Citizenship: The Case for a New Corporate Governance Model, *Business and Society Review*, 109(3): 339-361.

Heron, R. and E. Lie. 2007. Does backdating explain the stock price pattern around executive stock option grants?, *Journal of Financial Economics*, 83(2): 271-295.

Hines, J. R. Jr. and R. Glenn Hubbard. 1990. Coming Home to America: Dividend Repatriations by U. S. Multinationals, *National Bureau of Economic Research Working Paper 2931*.

Hoduk, M. 2006. Pay For Performance: Beating "Best Practices", chiefexecutive.net http://chiefexecutive.net/pay-for-performance-beating-best-practices/

Jackson, Jr. R. and Curtis J. Milhaupt. 2014. Corporate Governance and Executive Compensation: Evidence from Japan, *Columbia Business Law Review*, 1: 111-171.

Jensen, M. C. 1986. Agency Costs of Free Cash Flow, Corporate Finance, and Takeovers, *The American Economic Review*, 76(2): 323-329.

Joskow, P. L. and N. L. Rose. 1994. "CEO pay and firm performance: Dynamics, asymmetries, and alternative performance measures." *NBER Working Paper 4976*.

Kaplan, S. N. 1994. Top Executive Rewards and Firm Performance: A Comparison of Japan and the United States, *Journal of Political Economy*, 102(3): 510-546.

Kasznik, R. 1999. "On the Association between Voluntary Disclosure and Earnings Management." *Journal of Accounting Research*, 37(1): 57-81.

Knutson, Peter H. 1993. *Financial Reporting in the 1990s and Beyond*, Association for Investment Management and Research(『21世紀の財務報告』八田進二・橋本尚共訳, 投資管理調査協会編, 白桃書房, 2001年).

Lamdin, J. D. 2001. Implementing and interpreting event studies of regulatory changes, *Journal of Economics and Business*, 53: 173-174.

Leuz, Christian, Lins, Karl V. and Francis E. Warnock. 2009. Do Foreigners Invest Less in

Poorly Governed Firms?, *Review of Financial Studies*, March 2010, 23(3): 3245-3285.

Lie, E. 2005. On the timing of CEO stock option awards, *Management Science*, 51(5): 802-812.

Manzon, Gil B. Jr., and G. A. Plesko. 2002. "The Relation between Financial and Tax Reporting Measures of Income," *Tax Law Review*, 55: 175-214.

McWilliams, A. and D. S. Siegel. 2001. Corporate Social Responsibility: a theory of the firm perspective, *Academy of Management Review*, 26: 117-127.

Miller, M., and F. Modgiliani. 1961. Dividend Policy, Growth, and the Valuation of Shares, *Journal of Business*, 34: 411-433.

Mullins, P. 2006. Moving to Territoriality? Implications for the United States and the Rest of the World, *IMF Working Paper*, WP/06/161.

Murphy, K. J. 1995. POLITICS, ECONOMICS, AND EXECUTIVE COMPENSATION, *University of Cincinnati Law Review*, 63: 713-748.

Naser, K. H. M. 1993. *Creative Financial Accounting, Its nature and use*, Prentice Hall.

Ohlson, J. A. 1995. Earnings, Book Values, and Dividends in Equity Valuation, *Contemporary Accounting Research*, 11: 661-687.

Ohnuma, H. and J. Sakurada. 2017. Corporate Governance Issues regarding Transfer Pricing Taxation: Evidence in Japan, *Asian Business Research*, 2(3): 58-74. https://eprints.lib.hokudai.ac.jp/dspace/handle/2115/67923

Ordonez, L. D., Schweitzer M. E., Galinsky A. D. and Max H. Bazerman. 2009. Goals Gone Wild: The Systematic Side Effects of Overprescribing Goal Setting, *Working Paper, Harvard Business School*.

Pettit, R. Richardson. 1972. Dividend Anouncements, Security Perfomance, and Capital Market Efficiency, *Journal of Finance*, 27(5): 993-1007.

Phelan, K. 2013. *I'm Sorry I Broke Your Company: Why Management Consultants Are the Problem, Not the Solution*, Berrett-Koehler Publishers.(『申し訳ない，御社をつぶしたのは私です。』神崎朗子訳，大和書房，2014 年)

Pink, D. H. 2009. *Drive: The Surprising Truth About What Motivates Us*, The paperback edition published by Canongate Books.(『モチベーション 3.0』大前研一訳，講談社，2017 年)

Pinkowitz, L. and R. Williamson. 2002. What is a Dollar Worth? The Market Value of Cash Holdings, Working Paper: 1-34.

Prager, R. A. 1992. The effects of deregulating cable television: Evidence from the financial markets, *Journal of Regulatory Economics*, 4(4): 347-363.

Prather, L. J., Chu, T. and P. Bayes. 2009. Market Reaction to Announcements to Expense Options, *Journal of Econometric Finance*, 33: 223-245.

Schipper, K. and R. Thompson. 1983. The Impact of Merger-Related Regulations on the Shareholders of Acquring Firms. *Journal of Accounting Research*, 21(1): 184-221.

参考文献　377

Scott L. J. 1997. *Regression Models for Categorical and Limited Dependent Variables (Advanced Quantitative Techniques in the Social Sciences 7)*, SAGE Publication.

Sholes, Myron and Mark A. Wolfson et al., 2008, *Taxes and Business Strategy: A Planning Approach (Fourth Edition)*, Upper Saddle River.

UNEP. 2011. *Universal Ownership: Why environmental externalities matter to institutional investors*, The UN-backed Principles for Responsible Investment（PRI）Association and United Nations Environment Programme（UNEP）Finance Initiative.

U. S. Department. 2004. *Manufacturing in America: A Comprehensive Strategy to Address the Challenges to U. S. Manufacturers*, U. S. Department of Commerce.

Welch, B. L. 1938. The significance of the difference between two means when the population variances are unequal, *Biometrika*, 29 (3/4): 350-362.

Yermack, D. 1996. "Higher Market Valuation of Companies with a Smaller Board of Directors," *Journal of Financial Economics*, 40: 185-211.

Yermack, D. 1997. Good timing: CEO stock option awards and company news announcements, *Journal of Finance*, 52(2): 449-476.

Zimmerman, D. W. 2004. Inflation of Type I Error Rates by Unequal Variances Associated with Parametric, Nonparametric, and Rank-Transformation Tests, *Psicológica*, 25: 103-133.

［和文文献］

青木孝徳ほか. 2006.『改正税法のすべて　平成18年度版』財団法人大蔵財務協会。

青木英孝・宮島英昭. 2011.「多角化・グローバル化・グループ化の進展と事業組織のガバナンス」宮島英昭編著『日本の企業統治』，245-288．東洋経済。

青山慶二. 2009.「米英における海外子会社配当の課税改革案について」『筑波ロー・ジャーナル』5号，29-62．2009年3月。

浅妻章如. 2006.「国外所得免税（又は仕向地主義課税）移行論についてのアメリカの議論の紹介と考察」『フィナンシャル・レビュー』通巻第84号，152-164．2006年7月。

浅妻章如. 2009.「海外子会社（からの配当）についての課税・非課税と，実現主義・時価主義の問題」『フィナンシャル・レビュー』通巻第94号，97-122．2009年5月。

安藤英義. 1998.「アメリカで揺らぐ資本概念」『會計』第153巻第1号，1-13．

安藤英義. 2003.「株式会社の資本制度崩壊の兆し」『會計』第164巻第3号，1-14．

安藤英義. 2004.「資本制度の揺らぎ」『企業と法創造』第3号，108-117．

壹岐芳弘. 2007.「資本と利益の区分」『企業会計』Vol. 59，No. 2，25-32．

砂川伸幸・川北英隆・杉浦秀徳. 2010.『日本企業のコーポレートファイナンス』日本経済新聞社。

石田昌朗. 2009.「資本剰余金からの配当と利益剰余金からの配当を同時に行う場合の取り扱い」『国税速報』第6094号，5-11．

石川業. 2002.「株式会社における2つの資本概念─資本金概念と払込資本概念─」『産

業経理』第 62 巻第 2 号，111-122．

石川業．2011．「拠出資本と留保利益の区分をめぐる研究者たちの沈黙(1)」『企業会計』
Vol. 63, No. 5, 108-109．

石川博行．2009．『配当政策の実証分析』中央経済社。

石川博行．2010．『株価を動かす配当政策』中央経済社。

泉田成美．2003．「日本企業の統治構造・役員構成と，それらが役員報酬に与える影響
についての実証分析」『研究年報経済学』Vol. 64, No. 3, 95-130．

市古勲・津田秀和．2010．「近年のコーポレート・ガバナンス制度変化に関する考察―
会社の反応に関するインタビュー調査を中心に―」『経営管理研究所紀要』第 17 号，
47-59．

一高龍司．2004．「ストック・オプション判決について―資産の譲渡の対価としての性
質の検討を中心に―」『租税研究』第 655 号，101-107．

一橋信之．2011．「わが国の法人税法における役員給与とエージェンシー理論」『広島経
済大学経済研究論集』Vol. 34, No. 3, 135-152．

稲岡潔・中塚賢．2010．「中小法人の課税所得計算に影響する税法規定の検証」『経営情
報研究：摂南大学経営情報学部論集』第 17 巻第 2 号，1-25．

井堀利宏．2003．『課税の経済理論』岩波書店。

今村隆．2009．「移転価格税制における独立企業間価格の要件事実」『税大ジャーナル』
第 12 号，11-38．

入江和彦・野間幹晴．2008．「社外役員の独立性と企業価値・業績」『経営財務研究』第
28 巻第 1 号，38-55．

江頭憲治郎．1983．「取引相場のない株式の評価」『法学協会百周年記念論文集』第 3 巻，
447-483．有斐閣。

大久保拓也．2010．「会計参与制度の現状と課題」『日本法学』第 75 巻第 3 号，87-119．

大澤弘幸．2010．「ストック・オプション課税に関する一考察―平成 18 年税制改正を踏
まえて―」『新潟経営大学紀要』第 16 号，137-146．

大城建夫．2006．『税務会計の理論的展開』同文舘出版。

太田浩司．2007．「利益調整研究における会計発生高モデルについて」『企業会計』Vol.
59, No. 4, 114-120．

太田洋・手塚崇史．2010．「国際租税訴訟の訴訟戦略」中里実・太田洋・弘中聡浩・宮
塚久編『国際租税訴訟の最前線』，89-191，有斐閣。

太田洋・北村導人「今治造船事件高松高裁判決」中里実・太田洋・弘中聡浩・宮塚久編
『移転価格税制のフロンティア』，74-105．有斐閣。

大渕博義．1990．「租税判例紹介・解説　功績倍率法及び 1 年当たり平均額法に基づい
て不相当に高額な役員退職給与の額を認定した事例」『税経通信』第 45 巻第 9 号，
200-210．

大渕博義．2001．『裁判例・裁決例からみた役員給与・交際費・寄付金の税務』税務研
究会出版局。

大渕博義．2005a．「親会社株式によるストック・オプションの権利行使益を給与所得とした最高裁判決の波紋（上）」『税経通信』4月号，17-32．

大渕博義．2005b．「親会社株式によるストック・オプションの権利行使益を給与所得とした最高裁判決の波紋（下）」『税経通信』5月号，17-35．

大沼宏．2010．「租税回避と経営者裁量との関係性」『會計』第177巻第6号，100-113．

大沼宏．2012．「連結納税制度加入インセンティブ，企業統治構造及び租税回避行為との関連性」日本会計研究学会第71回大会　報告資料．http://jaa2012a.cm.hit-u.ac.jp/pdf/2_ronbun/1-11-1-P.pdf

大沼宏・櫻田譲．2016．「予想外の事象に直面する企業の企業評価を決定づける要因—移転価格税制適用企業を題材にコーポレート・ガバナンスのあり方を探る—」『年報経営ディスクロージャー研究』第14号，83-96．

大沼宏・櫻田譲・加藤惠吉．2012．「移転価格税制の適用と資本市場の評価」『税務会計研究』第23号，259-265．

尾崎安央．2002．「配当可能利益の変容」『企業会計』Vol. 54，No. 7，36-43．

尾崎安央．2007．「剰余金区分原則の会社法的意義」『企業会計』Vol. 59，No. 2，33-40．

小畠信史．2001．『税務会計の論点』税務経理協会。

乙政正太．2000．「役員賞与のカットと会計的裁量行動」『會計』第158巻第1号，43-54．

乙政正太．2005．「経営者報酬と会計利益の連動性に関するトレンド分析」『阪南論集』Vol. 40，No. 2，1-16．

乙政正太．2016．「経営者報酬とコーポレート・ガバナンスの関係」『會計』第190巻第6号，30-42．

小野武美．1996．『企業会計の政治経済学』白桃書房。

加藤惠吉・大沼宏・櫻田譲．2015．「移転価格税制の適用と資本市場の評価に関する実証研究」『研究年報経済学』第75巻第1-2号，33-49．2015年3月。http://eprints.lib.hokudai.ac.jp/dspace/handle/2115/57592

金子宏．2007．『租税法　第十二版』弘文堂。

金子宏．2010．『租税法　第十五版』弘文堂。

金子宏．2012．『租税法　第十八版』弘文堂。

金子宏．2013．『租税法　第十八版』弘文堂。

金子宏．2016．『租税法　第二十一版』　弘文堂。

紙博文．2015．「役員給与に関する一考察—過大な役員報酬の不算入を中心として—」『経営情報研究：摂南大学経営学部論集』第22巻第2号，1-11．

川口真一．2012．「株式非公開企業による租税回避行動—企業パネルデータを用いた実証分析—」『大正大学経済学季刊』第62巻第3号，83-104．

川崎清昭．2006．「類似業種比準方式の問題点とその対応策—取引相場のない株式の評価に関して—」『第29回日税研究賞入選論文集』，1-18．

川村正幸. 2000.「ストック・オプション制度および株式消却制度の意義と評価」『旬刊商事法務』No. 1569, 22-29.

金融データソリューションズ. 2011.「日本上場株式 久保田・竹原 Fama-French関連データ」株式会社金融データソリューションズ, 1-3.

久保田敬一・竹原均. 2007.「Fama-French ファクターモデルの有効性の再検証」『現代ファイナンス』No. 22, 3-23.

黒田宣夫. 2009.「会社法上の剰余金の配当と法人税法上のみなし配当について」『千葉経済論叢』40 号, 1-19.

経済産業省. 2008.「我が国企業の海外利益の資金環流について―海外子会社からの配当についての益金不算入制度の導入に向けて―」経済産業省国際租税小委員会 平成20 年 8 月。

鯉口庄吾・櫻田譲. 2013.「投資家の期待が示す観光立国への展望」『公会計研究』第14 巻第 2 号, 79-96. https://eprints.lib.hokudai.ac.jp/dspace/handle/2115/55293

河内山拓磨. 2014.「その他資本剰余金を原資とする配当の決定要因に関する実証分析」日本会計研究学会第 73 回大会 報告資料。

古賀智敏. 2012.『知的資産の会計 改訂増補版』千倉書房。

小林英明. 1998.『使用人兼務取締役[新訂版]』商事法務研究会。

小林量. 2002.「商法の債権者保護機能との関係」『企業会計』Vol. 54, No. 7, 27-35.

込山芳行. 2014.「小規模閉鎖会社における役員報酬と会社法 361 条」『山梨学院ロー・ジャーナル』第 9 号, 47-70.

小山真輝. 2008.「配当に関する税制の在り方―自己株式のみなし配当に対する取り扱いを中心として―」『税務大学校論叢』第 58 号, 61-150.

小山真輝. 2009.「配当に関する税制の在り方―みなし配当と本来の配当概念との統合の観点から―」『税務大学校論叢』第 62 号, 1-96.

斎藤静樹. 2012.「資本と利益の区分と剰余金の区分―資本剰余金を原資とする配当にふれて―」『企業会計』Vol. 64, No. 1, 17-24. 中央経済社。

齋藤卓爾. 2006.「ファミリー企業の利益率に関する実証研究」『季刊 企業と法創造「知的財産法制研究 II」』, 171-185.

齋藤卓爾. 2008.「日本のファミリー企業」『企業統治分析のフロンティア』宮島英昭編日本評論社, 142-164.

齋藤卓爾. 2011.「日本企業による社外取締役の導入の決定要因とその効果」宮島英昭編著『日本の企業統治』, 181-213. 東洋経済。

財務省. 2009.「平成 22 年度税制改正大綱～納税者主権の確立に向けて～」平成 21 年12 月 22 日。http://www.kantei.go.jp/jp/kakugikettei/2009/1222zeiseitaikou.pdf

財務省. 2010.「平成 23 年度税制改正大綱」平成 22 年 12 月 16 日。http://www.kantei.go.jp/jp/kakugikettei/2010/h23zeiseitaikou.pdf

財務省. 2016.「平成 29 年度税制改正の大綱」平成 28 年 12 月 22 日。http://www.mof.go.jp/tax_policy/tax_reform/outline/fy2017/20161222taikou.pdf

櫻井久勝. 2008.「残余利益モデルによる株式評価—非上場株式への適用をめぐって—」『税大論叢 40 周年記念論文集』, 172-200.

櫻田譲. 2006.「租税訴訟における統計分析活用に関する一考察—役員報酬の適正額を巡る租税訴訟を中心として—」『中国税理士会報』No. 506, 17-24. http://eprints.lib.hokudai.ac.jp/dspace/handle/2115/59219

櫻田譲. 2007.「わが国商法における引当金会計—引当金計上の業種別分析—」山下寿文編著『偶発事象会計の展開—引当金会計から非金融負債会計へ—』第 8 章, 74-86. 創成社。

櫻田譲. 2010.「役員の個別事情が役員報酬の支給行動に与える影響について」『會計』第 178 巻第 1 号, 99-110.

櫻田譲. 2012a.「資本剰余金配当に対する投資家の選好と資本維持制度」『経営ディスクロージャー研究』第 11 号, 35-46.

櫻田譲. 2012b.「投資家行動における判断基準の推移—外国子会社利益の環流に関する税制改正を題材として—」『會計』第 181 巻第 6 号, 56-69.

櫻田譲. 2012c.「イベントスタディによる分析上の問題点—課税制度が資本市場に及ぼす影響を題材として—」『産業経理』第 72 巻第 2 号, 65-73.

櫻田譲. 2012d.「みなし配当・みなし譲渡課税が資本剰余金配当に与える影響について」『第 35 回 日税研究賞 入選論文集』財団法人 日本税務研究センター, 11-50. http://eprints.lib.hokudai.ac.jp/dspace/handle/2115/50102

櫻田譲. 2014.「資本剰余金配当の実施を歓迎する投資家の着眼点と当該配当実施企業の財務的特性」『年報 経営ディスクロージャー研究』第 13 号, 13-33. http://eprints.lib.hokudai.ac.jp/dspace/handle/2115/60658

櫻田譲. 2015.「『損金の侵食』の要旨」『税務会計研究学会 第 27 回大会 研究報告要旨集』, 28-37. http://eprints.lib.hokudai.ac.jp/dspace/handle/2115/62687

櫻田譲. 2016a.「損金の侵食」『税務会計研究』第 27 号, 37-52.

櫻田譲. 2016b.「乳幼児の車内放置死亡事故がゲーム関連企業の株価に与える影響」『人間と遊び 財団レポート 2015』, 54-55. http://eprints.lib.hokudai.ac.jp/dspace/handle/2115/62766

櫻田譲. 2017.「役員報酬の損金算入限度額規定にみる類型化が引き起こす問題について—判例が中小法人の税務行動に与えた影響の実証分析—」『産業経理』第 76 巻第 4 号, 110-120.

櫻田譲・大澤弘幸. 2017.「業務主宰役員給与に対する税制の改廃と納税者行動に関する分析」『経済学研究』Vol. 67, No.2, 17-28. https://eprints.lib.hokudai.ac.jp/dspace/handle/2115/68053

櫻田譲・大沼宏. 2010.「ストック・オプション判決に対する市場の反応」『第 6 回税に関する論文入選論文集』財団法人 納税協会連合会, 53-94. http://eprints.lib.hokudai.ac.jp/dspace/handle/2115/44424

櫻田譲・大沼宏. 2012.「ストック・オプション交付条件と投資家行動の関係性—ス

トック・オプション訴訟判決に対する市場反応を題材として―」『経済学研究』Vol. 61, No. 4, 5-17. http://eprints.lib.hokudai.ac.jp/dspace/handle/2115/48692

櫻田譲・大沼宏. 2016. 「移転価格税制適用企業の企業統治構造に関する実証研究」『経済学研究』Vol. 66, No. 2, 9-31. http://eprints.lib.hokudai.ac.jp/dspace/handle/2115/64223

櫻田譲・中西良之. 2011. 「外国子会社利益の国内環流に関する税制改正と市場の反応」『租税資料館賞受賞論文集　第二十回(二〇一一)上巻』公益財団法人　租税資料館, 233-258. http://eprints.lib.hokudai.ac.jp/dspace/handle/2115/47740

櫻田譲・柳田具孝. 2017. 「退職所得課税に対する検証―中小法人における従業員に対する退職一時金支給実態に関する実証研究―」Discussion Paper, Series B 149, 1-11. https://eprints.lib.hokudai.ac.jp/dspace/handle/2115/67058

佐々木慶・梶原康平. 2016. 「平成 28 年度税制改正大綱への対応　役員給与に関する改正(特集「平成 28 年度税制改正大綱」が企業に与える影響)」『The Lawyers』第 13 巻第 3 号, 12-17.

佐々木隆憲. 2006. 「国外関連者との間で行われた船舶建造請負取引に移転価格税制を適用する際に, 独立企業間価格を算定する方法として独立価格比準法を用いることが相当であるとされた事例」『平成 18 年　行政関係判例解説』行政判例研究会編, 169-175.

佐々木隆文・米澤康博. 2000. 「コーポレート・ガバナンスと株主価値」『証券アナリストジャーナル』2000 年 9 月, 28-46.

佐藤英明. 2004. 「『給与』課税をめぐるいくつかの問題点」『税務事例研究』Vol. 79, 21-40.

始関正光. 2002. 「平成一四年改正商法の解説[Ⅳ]」『商事法務』No. 1640, 4-10.

品川芳宣. 1981. 「租税判例紹介・解説　役員報酬の過大額の認定」『税経通信』第 36 巻第 15 号, 254-263.

品川芳宣. 1983. 「統計的手法による役員退職給与金適正額の認定」『旬刊商事法務』No. 967, 44-45.

品川芳宣. 1994. 「役員報酬適正額認定における類似法人支給額比準の限界」『税研』第 57 号, 39-42.

品川芳宣. 2001. 『役員報酬の税務事例研究』財経詳報社。

品川芳宣. 2004. 「ゴーイング・コンサーンである会社の取引相場のない株式の評価―租税法の視点―」『税研』Vol. 20, No. 3, 13-18.

品川芳宣. 2006. 「役員報酬課税の問題点と方向性」『JICPA ジャーナル』No. 607, 39-43.

品川芳宣. 2008a. 「役員給与課税の本質を衝く!(前)」『T&Amaster』No. 254, 27-36.

品川芳宣. 2008b. 「役員給与課税の本質を衝く!(後)」『T&Amaster』No. 255, 24-33.

参 考 文 献　　383

品川芳宣．2016．「役員報酬(給与)・役員退職給与の相当額(過大額)の認定―東京地裁平成 28 年 4 月 22 日判決―」『TKC 税研情報』Vol. 25，No. 5，34-45．

島田佳憲．2013．『自社株買いと会計情報』中央経済社。

首藤昭信．2010．『日本企業の利益調整』中央経済社。

首藤恵・竹原均．2007．「企業の社会的責任とコーポレート・ガバナンス―非財務情報開示とステークホルダー・コミュニケーション―」WIF-07-006，早稲田大学ファイナンス総合研究所 Working Paper Series．

首藤恵・増子信・若園智明．2006．「企業の社会的責任(CSR)活動とパフォーマンス―企業収益とリスク―」WIF-06-002，早稲田大学ファイナンス総合研究所 Working Paper Series．

正司素子．2012．「資本剰余金を原資とする配当の実態調査」『現代社会と会計』第 6 号，51-61．

胥鵬．1993．「日本企業における役員賞与と経営者インセンティブ」『日本経済研究』No. 24，73-96．

胥鵬．2006．「どの企業が敵対的買収のターゲットになるのか」REITI Discussion Paper Series 06-J-008，独立行政法人経済産業研究所編。

白土英成．2012．「役員給与課税の本質を考える」『CUC view&vision』34，37-44．

鈴木一水．2003．「自己株式および資本準備金取崩に関する会計処理の問題点」『税研』107 号，55-62．

鈴木一水．2008．「役員給与に関する会計基準及び税制改正の影響」『租税研究』第 710 号，31-41．

鈴木一水．2013．『税務会計分析』森山書店。

鈴木一水．2015．「税務会計とコーポレートガバナンス」『企業会計』Vol. 67，No. 1，31-34．

税制調査会．1960．『当面実施すべき税制改正に関する答申(税制調査会第一次答申)及びその審議の内容と経過の説明・答申の審議の内容及び経過の説明(答申別冊)』公益社団法人日本租税研究協会。http://www.soken.or.jp/p_document/zeiseishousakai_pdf/s_s3512_toumenjissisubekizeiseikaisei.pdf

税理士会．2008．「会計参与に関するアンケート」日本税理士会連合会。http://www.nichizeiren.or.jp/taxaccount/pdf/kaikeisanyo_questionnaire090415.pdf

関俊彦．1994．『会社法概論』商事法務研究会。

高橋隆幸・野間幹晴・酒井直貴．2016．「外国子会社配当益金不算入制度の検証」『會計』第 190 巻第 1 号，81-93．

高橋隆幸・野間幹晴．2011．「利益連動給与採用をめぐる実証分析」『會計』第 180 巻第 5 号，100-115．

高橋義雄．1994．『非上場株式の評価・鑑定の理論と実務』清文社。

武田昌輔．2002．「法人税の基本問題雑考」『會計』第 162 巻第 3 号，427-439．

武田昌輔．2011．「剰余金配当と受取配当の益金不算入(2)」『月刊　税務事例』Vol. 43

No. 7，69-74．財務詳報社。

武田隆二．2001．『法人税法精説　平成 13 年新版』森山書店。

田井良夫．2010．『国際的に従価税の排除の研究』税務経理協会。

田近栄治・渡辺智之．2007．『アジア投資からみた日本企業の課税』中央経済社。

田近栄治・布袋正樹．2009．「本社の配当政策が外国子会社の配当送金に及ぼす効果［改訂版］」Discussion papers（一橋大学）；No. 2008-10．

辰巳正樹．2010．「特殊支配同族会社の役員給与損金不算入制度に関する一考察―本制度の積極的なアプローチを模索して―」『龍谷大学院経済研究』第 10 号，24-27．

玉井英樹．2015．「役員給与課税に関する諸問題」『福岡大学大学院論集』47（2），173-207．

玉岡雅之．2006．『課税主義の財政学』勁草書房。

田宮治雄．2007．「資本剰余金と利益剰余金を区分する意義の再考察」『企業会計』Vol. 59，No. 2，41-49．

丹野彰．2010．「同族会社における新たな役員給与制度の試案「留保金額三分割法」による利益連動給与の提案」『東北学院大学経営・会計研究』（17），63-84．

中小企業庁．2015．「平成 28 年度税制改正について（中小企業・小規模事業者関係）」経済産業省中小企業庁事業環境部財務課，平成 27 年 12 月。http://www.chusho.meti. go.jp/zaimu/zeisei/2015/151217ZeiseiKaisei.pdf

辻山栄子．2004．「ゴーイング・コンサーンである会社の取引相場のない株式の評価―企業会計の視点―」『税研』Vol. 20，No. 3，25-31．

寺澤典洋．2011．「特殊支配同族会社の業務主宰役員給与の損金不算入制度（旧法人税 35 条）について創設から廃止までの若干の考察」『月間税務事例』Vol. 43，No. 8，70-74．

富岡幸雄．2003．『税務会計学原理』中央大学学術図書 56，中央大学出版部。

鳥養雅夫・大堀徳人・山田洋平．2015．『コーポレート・ガバナンスからみる会社法』桃尾・松尾・難波法律事務所編，商事法務。

内閣府．2004．「企業の事業再構築，コーポレート・ガバナンスと企業業績―近年の企業関連制度整備の効果―」内閣府政策統括官室（経済財政分析担当）政策効果分析レポート No. 18．

内閣府．2005a．「平成 17 年度　年次経済財政報告（経済財政政策担当大臣報告）―改革なくして成長なし V ―」平成 17 年 7 月。http://www5.cao.go.jp/j-j/wp/wp-je05/05-00101.html

内閣府．2005b．「日本経済 2005-2006 ―デフレ脱却へ向けての現状と課題―」内閣府政策統括官（経済財政分析担当）平成 17 年 12 月。http://www5.cao.go.jp/keizai3/2005/1202nk/keizai2005-2006pdf.html

中里実．2011．「移転価格課税と経済理論―実務における経済理論の利用可能性―」中里実・太田洋・弘中聡浩・宮塚久編『移転価格税制のフロンティア』21-41．有斐閣。

中野百々造．2008．『外国税額控除［国際課税の理論と実務　第 2 巻］』税務経理協会。

参 考 文 献 385

中野百々造．2009．『全訂三版　会社法務と税務』税務研究会出版局。

長岡勝美．2011．「会社の税務　業績連動型の役員給与と税務上の論点」『税理』Vol. 54，No. 7，193-198．

中島茂幸．2009．「役員給与への特異な課税問題」『北海商科大学論集』第 1 巻第 1 号，3-23．

中島茂幸．2011．「同族会社における役員給与問題」『税法学』No. 565，197-220．

中村喜久造．1975．「一　過大役員退職金の損金不算入について　二　営業圏の延払条件付譲渡にかかる延払経理の否認について」『租税判例研究』第 9 号，221-232．

成道秀雄．2004．「交際費と認定賞与・寄附金」日本税務研究センター編『認定賞与・寄附金・交際費等の総合的検討』財経詳報社，126-153．

成道秀雄．2007．「剰余金の分配」『税研』No. 134，51-56．

西脇敏男．2001．『コーポレート・ガバナンスの多面的研究―経営者のコントロール・システムとして―』八千代出版。

野口晃弘．2004．「払込資本と留保利益の区別」『企業と法創造』第三号，130-134．

野口晃弘．2008．「会計参与制度の創設と財務情報の信頼性」友杉芳生・田中弘・佐藤倫正編著『財務情報の信頼性』税務経理協会，175-183．

野口晃弘．2009．「現代における会計制度の役割」『會計』第 175 巻第 1 号，24-33．

野手裕之．2008．「役員給与に係る税務上の問題点―特殊支配同族会社の業務主宰役員給与の損金不算入制度を中心として―」『税務会計研究』第 19 号，205-212．

野間幹晴．2012a．「資本剰余金を原資とする配当の決定要因」伊藤邦雄先生還暦記念論文集編集委員会編『企業会計研究のダイナミズム』中央経済社，33-44．

野間幹晴．2012b．「赤字企業の配当政策」日本経営財務研究学会第 36 回全国大会　報告資料。

長谷川誠・清田耕造．2015．「国外所得免除方式の導入が海外現地法人の配当送金に与えた影響：2009-2011 年の政策効果の分析」RIETI Discussion Paper Series 15-J-008．

浜田道代．2004．「ゴーイング・コンサーンである会社の取引相場のない株式の評価―会社法の視点―」『税研』Vol. 20，No. 3，19-24．

原口卓也．2010．「役員給与損金不算入制度の法的矛盾について」『エコノミスト・ナガサキ』(16)，157-197．

平川征雄．2014．「会社法の実践と税制改革提案(第 10 回)役員給与制度の変容と課税方式の検討(下)」『税務弘報』Vol. 62，No. 10，134-145．

広瀬純夫・柳川範之・齊藤誠．2005．「企業内キャッシュフローと企業価値」特定領域研究『制度の実証分析』ディスカッションペーパー No. 56．

広瀬義州．2012．『財務会計』第 11 版，中央経済社。

福田司文．2008．「新興企業のキャッシュ保有傾向」『流通科学大学論集―流通・経営編―』第 20 巻第 2 号，47-59．

藤曲武美．2008．「役員給与税制の検証　条文の問題点を中心にして」『租税訴訟研究』(2)，181-210．

古川勇人．2005．「国際課税に関する課題」『租税研究』第 679 号，120-129．

星野優太．1999．「日本における企業業績と経営者報酬」『會計』第 156 巻第 3 号，55-69．1999 年 9 月号。

星野優太．2003．『日本企業の業績評価と報酬システム―理論と実証―』白桃書房。

堀敬一・安藤浩一・齋藤誠．2009．「日本企業の流動性資産保有に関する実証研究―上場企業の財務データを用いたパネル分析―」Global COE Hi-Stat Discussion Paper Series; No. 81．http://hermes-ir.lib.hit-u.ac.jp/rs/handle/10086/17566

松井秀樹．2000．「取締役の情報の開示」『旬刊商事法務』No. 1580，34-35．

松井秀樹．2001．「株主総会の議事運営の留意点」『旬刊商事法務』No. 1593，81-87．

松本憲人．2014a．「会社法の実践と税制改革提案（第 8 回）役員給与制度の変容と課税方式の検討（上）」『税務弘報』Vol. 62，No. 2，142-154．

松本憲人．2014b．「会社法の実践と税制改革提案（第 9 回）役員給与制度の変容と課税方式の検討（中）」『税務弘報』Vol. 62，No. 3，144-152．

松谷崇人・櫻田譲．2017．「業界再編をもたらした法改正に伴う株価変動とコーポレート・ガバナンスの関係性について」『企業経営研究』第 20 巻，15-29．https://eprints.lib.hokudai.ac.jp/dspace/handle/2115/68024

三隅隆司．2006．「コーポレート・ガバナンスと株価収益率―コーポレート・ガバナンスファンドに関する実証―」『一橋商学論叢』Vol. 1，No. 1，23-37．

水野忠恒．2004．『国際課税の制度と理論』有斐閣。

水野忠恒．2010．「特殊支配同族会社の業務主宰役員給与の損金不算入制度の検討―平成 22 年度税制改正による廃止―」『税研』第 26 巻第 2 号，16-20．

水野忠恒．2011．『租税法　第 5 版』有斐閣。

宮川公男．2006．『基本統計学[第 3 版]』有斐閣。

宮島司．2000．「会社法改正とコーポレート・ガバナンス」『旬刊商事法務』No. 1569，30-38．

宮島英昭・小川亮．2012．「日本企業の取締役会構成の変化をいかに理解するか？―取締役会構成の決定要因と社外取締役の導入効果―」RIETI Policy Discussion Paper Series 12-P-013，1-46．

宮島英昭・新田敬祐．2011．「株式所有構造の多様化とその帰結」宮島英昭編著『日本の企業統治』，105-149．東洋経済。

宮島英昭・原村健二・稲垣健一．2003．「進展するコーポレート・ガバナンス改革をいかに理解するか―CGS（コーポレート・ガバナンス・スコア）による分析―」『ファイナンシャル・レビュー』財務省財務総合政策研究所，December 2003，156-193．

望月文夫．2007．『日米移転価格税制の制度と適用―無形資産取引を中心に―』大蔵財務協会。

森川八洲男．2002．「新会計基準における『資本の部』の分類の特質」『企業会計』Vol. 54，No. 7，18-26．

森山輝夫・町惇彦．2011．「自己株式会計の変遷と諸問題点」『大成学院大学紀要』13

巻，259-264．

八ツ尾順一．2002．「業績低迷期における役員報酬限度の決定」『税理』Vol. 45，No. 5，25-29．

八ツ尾順一．2011．「役員給与の課税をめぐる基本的な問題」『税法学』No. 565，259-272．

法務省．2004．「会社法制の現代化に関する要綱案（第一次案）」法制審議会会社法（現代化関係）部会第 27 回会議　議事録　平成 16 年 7 月 21 日。http://www.moj.go.jp/shingi1/shingi_040721-1.html

弥永真生．2012．『リーガルマインド会社法　第 13 版』有斐閣。

山崎福寿・井上綾子．2005．「特許法 35 条と職務発明制度についての理論と実証—報奨をめぐる判決・和解と制度改定のイベント・スタディ—」Discussion Paper.

山下裕企．2010．「税負担削減行動の指標に関する一考察」『経営総合科学』，9-30．

山本守之．1987．『税務形式基準と事実認定』中央経済社。

山本守之．2000．『税務形式基準と事実認定　第 3 版』中央経済社。

山本守之．2004．『検証　税法上の不確定概念　第 2 版』中央経済社。

山本守之．2012．「税制・税務の視界　見直して欲しい『役員給与』の規定」『税経通信』第 67 巻第 4 号，8-11．

山本守之．2013．『法人税の理論と実務　平成 25 年版』中央経済社。

山本守之．2015a．「役員給与の問題点を検証する」『税務会計研究』第 26 号，17-28．

山本守之．2015b．「租税法と解釈手法（役員給与を例として）（租税公正基準 2）」『租税訴訟』（8），113-128．

柳田具孝．2016．「会計参与の法的責任に関する裁判事例からの規範的考察—税理士に対する損害賠償請求事例を中心として—」『第 39 回　日税研究賞　入選論文集』財団法人　日本税務研究センター，13-46．http://eprints.lib.hokudai.ac.jp/dspace/handle/2115/62846

湯本三平．2001．「給与概念をめぐる不確定法概念—役員報酬・青色事業専従者給与における『相当』」『税法学』545 号，153-169．

吉川英徳．2014．「米国アクティビスト動向と日本企業への示唆」大和総研レポート　http://www.dir.co.jp/consulting/theme_rpt/governance_rpt/20140610_008629.pdf

渡邉英之．2015．「判例研究　役員給与の意義と事前確定届出給与の要件—国税不服審判所平成 22 年 5 月 24 日裁決—」『経済理論 = The Wakayama economic review』381，171-180．

あ と が き

　今回，多くの先輩と仲間による支援によって本書を上梓できた。可能であれば実際に叱咤激励いただいた先生方，全員に感謝の気持ちを述べたいが，紙幅の限りもあるので，私の拙い研究人生を学部時代から遡り，皆様に出会った順に御礼申し上げる。

　平成2年に弘前大学人文学部経済学科に入学し，3年生から新井一夫先生と吉田和生先生にお世話になり，会計学を学んだ。その後，東北大学大学院経済学研究科に進学し，前期課程では杉本典之先生にお世話になったが，税理士受験や実証への転向などで杉本先生を大変心配させてしまった。そこで榊原正幸先生をご紹介いただき，無事，課程を修了することができた。私の学びの基礎においてご指導いただいた4人の先生との出会いがなければ今の私はなく，先生方によるご指導，ご配慮に対し，まずは心より御礼を申し上げたい。そして大学院生時代は杉本ゼミで同門の和田博志先生（近畿大学）に公私共にお世話になった。また同じ院生フロアの研究室で机を構えていた加藤惠吉先生（弘前大学）とは今でも細く長いおつきあいをしていただいており，感謝申し上げる。

　博士課程修了後，平成13年度にご縁があって山口大学経済学部に採用していただいたが，会計関連科目をご担当であった坂手恭介先生・中田範夫先生・松浦良行先生・山下訓先生には素晴らしい研究と教育の機会をお与え頂き，心より感謝している。また同僚の柏木芳美先生・古賀大介先生・浜島清史先生のお陰で楽しい山口での生活を送ることができた。山口大学の皆様にに厚く御礼を申し上げたい。

　また山口大学に勤務して間もなく，杉本ゼミの兄弟子である木戸田力先生（佐賀大学）にお声かけ頂き，しばしば九州地方の研究会に参加させて頂い

た。そのご縁で九州地方の多くの先生方と研究交流する中で，平成15年度から2年間，山下寿文先生(佐賀大学)率いる日本簿記学会研究部会(偶発事象の簿記処理)にお誘い頂いている。そこでチームの皆様から大変貴重なご示唆を多数頂戴しており，その出会い，ご縁に心より御礼申し上げたい。いまは簿記研究から遠ざかって久しいが，学会などで九州地方の先生方にお会いするたび，駆け出しの頃を思い出し，とても懐かしい気持ちになる。

　平成17年度には会計専門職大学院の設置とともに北海道大学大学院にお呼びいただいたが，このとき，私の拙い業績を評価してくださった丸田起大先生に心より御礼申し上げたい。丸田先生の御著書は平成18年に学会賞を受賞しており，私には非常に眩しい存在であり，目標であった。また本学に着任して直後から現在に至るまで吉見宏先生が開催する北日本会計学研究会(NJAF)にお誘いいただき，吉見先生のお人柄で非常に多くの先生方と研究交流できていることにも感謝申し上げたい。NJAFで出会った大沼宏先生(東京理科大学)と岩橋忠徳先生(札幌大学)，そして川島和浩先生(苫小牧駒澤大学)には公私共にお世話になっているが，とりわけ大沼先生には実証研究のアイデアや進むべき方向性について多くの助言を頂いた。

　私の研究は税務会計における実証という，そもそも結び付かない領域に跨るため，実証研究が盛んな財務会計領域はもちろん，税法学領域の論攷をもサーベイしなければならない。このため税法の条文解釈や判例批判についても関心を失わないようにしているが，そのために税理士の中島茂幸先生(北海商科大学)と大澤弘幸先生(新潟経営大学)にはとりわけお世話になっており，心より感謝申し上げる。

　そして同時に本書は実証会計という領域に属する以上，統計分析のツールを駆使せねばならなかった。しかし大変残念なことに私自身がその領域の専門家でないために時として院生レベルの疑問が湧いてくることがある。そのようなとき，本経済学研究院の高木真吾先生から大変貴重なご助言を多数頂戴している。私の演習指導下の学部学生・院生も私共々，高木先生にお世話になっており，重ねて御礼申し上げたい。

拙稿を評価してくださった先生方にも感謝を申し上げたい。本書第2章の初出は平成22年に第6回税に関する論文・奨励賞を大沼先生と共同受賞した際の論文である。この時，古賀智敏先生(神戸大学)は審査委員をされており，受賞後，大変貴重なアドバイスを頂いた。思えば受賞前は，未整理なままの論理展開や雑然と並ぶ実証結果に読む側の関心を摑みきれずにいた。これまで漫然と論文を作成していた自分に気付きを与えてくださったのが，古賀先生から頂いた「丁寧に書く」というお言葉であり，私はいまも論文執筆の際に思い出すようにしている。

本書第11章の初出は平成23年に第20回租税資料館賞・本賞を指導下の院生と受賞した際の論文である。このとき，審査委員長を務められた品川芳宣先生(早稲田大学)には第11章への過分な評価をいただき，本書第3章から第6章を執筆する際にも品川先生の御論攷に大変お世話になっている。上記該当章では分析モデルを構築する前に役員給与課税に関する租税争訟を渉猟し，判例のエッセンスを抽出する必要があった。しかし判決文はその独特な文体もあって理解は困難を伴い，品川先生の玉稿が手放せなかった。上告審まで一応は目を通しておかねば不安になり，そのときに品川先生の評釈が先回りして顛末を示してくれたために，読まねばならない判決文の多くについて前もって心構えをすることができ，心強かった。同様の観点から大渕博義先生(中央大学)の御論攷にも大変助けられたことに御礼を申し上げたい。

なお，租税資料館賞の受賞によって指導下の博士院生が，学位請求論文完成前に大学教員となることができた。指導者の端くれとしてこのことは望外の喜びであり，私とこの院生に飛躍の機会を与えてくれた租税資料館の代表理事である河﨑照行先生(甲南大学)に感謝申し上げたい。また同資料館の事務局長である諸岡健一先生には資料収集の際には並々ならぬご協力をいただいており，重ねて感謝申し上げたい。

第8章並びに第9章の初出は平成24年に第35回日税研究賞[研究者の部]A部門を受賞した際の論文である。このとき，審査をしていただいた安藤英義先生(一橋大学)にも御礼申し上げたい。実は大学院時代より資産や負債

に比べて曖昧な定義がされる資本に興味があり，当時は商法から会社法への移行期にあって安藤先生が資本概念の揺らぎを指摘されており，院生時代より私は興味を刺激され続けた。その数年後，私は資本剰余金配当という現象に興味を持つのだが，その際，資本剰余金配当について ES を試みることの重要性を野口晃弘先生（名古屋大学）の御論攷から学び，執筆に至っている。畏れ多くも拙稿を安藤先生が読んで頂き評価してくださったこと，そして野口先生から論文執筆のアイデアを頂いたことに対し，心より御礼申し上げたい。また平成 25 年の税務会計研究学会で富岡幸雄先生（中央大学）にお会いした際，この受賞を褒めていただいたのは大変嬉しい思い出となっている。

　本書第 10 章の初出は『経営ディスクロージャー研究』における査読論文であるが，当該論文において審査をご担当の先生にも御礼申し上げたい。お名前は公開されないため，直接に感謝申し上げる術を知らないが，非常に豊富なご示唆を頂戴している。研究仲間からも他誌の査読過程について（残念なお話も含め）色々と伝え聞くところであるが，今回の私の場合は好意的で熱心なご指導を頂き，この学会の指導的立場にある全ての先生に頭が下がる思いであった。査読によって膨大な宿題が課せられ，平成 26 年末から翌年始にかけて取り組むも，図書館の閉鎖などの影響も加わり，思うように進捗せず，悶絶している私を気遣ってくれた当時の編集長・坂上学先生（法政大学）に御礼を申し上げたい。この査読過程は先学の英知に圧倒され畏怖し，そして温かく見守っていただいた貴重な経験であった。

　第 3 章から第 7 章は平成 27 年の税務会計研究学会で統一論題を担当させていただいた際に公表した論文を基礎としている。その統一論題で座長を務められた鈴木一水先生（神戸大学）並びに同学会長・成道秀雄先生（成蹊大学）のお陰で私はこのような大変貴重な研究の機会を得，成果を獲得することができた。このことに対し，心より御礼を申し上げたい。さらに本書が属する研究領域である税務会計において，近年の名著として鈴木先生ご著書の『税務会計分析』が挙げられるが，恐れ多くも似たような書名となり，皆様を当惑させまいかと心配している。しかし皆様には税務会計という広大な研究領域の中に税務行動の分析が可能となる領域が存在すると認識され，本書の位

あとがき　393

置づけを理解して頂いて結構である。

　また本書冒頭「はじめに」でも述べさせていただいたが，北海道大学で毎年8月に開催される奥田真也先生(名古屋市立大学)主宰の税務行動研究会に鈴木先生は度々お越し頂き，今に至るまで多くのご助言を頂戴している。そしてこの研究会の中心メンバーである米谷健司先生(東北大学)，高橋隆幸先生(横浜市立大学)，村上裕太郎先生(慶應義塾大学)にも大変貴重なアドバイスを頂いており，感謝申し上げる。

　研究費の獲得に関連し，平成24年度には與三野禎倫先生(神戸大学)が代表を務められた科学研究費・基盤研究(A)〈課題番号23243060〉で研究分担者としてお誘い頂き，一流の先生方のご研究に接する機会に恵まれたことに感謝申し上げたい。また代表者として科学研究費・平成19年度若手研究(B)〈19730297〉，同23年度基盤研究(C)〈23530562〉，同29年度基盤研究(C)〈17K04034〉を頂戴した。さらに科学研究費以外の競争的資金として平成22年度と同25年度に石井証券研究振興財団より個人研究として，平成22年度に北海道大学研究戦略室より総長室事業推進経費を，平成26年度に中山隼雄科学技術文化財団より助成研究(B)を頂戴しており，心より感謝申し上げる。

　このほか，本書の出版に当たって平成29年度科学研究費(研究成果公開促進費〈17HP5164〉)の助成を頂いた他，同年度に北海道大学大学院経済学研究院からも出版助成を頂いている。特に後者の出版助成については研究成果公開促進費の支援内定後に本書の増頁を希望したため追加支援を必要とした。このような事情に対しご配慮いただいた本研究院長の町野和夫先生はじめ総務委員の先生方に対し，心より感謝申し上げる。本書はこれら支援による成果である。このように助成に恵まれたこれまでの研究生活であったが，研究費獲得の前後で様々な手続き上のアドバイスを頂いた本研究院の事務職員の皆様にも心より感謝申し上げたい。研究・教育双方の業務を通じて事務職員の皆様からの献身的なご支援のお陰でより多くの研究時間を確保することができた。

本書上梓までの道程は長く，思い通りに進捗せず，気分的に下降する日が続く中，常に私に元気を与え続けてくれた娘と息子，そして第三子を身籠もる妻のほか，母と税理士である父と妹にも本書を捧げることをお許し願いたい。そもそも税務会計領域の研究を志したのは比較的若くして官報合格した父と妹の影響でもある。またフルタイムの勤務医である妻との共働き生活のため，子供達を見守ってくれる保育園の先生や病児保育の先生には大変お世話になっている。そして娘の小学校の担任と私がかつて学んだ小学校の担任には，私が大学教育上のスランプに陥ったとき，教えることの原点を見直し，初心に返ることを気付かせて頂いた。その他にも，ここでお名前を挙げることができなかった先生方も含め，今まで非常に多くの素晴らしい先生方との出会いに恵まれたことに心より感謝を申し上げ，本書を上梓することと致したい。

索　引

ア　行

青色発光ダイオード事件の和解　35
一時所得　30, 33
一時所得判決　38, 40, 41, 43
1年当たり平均額法　126
一般貨物自動車運送業・役員退職金事件
　　125, 136
衣服等縫製加工業・役員報酬事件　105, 113,
　　122, 124, 162, 181
イベント・ウィンドウ　44
インサイダー情報漏洩　253, 271
営業利益成長率　259
エントレンチメント　152, 177
エンロン　48, 174
大塚家具　177
お手盛り　83, 151, 175
オーナー経営者企業　150
オフバランス　188
オリンパス事件　35

カ　行

会計参与　18, 173, 174, 197
外国子会社配当益金不算入制度　275
外国人投資家比率　317
外国人持株比率　326, 328, 332
外国税額控除　275, 277
外国税額損金算入方式　277
会長　79
格差比較　188
確定決算主義　146
攪乱的イベント　13, 26, 208, 209, 212, 219,
　　230, 234, 236, 252, 281, 290, 294, 300, 309
課税要因によるインセンティブ効果　40, 45,
　　48
課税要因によるディスインセンティブ効果
　　41, 45, 48
課税要件明確主義　19, 122, 145

株式超過収益率　4
株式投資収益率　176
監査等委員会設置会社　198
監査役　79, 88
監査役設置会社　174, 198
間接税額控除　275
還付事例　8, 310, 331
企業価値連動給与　182
企業規模　23, 113, 116, 126, 148
期待収益率　42
規模変数　22, 70, 100, 108, 155
逆基準性　62
給与所得　30, 34
給与所得概念の狭義説　33
給与所得概念の広義説　34
給与所得控除額の上限設定　85, 91, 137, 143,
　　145, 154, 161
給与所得判決　38, 40, 41, 43
業種 dummy　156
居住地国課税　276
業種区分　74
業績連動給与　171, 173, 179
共分散分析　189
共変量　189
業務主宰役員給与の損金不算入制度　5, 20,
　　85, 91, 107, 116, 127, 136, 143, 145, 154, 161
銀行等の議決権保有規制　176
金銭的動機付け　150, 176
金融・サービス型経済(ナレッジ型経済)
　　320
クラスタリング　51, 252
繰り返しクロスセクション・データ　61
繰越欠損金　179
クリーン・サープラス関係　191
黒字 dummy　157
経営者報酬契約　150
経済危機　299
係数計算　67

決算短信　13, 246, 248, 249, 254, 256, 258-260, 273
源泉地国課税　276
検定統計量　44, 215, 252
権利行使益　30, 38
公益企業　187
公益産業　299
交互作用　189, 198
交際費課税　74
交際費の損金不算入限度額　72
工作機械製造販売業・役員退職金事件　24, 66, 72, 73, 95, 102, 125
更正事例　8, 331
功績倍率　119
功績倍率式　116, 128, 132
高率事例　213, 226, 269
国外所得免除方式　277, 302
国際的二重課税　277
極小規模の中小法人　5, 153, 165, 178, 185
固定因子　189
固定効果　187
個別黒字ダミー　260
コーポレート・ガバナンス(CG)　14, 98, 151, 173, 178, 316, 331, 332
ゴム製品販売業・役員賞与事件　19, 79
顧問　79

サ 行

債権者保護　204, 223, 245, 267, 269
最高功績倍率法　126
最高裁給与所得判決　43
最終報酬月額　127
最低資本金制度　145
在任年数　82
財務パフォーマンス・スタディ　306, 315, 329, 330
裁量的会計発生高　179
サラリーマン税金訴訟(大島訴訟)事件　20
産業型経済(プロダクト型経済)　320
残波事件　19, 23, 93, 104, 115, 120, 129, 139
三要素　184, 187, 192, 196, 198
残余利益モデル　191
資金環流　276, 280, 301
シグナリング　6, 201, 206
シークレット・コンパラブル　2, 97, 99

事件物の不動産仲介代理業・役員報酬事件　122
自己株式保有割合　265
自己資本成長率　259, 262
自己資本利益率　176
事前確定届出給与　55, 119
実業出版データ　5, 21
地政学的リスク　299
死亡退職　125, 130, 137
資本維持機能　203, 204, 223, 263
資本維持制度　202, 238
資本概念の揺らぎ　205, 206
資本金額1億円以下　73, 160, 170, 173, 180
資本効率　315
資本剰余金配当　201
資本等取引　247
指名委員会等設置会社　178, 198
社外監査役　270
社外取締役　178, 270, 317, 329
収益還元方式　190
従業員1人当たり売上高　167
純資産減少割合　7, 205, 214, 218, 232, 240, 246, 257, 263, 271
食料品製造業・役員退職金事件　56, 97, 102, 122
上場廃止ダミー　258, 262
昇進経営者企業　150
使用人兼務役員　77, 79, 81, 82, 110
情報公開　52
情報の非対称性　97, 306, 316
所有と経営の分離　149
食肉販売業・役員退職金事件　65, 102, 105
職務発明訴訟　35, 36, 47
食料品製造業・役員退職金事件　125
新旧美術品販売業・役員報酬事件　73, 106, 112
シングル・ファクター・モデル(SFM)　10, 42, 234, 285, 289, 294, 333
信用金庫・専務理事賞与事件　76
推計課税　22, 73, 86, 186
推計期間　42, 212, 288, 311
水産加工物卸売業・通称専務賞与事件　77
数学的算式　92
ステークホルダー　14, 147, 176
ストック・オプション(SO)　1, 11, 29, 48,

180

住商事件　　58

3ファクター・モデル（3 FM）　　6, 9, 10, 26,
　　202, 208, 234, 285, 289, 333

成熟企業　　258, 321

税制整備　　170

税制適格 SO　　49

税制非適格 SO　　30

成長企業　　272, 321

税務行動　　4, 14, 16, 120, 162

政令市 dummy　　157

政令指定都市　　74

説明変数　　69

善管注意義務　　146

全世界所得方式　　277

船舶製造業・移転価格税制適用事件　　67, 84,
　　87, 94, 96, 111

専務　　76, 78, 87

創業家支配　　175

創業者　　82, 177

相互協議　　333

相談役　　79

相当の対価　　36

増配期待　　284

組織再編　　267

租税関連事象　　10

租税法律主義　　97

損金算入限度額　　17, 21, 55, 59, 64, 74-75,
　　122, 132, 163

損金の侵食　　169

タ　行

大王製紙　　177

第三者責任　　174

退職慰労金　　58

退職事由　　119, 121, 125, 126, 130, 137

タカタ　　177

武富士　　177

多重共線性　　256, 271

地域格差　　25, 104, 116, 129, 136, 139

地域格差基準　　75, 89, 124, 162, 165

中間論点整理　　12, 282, 283, 289, 302

中堅企業　　171

中小企業投資促進税制　　72

中小法人　　60, 72, 82

調査年　　84

調査年 dummy　　157, 160

通称専務　　77, 88

定期同額給与　　55

低率事例　　226, 271, 272

適時開示情報　　327, 333

鉄工業・役員退職金事件　　93, 120, 125

鉄鋼製品販売業・役員報酬改訂増額事件
　　78, 79

電気製品部品製造業・役員退職金事件　　70,
　　95, 140

統計量　　43

当座比率　　321, 322, 324, 328

投資家保護　　267

同族　　82, 106

特殊事情　　103

特殊支配同族会社　　145

特別分配金　　246

独立企業間価格　　68, 329

取引相場のない株式（出資）の評価明細書
　　183

取引単位営業利益法　　171

ナ　行

ナレッジ型経済　　330

二重課税　　166, 225, 275

日経平均株価　　191

入手可能な資料　　122

任務懈怠責任　　174

ネットアセット・アプローチ　　190

ノイズ相殺型の ES　　13, 208, 252, 309

ノイズ反映型の ES　　13, 47, 280, 294

ハ　行

配当還元価額　　183

配当還元方式　　190

配当権利落ち　　218

配当シグナリング　　6, 202, 206, 238

配当性向　　257

倍半基準　　2, 21, 22, 24, 64, 69, 86, 97, 111,
　　124, 128

パチンコホール業・非常勤役員報酬事件
　　105

幅の概念　　92, 113

比嘉酒造　　75

非線形回帰　66
ビッグ・バス　179
一株当たりの純資産価額　183
評価会社　25, 195
平取締役　78, 82
不確定概念　19
不相当に高額　123
プロダクト型経済　327, 330
プロラタ計算　225
ペイアウト　201, 240
平均功績倍率　126
平行性の仮定　189
米国雇用創出法　278
平成 13 年商法改正　202, 204, 245
平成 18 年度(配当課税に関する)税制改正
　　205, 225
平成 18 年度(役員給与課税に関する)税制改正
　　22, 106, 118, 119, 145, 172, 176, 182
平成 21 年度税制改正　8, 12, 252, 275, 290
平成 27 年度法人税法改正　181
平成 28 年度(役員給与課税に関する)税制改正
　　169
平成 29 年度(役員給与課税に関する)法人税法
　　改正　194
平成 29 年度税法改正　170, 180
平成 6 年改正商法　228
平成 6 年商法改正　266
報酬コンサルタント　98
法定準備金減少制度　204
ホームバイアス　326, 330, 332

マ　行

毎月分配型投資信託　225
三ツ割制度　166
みなし役員　111
無形資産　309, 318, 320, 327, 332
持株比率　62
持分比率　330
モニタリング　152, 332

ヤ　行

役位　76
役員退職金の損金算入限度額　125
役員 1 人当たり付加価値　167
役員報酬　58
役員持株比率　149, 166, 272
役付取締役　130
予測可能性　98

ラ・ワ行

利益平準化　179
利益連動給与　55, 119, 170
離散数値　62
リーマン・ショック　193, 212, 221, 282, 302
類型化　56, 74, 90, 186, 189
類似規模　55, 56, 93, 124, 163, 165
類似業種　55, 56, 73, 124, 163, 165
類似業種比準価額　183
類似業種比準価格計算上の業種目及び業種目別
　　株価等　186, 193
類似業種比準方式　184
類似職務基準　55
類似法人　19, 22, 64, 86, 93, 103, 105, 111, 128
累積超過収益率　43
連結黒字ダミー　260
連続数値　62
割引配当モデル　191

数字・アルファベット

1σ　92
2σ　68, 95
5%ルール　176
65%制限　181
agency　5, 17, 58, 146, 149, 152, 176, 273, 306,
　　328
CAPM　9, 333
CG 変数　305, 306, 317, 325
Fama and French データ　271, 287
IT バブル　191
Ohlson モデル　191
Pearson の相関係数　70
Welch の方法　81, 138, 265, 296, 313

著者紹介

平成 13 年 3 月	東北大学大学院経済学研究科　博士課程後期 3 年の課程修了
平成 13 年 4 月	山口大学経済学部経営学科　専任講師
平成 15 年 8 月	山口大学経済学部経営学科　助教授
平成 17 年 4 月	北海道大学大学院経済学研究科　助教授（平成 19 年から准教授）
平成 24 年 7 月	第 35 回日税研究賞本賞（研究者の部・A 部門）受賞，現在に至る

主要業績

「みなし配当・みなし譲渡課税が資本剰余金配当に与える影響について」『第 35 回日税研究賞入選論文集』，11-50.

「投資家の期待が示す観光立国への展望」『公会計研究』第 14 号，79-96.（鯉口庄吾氏と共著）

「資本剰余金配当の実施を歓迎する投資家の着眼点と当該配当実施企業の財務的特性」『年報　経営ディスクロージャー研究』第 13 号，13-33.

税務行動分析

2018 年 2 月 28 日　第 1 刷発行

著　者　櫻　田　　　譲

発行者　櫻　井　義　秀

発行所　北海道大学出版会

札幌市北区北 9 条西 8 丁目北海道大学構内（〒060-0809）

Tel. 011 (747) 2308・Fax. 011 (736) 8605・http://www.hup.gr.jp

アイワード／石田製本　　　　　　　　　　　　　© 2018　櫻田譲

ISBN978-4-8329-6838-7